泰山学者工程专项经费资助
教育部人文社科基地重大项目"两宋时期易学流衍与哲学发展"（16JJD720011）
前期成果

主编　林忠军

历代易学名著整理与研究丛书

周易虞氏义导读

［清］张惠言 撰　陈京伟 导读

华龄出版社
HUALING PRESS

责任编辑：董　巍
责任印刷：李未圻

图书在版编目（CIP）数据

周易虞氏义导读／（清）张惠言撰．－－北京：华龄出版社，2019.1
ISBN 978-7-5169-1365-9

Ⅰ．①周⋯　Ⅱ．①张⋯　Ⅲ．①《周易》—研究　Ⅳ．① B221.5

中国版本图书馆 CIP 数据核字 (2018) 第 299126 号

书　　名：	周易虞氏义导读
作　　者：	［清］张惠言 撰　陈京伟 导读

出 版 人：	胡福君
出版发行：	华龄出版社
地　　址：	北京市东城区安定门外大街甲 57 号　邮　编：100011
电　　话：	010-58122241　　　　传　真：010-58122264
网　　址：	http://www.hualingpress.com

印　　刷：	鸿博昊天科技有限公司
版　　次：	2019 年 1 月第 1 版　2019 年 5 月第 1 次印刷
开　　本：	710×1000　　　1/16　　印　张：23
字　　数：	264 千字
定　　价：	78.00 元

版权所有　翻印必究
本书如有破损、缺页、装订错误，请与本社联系调换

总　序

　　《周易》本为卜筮之书。然而生活在春秋末的孔子，从卜筮入手，以"观亓（其）德义"为宗旨，首次把《周易》纳入学术视野，以儒家独特的语言和思维对《周易》文本成书、主要概念、符号系统、卦爻辞、筮法和治易的方法等系列问题进行了系统的解说和阐发，从而实现了《周易》话语的转变，由卜筮解释转向德性的解释，以德占取代了筮占，《周易》由原来卜筮之书变成了一部内涵了博大精深内容的儒家哲学著作。《易传》成书是《周易》儒学化的重要标志。《易传》虽然未必是孔子亲作，但它与《论语》一样，代表孔子的思想。就解《易》方法而言，《易传》偏重义理兼顾象数。所谓象数方法，即以象数解易。《周易》有一套独特的阴阳符号系统，这套符号系统就是卦爻象。按照《系辞》解说，卦爻符号不仅是人们用于占筮的标记，也是系辞的重要依据，即《周易》成书，先有卦爻符号，后有文辞，文辞依易象符号而作，这就是所谓的"观象系辞"。既然卦爻辞本于卦象，表达卦象的意义，那么理解和诠释卦爻辞，则必须揭示文辞背后的易象符号、探寻象辞之间的联系。这就是所谓的"观象玩辞"。所谓义理方法，即以义理解《易》，是用现成的儒家理念解说《周易》文辞，或借《周易》文辞阐发出儒家的人文精神。依《系辞》之见，与天地合德的圣人之意，深奥玄妙，用语言无法穷尽，故圣人用模拟世界万物而画出的阴阳符号可以尽意，即所谓"立象尽意"。此"意"是"立象"之根本，"象"以"意"而立，以象尽意是《周易》解释的终极目标。由于《易传》本身包含这两种解易的思路与方法，形成了易学史上象数和义理两大不同的治《易》之路向与方法。

汉儒易学解释，以探求《周易》文本固有意义为目标，运用训诂兼顾象数方法解释《周易》。就其象数而言，他们以《易传》所提出的"观象系辞"和"观象玩辞"为据，笃信《周易》中每一个话、每一个字并非圣人随意而作，皆源于象。这是汉儒所理解的"观象系辞"。既然《周易》文本是"观象系辞"，那么，联系训诂，以象解释《易》的每一句话每一个字，成为他们易学解释的诉求，即他们所理解的"观象玩辞"。然而，《周易》作者并非以"辞""象"一一对应而作易文本，即用已有的卦象不可能融通易辞。为了化解易文本与解释者之间的矛盾，他们极力张扬象数符号在卦爻辞形成中的主导作用，最大限度地挖掘、开显《周易》文辞背后的象数，不遗余力地探求其卦爻辞与卦爻象之间的内在联系。他们除了继承以《易传》象数解易之方法外，又多发明象数：或根据推演《说卦传》现成的八卦之象，以增加象的数量，即所谓的"以象生象"；或改变取象的方法，如互体法、卦变法、纳甲法、爻辰法、升降法、旁通法、爻体法、消息法等皆是取象常用的方法，如王弼所言"互体不足，遂及卦变，变又不足，推致五行，一失其原，巧愈弥甚"（《周易略例·明象》），即所谓的"象外生象"。若数之不足，则又取五行之数、九宫之数、纳甲之数、历律之数等，即求数于《易》外。

与此相反，以魏晋王弼为代表的玄学易，从《易传》"立象尽意"出发，关注的是《周易》文本的意义（或称义理），认为象本于意，辞本于象。故卦爻辞的作用在于说明卦象，卦象的价值在于它彰显《周易》的意义，解释《周易》的目的不是揭示系辞根据，更不是解说《周易》的文字意思，而是通过解读易辞，把握卦爻象符号，最终追求圣人之意。宋儒虽然解释易学所用的资料不同于王弼，王弼以老庄解《易》，宋儒以儒学释《易》，但是无论在解释其目标，还是解释的方法，与王弼一脉相承。即他们不同意汉儒把揭示文辞背后的象数符号和解释文字意义作为易学解释的目的，反对过分夸大象数在《周易》文本中的作用。在他们看来，这样做的结果不但不能解释出文本所包含的意义，反而掩盖或者背离了易作者的思想。宋儒将玄学易的意象关系转换为理象关系，认为理是无形的、抽象的，是宇宙之本。从先后言之，先有理后有象，有象而后有数。理和象的关系又是不分离的，二者是显微、体用、动静的关系。因理无形，故可因象以明理，假象显义。"理见乎辞，可由辞观象"，有象后有数，可以由象知数。故得其义象数在其中矣。基于此，宋儒在恢复儒学道统的背景下，提倡以理解《易》，以心解《易》，以史证《易》，其旨开显易学当中的圣人之道。当然，宋儒反对汉儒象数，不是不讲象数，相反，而是把象数置于义理之下，以象数作为工具，阐发义理。宋儒的象数，不是汉儒的象数，其内容主要指图书之学、先天后天之学、太极图之学等。元明易学主要沿袭了两宋易学传统，则属于"宋易"；清代易学重训诂与考证，则以恢复汉易为旨归，故属于"汉易"。

　　素有"五经之首""大道之原"之称的《周易》，经过历代学者的阐释，在与其他文化的碰撞中融合、发展与完善，形成了博大精深、气势恢宏的易学文化之流，对中国古代政治、哲学、思想文化、科技、宗教、民俗、民族心理和价值取向等的形成与发展，产生了重大作用。

不仅如此，它以其独特的魅力深深地影响了东亚、东南亚乃至整个华人世界，成为世界文化不可或缺的重要组成部分。时至今日，易学中的三才之道、变通趋时、阴阳交感、居中守位、自强厚德、进德修业等思想观点在现代的管理学、生态学、伦理学等具有重要的学术价值。

为了深入开展对古代经典的学术研究，弘扬中国传统的优秀文化，以服务于当下多元化经济发展和新文化建构的需求，我们以历史发展为线索，着眼于象数、义理、训诂三个层面及其易学特色和影响力，从《四库全书》和《续修四库全书》等典籍中选择了15种易学名著为整理和研究对象，邀请国内几十位著名的易学专家组成学术团队，保证了此丛书水平达到预期效果和按时完成。对于这些经典加以整理和研究。每一本易学名著由"导读"和"校勘"两部分构成。"导读"，是总论性质的文字，既有一般常识介绍，又有一定学术性。内容方面，在陈述古人易学观点的同时，重点反映当今包括自己成果在内的研究成就。"校勘"是选用最好的版本作为底本，参照其他版本对易学名著进行点校和校勘，力求尊重文本，不随意改字，文字确有不同者和错误者，以"注"的形式处理。力图通过对这些易学名著的整理与导读，客观地再现易学发展的全貌，为学术研究者和广大易学爱好者提供参考。

华龄出版社社领导高度关注本丛书的出版，从选题立项到出版，给予大力支持。诸位编辑在丛书策划、出版推进和编辑等方面付出了艰辛劳动，在此一并谢忱！

林忠军于山东大学

2018年4月

序

《周易虞氏义》，九卷，张惠言著。张惠言（1761—1802），字皋文，江苏武进人。因书斋名茗轲堂，学者称茗轲先生。嘉庆四年（1799）进士，改庶吉士，充实录馆纂修官，后升任翰林院编修。嘉庆七年（1802）病卒，四十二岁。

张惠言初学为词赋古文。既成，以为空言未足以明道，乃进而求诸六经。先学郑玄（127—200）礼学，因郑玄以《易》说《礼》，后专注于易学。从李鼎祚《周易集解》得所引虞翻（164—233）注文稍完具，遂深思天人之际、性命之理，潜心探索，三年乃通其要领，成《周易虞氏消息》。又章解句释，成《周易虞氏义》。

《周易》一书，包括古经与《易传》两部分。《汉书·艺文志》云："易道深矣，人更三圣，世历三古。及秦燔书，而《易》为筮卜之事，传者不绝。"《周易》未遭秦火，入汉后由淄川人田何传之。武帝时立五经博士，至宣帝、元帝年间，田何所传之《易》"有施、孟、梁丘、京氏列于学官"。而民间此时又出了费直与高相"两家之说"。费直《易》为古文，无师承，其学"亡章句，徒以《彖》《象》《系辞》十篇文言解说上下经"。田何所传之今文《易经》，终两汉皆居官学地位。物极必反，盛极必衰。由于人们把治《易经》当作利禄之途、晋身之阶，使得《易经》在传习中日益繁琐。随着道家的复兴，玄学的兴起，清谈、尚虚成为时风。王弼（226—249）易学越来越受欢迎。唐代孔颖达（574—648）以王弼、韩康伯《易注》为准，奉敕撰《周易正义》(642)，宋易形成并流行，宋、元、明三代近一千年内，汉易几乎消失殆尽。

时至清代，由雍正而乾隆，学风转至重朴学考据。以《周易》论，由王弼《易注》而及《易经》十二篇必经汉易；欲究汉易，仅有《周易集解》中之资料尚在。李鼎祚，唐代中后期人。其人擅《易》，能读当时所存之汉易，因辑录由汉及当代的《易》注以成《周易集解》。历经千年，李鼎祚才遇到知音，《周易集解》才受到重视，汉易才重见天日。

在《周易集解》一书中，李鼎祚共辑《易》注2700余节，虞翻注约1300节，几近二分之一。清代最早研究《周易集解》的惠士奇（1671—1741）、惠栋（1697—1758）父子宗祢虞翻，义有未通则兼采郑玄、荀爽诸儒。而张惠言则专尊虞翻易学，以为"古书亡，而汉魏师说可见者十余家，然唯郑、荀、虞三家略有梗概可指说，而虞尤较备。然则七十子之微言，田何、杨叔、丁将军之所传者，舍虞氏之注，其何所自焉？"（《自序》）在张惠言看来，虞翻世传孟喜易学，其《易》注又保存较为完备，故虞氏易学，明乾元以立消息之本，正六位以定消息之体，叙六十四卦以明消息之次，推九六变化以尽消息之用，始于"幽赞神明"，终于"乾元用九而天下治"，乃是明圣人阴阳消息之教、探两汉易学之真传的必由之路。于是，在时人研究基础上，"求其条贯，明其统例，释其疑滞，信其亡阙，为《虞氏义》九卷；又标其大旨，为《消息》两卷"。（《自序》）

《周易虞氏义》一书中，《易经》文字，凡《经典释文》可考者从

《经典释文》，余皆依李鼎祚《周易集解》，间有用他读者则随文注出。该书于清人易说多引惠栋和江承之。柯劭忞说："自此书刊行，惠言之学遂大行于世。"(《续修四库全书总目提要》)《周易虞氏消息》为张惠言研究虞氏易学心得，"其义例精深，初学不易入门，亦可谓孤经绝学矣。"(柯劭忞语) 诚如张氏门生陈善所言："非虞氏无以知消息之旨，非先生亦无以知虞氏之旨。虞氏旨明，而四圣人以《易》传道之功益显于后世。"(《周易虞氏义后序》)需要指出的是，张惠言对虞翻易学的理解，多有可商榷之处，比如"八卦生六十四卦"之说，柯劭忞认为"为虞氏最精之义"，而不少学者以为"非虞氏本旨"，读者不可不察。

目 录

总序 1
序 5
导读 1
周易虞氏义序 37
周易虞氏义后序 39
序 41
周易虞氏义卷一　周易上经 44
　　乾 44
　　坤 51
　　屯 56
　　蒙 60
　　需 62
　　讼 64
　　师 67
　　比 69
周易虞氏义卷二　周易上经 72
　　小畜 72
　　履 75

泰 78

否 81

同人 83

大有 86

谦 89

豫 91

随 94

蛊 96

临 99

观 100

周易虞氏义卷三　周易上经 104

噬嗑 104

贲 106

剥 108

复 111

无妄 113

大畜 116

颐 119

大过 121

坎 125

离 128

周易虞氏义卷四　周易下经 131

咸 131

恒 133

遁 136

大壮 138

晋 141

明夷 143

家人 145

睽 147

蹇 150

解 152

周易虞氏义卷五 周易下经 156

损 156

益 159

夬 163

姤 166

萃 169

升 171

困 173

井 176

革 178

鼎 181

震 184

周易虞氏义卷六 周易下经 189

渐 189

归妹 192

丰 196

旅 199
　　巽 201
　　兑 204
　　涣 206
　　节 207
　　中孚 209
　　小过 212
　　既济 215
　　未济 217

周易虞氏义卷七 220
　　周易系辞上　虞氏注 220

周易虞氏义卷八 246
　　周易系辞下　虞氏注 246

周易虞氏义卷九 268
　　周易说卦　虞氏注 268
　　说卦逸象 278
　　周易序卦　虞氏注 284
　　周易杂卦　虞氏注 287

周易虞氏消息卷一 291
　　易有太极为乾元第一 291
　　日月在天成八卦第二 293
　　庖牺则天八卦第三 299
　　乾坤六位第四 304
　　乾坤立八卦第五 305

八卦消息成六十四第六·················310
周易虞氏消息卷第二·····················326
　　卦气用事第七·······················326
　　乾元用九第八·······················334
　　元第九·····························337
　　中第十·····························339
　　权第十一···························341
　　反卦第十二·························342
　　两象易第十三·······················346
　　《系辞》引爻第十四·················347
　　归奇象闰第十五·····················348
　　占第十六···························350

导 读

《周易虞氏义》九卷,《周易虞氏消息》二卷,均为张惠言著。《周易虞氏义》是张惠言对虞翻易学的再解读,《周易虞氏消息》是张惠言研究虞翻易学之心得,可谓张惠言视域下虞翻易学之纲领。孟子说:"颂其诗,读其书,不知其人,可乎?是以论其世也。"(《孟子·万章下》)要学习研究张惠言易学思想,不能不先从了解张惠言这个人开始。

一、从"寒士"到"名士"

张惠言(1761—1802),字皋文,或作"皋闻",江苏武进人。有书斋名"茗柯堂",学者称茗柯先生。惠言年十四为童子师,十六七岁时方治科举业,乾隆五十一年(1786)中举人,嘉庆四年(1799)中进士,改庶吉士,充实录馆编修,后升任翰林院编修。嘉庆七年(1802)卒,年四十二。张惠言一生虽然短暂,但其文学、易学等方面的成就颇为显著,对后世影响很大。

(一)世代为文,三世贫寒

研究张惠言家世,最重要的依据是张惠言撰写的《先府君行实》《先祖妣事略》和《先妣事略》。《先府君行实》记载:

先府君讳蟾宾,字步青,号云墀,姓张氏。其先自宋初由滁迁常州。常州张氏，多由滁。谱牒废，世不可纪。其后曰端，当明弘治中，居南门德安里，是为大南门张氏。张氏非大南门不共谱。端孙钦，钦生洲。洲生宏道，万历中举于乡，官开封府通判，生典。典生以鼎。以鼎生铭枢。铭枢生采。采生金第，娶于白，生府君。自典至金第，皆补郡县学生，有文章名世，以教授为事。而铭枢当明之亡，独不为制举业云。

府君生九岁而孤，有兄曰思楷，弟曰瑞斗。家贫，日不得再食，奉白孺人教，兄弟相砺以儒学。补府学生，试高等廪膳，常教授乡里间。其后游杭州，一岁得疾归，遂卒，年三十有八。府君既不得志于世，无所表现，又不获永其年，充所学以致不朽，所论著皆未就。其卒时，惠言方四岁，翊遗腹四月而生，凡其言行可纪者弗得闻，闻之于人所传，又弗敢审。而府君之执友，汤先生宾辂，郑先生梦扬，笃君子也，知府君深，守道德，不毁誉，故著其言，以为府君行实焉。汤先生曰："君好学深思，不事穿凿，善为诗及制举文，操纸笔立就。性沉挚，寡欲少言，尤不喜与人说过。与人交，不设城府，久而能敬。"①

《先祖妣事略》记载：

先祖妣白孺人，年二十二，归我先祖考政诚府君，生子三人，女二人。政诚府君倜傥好学，通六艺、诸子之书、天文术数、剑骑之说。家贫，屡困童子试。父文复府君命北游，占天津商籍。乡试顺天，俄得疾，卒京师，年三十五，是岁雍正十一年也。讣至，孺人恸绝。是时文复府君年七十一，呼曰："天乎！儿与妇偕亡乎！"顷之，孺人苏，文复府君曰："我老矣，诸孤幼，新妇死耶？"孺人泣曰："不敢。"

---

① [清]张惠言.茗柯文编[M].黄立新校点.上海：上海古籍出版社，2015:92

明年，文复府君病，及革，顾孺人泣曰："吾死矣，诸孤与新妇为命，新妇存一日，诸孤亦存一日也。"良久，唏嘘曰："贫甚，无可倚者。吾死，新妇存焉？"孺人泣对曰："新妇生死与诸孤俱。"文复府君遂卒。

是时孺人三子：曰思楷，年十一岁；曰蟾宾，九岁；曰瑞斗，六岁。两女稍长，年十二三岁。孺人率二女纺织以为食，而课三子读书，口授四子《毛诗》，为之讲解，有疑义，取笔记，俟伯叔父至者就质焉。或谓孺人家至贫，令儿习他业，可以糊口；今使之读，读未成，饿死矣。孺人曰："自吾翁而上，五世为文儒，吾夫继之，至吾子而泽斩，吾不可以见吾翁。"卒命之学。文复府君有弟曰衍黄，老矣，教授于家，怜诸孙，恒诲之。尝语孺人曰："而子可教，吾欲严督之，念其栘腹，不忍也。"孺人谢曰："翁幸督之，栘腹何病焉？"及孺人所以教，言行出入，罔间。三子皆以文行有声。

自文复府君卒，后十数年，日常不得再食，冬衣无袽，夏无帐，食以糠覈为粥，唯岁时及家忌日，乃具蔬食以祭。孺人曰："虽不成礼，不敢阙也。"戚族中有周恤之者，一泉一粟，皆簿记之，曰："他日不可不报。"而政诚府君之卒于都也，内阁中书许公宏声为经纪其丧；文复府君之终事，则衍黄办之；孺人尤感焉，曰："吾子孙勿忘此大德。"①

《先妣事略》记载：

先妣姓姜氏，考讳本维，武进县学增广生。其先世居镇江丹阳之滕邨，迁武进者四世矣。先妣年十九，归我府君。十年，凡生两男两女，殇其二，惟姊观书及惠言在。而府君卒，卒后四月，遗腹生翊。是时先妣年二十九，姊八岁，惠言四岁矣。

---

① ［清］张惠言.茗柯文编［M］.黄立新校点.上海：上海古籍出版社，2015：94—95

府君少孤，兄弟三人，资教授以养先祖母。先祖母卒，各异财，世父别赁屋居城中。府君既卒，家无一夕储。世父曰："吾弟不幸以殁，两儿未成立，是我责也。"然世父亦贫，省啬口食，常以岁时减分钱米，而先妣与姊作女工以给焉。惠言年九岁，世父命就城中与兄学，逾月时乃一归省。一日，暮归，无以为夕飱，各不食而寝。迟明，惠言饿不能起，先妣曰："儿不惯饿惫耶，吾与而姊而弟，时时如此也。"惠言泣，先妣亦泣。时有从姊乞一钱，买糕啖惠言。比日昳，乃贳贷得米，为粥而食。

惠言依世父居，读书四年，反，先妣命授翊书。先妣与姊课针黹，常数线为节，每晨起，尽三十线，然后作炊。夜则燃一灯，先妣与姊相对坐，惠言兄弟持书倚其侧，针声与读声相和也。漏四下，惠言姊弟各寝，先妣乃就寝。然先妣虽不给于食，惠言等衣履未尝不完，三党亲戚吉凶遗问之礼未尝阙，邻里之穷乏来告者，未尝不欤卹也。

先是先祖早卒，先祖妣白太孺人，恃纺绩以抚府君兄弟至于成人，教之以礼法孝弟甚备，里党称之，以为贤。及先妣之艰难困苦，一如白太孺人时，所以教惠言等者，人以为与白太孺人无不合也。①

乾隆二十六年（1761），张惠言出生于江苏省常州府武进县大南门德安街德安里张氏宅。惠言之祖自宋初由安徽滁州迁至常州，明代弘治年间（1488—1505）居南门德安里，后有"大南门张氏"之称。根据《大南门张氏家谱》，张惠言七世祖张宏道于万历中（1573—1620）中举人，官至开封府通判。从七世祖开始，"大南门张氏"开始发迹，世代为文，但科举不利，功名不显：自六世祖张典至祖父张金第，皆补郡县学生，有文章名世，以教授为事；唯四世祖张铭伛时当明亡，不事

---

① ［清］张惠言.茗柯文编［M］.黄立新校点.上海：上海古籍出版社，2015:96—97

科试；祖父张金第屡困童子试。

在古代，有"功名"才有"利禄"，所谓"功名利禄"。张惠言祖上虽世代为文，但只有七世祖张宏道中举人，有利禄。从张惠言《先府君行实》《先祖妣事略》和《先妣事略》记载可知，自祖父张金第辈，张家"三世贫寒"。祖父张金第倜傥好学，通六艺诸子之书、天文术数剑骑之说，可谓多才多艺。但因为"家贫"，疲于谋生，没有时间备考，经常"裸考"，所以"屡困童子试"。更不幸的是，雍正十一年（1733）参加顺天府乡试时暴死，年仅三十五岁。这时，惠言父亲张蟾宾才九岁，"九岁而孤"。少年丧父，中年丧妻，老年丧子，三不幸也。惠言祖父去世时，其曾祖父张采七十一岁。白发人送黑发人，悲恸之至可想而知。张金第去世后第二年（1734），张采亦病卒。一家两"顶梁柱"接连去世后十几年间，一家老小只吃一顿饭，冬无棉衣，夏无蚊帐，以糠覈为粥为食，只有过年及家忌时，才"具蔬食以祭"。屋漏偏逢连阴天。1764年，张蟾宾三十八岁病卒，时张惠言才四岁。又一"顶梁柱"倒下了，家里只依靠母亲与姐姐张观书"作女工以给焉"，生活十分艰难。惠言五岁时，母亲数十日日夜哭泣，后上吊自杀，"幸而得苏"。①惠言九岁时，一天傍晚，从伯父家中回到家里，因没有饭吃，"不食而寝"。第二天天亮了，惠言因饿而无力起床。母亲说："儿不惯饿惫耶，吾与而姊而弟，时时如此也。"惠言哭了，母亲也哭了。

（二）"当事事为第一流"

出身"寒门"的张惠言，内心是非常矛盾的。要摆脱贫穷困境，首选是走科举之路，诚如宋代汪洙《神童诗》所言："朝为田舍郎，暮

---

① [清]张惠言.茗柯文编[M].黄立新校点.上海：上海古籍出版社，2015:98

登天子堂。"但是，其仕途并不顺利。张惠言一生历程，恽敬《张皋文墓志铭》论之颇详：

张皋文，名惠言，先世自宋初由滁州迁武进，遂世为武进人。曾祖采，祖金第，父蟾宾，皆县学生。母姜氏。皋文生四年而孤，姜太孺人守志，家甚贫。皋文年十四，遂以童子教授里中。十七补县学附生，十九试高等，科廪膳生。乾隆五十一年，本省乡试中式。第二年赴礼部会试，中中正榜，例充内阁中书，以特奏通榜，皆捐罢。是年，考取景山宫官学教习。五十九年，教习期满，例得引见，闻姜太孺人疾，请急归，遂居母丧。嘉庆四年，今皇帝始亲政，试天下进士加慎，皋文中式。时大学士大兴朱文正公珪为吏部尚书，以皋文学行特奏，改庶吉士，充实录馆纂修官、武英殿协修官，盖皋文前后七试礼部而后遇，年三十有九矣。六年，散馆，奉旨以部属用，文正复特奏，改授翰林院编修。七年六月辛亥，以疾卒，年四十二。①

惠言十四岁，"以童子教授里中"。"童子"，犹言"童生"。齐如山先生讲："童生本不算一种科名，……他虽不算科名，可也得算是一种阶级。因为从前读书人，经过考试不得进秀才者，方名曰童生。尚未经过考试，虽一生读书，也只名曰白丁，就是将来成了经学家，可以称为处士，也不得称为童生。秀才之考试法，分三级，一为县考，考五场；二为府考，亦考五场；三是院考，主考者即皇上派往各省之考官，这种考官名曰学差或学政，学政取中，才算秀才，所有考不中者，都名曰童生。"②惠言十四岁"以童子教授里中"，说明张惠言十四岁时还未考中秀才。

---

① 钱仲联.张惠言文选［M］.严明，董俊珏选注评点.苏州.苏州大学出版社，2001:229—230
② 齐如山.中国的科名［M］.沈阳：辽宁教育出版社，2006:5

没有考中秀才不要紧,可以直接参加乡试考举人。齐如山先生讲,明清两代的考试,大致以乡试为最重要的一个阶级。清朝科举之制,每届三年,集诸生于各省城,朝廷特派试官,以《四书》经义及时策等等考之,名曰乡试,中式者为举人。参加乡试的士子种类很多,如恩贡、拔贡、副贡、岁贡、优贡、廪生、增生、附生、秀才、监生,都可以乡试。① 张惠言从"十七补县学附生"起就可以参加乡试,但是直到乾隆五十一年,才"本省乡试中式"。乾隆五十一年,即1786年,时惠言二十六岁。按三年一考的话,张惠言乡试至少两次落榜。

惠言中举后第二年(1787)参加会试,落榜。直到嘉庆四年(1799),才考中进士。清代是子卯午酉年乡试,丑辰未戌年会试。乡试第二年,中举者可以参加会试,都是每三年一考。从乾隆五十二年(1787)至嘉庆四年(1799),有五次会试,若张惠言每次都参加的话,至少四次落榜。

从以上分析可知,张惠言仕途坎坷,但坚韧不拔。为什么屡战屡败又屡败屡战呢?家风使然。惠言祖母是个"女强人"。张金第(1699—1733)去世时,给白孺人(1696—1759)留下不成年的三子二女。有人看到其家庭生活困难,就劝白孺人不要让儿子走科举之路了,不然"读未成,饿死矣"。惠言祖母却不以为然,说:"自吾翁而上,五世为文儒,吾夫继之,至吾子而泽斩,吾不可以见吾翁。"仍然坚持让孩子读书参加科举考试。惠言母亲姜氏也是"女强人",与白孺人一样,坚持让孩子走科举之路:"及先妣之艰难困苦,一如白太孺人时,所以教惠言等者,人以为与白太孺人无不合也。"

张惠言内心是不喜欢科举的,时时露出对"时文"的厌恶。《文稿

---

① 齐如山.[M].沈阳:辽宁教育出版社,2006:65

自序》:"余少学为时文,穷日夜力,屏他务,为之十余年,乃往往知其利病。"① 后来科考失利,苦不堪言,其《送恽子居序》云:"余少时尝服马少游言:'求为乡里善人以没吾世。'年二十七,来京师,与子居交,观其议论文章,礛切道德,乃始奋发自壮,知读书求成身及物之要。八年之间,共颠于举场,更历困苦,出颊仰尘俗,入则相对以悲;已,相顾自喜益甚。"②

一方面要服从母命参加科考,走出"寒门";另一方面,发自内心又厌恶科考,这种人生矛盾压迫着张惠言。恽敬《张皋文墓志铭》云:"皋文清赢,须眉作青绀色,面有风棱,而性特和易,与人交,无贤不肖皆乐之。"③ 从恽敬描述看,张惠言面相有突出的"风棱"。"风棱"即"风骨"。有风骨之人,往往性格顽强,内刚外柔,志向远大。有诸内必形之于外。惠言的风骨,表现为事事争当"第一流"。《送恽子居序》:"始子居之语余也,曰:'当事事为第一流'。余愧其言,然未尝忘也。"④ 恽敬《张皋文墓志铭》曰:"始至京师,与王灼滨麓、陈石麟子穆及敬最友善。尝曰:'文章末也,为人非表里纯白,岂足为第一流哉?'"鲍桂星《受经堂汇稿序》云:"武进张编修皋文,吾畏友也,与余丙午己未同出朱文正夫子之门。君与其徒以第一流自期待,视今之为学者蔑如也……独念君生晚近时,慨然为举世不为之学,每举一艺,辄欲与古之第一流者相角,而不屑少贬以从俗,其磊落卓烁瑰异之气,可谓壮哉!"⑤ "当事事为第一流"可谓张惠言之座右铭。

① [清] 张惠言.茗柯文编 [M].黄立新校点.上海:上海古籍出版社,2015:121
② [清] 张惠言.茗柯文编 [M].黄立新校点.上海:上海古籍出版社,2015:28
③ 钱仲联.张惠言文选 [M].严明,董俊珏选注评点.苏州.苏州大学出版社,2001:230
④ [清] 张惠言.茗柯文编 [M].黄立新校点.上海:上海古籍出版社,2015:28
⑤ [清] 张惠言.茗柯文编 [M].黄立新校点.上海:上海古籍出版社,2015:264

（三）英年早逝，彪炳千秋

张惠言嘉庆四年（1799）进士，嘉庆七年（1802）六月辛亥，以疾卒，年仅四十二岁，非常可惜。惠言祖父张金第："俄得疾，卒京师，年三十五。"惠言父亲张蟾宾："其后游杭州，一岁，得疾归，遂卒，年三十有八。"张家三代英年早逝。因为祖父、父亲都是英年早逝，至少张家从张惠言开始注意中医学习。惠言《上阮中丞书》云：

> 惠言尝窃以为在上者之用人也，如良医之聚蓄百药焉，自紫芝、人参、丹砂、石乳，以至柴胡、桔梗、乌头、钩吻，莫不备具。故一旦有所用，取之笼中而不匮焉者，其求豫也。求之不豫，而用之匮，其不至杂投也者几矣。虽然，其取之也，则有间矣。命之于野，捆载而来者，柴胡、桔梗也。乌头、钩吻，其得之也不难，然制而用之，达其性而杀其毒，迨其熟也，非一朝夕也。紫芝、人参、丹砂、石乳，则必求之深岩之下，幽谷之中，盖有旷年而得之，或亦有不得者焉。虽然，其用之也，则又有分矣。柴胡、桔梗，为用也广，而不足以起痼疾。乌头、钩吻，投之当，其力十倍，然而惧其元气伤也。紫芝、人参、丹砂、石乳，可以起沉痼，奏殊效，常服而无后患。用人者亦然。跅弛之士，贪诈之才，任之以济事，殆有所不得已也。今夫子既能制乌头、钩吻而用之矣，则其无所遗于紫芝、人参、丹砂、石乳决也。浙东西之广，士大夫之都，夫子不亦得其人乎？毋亦有伏匿深岩幽谷而不得接于笼中者乎？如得其人，其与乌头、钩吻之用，当什伯也。如未得其人，则世道之忧。愚窃以为方今之务，未有先焉者也。[1]

张惠言以备药、用药喻储人才、用人才，驾轻就熟，足见惠言对

---

[1] [清]张惠言.茗柯文编[M].黄立新校点.上海：上海古籍出版社，2015：148—149

中医中药很有研究。惠言弟弟张琦对中医也下过功夫。李兆洛《张君翰风传》记载:"翰风,皋文先生母弟也。初名翊,更名与权,再更琦,又字宛邻,而友朋但称其初字曰翰风云。……长子曰珏孙,甚聪敏,未冠而夭,盖误于庸医。君因发愤医术,得掖县黄元御所著书,善之,遂推其意,贯串《素问》《金匮》,旁罗诸家,皆洞悉其得失之本,以治久痼宿疾,无不随手起。治县,时值天患,民病,所全活甚众。"[①]张琦因为长子夭折于庸医,所以发愤学医。张惠言对医术有研究,可能自身身体原因。恽敬说张惠言"清羸,须眉作青绀色"[②]。"清羸",清瘦羸弱,皮包骨,身体不健康。"须眉作青绀色",是说惠言胡须和眉毛是微带点红的黑色。总之,张惠言先天营养不良,加之后天生活条件差,身体更差。所以,惠言了解自己身体,经常翻阅医书,一般药性医理都能通达,不然不会在《上阮中丞书》中以医药讲用人的道理。

张惠言以四十二岁的壮年遽然辞世,但"事事争当第一流"的精神却使他在短暂的一生中取得了卓越的成就。一是入选"明清八大家"。本世纪初,钱仲联先生启发于明后期茅坤所编《唐宋八大家文钞》,计划选录明清两代古文,也以八大家为代表,取它可以接踵"唐宋八大家"。入选哪八大家呢?钱先生给出的标准是:"首先考虑到的,是八家散体古文,必须是卓越杰出的,代表明清两代各种主要文派的,必须是学问高深,儒林文苑,人们一向仰为山斗的。"在明代,钱先生选取了刘基、归有光和王世贞;在清代选取了顾炎武、姚鼐、张惠言、

[①] 转引自钱仲联. 张惠言文选[M]. 严明,董俊珏选注评点. 苏州. 苏州大学出版社,2001:233

[②] 钱仲联. 张惠言文选[M]. 严明,董俊珏选注评点. 苏州. 苏州大学出版社,2001:230

龚自珍和曾国藩。在谈及选取张惠言理由时，钱先生指出："张惠言，代表'阳湖派'，惠言是学人，以'虞氏易'名家；又能为古赋，词为'常州派'宗祖，可谓一专多能。"（《明清八大家文选·总序》）

二是入选"清代易学三大家"。皮锡瑞（1850—1908）非常称道张惠言易学，其在《经学通论》一书中，有《论近人说易张惠言为专门，焦循为通学，学者当先观二家之书》一篇。梁启超（1873—1929）更是盛赞张惠言易学，指出："可以代表清儒易学者不过三家，曰惠定宇，曰张皋文，曰焦里堂。……此外说《易》之书，虽然还有许多，依我看，没有什么价值，一概不论了。"[1]

张惠言虽然家世贫寒，英年早逝，但其文学成就和易学研究却彪炳千秋，可谓从"寒士"到"名士"一经典范例。

二、为什么要研究虞氏易学？

皮锡瑞在《论近人说易张惠言为专门，焦循为通学，学者当先观二家之书》一文中，引用《四库全书总目易类提要》和惠栋《易汉学提要》后指出："惠栋为东南汉学大宗，然生当汉学初兴之时，多采掇而少会通，犹未能成一家之言。其《易汉学》采及《龙虎经》，正是方外炉火之说，故《提要》谓其掇拾散佚，未能备睹专门授受之全，则惠氏书亦可从缓。近儒说《易》，惟焦循、张惠言最善。其成书稍后，四库未收，故《提要》亦未及称许，实皆学《易》者所宜急治。……张氏著《周易虞氏义》，复有《虞氏消息》《虞氏易礼》《易事》《易言》

---

[1] 梁启超.中国近三百年学术史[M].北京：中国社会科学出版社，2008：187—188

《易侯》，笃守家法，用功至深，汉学专门，存此一线。治专门者，当治张氏之书，以窥汉易之旨。"①

梁启超在论及张惠言时也指出："张皋文所著书，主要的是《周易虞氏义》九卷，还有《虞氏易礼》《易言》《易事》《易侯》及《荀氏九家义》《易义别录》等。皋文凭借定宇的基业，继长增高，自然成绩要好些。他的长处在家法明了，把虞仲翔一家学问，发挥尽致；别家作为附庸，分别搜择，不相杂厕。我们读这几本书，可以知道汉易中最主要的部分虞氏易有怎样的内容，这是皋文的功劳。"②

基于上述，我们知道，张惠言是汉易专家，其易学研究源于惠栋（1697—1758），高于惠栋。那么，张惠言为什么要研究易学，并且研究虞翻易学呢？汤用彤先生（1893—1964）针对魏晋玄学的兴起，曾经睿智地指出："研究时代学术之不同，虽当注意其变迁之迹，而尤应识其所以变迁之理由。理由又可分为二：一则受之于时风，二则谓其治学之眼光之方法。"③张惠言生活时代之"时风"是怎样的呢？梁启超认为，有清一代，自康、雍以来，皇帝都提倡宋学，即提倡程朱理学。但以江浙为中心的民间，"反宋学"气势日盛，标出"汉学"名目与之对抗。到乾隆时期，汉学派殆占全胜。汉学派也可以分出两个支派：一曰吴派，二曰皖派。吴派以惠栋为中心，以信古为标帜，梁启超称之"纯汉学"。皖派以戴震（1724—1777）为中心，以求是为标帜，梁启超称之"考证学"。张惠言研究汉易，研究虞翻易学，"时风"使然。而张惠言之所以研究易学，是因为其"治学之眼光之方法"：推究"文"所以载之"道"，必须从被汉人誉为"众经之首，大道之源"的

---

① 皮锡瑞.经学通论[M].北京：中华书局，1954:33—34
② 梁启超.中国近三百年学术史[M].北京：中国社会科学出版社,2008:187—188
③ 汤用彤.魏晋玄学论稿[M].汤一介等导读.上海：上海古籍出版社，2001:23

《周易》开始。

(一)"文以载道":研究《周易》的初因

《清史稿》张惠言本传:"张惠言,字皋闻,武进人。少受《易经》,即通大义。"①张惠言《杨随安渔樵问对图赋》"序"文记载:

杨子图其貌为一渔一樵,取邵康节氏之文,题之曰"渔樵问对"。于时岁在己酉,以书命余于京师曰:"其为我赋之。"余时甫涉易学,自以为未知道,不敢以为。其后余南还,罹母氏之戚,则又不暇以为。今年之春,乃得就杨子而观所谓"渔樵问对图"者,纵言及于《易》。②

"己酉"年为1789年,时张惠言二十八岁。可见,"少受《易经》,即通大义",指的是惠言年少时即已接触到《易经》,初步了解了易学的基本精神,而真正下功夫研究易学,是二十八岁前后开始的。

张惠言为什么而立之年对易学产生兴趣呢?其《文稿自序》曰:

余少学为时文,穷日夜力,屏他务,为之十余年,乃往往知其利病。其后好《文选》辞赋,为之又如时文者三四年。余友王悔生,见余《黄山赋》而善之,劝余为古文,语余以所受其师刘海峰者。为之一二年,稍稍得规矩。已而思古之以文传者,虽于圣人有和有否,要就其所得,莫不足以立身行义,施天下致一切之治。荀卿,贾谊,董仲舒,扬雄,以儒;老聃,庄周,管夷吾,以术;韩愈,李翱,欧阳修,曾巩,以学;柳宗元,苏洵、轼、辙,王安石,虽不逮,犹各有所执持,操其一以应于世而不穷,故其言必曰"道"。道成而所得之浅深醇杂见乎其文,无其道而有其文者,则未有也。故乃退而考之于经,求天地阴阳消息于《易》虞氏,求古先圣王礼乐制度于《礼》郑氏,

---

① 赵尔巽.清史稿[M].北京:中华书局.1977:13241
② [清]张惠言.茗柯文编[M].黄立新校点.上海:上海古籍出版社,2015:35

庶窥微言奥义，以究本原。①

其《送徐尚之序》有曰：

余少学诗，不成。年三十余，始为古文，愧未闻道。而尚之独见许，亟称之。于其别也，超然曰："子不可无言。"余曰："然。"乃审之曰：古之以文传者，传其道也。夫道，以之修身，以之齐家、治国、平天下，故自汉之贾、董，以逮唐宋文人韩、李、欧、苏、曾、之俦，虽有淳驳，而就其所学，皆各有以施之天下，非是者其文不至，则不足以传今。子为古之文，学古之道，立身事亲，既至矣，独位卑，任之者浅，道不得于下。古之人，不能必其道之果行也，而无一日忘道之行。故十室之邑，未尝不以先王之道治之。……若曰古之道不可用于今，则非吾之所敢知也。②

孔子说："朝闻道，夕死可矣。"（《论语·里仁》）韩愈在《原道》中说："曰：斯道也，何道也？曰：斯吾所谓道也，非向所谓老与佛之道也。尧以是传之舜，舜以是传之汤，汤以是传之文、武、周公，文、武、周公以是传之孔子，孔子以是传之孟轲，轲之死不得其传焉。"③周敦颐说："文，所以载道也。轮辕饰而人弗庸，徒饰也，况虚车乎？文辞，艺也；道德，实也。笃其实，而艺者书之，美则爱，爱则传焉，贤者得以学而至之，是为教。故曰：'言之无文，行之不远。'然不贤者，虽父兄临之，师保勉之，不学也；强之，不从也。不知务道德，而第以文辞为能者，艺焉而已。噫，弊也久矣！"④张惠言所以研究《周易》，是为了作"第一流"的"文"。韩愈为唐宋八大家之首，

---

① [清]张惠言.茗柯文编[M].黄立新校点.上海：上海古籍出版社，2015：121
② [清]张惠言.茗柯文编[M].黄立新校点.上海：上海古籍出版社，2015：205—206
③ [唐]韩愈.韩昌黎文集校注[M].马其昶校注.上海：上海古籍出版社，1987:18
④ [宋]周敦颐.周子通书[M].上海：上海古籍出版社，2000:39

有《原道》传焉。周敦颐倡"文以载道",为宋明道学开山祖师。"文"不载"道",读之无味,行之不远。所以,张惠言转向经学的研究,诚如阮元在《茗柯文编序》所言:"武进张皋文编修,以经术为古文,于是求天地阴阳消息于《易》虞氏,求古先圣王礼乐制度于《礼》郑氏,……圣人之道在六经,而《易》究其原,《礼》穷其变,知扶阳抑阴之旨,然后交际之必辨其类,议论之必防其流失也。"①

(二)主汉易,弃宋易

我国传统之经学,就内容加以区分,大体可分为汉学与宋学。前者乃汉代之学,广义言之,凡是以汉唐训诂之学为主的都是汉学。后者乃宋代之学,凡是以宋明义理之学为主的都是宋学。在清代,有治汉学的,有治宋学的。邓广铭先生说:"宋学是汉学的对立物,是汉学引起的一种反动。"②汉学严禀师承,笃守家法,不越雷池一步。宋学疑古惑经,不守传统,敢于创立新说。汉学宋学,彼此水火,互相攻讦。清代惠栋父子是汉学研究的一面旗帜。惠栋(1697—1758),字定宇,号松崖,元和(今江苏苏州)人,清代易学大家。惠氏四代治汉《易》,至惠栋,《易汉学》《周易述》成。惠栋《易汉学原序》曰:

六经定于孔子,毁于秦,传于汉。汉学之亡久矣,独《诗》《礼》二经犹存。毛郑两家《春秋》为杜氏所乱,《尚书》为伪孔氏所乱,《易经》为王氏所乱。杜氏虽有更定,大较同于贾、服;伪孔氏则杂采马、王之说,汉学虽亡而未尽亡也。惟王辅嗣以假象说《易》,根本黄老,而汉经师之义荡然无复有存者矣。故宋人赵紫芝有诗云:"辅嗣《易》行无汉学,玄晖诗变有唐风。"盖实录也。栋曾王父朴庵先生尝

---

① [清]张惠言.茗柯文编[M].黄立新校点.上海:上海古籍出版社,2015:268
② 漆侠.宋学的发展和演变[M].石家庄:河北人出版社,2002:3

闵汉《易》之不存也，取李氏《易解》所载者，参众说而为之传，天崇之际遭乱散佚，以其说口授王父，王父授之先君。先君于是成《易说》六卷，又尝欲别撰汉经师说《易》之源流而未暇也。栋趋庭之际，习闻余论，左右采获，成书七卷，自孟长卿以下五家之《易》，异流同源，其说略备。呜呼，先君无禄即世三年矣。以栋之不才，何敢辄议著述？然以四世之学，上承先汉，存什一于千百，庶后之思汉学者犹知取证，且使吾子孙无忘旧业云。①

张惠言承接惠栋父子研究易学，主汉易，弃宋易。其《丁小疋郑氏易注后定序》云：

自王弼注兴而《易》晦，自孔颖达《正义》作而《易》亡。宋之季年，学者争说性命，莫不以王、孔为本，杂以华山道士之言，而王伯厚氏独尽心郑注，搜集阙佚，汇为一书，可谓伟矣。自是之后盖五百余年，而得惠定宇氏，始考郑氏爻辰，增补伯厚《集注》所未备，然后天下知有郑《易》。又数十年，丁君小疋从而定之，正其违错，补其阙漏，次其篇章，然后郑氏之《易》大略具焉。方今士以不习郑学为耻，其考郑书者，无虑数十家，而以丁君此书为最善。②

其《周易虞氏义序》曰：

自魏王弼以虚空之言解《易》，唐立之学官，而汉世诸儒之说微。独资州李鼎祚作《周易集解》，颇采古易家言，而翻注为多。其后古书尽亡，而宋道士陈抟以意造为龙图，其徒刘牧以为《易》之"河图""洛书"也。河南邵雍又为"先天""后天"之图。宋之说《易》者，翕然宗之，以至于今，牢不可拔，而《易》阴阳之大义盖尽晦矣。

---

① [清]惠栋.周易述（附《易汉学》《易例》）（下册）[M].北京：郑万耕校点.中华书局，2007:513
② [清]张惠言.茗柯文编[M].黄立新校点.上海：上海古籍出版社，2015：61

清之有天下百年，元和征士惠栋，始考古义孟、京、荀、郑、虞氏，作《易汉学》，又自为解释曰《周易述》。然掇拾于亡废之后，左右采获，十无二三。其所述大氐宗祢虞氏而未能尽通，则旁征他说以合之。盖从唐、五代、宋、元、明，朽坏散乱，千有余年，区区修补收拾，欲一旦而其道复明，斯固难也。翻之学，既世又具见马、郑、荀、宋氏书，考其是否，故其义为精。又古书亡，而汉魏师说可见者十余家，然唯郑、荀、虞三家略有梗概可指说，而虞又较备。然则求七十子之微言，田何、杨叔、丁将军之所传者，舍虞氏之注，其何所自焉。故求其条贯，明其统例，释其疑滞，信其亡阙，为《虞氏义》九卷，又表其大旨，为《消息》两卷，庶以探赜索隐，存一家之学。其所未窹，俟有道正焉耳。①

（三）"《易》本为卜筮而作"

对《周易》一书的性质，历来有不同看法。朱熹说：

《易》本为卜筮而作。古人淳质，初无文义，故画卦爻以"开物成务"。故曰："夫《易》，何为而作也？夫《易》，开物成务，冒天下之道如斯而已。"此《易》之大意如此。

古人淳质，遇事无许多商量，既欲如此，又欲如彼，无所适从。故从《易》示人以卜筮之事，故能通志、定业、断疑，所谓"开物成务"者也。②

朱熹认为，《易》本卜筮之书，后来的道理都是源于卜筮。虞翻颇精于卜筮。据《三国志》记载，关羽被打败后，孙权让精于筮法的虞翻占筮，得兑下坎上之节卦，变卦为临卦。虞翻断曰："不出二日，必

---

① [清] 张惠言. 茗柯文编 [M]. 黄立新校点. 上海：上海古籍出版社，2015：39—40
② [宋] 黎靖德. 朱子语类（四）[M]. 王星贤校点. 北京：中华书局，1994：1620

当断头。"结果与虞翻断语惊人一致。孙权大加赞赏,说:"卿不及伏羲,可与东方朔为比矣。"①我们认为,张惠言之所以研究虞翻易学,更深层次的原因,可能是对卜筮的兴趣,对虞翻的羡慕。惠言对卜筮是下过工夫的。其《青囊天玉通义序》云:"余读《青囊》《天玉》《宝照》书,久而不解,乃尽屏注说,冥心思之积十余日,费食寝焉。"②张惠言应该也是精于筮占的,其《答钱竹初大令书》云:"春间辱手书,伏承忧患之余,有加年寡过之想,以惠言稍知易理,命决之于筮占。惠言之于《易》,盖所谓臆说,而不知是且非者。"③张惠言虽然谦虚,没有一定水平,钱竹初也不会让他算命的。可以推知,以张惠言之才智,加以十数年,他一定会有卜筮方面研究成果的,虽然囿于时代不可能示人。

三、易学著作扫描

张惠言研究虞翻易学有六本著作,分别为:《周易虞氏义》《周易虞氏消息》《虞氏易礼》《虞氏易事》《虞氏易候》《虞氏易言》。尚秉和(1870—1950)云:"盖知惠言之《易》,以虞氏为宗。其明章句者备于《虞氏义》,阐消息者备于《虞氏消息》,考典礼者备于《虞氏易礼》,说人事者备于《虞氏易事》,推时训者备于《虞氏易候》。独虞氏之微言大义,尚未有所传述,故又本乾、坤《文言》之例,作《易言》以推衍其说。"④

---

① [晋] 陈寿. 三国志(五)[M]. [宋] 裴松之注. 北京:中华书局,1982:1320
② [清] 张惠言. 茗柯文编[M]. 黄立新校点. 上海:上海古籍出版社,2015:200
③ [清] 张惠言. 茗柯文编[M]. 黄立新校点. 上海:上海古籍出版社,2015:150
④ 中国科学院图书馆. 续修四库全书总目提要·经部(上册)[M]. 北京:中华书局,1993:75

（一）《周易虞氏义》

此书是对虞氏《易》注的疏解。该书《周易》古经文字，凡陆德明《经典释文》可考者从《经典释文》，其余皆依李鼎祚《周易集解》，间有用他读者则随文注出；《彖传》《象传》《文言传》及其注释分别置于每卦之后，盖因《周易集解》中经传注文往往相通属，贵使相次耳；虞氏易注采自《周易集解》，间有用《经典释文》等书者，随文注出。该书于宋人《易》说所引，概置不录，传信也。于清人易说，多引惠栋和江承之说。

《周易虞氏义》成书后影响很大，先后有曾钊（1793—1854）著《周易虞氏义笺》九卷、李翊灼（1881—1952）著《周易虞氏义笺订》传世。柯劭忞（1848—1933）云："自此书刊行，惠言之学遂大行于世。其后曾钊撰《虞氏易笺》，拾遗补阙，往往摘惠之违失，要不过循途守辙，小有补苴，视茗柯汲古之勤，不可同日而语。"①

（二）《周易虞氏消息》

此书共两卷，分十六条目。卷一为：易有太极为乾元第一，日月在天成八卦第二，庖牺则天八卦第三，乾坤六位第四，乾坤立八卦第五，八卦消息成六十四第六。卷二为：卦气用事第七，乾元用九第八，元第九，中第十，权第十一，反卦第十二，两象易第十三，系辞引爻第十四，归奇象闰第十五，占第十六。

《周易虞氏消息》系张惠言研究虞氏易学之心得，后人评价甚高。柯劭忞说："惠言治虞氏《易》，潜心探索，三年始通其要领，乃撰

---

① 中国科学院图书馆.续修四库全书总目提要·经部（上册）[M].北京：中华书局，1993:76

《虞氏消息》以发明之。……初学不易入门，亦可谓孤经绝学矣。"① 今人潘雨廷（1925—1991）先生指出："若欲明虞氏义之大旨，必由此而入，庶能迎刃而解。故欲究虞注者，此书不可不读。总观全书，虞义具焉，易道之整体亦显焉，此张氏之易学所以不同于流俗也。"② 基于张惠言《周易虞氏消息》，李锐著《周易虞氏略例》；胡祥麟著《虞氏易消息图说》；徐昂著《周易虞氏学》六卷，其后三卷对张惠言《周易虞氏消息》作了阐述和补充。

（三）《虞氏易礼》二卷

该书宗旨，张惠言在《序》中讲得非常清楚："《易》者，礼象也。《易》家言礼者唯郑氏，惜其残阙不尽存。又其取象用爻辰；爻辰者，远而少变，未足以究天地消息。至其原文本质，使周家一代之制，损益具备，后有王者，监仪在时，不可得而废也。虞氏于礼，盖已略矣，然以其所及，揆诸郑氏，源流本末，盖有同焉。何者？其异者，所用之象也，而所以为象者不殊。故以虞氏之注，推礼以补郑氏之阙，其有不当，则阙如，一以《消息》为本。"③但是柯劭忞对此书却不以为然，说："郑君据礼释《易》，为专家之学，虞氏诋郑注为不得其门，则虞氏不主言礼可知。惠言谓揆诸郑氏原流本末盖有合焉，未免曲为附会。然其原文本质，发挥经义，足以补康成之缺，正不必援虞入郑，混淆家法也。"见仁见智，各有千秋。

（四）《虞氏易候》一卷

柯劭忞评价此书说："惠言谓易气应卦必以其象，乃据消息以推

---

① 中国科学院图书馆.续修四库全书总目提要·经部（上册）[M].北京：中华书局，1993:77
② 潘雨廷.读易提要[M].上海：上海古籍出版社,2003:406—407
③ [清]张惠言.茗柯文编[M].黄立新校点.上海：上海古籍出版社，2015：41

时训,全本虞氏易象发明占候之义。……惠言诠释详明,然亦时有疏舛。"①

(五)《虞氏易事》二卷

此书缘起,张惠言说:"孟氏说《易》本于气,而后以人事明之。然虞氏之论象备矣,皆气也。人事虽俱说,然略不贯穿。匪独虞耳,郑荀多说人事者,爻象亦往往错杂,后学不得其通,乃始苦其支窒而不能骋,于是悉举而废之,而相辩以浮辞,日以益众。夫理者无迹,而象者有依,舍象而言理,虽姬、孔靡所据以辩言正辞,而况多歧之说哉?设使汉之师儒比事合象,推爻附卦,明示后之学者有所依逐,至于今,曲学之响,千喙一沸,或不至此。虽然,夫《易》广矣大矣,象无所不具,而事止于一端,则吾未见汉儒之言之略也。述《易事》云尔。"②柯劭忞评价该书,曰:"易之学天道人事而已。孟氏说易,本于气而以人事明之。惠言谓虞氏之论象皆气也,人事虽具,然略不贯穿,是谓虞传孟氏之学详于天道而略于人事。又谓郑荀说人事者,爻象亦往往错杂,后学不得其通。故此书虽名虞氏易事,实不囿于一家之学。"③

(六)《虞氏易言》二卷

本书始末,尚秉和先生论之最详:"然《易言》本未成之书,故下经自震以下皆阙。所以谓之《易言》者,案刘逢禄《刘礼部集》卷二《易言篇跋》云:'初张皋文先生述《易言》二卷,自震以下十四卦未成,而先生没,其甥董士锡学于先生,以余言《易》主虞仲翔氏,于

---

① 中国科学院图书馆.续修四库全书总目提要·经部(上册)[M].北京:中华书局,1993:76
② [清]张惠言.茗柯文编[M].黄立新校点.上海:上海古籍出版社,2015:41
③ 中国科学院图书馆.续修四库全书总目提要·经部(上册)[M].北京:中华书局,1993:76

先生言若合符节，属为补完之。先生善守师法，惧言虞氏者，执其象变，失其指归，故引申《文言》举隅之例，一正魏晋以后儒者望文生义之失，于诸著述为最精。'又卷九《易虞氏五述序》云：'余既补张皋文先生《易言》二卷，盖先生惧学虞氏者，执象变而失指归，参天象而疏人事，故取以言尚辞之义，捄其失也。'依刘氏之说而推之，盖知惠言之易，以虞氏为宗，其明章句者备于《虞氏义》，阐消息者备于《虞氏消息》，考典礼者备于《虞氏易礼》，说人事者备于《虞氏易事》，推时训者备于《虞氏易候》；独虞氏之微言大义，尚未有所传述，故又本乾、坤《文言》之例，作《易言》以推衍其说。通体舍象变而谈义理，虽未知其悉中虞氏之旨与否，要其说理朴实，遗辞典雅，无穿凿附会之弊，支离轇轕之习，较其它书，特为平正，苟能合刘氏补完之说而行之，虽未足以轻视王、程，要亦为言义理者必当取资焉尔。"①

除虞氏易学六书外，张惠言尚有郑、荀易学等方面专著。

（一）《周易郑荀义》三卷

撰写此书原委，张惠言于该书《序》中言之甚详，他说："汉儒说《易》，大指可见者三家：郑氏，荀氏，虞氏。郑、荀，费氏《易》也。虞，孟氏《易》也。郑氏言礼，荀氏言升降，虞氏言消息。……然其（郑氏）列贵贱之位，辩大小之序，正不易之伦；经论创制，吉凶损益，与《诗》《书》《礼》《乐》相表里，则诸儒未有及之者也。……然其（荀氏）推乾坤之本，合于一元；云行雨施，阴阳和均，而天地成位，则章章乎可谓得《易》之大义者也。……王弼之说，多本郑氏而弃其精微；后之学者习闻之，则以为费氏之义，如此而已。其盈虚消

---

① 中国科学院图书馆.续修四库全书总目提要·经部（上册）[M].北京：中华书局，1993:75

息之次，周流变动之用，不详于《系辞》《彖》《象》者，概以为不经。若观郑、荀所传卦气、十二辰、八方之风、六位世应、爻互卦变，莫不彰著。刘向有言：'《易》家皆祖田何、杨叔、丁将军，大义略同。'岂不信哉。治《易》者如传《春秋》，一条之义，各以其例；时若可比，究则迥殊。李鼎祚、朱震合诸家而为说，是知日之圆，而不知其不可以为规也。余既述虞氏之注为'消息'以发其义，故为郑、荀各通其要，以俟治古文者正焉。"① 柯劭忞《提要》云："惠言以郑荀俱为费氏学，故述两家学说合为一编。谓郑言礼，荀言升降，按以《易》例言之，当云郑言'爻辰'，不当云郑言礼。……虞氏谓荀异俗儒，郑未得其门，特以荀言卦变、言消息、言乾升坤降、成既济定，与虞学差近耳。其实郑君据《礼经》以说《易》，……其学说非荀、虞所及也。"②

（二）《周易荀氏九家义》三卷

荀氏九家，学界一直未能形成共识。柯劭忞论说道："要之九家《易》与荀氏实相为表里。无论九家述荀，荀集九家，其大旨则同也。"③

（三）《周易郑氏注》三卷

郑氏《易》著早佚，宋王应麟（1223—1296）收集编辑，后有丁小疋定本，张惠言有《丁小疋郑氏易注后定序》（收入《茗柯文二编》卷上）。此书曾经惠栋审定。惠栋治经最大问题是好改经文。张惠言重校郑氏《易》，便是以丁小疋本为主，并参考卢文弨等诸家所校本，最后

① [清]张惠言.茗柯文编[M].黄立新校点.上海：上海古籍出版社，2015:43
② 中国科学院图书馆.续修四库全书总目提要·经部（上册）[M].北京：中华书局，1993:77
③ 中国科学院图书馆.续修四库全书总目提要·经部（上册）[M].北京：中华书局，1993:78

成《周易郑氏注》三卷。尚秉和先生指出："惠言于惠氏改字，皆为指出。如'谦'字惠皆改作'嗛'，'逸'皆改作'佚'……致义皆背戾，失郑注本义，就一己私说。书内遇此，并为指出，以正惠氏之妄，则此书之功也。"①

4.《易纬略义》三卷

《易纬》原委，张惠言《易纬略义序》讲得非常清楚："《纬》者，其原出于七十子之徒相与传夫子之微言，因以识阴阳五行之序，灾异之本也。盖夫子五十学《易》，而知天命。子赣曰：'夫子之言性与天道，不可得而闻。'是以其言者，六艺之文著之；其难言者，游夏之徒或口受其传旨，益曾附推阐以相传授，秦汉之间师儒第而录之，其亦有技术之士以其所能推说于篇，参错间出，故其书杂而不能醇。刘歆之于《纬》精矣。当其时，河洛之文大备，而《七略》不著录，将以符命之学出于其中，在所禁秘耶？郑康成氏，汉之大儒，博通古文，甄录而为之注，则《纬》之出于圣门，而说经者之不可废也，审矣。至隋而六经之纬焚灭，唯《易》独存。《后汉书注》载其目，曰：《稽览图》《乾凿度》《坤灵图》《通卦验》《是类谋》《辨终备》。宋而更有《乾元序制记》《乾坤凿度》。宋之诸儒排而摈之，讫于元明，无传于世，存者独明《永乐大典》所编，而纬无完书矣。"②张惠言认为，《易纬》在宋朝时尚全，至清代已残缺，他最认可《乾凿度》《稽览图》和《通卦验》三书，因而其《易纬略义》只是就此三书"条而次之"："《稽览图》论六日七分之候，《通卦验》言八卦暑气之应，此孟、京氏阴阳

---

① 中国科学院图书馆.续修四库全书总目提要·经部（上册）[M].北京：中华书局，1993:9
② [清]张惠言.茗柯文编[M].黄立新校点.上海：上海古籍出版社，2015:58—59

之学。《乾凿度》论乾坤消息，始于一，变而七，进而九，一阴一阳相并而合于十五，统于一元，正于六位，通天意，理人伦，明王度，盖《易》之大义条理毕贯，诸儒莫能外之。其为夫子之绪论，田、杨以来先师所传习，较然无疑。至其命图书，考符应，算世轨，则其传湮绝，文阙不具，不可得而通，亦非儒士之所说也。故就三书而求其醇者：《通卦验》十三，《稽览图》十五，《乾凿度》十八。易学芜绝，汉人之书皆已亡阙，其仅而存于今，足以考古师说，如此三书者，治《易》者盖可忽乎哉？故条而次之，以类相从，通其可知者，阙其不可知者，存其略云尔。"[1]柯劭忞对张惠言《易纬略义》评价很高："按《乾凿度》阐消息之精义，郑君注尤为详尽，可与其《易注》相表里；《稽览图》《通卦验》，虽阴阳占候之学，然亦传义所有，不可废也。惠言删订三书，实有功于易学。是书惠言子成孙依江承之钞本，复以《聚珍四库》本校之，审别异同，注于下方，尤为精核，不愧其家学也。"[2]

（五）《易义别录》十四卷

为什么要编著《易义别录》？张惠言《易义别录序》曰："《易》之传自商瞿子，以至田生，惟一家。焦氏后出。及费氏为古文，而汉之《易》有三。自是之后，田氏之《易》，杨、施、孟、梁邱、高氏而五，唯孟氏久行。焦氏之《易》，为京氏。费氏兴而孟、京微焉。夫以传述之统，田生、丁将军之授受，则孟氏为《易》宗无疑，而其行不及费氏者，以传授者少，而费氏之经与古文同，马融、郑康成为之传注故也。王弼注行而古师说废，孔颖达《正义》行而古《易》书亡。其见于《释文》叙录者，自晋以前三十有二家，李鼎祚《集解》所引二十

---

[1] [清]张惠言.茗柯文编[M].黄立新校点.上海：上海古籍出版社，2015:59
[2] 中国科学院图书馆.续修四库全书总目提要·经部（上册）[M].北京：中华书局，1993:201

有三焉，皆微文辞碎义，多不贯串，盖易学扫地尽矣，可不惜哉！夫不尽见其辞而欲论其是非，犹以偏言决狱也；不尽通各家而欲处其优劣，犹援白而嘲黑也。余于《易》取虞氏，既已推明其义，以郑、荀二家注文略备，故条而次之。自余诸家，虽条理不具，然先士之所述，大义要旨，往往有不可得而略也，乃辑《释文》《集解》及他书所见，各为别录，义有可通，附著于篇，因以得其源流同异，若夫是非优劣，亦可考焉。凡孟氏四家：孟氏、姚信、翟玄、蜀才。京氏三家：京房、陆绩、干宝。费氏七家：马融、宋衷、刘表、王肃、董遇、王廙、刘瓛。子夏传非汉师说，别为一家。"①

潘雨廷先生对此书评价很高，他说："张氏一生研《易》，于发扬汉易之功殊大，专主虞氏，可谓继绝学。此书编辑所存之汉易，除虞、郑、荀另详外，凡得十五家。……夫张氏之明辨师承，语极中肯；遍采各书，又极审慎，如不信刘瓛之同人注等，辑佚之外，能考其是非优劣，尤为可贵。故凡研汉易者，此书实不可不读。"②

（六）《易图条辨》一卷

该书首辨河图洛书，次辨刘牧太极生两仪、天地数十有五、四象生八卦等图，次朱子启蒙图，次太极图，次赵㧑谦天地自然之图、赵仲全古太极图，次参同契纳甲图、汉上易卦纳甲图，次《皇极经世》，次《读三易备遗》，次《卦变图》，次朱子卦变，次程苏卦变，次反对为卦变。张惠言在此书中，援引古说并毛奇龄、黄宗羲、胡渭等考证结果，对河图洛书、太极图等一一加以辨解。

皮锡瑞（1850—1908）撰《论宋人图书之学亦出于汉人而不足据》

---

① ［清］张惠言.茗柯文编［M］.黄立新校点.上海：上海古籍出版社，2015：44—45

② 潘雨廷.读易提要［M］.上海：上海古籍出版社，2003:408

指出:"宋、元、明言《易》者,开卷即及'先天''后天',惟元陈应润作《爻变义蕴》始指'先天'诸图为道家借易理以为修炼之术。吴澄、归有光亦不信'图''书'。国朝毛奇龄作《图书原舛篇》,黄宗羲作《易学象数论》,黄宗炎作《图书辨惑》,争之尤力。胡渭《易图明辨》引据旧文,足箝依托之口。张惠言《易图条辨》驳诘精审,足箴先儒之失。"①但是,尚秉和先生对张惠言《易图条辨》持论不高:"疑《系辞》所谓'洛书'未必指九畴,或上古更有其事。惠言不此之求,并《系辞》而亦驳之,殊为过当。……'图''书'之可议者多矣,惠言所辨,皆偏而不公,著其尤甚者,以例其余。……至于卦变图,在汉儒以虞翻用者为最多。然皆因象不能求、义不能解,始用卦变,以济其穷,否则无用者,在《易》解中最为歧误。宋人不知其穷窘而为此,反视为当然。乃惠言反不痛驳之,殆为习俗所染欤?"②

四、"非虞氏无以知消息之旨,非先生无以知虞氏之旨"

虞翻说:"六经之始,莫大阴阳,是以伏羲仰天县象而建八卦,观变动六爻为六十四,以通神明,以类万物。"(《虞翻别传》)又说:"经之大者,莫过于《易》。"(同上)张惠言说:"翻之言《易》,以阴阳消息、六爻发挥旁通、升降上下,归于'乾元用九而天下治',依物取类,贯穿比附,始若琐碎,及其沉深解剥,离根散叶,畅茂条理,遂于大道,后儒罕能通之。"(《序》)阮元《周易虞氏义序》曰:《周易虞氏义》,"其大要,明乾元以立消息之本,正六位以定消息之体,叙

---

① [清]皮锡瑞.经学通论[M].北京:中华书局,1954:28
② 中国科学院图书馆.续修四库全书总目提要·经部(上册)[M].北京:中华书局,1993:78

六十四卦以明消息之次，推九六变化以尽消息之用。始于'幽赞神明'，终于'乾元用九而天下治'。盖自仲翔以来，绵绵延延千四百余载，至今日而昭然复明。呜呼，可谓盛矣。"所以，陈善《周易虞氏义后序》曰："然非虞氏无以知消息之旨，非先生亦无以知虞氏之旨。虞氏旨明，而四圣人以《易》传道之功益显于后世。"可见，张惠言捻出"消息"二字贯穿虞翻易学，既是其研究虞翻易学之心得，也是自己成熟易学思想的表达。在张惠言看来，"消息"是易学核心，伏羲"十言之教"本质是"消息之教"。谁的"消息"？"阴阳"之"消息"。"消息"之意义何在？"传道"也。所以名义上是"我注六经"，实则是"六经注我"。"我注六经"是形式，"六经注我"是内容，"借鸡下蛋"而已。《周易虞氏义》九卷，是张惠言对虞翻易学的解读，所谓"我注六经"，其中贯穿着张惠言自己的圆融的易学思想。《周易虞氏消息》二卷，是《周易虞氏义》之大旨，实则张惠言成熟的易学思想，所谓"六经注我"。"我"源于"六经"，又不同于"六经"。

张惠言论述虞翻易学"消息"之旨是从《周易》之体用两方面展开的。《周易虞氏消息》卷一是从《周易》之体论述"消息"之旨，《周易虞氏消息》卷二是从《周易》之用论述"消息"之旨。

（一）《周易》为"消息之教"

易学著作汗牛充栋，千说万说，都植根于"阴阳"二字。从宇宙人生万象中捻出"阴阳"二字以揭示宇宙人生万象之本质，可谓中华先民对中华民族、对全人类至伟至大之贡献。正是在此意义上，冯友兰（1895—1990）先生才在《孔丘、孔子、如何研究孔子》一文中把《周易》哲学称之为"宇宙代数学"[①]；正是在此意义上，这位哲学大师

[①] 冯友兰.三松堂全集（十三）[M].郑州：河南人民出版社,2001:412

深感，未能光大《周易》哲学，愧疚祖先，其在1990年11月26日临终前说的最后一句关于哲学的话是："中国哲学将来一定会大放光彩！要注意《周易》哲学。"①众所周知，当今信息社会建立于计算机之上，而计算机的发明得益于二进制。不管莱布尼茨（1646—1716）发明二进制是否启发于《周易》，二进制之"0""1"两个符号乃阴阳之象，不言而喻。我们认为，"阴阳"的发现，高明于印度的"地水火风"、希腊的"土水火气"和中国古代的"金木水火土"。

"阴阳"凝练于宇宙人生万象，宇宙人生万象又可以用"阴阳"符示。宇宙人生万象是运动变化发展的，其运动变化发展无非是阴阳消长。阳长为息，阴长为消，"消息"具焉。阮元《周易虞氏义序》曰：

昔伏羲作十言之教曰：乾坤震巽坎离艮兑消息。《易纬》曰："圣人因阴阳，起消息，立乾坤，以统天地。"《易》曰："君子尚消息盈虚，天行也。"是消息者，圣人所以立卦推爻、《系》《彖》《象》之旨也。

有鉴于此，唐文治（1865—1954）先生在其《周易消息大义自序》中称《易》为"消息之教"：

夫《易》何为者也？致广大而言之，冒天下之道，通天下之志，定天下之业也。尽精微而言之，极深研几，穷理尽性以至于命也。而究其奥旨，要归于古圣伏羲所言消息之教，阳用事为息，阴用事为消也。文王传其教，于《乾》《坤》《蛊》《临》《复》诸卦言之。周公传其教，于《坤》初、《明夷》五、《升》上言之。孔子传其教，于《泰·传》曰"君子道长，小人道消"，《否·传》曰"小人道长，君子道消"，此言国家治乱之消息也；于《剥·传》曰"君子尚消息盈虚"，于《复·传》曰"刚长，复，其见天地之心"，此言人心善恶之消息也；于

---

① 范鹏.道通天地：冯友兰[M].济南：山东画报出版社,1998:242

《丰·传》曰"日昃月食,天地盈虚,与时消息",此言天地间气化之消息也。此特以辞言,若论象数,则六十四卦发挥旁通,无非消息之周流也。孟子传其教,曰:"日夜之所息,平旦之气,好恶与人相近。得其养,无物不长;失其养,无物不消。"引孔子曰:"操则存,舍则亡。"操存,阳者,息也;舍亡,阴者,消也。因一心之存亡,推之即一身一家之存亡,又推之则一国天下之存亡。消息之几,危乎微乎!①

《易》为"消息之教",而《易》之"消息"是"阴阳"之"消息"。而明"阴阳",即涉及到《易》之体。

(二)《周易》之体

《周易》之体即六十四卦,展开为:太极,阴阳,八卦,六十四卦。

六十四卦是符号系统,由六个阳爻(——)或阴爻(— —)组成,称之"别卦"。三个阳爻(——)或阴爻(— —)之组成,称之"经卦"。如此,每一个"别卦"又是由两个"经卦"组成。不管是六画卦之"别卦",还是三画卦之"经卦"都是由阴爻(— —)和阳爻(——)组成的。"阴阳"这两个字和"— —""——"都是"符号"系统,都是人类创造的。这些"符号"给人类表达交流带来了便利,同时也遮蔽了人们的思维。因为久而久之,我们会"望文生义",往往忘记其所自,忘记其本来。德国哲学家恩斯特·卡希尔(Ernst Cassirer,1874—1945)指出:"人不再生活在一个单纯的物理宇宙之中,而是生活在一个符号宇宙中。语言、神话、艺术和宗教则是这个符号宇宙的各部分,它们是织成符号之网的不同丝线,是人类经验的交织之网。人类在思想和经验之中取得的一切进步都使这符号之网更为精巧和牢固。人不再能

---

① 唐文治.周易消息大义[M].上海:华东师范大学出版社,2012

直接地面对实在，他不可能仿佛是面对面地直观实在了。"①因此，我们要研究《周易》之体，必须透过符号系统，还原"符号"所符示者。

今天，我们非常清楚地知道，作为地球人，最重要的依靠是太阳。地球自转，有了昼夜变化。地球围绕太阳运转，有了寒暑变化。没有太阳，就不会有供养人类生存生活的万物。万物生长靠太阳。在地球之外，对人类直接影响最大的，除了太阳，就是月亮。月亮围绕地球转，同时与地球一起围绕太阳转，于是有了月相弦晦朔望的变化。太阳、月亮、地球三者构成人类思考问题的基点。中华先民的智慧，中华先民的伟大，就在于由日、月运行推演出太极、阴阳、八卦、六十四卦等易学文化。《系辞上传》："是故《易》有太极，是生两仪。两仪生四象，四象生八卦。八卦定吉凶，吉凶生大业。是故法象莫大乎天地，变通莫大乎四时，悬象著明莫大乎日月。"《系辞下传》："古者包牺氏之王天下也，仰则观象于天，俯则观法于地，观鸟兽之文与地之宜，近取诸身，远取诸物，于是始作八卦，以通神明之德，以类万物之情。"太极、两仪、四象、八卦等概念呼之而出。两仪，就是天地、日月，以阴阳名之。四象就是四时，有少阳、太阳、少阴、太阴之称。重要的是"太极"和"八卦"。张惠言提出"易有太极为乾元"的观点，他说：

圣人以三画象一、七、九，而谓之乾，即太极也。既立乾，然后效之而为坤，则以乾象天，以坤象地。七、九象阳之气，八、六象阴之气，而以一为乾元，故曰"天下之动，贞夫一者也"。是天下之初，故曰"至赜"也。其在爻，则为复初，以其为乾之最初也。二丽于一，乾有元，而坤凝之以为元。其实，坤无元也。乾元之气，正乎六位则

---

① [德]恩斯特·卡希尔.人论[M].甘阳译.上海：上海译文出版社，2004:35—36

谓之道，即太极之正也；行乎阴阳，出入变化，则谓之神，即太极之行也。(《易有太极为乾元第一》)

关于"八卦"的形成，根据《易传》和虞翻注，张惠言提出"日月在天成八卦""伏羲则天八卦"和"乾坤立八卦"三种见解。关于"六十四卦"的形成，张惠言认为"八卦消息成六十四卦"。他说：

以三为六，"因而重之"，则八卦为六十四，亦只是各加八卦。然若挨次添加，截然整齐，天地之道不如此也。故圣人必以乾元"触类而长"，"六爻发挥旁通"，乃成六十四卦。所以发明一阴一阳之道，乾变坤化之神，此圣人"穷理尽性"之极功也。"鬼神之情状"，于是而见。"存亡吉凶"，于是而要。注中凡云"自某之旁通某卦"者，皆是。卦变消息，盖孟氏之传也。荀氏亦言之，而不能具。其他，则多舛矣。其法有爻之有旁通，有消息卦，有消息卦所生之卦。注虽残阙，考约求之，盖乾坤十二辟卦为消息卦之正。其自临、遁、否、泰、大壮、观生者，谓之爻例。自乾坤生者，不从爻例。每二卦旁通，则皆消息卦也。(《八卦消息成六十四卦第六》)

张惠言"八卦消息成六十四卦"的卦变思想与虞翻卦变思想并不一致。根据今人研究，卦变说是虞翻易学主要思想，此外还有之正说(成既济定说)、纳甲说、旁通说、反卦说、两象易说、互体说等。卦变学说，乃是探讨卦之所自来的一种学说。《彖传》所谓上下往来，初步透露了卦变思想。京房八宫六十四卦系列中，每一宫中，本宫卦与另外七卦间的关系，就是一为本原、一为派生的卦变关系。京房之后、虞翻之前，在两汉易学发展演变的过程中，具有明确的卦变意识之觉醒，自觉进行卦变问题的较为系统的探讨的，主要有荀爽。荀爽一则从《易传》带有初步卦变意蕴的诠论中得到启发，再则又从京房八宫六十四卦系列中，卦与卦之间的本原与派生的关系那里受到启迪，在易学史上，首次明确提出了某些卦由何卦变来的卦变思想，成为虞翻卦变学说得以创立的直接学术资源。① 虞翻卦变说，起自于乾坤。虞氏注《乾·文言传》"乾元者始而亨者也"："乾始开通，以阳通阴，故始通。"注《系辞上传》"易简而天下之理得矣"："易为乾息，简为坤消，乾坤变通穷理以尽性。"虞翻将乾坤阴阳消长称为消息，阳长为息，阴长为消。乾坤十二爻之消息变化，则为十二消息卦。虞翻注复："阳息坤"；注临："阳息至二"；注泰："阳息坤"；注大壮："阳息泰也"；注夬："阳决阴，息卦也"；注姤："消卦也"；注遁："阴消姤二也"；注否："阴消乾"；注剥："阴消乾也"。林忠军教授指出，从严格意义上说，虞氏卦变说是从十二消息卦开始的。虞氏卦变复繁博大，千头万绪，然皆不出十二消息之范围，十二消息是理解虞氏卦变说的关键。② 王新春教授认为，"消息卦生杂卦"是虞翻卦变说的主要内容。③

（三）《周易》之用

四库馆臣云："《易》之为书，推天道以明人事者也。"④ 刘大钧先生提出《周易》有"今义""古义"之别，他说："汉初，易学的传承已有了'今义'与'古义'之分。此所言'今''古'不同于今、古文中的'今'与'古'，非谓田何所传的今文易学与费直所传的古文易学。《易》之'今义'凸显的是一种德性优先的浓郁人文关怀，而《易》之'古义'，则更多地关涉明阴阳、和四时、顺五行、辨灾祥等卜筮之旨。"⑤《周易》之用，在于"明人事"。"浓郁人文关怀"和"卜筮"，可谓《周

---

① 王新春.易学与中国哲学[M].北京：人民出版社,2012:213
② 林忠军.象数易学发展史（第一卷）[M].济南：齐鲁书社，1994:196
③ 王新春.易学与中国哲学[M].北京：人民出版社,2012:217—233
④ [清]永瑢.四库全书总目（上册）[M].北京：中华书局，1965:1
⑤ 刘大钧.《周易》古义考[J].中国社会科学，2002（5）:142

易》之两大用。刘大钧先生认为，"孟、京之学，其主要内容确得古义之传"。①自称五世传孟氏易的虞翻，其易学自然主要是具有"卜筮之旨"的"古义"。需要指出的是，《周易》古义"笼罩在本天道立人道的天人之学的氛围下，同样寄寓了先哲独特的总体宇宙关怀和终极人文关怀"。②所以，《周易虞氏消息》卷二主要是从《周易》之用之"卜筮"论"消息"。围绕卜筮，张惠言讲述了九个方面的内容，即：卦气用事，乾元用九，中，权，反卦，两象易，《系辞》引爻，归奇象闰，占。在这九个内容中，惠言于"卦气"用力最多。"卦气"说渊源久远，早在春秋战国时期的《子夏易传》和《易传》中就有"卦气"说的思想，③但是"卦气"说首见于《孟氏章句》。唐僧一行说："十二月卦，出于《孟氏章句》，其说《易》本于气，而后以人事明之。"④孟喜按照一定的规律，将《周易》卦爻与四时、十二月、二十四节气、七十二候有机结合起来，形成了一套融《周易》与历法为一体的易学理论。因说《易》本于历法中的节气，故称卦气。孟喜卦气说包括四正卦思想、十二消息卦思想、六日七分说等。⑤

五、结语

据段玉裁《戴东原先生年谱》记载，戴震小的时候，老师教《大学章句》到"右经一章"以后，戴震问老师："这凭什么知道是孔子的话，却由曾子记述？又怎么知道是曾子的意思，却是他的学生记下来

---
① 刘大钧.《周易》古义考[J].中国社会科学，2002（5）：144
② 刘大钧.《周易》古义考[J].中国社会科学，2002（5）：150
③ 刘大钧."卦气"溯源[J].中国社会科学，2002（5）：122
④〔宋〕欧阳修.新唐书（二）[M].北京：中华书局，1975：598
⑤ 林忠军.象数易学发展史（一）[M].济南：齐鲁书社，1994：55—65

的呢？"老师回答他说："这是朱熹说的。"戴震马上问："朱文公是什么朝代的人？"老师回答说："宋朝人。"戴震问老师："曾子、孔子是什么朝代的人？"老师说："周朝人。"戴震追问道："周朝和宋朝相隔多少年？"老师说："差不多两千年了。"戴震问老师："既然这样，那么朱熹怎么知道？"老师没有什么可以拿来回答，说："这个孩子非同一般。"①

"戴震难师"的故事，对我们震动很大。虞翻（164—232）生当汉末三国之际，张惠言（1761—1802）生当清代乾嘉之时，两人时代相隔1500余年。孔子说："书不尽言，言不尽意。"（《周易·系辞上传》）又说："不知言，无以知人也。"（《论语·尧曰》）所以，张惠言对虞翻的理解，都有其局限性，都应该有其局限性。刘大钧先生早就指出："须知惠言之虞氏易义作为虞氏易的再诠释，并非尽得虞氏之本旨，多有强虞氏以合己说之处，此不得不察也。"（《周易虞氏义·校点说明》）张惠言离开我们已经200多年。我们与张惠言不曾谋面，我们只能通过张惠言所"立"之"言"了解张惠言及其易学。我们对张惠言及其易学的理解同样也一定会有不当欠妥之处。由于时间仓促，加之水平有限，不当之处，欠妥之处，及其文字之鱼鲁豕亥舛讹之错，不可避免，敬请方家批评指正。

另外，《周易虞氏义》《周易虞氏消息》有嘉庆八年（1803）扬州琅嬛仙馆刻本（《张皋文笺易诠全集》本）、道光九年（1829）广东学海堂刻本（《皇清经解》本）和咸丰十年（1860）广东学海堂补刻本（《皇清经解》本）等。本次校点以咸丰十年（1860）广东学海堂补刻本为底本，以《续修四库全书》影印嘉庆八年（1803）琅嬛仙馆刻本

---

① 丛书集成续编（191）[M].台北：新文丰出版公司，1988:452—453

(《张皋文笺易诠全集》本）为校本。各卦前题了卦名。底本每卷卷首有"皇清经解卷××"，并题有"学海堂"字样，今皆删去，于卷首书名下题"卷之×"。底本每卷卷末题有"皇清经解卷××终"，下题每卷校勘者姓名，今改为"周易虞氏义卷之×终"。另，《张皋文笺易诠全集》本有阮元、陈善所作序文，我们也刊列于《周易虞氏义》之首。

周易虞氏义序

昔伏羲作十言之教，曰：乾坤震巽坎离艮兑消息。《易纬》曰："圣人因阴阳，起消息，立乾坤，以统天地。"《易》曰："君子尚消息盈虚，天行也。"是消息者，圣人所以立卦推爻、系彖象之旨也。汉时说《易》者，皆明消息。今遗文可考者，郑、荀、虞最著。而虞氏仲翔世传孟氏《易》，又博考郑、荀诸儒之书，故其书参消长于日月，验变动于爻象，升降上下，发挥旁通，圣人消息之教更大明焉。惜后通之者少。五代时，姚氏、翟氏、蜀才氏能传之，亦未大显。唐初，以王注列学官而师说亡。迨宋图书之说兴，而易义更晦。幸李鼎祚撰《集解》，采虞注独详。国朝惠征士栋，据之作《易汉学》，推阐纳甲，于消息变化之道稍启端绪。后作《周易述》，大旨宗虞，而义有未通，补以郑、荀诸儒。读者以未能专壹少之，盖虞学之晦久矣。武进张编修惠言，承惠征士之绪，恢而张之，约而精之，阐其疑滞，补其亡阙，纠其讹舛，成《虞氏义》九卷，又标其纲领，成《虞氏消息》两卷。其大要，明乾元以立消息之本，正六位以定消息之体，叙六十四卦以明消息之次，推九六变化以尽消息之用。始于"幽赞神明"，终于"乾元用九而天下治"。盖自仲翔以来，绵绵延延千四百余载，至今日而昭然复明。呜呼，可谓盛矣。余学《易》，愧未能卒业，而是书之可传于后，固学者所共知，而余所深服者也。编修不幸早卒，其弟子陈生善，得最后定本，思广传之而未得。余素重编修书，因命之校付梓人。夫古之立言者，非徒华其言而已，必将有以用之。编修由人事以推天道，由天道以准人事，往来盈缩之理，礼乐刑政之具，瞭然于胸。惜未竟其用，而于化裁通变之道仅以空言传也。然书存则其道存，推而行之，是在善学者。则是书之足以传编修者，又何如哉。

嘉庆八年六月立秋日扬州阮元序。

周易虞氏义后序

　　右《周易虞氏义》九卷、《虞氏消息》二卷，武进张皋文先生著。先生初为郑氏礼学，于歙金修撰榜。既复学《易》，乃博求众家《易》说。于唐李鼎祚《周易集解》中得虞氏仲翔注，善之，潜心探索，三年乃通其要领，成《虞氏消息》。又章解句释，成《虞氏义》。壬戌春，善赴礼部试，侍先生于京邸讲席，先生授以最后定本。未几，善赴河南，距数月而先生殁。今兵部侍郎浙江巡抚仪征阮公，先生座主也，将刊先生遗书，适善自河南旋里，公索先生书于善，为序其《虞氏义》并《消息》，命善校刊。乃与先生之甥武进董君士锡及武进李君兆洛、刘君逢禄参校。始于癸亥春二月，及九月而工竣。其书原例，则经文皆依李氏、陆氏本，间有从众家者，如"师贞丈人"作"师贞大人"，《履》"不咥人亨"无"利贞"二字之类。亦有依注改者，如"舆说輹"作"车说輹"，"戚差若"作"戚嗟若"之类。以有《释文》及注可证，不著所出，从简也。注文或分《象》入卦辞，如《需》"利涉大川"注，《比》"不宁方来，后夫凶"注之类。或分《象》入爻辞，如《屯》六四"求婚媾，往吉，无不利"注，《泰》初九、九二注之类。省读也。宋人《易》说所引，如《汉上易》所引"虎视眈眈"注，林至德《裨传外篇》所引"六爻之动"注之类。概置不录，传信也。近时《易》说，于惠氏栋外，附载江承之说。承之为先生弟子，早卒。

先生辑其遗学,因采其说于书,同善也。《系辞》分章,有师说可考者大书,无可靠而以文义分者细书,谦也。音义有"读为""读如"而无反切,依经注立义也。注文隐奥者句读之,错脱者补之,讹谬者正之。盖古人为学,非苟为称述而已,必会通其条例,纠正其讹脱,信之至,亦好之至也。至虞学宗旨,先生之序尽之。序曰:"翻之言《易》,以阴阳消息,依物取类,畅茂条理,遂于大道。"由是言之,君子之参消息也,为明道也。《彖》三言"消息",阳息于临而即戒其消,思患豫防之道备;阴消于剥而因知其息,研几存义之道备。至明动成丰而已伏戾食之机,则安不忘危、存不忘亡,其忧深,其思远矣。夫君子明忧患与故,与时偕行而无须臾离道,此所以能正性命而保太和也。然非虞氏无以知消息之旨,非先生亦无以知虞氏之旨。虞氏旨明,而四圣人以《易》传道之功益显于后世。先生讳惠言,嘉庆己未进士,终翰林院编修,所著又有《虞氏易礼》二卷,《虞氏易事》二卷,《虞氏易候》二卷,《周易郑荀义》三卷,《郑氏易注》一卷,《荀氏九家易注》一卷,《易义别录》十七卷,《易纬略义》三卷,《易图条辩》一卷,《仪礼图》十八卷,《杂记》一卷,《墨子经解》一卷,《握奇经正义》一卷,《青囊天玉通解》五卷,《说文谐声谱》二十卷,文集四卷,词一卷,《七十家赋钞》六卷,皆未刻。《虞氏易言》《太玄述虞》皆未成。其已刻者唯《词选》二卷。

嘉庆八年九月癸巳朔门人仁和陈善谨识。

序①

虞翻《周易注》，《释文·叙录》云十卷，《隋书·经籍志》云九卷。翻，字仲翔，会稽余姚人。少好学，有高气，又善矛。太守王朗命为功曹。朗之败于孙策，翻时居父丧，追随营护，到东部侯官，说其长迎朗。朗遣翻还，孙策复以为功曹，待以交友之礼，多少匡谏，策尝纳之。策攻黄祖，翻从说华歆，下豫章。还至吴，策曰："孤有征讨事，未得还府，卿复以功曹为吾萧何，守会稽。"其见委重如此。出为富春长。汉征为侍御史，不就。曹操为司空，辟之，笑曰："盗跖欲以余财污良家耶？"策薨，孙权以为骑都尉。数犯颜谏，权不能说。又性疏直，数有酒失。权尝因醉，手剑欲击之大司农刘基固争，得免。其后权与张昭论神仙事，翻指昭曰："彼皆死人，而语神仙，世岂有仙人也！"权遂怒。左右多毁翻，乃徙翻交州。十余年，卒于交州。翻博学洽闻，虽处罪放，而讲学不倦，门徒常数百人。为《周易》《论语》《国语》《老子》《参同契》注解，《周易日月变例》《周易集林律历》《太玄明杨释宋》，②其书皆亡，目在《三国志》传及隋唐书志。自汉成帝时刘向校书，考《易》说，以为诸《易》家皆祖田何，杨叔、丁将军大义略同，唯京氏为异。而孟喜受易家阴阳，其说《易》本于气，而后以人事明之。八卦六十四象，四正七十二候，变通消息，诸儒祖

---
① 原无题，今补加。
② "玄"，原避康熙帝玄烨讳作"元"，今回改。下同。

述之，莫能具当。汉之季年，扶风马融作《易传》，授郑康成。康成作《易注》。而荆州牧刘表、会稽太守王朗、颍川荀爽、南阳宋忠，皆以《易》明家，各有所述。唯翻传孟氏学，既作《易注》，奏上之献帝，曰："臣闻六经之始，莫大阴阳。是以伏羲仰天悬象而建八卦，观变动六爻为六十四，以通神明，以类万物。臣高祖父故零陵太守光，少治孟氏《易》，曾祖父故平舆令成，缵述其业，至臣祖父凤为之最密。臣亡考故日南太守歆，受本于凤，最有旧书，世传其业，至臣五世。前人通讲多玩章句，虽有秘说，于经疏阔。臣生遇世乱，长于军旅，习经于枹鼓之间，讲论于戎马之上，蒙先师之说，依经立注。所览诸家解不离流俗，义有不当实，辄悉改定，以就其正。"又奏曰："经之大者，莫过于《易》。自汉初以来，海内英才，其读《易》者，解之率少。至孝灵之世，颍川荀谞号为知《易》，臣得其注，有愈俗儒。至所说'西南得朋，东北丧朋'，颠倒反逆，了不可知。孔子叹《易》曰：'知变化之道者，其知神之所为乎！'以美大衍四象之作，而上为章首，尤可怪笑。又南郡太守马融，名有俊才，其所解释复不及谞。孔子曰'可与共学，未可与适道'，岂不其然！若乃北海郑玄、南阳宋忠，虽各立注，忠小差玄，而皆未得其门，难以示世。"荀谞者，荀爽也。是时少府孔融善其书，与翻书曰："自商瞿以来，舛错多矣，去圣弥远，众说骈辞。曩闻延陵之理乐，今睹吾子之治《易》，知东南之美者，非徒会稽之竹箭也。又观象云物，察应寒温，原其祸福，与神合契，可谓探索旁通者也。"翻之言《易》，以阴阳消息、六爻发挥旁通、升降上下，归于"乾元用九而天下治"，依物取类，贯穿比附，始若琐碎，及其沉深解剥，离根散叶，畅茂条理，遂于大道，后儒罕能通之。自魏王弼以虚空之言解《易》，唐立之学官，而汉世诸儒之说微，独资州李鼎祚作《周易集解》，颇采古易家言，而翻注为多。其后古书尽亡，而宋道士陈抟以意造为龙图，其徒刘牧以为《易》之"河图""洛书"也。河南邵雍又为"先天""后天"之图。宋之说《易》者，翕然宗之，以至于今，牢不可拔，而《易》阴阳之大义盖尽晦矣。

　　清之有天下百年，元和征士惠栋，始考古义孟、京、荀、郑、虞氏，作《易汉学》，又自为解释曰《周易述》。然掇拾于亡废之后，左右采获，十无二三。其所述大氐宗祢虞氏而未能尽通，则旁征他说以合之。盖从唐、五代、宋、元、明，朽坏散乱，千有余年，区区修补收拾，欲一旦而其道复明，斯固难也。翻之学，既世又具见马、郑、荀、宋氏书，考其是否，故其义为精。又古书亡，而汉魏师说可见者十余家，然唯郑、荀、虞三家略有梗概可指说，而虞又较备。然则求七十子之微言，田何、杨叔、丁将军之所传者，舍虞氏之注，其何所自焉。故求其条贯，明其统例，释其疑滞，信其亡阙，为《虞氏义》九卷，又表其大旨，为《消息》两卷，庶以探赜索隐，存一家之学。其所未窹，俟有道正焉耳。嘉庆二年月日张惠言。

　　凡经文，《释文》可考者从《释文》，余悉依《集解》。其有用他读，则注出之。《彖》《象》《文言》，分附各卦，以《集解》注文往往通属，贵使相次，非虞本然。注文采自《集解》，其有自他书者，则言其书。

周易虞氏义卷一
周易上经

彖上传　象上传　文言　虞氏注

乾

☰乾下乾上阳盈象天，与坤旁通，候在四月，爻变成既济。

乾，元亨利贞。《子夏传》云："元，始也。亨，通也。利，和也。贞，正也。"《文言》注云："乾始开通，以阳通阴，故始通。"义与《子夏传》同。"乾始"者，谓易出复初，探赜索隐，万物资始，故曰"元"。"以阳通阴"，六阳消息，二、五"利见"，故曰"亨"。"利"谓坤来入乾，以成万物，"美利利天下"。当位曰正。二、四、上失位，变而之正，则"云行雨施，天下平也"。

初九，潜龙勿用。乾为"龙"，阳精变化之象。《文言》注云："坤乱于上，君子勿用，隐在下位。"

九二，见龙在田，利见大人。阳息至二，兑为"见"，故称"见龙"。易有三才。初、二地道，地上，故"在田"。"大人"，谓二有君德，当升坤五，"时舍"于田，之正体离，"物皆相见"，与五同义。

九三，君子终日乾乾，夕惕若厉，无咎。【注】谓阳息至三，二变成离，离为"日"，坤为"夕"。三、四人道，故不称龙。三得位，故曰"君子"。三终下体，故曰"终日"。乾成泰尽，否道将反，三体复初，接乾生乾，故曰"乾乾"。体坎为"惕"。"厉",危也。泰否之际,阳道危,故"夕惕若厉"。正位,故"无咎"。

九四,或跃在渊,无咎。四失位,之正承五,体坎为"渊"。震足动为"跃"。失位疑之,故曰"或"。得正,故"无咎"。

九五,飞龙在天,利见大人。【注】谓四已变,则五体离。离为"飞",五"在天",三才,五、上为天道。故"飞龙在天,利见大人"也。《文言》注云:"日出照物,物皆相见。"谓若庖牺观象于天,造作八卦,备物致用,以利天下,故曰"飞龙在天",天下之所利见也。《象》曰"大人造也",故举庖牺言之,《系》注云"文王书经,系庖牺于乾五"是也。

上九,亢龙有悔。穷高曰"亢"。四已变,体巽为高。"震无咎者存乎悔",明当之正也。《系》注云:"乾盈动倾,故有悔。"

用九,见群龙无首,吉。爻不正,则道有变动。乾坤用九、六,所以立消息、正六位也。乾二、四、上失正,用九变成既济。离为"见",坤为"群",乾为"龙"、为"首",乾坤交离,乾象不见,故"见群龙无首"。"乾道变化,各正性命",故"吉"也。六十四卦皆乾坤用九、用六,通乎二篇之爻也。

《彖》曰:大哉乾元,阳称"大"。**万物资始**,"资",取也。荀氏云:"六十四卦,万有一千五百二十策,皆受始于乾也。"**乃统天**。"统",本也。"乾元",立天之本。**云行雨施,品物流形**。【注】已成既济,上坎为"云",下坎为"雨",故"云行雨施"。乾以云雨流坤之形,坤为"形"。万物化成,故曰"品物流形"也。**大明终始,六位时成,时乘六龙以御天**。坎为月,离为日。《乾凿度》曰"日月终始万物",故曰"大明终始"。"六位",六爻之位。初阳出震,二息兑,震春,兑秋。二、四、上正,坎冬,离夏。故曰"六位时成"。"六龙",六阳也。"御",行也。六阳消息,周三百六十五日成岁四时,乘六位以行乎天,故曰"时乘六龙以御天",以言"亨"也。**乾道变化,各正性**

命，保合大和，乃利贞。以乾通坤曰"变"，以坤凝乾曰"化"。乾为"性"，巽为"命"。"大和"，乾元也。既济定，刚柔位当，阴阳合德，故"各正性命，保合大和，乃利贞"矣。**首出庶物，万国咸宁**。乾为"首"，震为"出"。"物"，阴阳之总名。坤为"国"，为众，为安。谓阳出震而阴静。易以阴从阳，故于此首发其义。

《象》曰：**天行健**，阳出震为"行"。《传》曰："君子尚消息盈虚，天行也。"不曰乾而曰"健"，就天行言之。**君子以自强不息**。【注】"君子"谓三。人道体天，故"谓三"。乾健故"强"。天一日一夜过周一度，故"自强不息"。《老子》曰："自胜者强。""胜"，任也。

"潜龙勿用"，阳在下也。**"见龙在田"，德施普也**。阳为"德"，息至二，"善世不伐"，故"施普"。**"终日乾乾"，反复道也**。【注】至三体复，故"反复道"，谓"否泰反其类也"。乾息至三成泰，泰成则反否。三"乾乾"体复初，反其复道，所以贞泰。**"或跃在渊"，进无咎也**。"进"谓之正承五。**"飞龙在天"，大人造也**。"造"，作也。**"亢龙有悔"，盈不可久也**。乾"盈"当变。**"用九"，天德不可为首也**。天道变化，莫测其端也。

《文言》曰：**元者，善之长也**。乾为"积善"。始息于子，"首出庶物"，故"长"。**亨者，嘉之会也**。"会"，合也。以乾通坤，嘉美所合。**利者，义之和也**。荀氏注云："阴阳相和，各得其宜。"**贞者，事之干也**。"干"，举也。位正则事举。**君子**乾六爻皆称"君子"。**体仁足以长人**，谓初息震，震为"仁"，为诸侯，故"体仁足以长人"。**嘉会足以合礼**，乾以嘉美旁通合坤。阳称"嘉"，坤为"礼"。**利物足以和义**，阳称"物"，坤为"义"。坤来成乾，"和顺道德而理于义"。**贞固足以干事**。谓之正既济定。坤为"事"。以乾举坤，坤为智，配四德也。江承之云："晋注云'土性信'，故知。贞配智，为四德。知属乾，智属坤。"**君子行此四德者，故曰"乾，元亨利贞。"** 惠徵士云："四者道也，人行之则为德。"

初九曰"潜龙勿用",何谓也?子曰:"龙德而隐者也。不易世,不成名,震为"世",阳为"名"。谓未出震,阳隐不见。**遁世无闷,不见是而无闷**。乾为远,阳隐故曰"遁世"。坤乱于上,故"不见是"。"闷",忧也。坎为忧,消息无坎,故"无闷",与《复》"出入无疾"同义。**乐则行之,忧则违之,确乎其不可拔,潜龙也。"【注】**阳出初震为"乐",为"行",故"乐则行之"。坤死称"忧"。坤为"死"。隐在坤中,"遁世无闷",故"忧则违之"也。"确",刚貌也。乾刚体初,坤乱于上,君子勿用,隐在下位,确乎难拔,潜龙之志也。

九二曰"见龙在田,利见大人",何谓也?子曰:"龙德而正中者也。【注】"中",下之中。二非阳位,故明言能正中也。言变之正。**庸言之信,庸言之谨**,二之正体震。震为"言",为"行"。"庸",常也。震为常。三息体坎,坎为孚,为法。言孚故"信",行法故"谨"也。**闲邪存其诚**,宋仲子云:"闲,防也。二在非其位,故以'闲邪'言之。能处中和,故以'存诚'言之。"**善世而不伐,德博而化**,乾,"善"。震,"世"。不居乾,故"不伐"。震,宽仁。地道广博,故"德博"。乾交坤,故"化"。《易》曰'见龙在田,利见大人',君德也。"【注】阳始触阴,"触阴",交坤之正。当升五为君。此用荀氏义,乾二当升坤五为君。时舍于二,宜利天下。直方而大,德无不利。坤二通乾,即九二之德。明言"君德"。地数始二,故称"《易》曰"。言变易始此爻。

九三曰"君子终日乾乾,夕惕若厉,无咎",何谓也?子曰:"君子进德修业。【注】乾为"德",坤为"业"。以乾通坤,谓为"进德修业"。**忠信,所以进德也**。离中为"忠",坎孚为"信"。与初、二为离、坎,此终乾之事,故"所以进德"。**修辞立其诚,所以居业也**。震言为"辞",坎孚为"诚",与上坤为震、坎,此通坤之事,故"所以居业",是谓"反复道"。泰反否,三反复,体谦,艮为"居"也。**知至至之,可与言几也。**否将至三。"至之"谓"夕惕若厉"。"几者动之微,吉之先见",谓复初也。震为"言"。**知终终之,可与存义也。**泰将终三。"终之"谓"终日乾乾"。地静而理曰"义"。易以坤成乾之性,乾元常存,故《系》曰"成性存存,道义之门"。注引"知终终之,可与存义也"。**是故居上位而不骄,**【注】天道三才,一乾而以至三乾成,故为"上"。"夕惕若厉",故"不骄"也。**在下位而不忧。**【注】"下位"谓初,隐于初,"忧则违之",故"不忧"。三反复道,又体乾初。**故乾乾因其时而惕,虽危无咎矣。"**

九四曰"或跃在渊,无咎",何谓也?子曰:"**上下无常,非为邪也。**"上"谓承五,"下"谓应初。惠徵士云:"二、四不正,故皆言'邪'。"**进退无恒,非离群也。**上未变,体巽。巽为"进退"。阳称"群",上体三爻也。**君子进德修业,欲及时也,故'无咎'。**"君子"谓四,进德修业与三同。三、四否泰之间,故言"时"。

九五曰"飞龙在天,利见大人",何谓也?子曰:"**同声相应,**【注】谓震巽也。庖牺观变而放八卦,"变"谓日月消息。"放",则也。"雷风相薄",故"相应"也。谓庚震、辛巽相得合金。**同气相求。**【注】谓艮兑。"山泽通气",故"相求"也。丙艮、丁兑相得合火。**水流湿,火就燥。**【注】离上而坎下,"水火不相射"。戊坎、己离相得合土。**云从龙,风从虎。**【注】乾为"龙"。云生天,《内经》云:"云出天气,风出地气。"故"从龙"也。坤为"虎"。风生地,故"从虎"也。云,坎也。风,巽也。是谓"天地定位"。此庖牺则象观变六位之列,所以摩刚柔也。初震二巽,贞地位,故"同声相应"。五艮上兑,贞天位,故"同气相求"。三贞下坎,"水流湿"也。四贞上离,"火就燥"也。天尊贞五,坎体成于乾,"云从龙"也。地卑贞二,二巽位，"风从虎"也。此参天两地之数，妙万物之本。**圣人作而万物睹。**【注】"睹"，见也。"圣人"则庖牺，合德乾五，造作八卦，"以通神明之德，以类万物之情"。五动成离，日出照物皆相见，故曰"圣人作而万物睹"也。**本乎天者亲上，本乎地者亲下，则各从其类也。"**【注】"方以类聚"，《系》注云："坤方道静，故'以类聚'。""物以群分。"《系》注云："乾物动行，故'以群分'。""乾道变化，各正性命。""触类而长"，《系》注云："触，动也。"故"各从其类"。"本天"，阳爻也。"本地"，阴爻也。上乾下坤，谓五正乾道，三百八十四爻，资始消息。

　　上九曰"亢龙有悔"，何谓也？子曰："贵而无位，高而无民，《系》注云："天尊故'贵'，以阳居阴故'无位'，在上故'高'，无阴故'无民'也。"**贤人在下位**《系》注云："乾称'贤人'，'下位'谓初也。'遁世无闷'，故'贤人在下位'而不忧也。"谓三反复初，体乾元"潜龙"，上盈入剥，初元遁世，九三在下位而不忧谓此也。**而无辅，是以动而有悔也。"**《系》注云："谓上无民，故'无辅'。乾盈动倾，故'有悔'。文王居三，纣亢极上，故以为戒也。"

　　案：此为上戒耳，非谓潜龙有纣德也。

　　"潜龙勿用"，下也。"见龙在田"，时舍也。【注】二非王位，时暂舍也。"舍"，息也。惠士奇云："读如'命田舍东郊'之'舍'。""**终日乾乾"，行事也。**进德修业，体天"行"，坤为"事"也。**"或跃在渊"，自试也。**上下进退，自考其德业。**"飞龙在天"，上治也。**居上治下。**"亢龙有悔"，穷之灾也。**亢龙，虽正犹灾。圣人知进退存亡，能不失正而已。**乾元"用九"，天下治也。**既济定。惠徵士说以《春秋元命包》曰"天不深正其元，不能成其化"。

　　"潜龙勿用"，阳气潜藏。"见龙在田"，天下文明。坤为"文"，离为"明"。**"终日乾乾"，与时偕行。"或跃在渊"，乾道乃革。**否泰之交，乾道革易。**"飞龙在天"，乃位乎天德。"亢龙有悔"，与时偕极。乾元"用九"，**

乃见天则。离为"见"，坎为"则"。惠徵士说以《乾凿度》曰"易六位正，王度见矣"。

乾元者，始而亨者也。【注】乾始开通，以阳通阴，故始通。利贞者，性情也。乾始而以美利利天下，【注】"美利"谓"云行雨施，品物流形"，故"利天下"也。"乾始"，性也。"美利"，情也。不言所利，大矣哉。【注】"天何言哉，四时行焉，百物生焉"，故利者大也。大哉乾乎！刚健中正，纯粹精也。七者，乾之性。六爻发挥，旁通"发"，动；"挥"，变也。当爻交错，谓之"发挥"。全卦对易，谓之"旁通"。情也。乾往之坤，坤来之乾，是乾之情。时乘六龙，以御天也。云行雨施，天下平也。君子以成德为行，日可见之行也。【注】谓初。乾称"君子"。乾六龙皆"君子"。阳出成为上德。出而既成，乃为"上德"。"云行雨施"则成离。日新之谓上德，故"日可见之行"。离为"见"，震为"行"。

潜之为言也，隐而未见，行而未成，是以君子弗用也。君子学以聚之，问以辩之，【注】谓二。阳在二，兑为口，震为言为讲论，坤为文，故"学以聚之，问以辩之"。《兑·象》："君子以朋友讲习。"宽以居之，仁以行之。【注】震为"宽仁"，为"行"，谓居宽行仁，德博而化也。《易》曰"见龙在田，利见大人"，君德也。【注】重言"君德"者，大人善世不伐，信有君德，"后天而奉天时"，故详言之。阳息至二，震春，兑秋，二当之，故言"后天而奉天时"。九三重刚而不中，【注】以乾接乾，故"重刚"。位非二、五，故"不中"也。上不在天，下不在田，故乾乾因其时而惕，虽危无咎矣。九四重刚而不中，上不在天，下不在田，中不在人，于三才，四在人，云"不在人"者，不正，故爻不称"君子"也。故或之。或之者，疑之也，故无咎。【注】非其位，故"疑之也"。夫大人者，谓五。与天地合其德，与日月合其明，乾坤交五成坎离。**与四时合其序,** 消息之序,剥穷于上,乾五归三成谦体坎,阳生仲冬也。谦息履,乾三之坤初为复出震春也。上息成离兑,初三易位,离象先成,是离夏、兑秋相次,"与四时合其序"也。**与鬼神合其吉凶,【注】**谓乾神合吉,坤鬼合凶。以乾之坤,故"与鬼神合其吉凶"。**先天而天弗违,【注】**乾为"天",为"先"。大人在乾五,乾五之坤五,天象在先,故"先天而天弗违"。乾五之坤五,谓成坎也。就乾而言,四上之正成坎。就五而言,五之坤成坎。自五动,故曰"先天"。**后天而奉天时。【注】**"奉",承行。乾三之坤初成震,谦三息坎。震为"后"也。震春,初息。兑秋,二息。坎冬离夏,成既济定。四时象具,故"后天而奉天时"。此自初息至五,故云"后天"。谓承天时行,顺也。乾坤合德。**天且弗违,况于人乎?况于鬼神乎?** 谓万物睹。**亢之为言也,知进而不知退,知存而不知亡,知得而不知丧,**"进""存""得"谓乾,"退""亡""丧"谓坤。**其唯圣人乎?知进退存亡而不失其正者,其唯圣人乎?** 谓"亢"由失正。之坤为正,六龙一德。

坤

☷☷坤下坤上阴虚象地,与乾旁通。候在十月,卦取息乾,爻变成观。

坤,元亨,利牝马之贞。【注】谓阴极阳生,乾流坤形,坤含光大,凝乾之元,终于坤亥,出乾初子,品物咸亨,故"元亨"也。"元亨"皆乾为之。易者乾阳,地道资生,与天合德,故义取凝乾出震也。坤为"牝",震为"马"。初动得正,故"利牝马之贞"矣。六爻皆息乾。"利贞"独言初者,乾之元也。坤不成既济,爻位不正。**君子有攸往,**"君子"谓初乾。"往",上息也。初正则上息。**先迷,**乾为"先"。阴性"迷",乾灭入坤,故"先迷"。**后得主,**震为"后",为"主"。震出坤,故"后得主"。**利西南得朋,**震西兑男。阳息则利,谓初"履霜"。**东北丧朋,安贞吉。** 坤灭乙癸,阳消之时,安以牝阳，则初正而吉，谓上"龙战"。

初六，履霜，坚冰至。乾在西北，为"坚冰"。坤为暑。纯坤在亥，微阳入凝，则露为霜，荀氏曰"霜者乾之命令"是也。震为足，故称"履霜"。阳震出坤，顺致纯乾，故"坚冰至"。

六二，直方大，不习无不利。《文言》注云："阳称'直'，'乾，其动也直'。'方'谓辟，'坤，其动也辟'。"则谓六二之动，阳见兑丁，体临，故"大"也。习，重也。坎为"习"。乾二以变坎为正，三时发，嫌二失正非利，故云"不习无不利"。六爻独此言"利"者，明"利西南得朋"六二当之。

六三，含章可贞。【注】"贞"，正也。以阴包阳，坤舍乾，三又阳位，故特明此象。故"含章"。"章"，美也。三失位，发得正，故"可贞"也。发，即动也。二言动、三言发者，阴阳位异。**或从王事，无成有终。**【注】谓三已发成泰。乾为"王"，坤为"事"，震为"从"，三虽体乾，不敢当王，故别自取震象。故"或从王事"。《乾·文言》九四注"非其位，故疑之"，①此亦然，故曰"或"也。地道无成而有终，故"无成有终"。

六四，括囊，无咎无誉。【注】"括"，结也。谓泰反成否，阳息至四，乾有龙德，故四能体坎，坤不能，故"反成否"。四既否时，故"括囊"。不动，则五正否成观也。坤为"囊"，否坤。艮为手，巽为绳，故"括囊"。在外多咎也。"四多惧"，即"多咎"。得位承五，四不动，故"得位"。"系于包桑"，五动体否五。故"无咎"。阴，在二多誉，而远在四，故"无誉"。

六五，黄裳元吉。谓五动体观，坤为帛，巽为股，帛在股为"裳"，地色黄，故"黄裳"。自有乾元，非自外至，故"元吉"。

上六，龙战于野，其血玄黄。龙谓坤尽兼乾阳，故曰"龙"。"野"，戌亥之间，乾坤交位也。乾象既盈，坤道至盛，阳功既讫，当反入坤中，出震牝乾，

---

① "九四"，原作"九三"，全集本同。此乃《乾·文言》九四注文，故改。

坤德乃备，故上象"龙战"也。《说卦》曰："战乎乾，……言阴阳相薄也。"注云"'薄'，入也。坤，十月卦，乾消剥入坤"，谓此也。震为"玄黄"，坎为"血"。坎者坤之精。乾未成震，则血而已。具有震气，天地合居，故"玄黄"也。

用六，利永贞。乾用九以交坤，坤用六以息阳。阳以得位为正，阴以从阳为正。"永"，长也。四利"括囊"，上反"龙战"，知有此用，则可长正，故坤为"永"也。

《彖》曰：至哉坤元，"至"，凝一之意。**万物资生**，惠徵士云："乾坤相并俱生，合于一元，故万有一千五百二十策，皆受始于乾，由坤而生也。"**乃顺成天**。明凝乾元。**坤厚载物，德合无疆**。其德合天，无有穷竟。**含弘光大**，"弘"，扩也。阳德光大，坤含而弘之。**品物咸亨**。明受乾"亨"。**牝马地类，行地无疆**。震藏坤中，故亦"地类"。阳虽在地，周流不息，故"行地无疆"。消息卦，自谦至鼎、自豫至革是也。**柔顺利贞，君子攸行**。坤以柔顺承乾，故初出之正而息。**先迷失道**，阳称"道"。**后顺得常**。震为"常"。阴从阳，理之常。**"西南得朋"，乃与类行**。【注】谓阳得其类。月朔至望，从震至乾，与时偕行，故"乃与类行"。**"东北丧朋"，乃终有庆**。【注】阳丧灭坤，坤终复生。谓月三日，震象出庚，故"乃终有庆"。所谓"余庆"。此指说易道阴阳消息之大要也，"法象莫大乎日月"，月受日光，阴阳消息之最著者，故以为候焉。庖牺观变而放八卦，谓此也。谓阳。月三日，变而成震出庚，月三日生明，昏见于庚，震一阳之象。至月八日，成兑见丁。月上弦之时，昏见于丁，兑二阳之象。庚西丁南，故"西南得朋"。由西而南。谓二阳为"朋"，故《兑》"君子以朋友讲习"，《文言》曰"敬义立而德不孤"，《象》曰"乃与类行"。二十九日，消乙入坤，月光尽灭，平旦入东方乙地。灭藏于癸，晦朔，天地之合。乙东癸北，故"东北丧朋"。由东而北。谓之以坤灭乾，坤为丧故也。马君融。云："孟秋之月，阴气始著，而坤之位同类相得，故'西南得朋'。孟春之月，阳气始著，阴始从阳，失其党类，故'东北丧朋'。"失之甚矣。马以西南为申，东北为寅。阴得其类，不可谓"利"。就阳不可谓"丧"，故云"失之甚矣"。而荀君谐。以为，"阴起于午，至申三阴，得坤一体，故曰'西南得朋'。阳起于子，至寅三阳，丧坤一体，故'东北丧朋'"。就如荀说，从午至申，经当言"南西得朋"，子至寅，当言"北东丧朋"。以乾变坤而言丧朋，经以乾卦为丧耶？此何异于马也。**安贞之吉，应地无疆。**【注】坤道至静，故"安"。复初得正，故"贞吉"。震为"应"。阳正于初，以承坤阴，地道应，故"应地无疆"。所以丧朋犹吉。

《象》曰：**地势坤，君子以厚德载物。**【注】"势"，力也。"载物"，故云"力"。"君子"谓乾，阳为"德"。动在坤下，"君子之德车"，故"厚德载物"，《老子》曰"胜人者有力"也。"胜"，任也。

"**履霜，坚冰**"，阴始凝也。驯致其道，至"坚冰"也。阳称"道"。《九家易》曰："驯，犹顺也。"**六二之动，直以方也。**"**不习无不利**"，地道光也。阳动至二，万物化光。地道动而交阳，非失位也。"**含章可贞**"，以时发也。三为泰时，四即否时，故"以时发"。"**或从王事**"，知光大也。乾为"知"。三体乾成，故"知光大"。光大，乾坤之合，所谓"王事"也。"**括囊，无咎**"，慎不害也。坤为"害"，艮为"慎"。四慎承五，故"不害"。"**黄裳元吉**"，文在中也。独阴不能为文，坤含阳，故坤象为"文"。《文言》曰"美在其中"，注云美谓阳也。"**龙战于野**"，其道穷也。阳道穷尽，不入坤中，无以息震。用六"**永贞**"，以大终也。阳称"大"。动与不动，皆阳道，地道代终，故以"大终"。

《文言》曰：**坤至柔，而动也刚。**纯阴故"柔"，动阳故"刚"。谓"元"。**至静，而德方。**阴性"静"。"方"，辟也。谓"亨"。**后得主而有常。**

【注】坤阴先迷，后顺得常。阳出初震，为"主"、为"常"也。**含万物而化光。**静含万物，化则光大。**坤道其顺乎，承天而时行。**坤顺乾，故称"道"。谓"西南得朋"，与时偕行，丧朋牝阳，安贞而吉，亦"时行"也。**积善之家必有余庆，**【注】谓初。乾为"积善"，以坤牝阳，坤虽灭阳，阳道不息，潜孕坤中，故曰"牝"。灭出复震，为"余庆"，谓"东北丧朋，乃终有庆"也。凡庆皆阳。**积不善之家必有余殃。**【注】坤积不善，以臣弑君，以乾通坤，极姤生巽，谓乾息坤，至夬决尽，阴生于巽成姤。十五日，月盈甲，是为乾象。十六日生魄，以平旦没于辛，①是巽象也。为"余殃"也。**臣弑其君，子弑其父，**【注】坤消至二，遁时。艮子弑父。至三成否，坤臣弑君。上下不交，天下无邦，故子弑父、臣弑君也。**非一朝一夕之故，其所由来者渐矣。**【注】刚爻为"朝"，柔爻为"夕"。乾为寒，坤为暑，相推而成岁焉，故"非一朝一夕，所由来渐矣"。阳自消剥出坤，二十六卦，而泰反否历刚柔爻一百五十六。阳自极夬姤乾，亦二十六卦，而否反泰历刚柔爻一百五十六。**由辩之不早辩也。**"辩"，别也。惠徵士云："'复小而辨于物'，则别之早矣。"

《易》曰"履霜，坚冰至"，盖言顺也。以阴顺阳，所以辩之。**"直"其正也，"方"其义也。**【注】谓二。阳称"直"。"乾，其静也专，其动也直"，故"直其正"。"正"，乾之德也。"方"谓辟，阴开为"方"。"坤，其静也翕，其动也辟"，故"方其义也"。"义"，坤之德也。**君子敬以直内，义以方外，敬义立而德不孤。**【注】阳息在二，故"敬以直内"。变正言敬，乾为"敬"也。坤位在外，故"义以方外"。谓阳见兑丁，"西南得朋，乃与类行"，故"德不孤"，孔子曰"必有邻"也。**"直方大，不习无不利"，则不疑其所行也。**坎为"疑"。**阴虽有美含之，**阳称"美"，

————
① "旦"，原误作"且"，据全集本改。

以从王事,弗敢成也。地道也,妻道也,臣道也。地道无成,而代有终也。坤化成物,终乾之事,不居其功。**天地变化,草木蕃。**【注】谓阳息坤成泰,三发时。天地反。交也。以乾变坤,坤化升乾,万物出震,故"天地变化,草木蕃"矣。震为"草木"。草木,物之小者。**天地闭,贤人隐。**【注】谓四。泰反成否,乾称"贤人",隐藏坤中,"以俭德避难,不荣以禄",故"贤人隐"矣。"贤人"即四。阳息四,亦乾体也。隐,故"括囊"。《易》曰"括囊,无咎无誉",盖言谨也。"谨",犹慎。**君子黄中通理,正位居体,**【注】谓五。坤息体观。地色"黄",坤为"理",以乾通坤,故称"通理"。五正阳位,故曰"正位"。艮为"居","体"谓四支也。艮为两肱,巽为两股,观,艮巽。故曰"黄中通理,正位居体"。**美在其中,而畅于四支,**【注】阳称"美",在五中。"四支",谓股肱。"畅于四支",所谓"居体"。

发于事业,所谓"正位"。**美之至也。阴凝于阳必战,**阴阳气不相薄不凝。**为其兼于阳也,故称"龙"焉。**以阴包阳曰"兼"。**犹未离其类也,故称"血"焉。**阳在坤中,未能成震,犹在阴类,所谓"牝马地类"。夫"玄黄"者,天地之杂也。天玄而地黄。《考工记》曰:"天谓之元,地谓之黄。"震者,乾坤之交,故色"玄黄"。

屯

☳☵ 震下坎上 消息卦。乾坤会于离坎而出屯鼎。屯,玄黄之杂也,鼎通之,二五交则息复,故屯鼎旁通。鼎五应乾五,谓屯也。屯者盈也,牝马行地,盈乎地中,故名曰屯。内卦候在十一月,外卦十二月。屯有乾德,故初正而既济定。

屯,元亨利贞。【注】坎而之初。二阳四阴之卦,非临则观来,此消息卦,故不从此例也。乾由离入坎,合坤生震,所谓"其血玄黄"者,故以坎二之初。刚柔交震，故"元亨"。之初得正，故"利贞"矣。凡贞有二义，失位者以之正为贞，得位者以不动为贞，各随其象言之。"利贞"言初者，下云"勿用有攸往"，是即初贞之义。**勿用有攸往，利建侯。**【注】之外称"往"。初震得正，起之欲应，动而失位，故"勿用有攸往"。震为侯。凡旁通之卦，皆刚柔相易，唯屯、鼎、蒙、革各自坎离来，不由爻往。嫌初当之四，四降鼎初，故曰"勿用有攸往"。初刚难拔，震未出坤，体乾初潜龙"确乎不可拔"。故利以建侯，《老子》曰"善建者不拔"也。

初九，盘桓，利居贞，利建侯。【注】震起，艮止，动乎险中，故"盘桓"。初刚难拔，触艮而止，故"震起艮止"。得正得民，故"利居贞"。艮为官，坤为阖户，在坤艮下，"不出户庭"。谓君子居其室，"慎密而不出也"。《上系》引《节》"不出户庭"云："是以君子慎密而不出也。"彼注云："二动，坤为密，体屯，'盘桓，利居贞'，故不出也。"

六二，屯如邅如，乘马班如。【注】"屯""邅""盘桓"，谓初也。震为马作足，二乘初，故"乘马"。取象马者，所以行也。班，踬也，马不进，故"班如"矣。阴柔凝阳乃生，下乘则逆上，承则顺。屯，阳始交阴，发承阳之义。不以爻位之应为正，故三阴爻同象乘马。二求初，故"乘马"。初"屯""邅"，故"班如"。**匪寇婚媾，女子贞不字，十年乃字。**【注】"匪"，非也。"寇"，谓五。坎为"寇"，盗应在坎，故"匪寇"。下不得初，则上将求五，故止之。言所求者，非此寇也。阴阳得正，故"婚媾"。谓三之正，二承之，阴阳得正，为"婚媾"也。"字"，妊娠也。三失位，变复体离，"复"，反也。离为"女子"，"女子"由离象而有，故知"婚媾"当谓三。虞氏例不以阴阳爻为男女。四求婚媾，亦以体离也。为大腹，故称"字"。今失位为坤，离象不见，故"女子贞不字"。坤数十，地癸数。三动反正，离女大腹，故十年反常乃字，谓成既济定也。

六三，即鹿无虞，惟入于林中。【注】"即"，就也。"虞"，谓虞人，掌禽兽者。艮为山。山足称"鹿"。古"鹿""麓"通，三体艮下。鹿，林也。三变体坎，坎为丛木，山下故称"林中"。本位艮下，虽变尚有山下象。坤为兕虎。震为麋鹿，又为惊走。艮为狐狼。皆三未变时象。三变，禽走入于林中。坤、震、艮皆入坎。故曰"即鹿无虞，惟入于林中"矣。田猎惟有虞人掌禽兽乃不惊走。三应上，为三虞者上也。上乘五不及三，故"无虞"，当"惟入林中"而已。惟，思也。坎为思。上在山外，坎为入为内，故虞人矣。君子几，不如舍，往吝。【注】"君子"谓阳已正位。"几"，近。辞也。"舍"，置。"吝"，疵也。三应于上，之应历险，不可以往。之外曰"往"。动如失位，六十四卦中，多有已动正复变之应者，以未能既济定也。嫌三宜然。故不如舍之，往必吝穷矣。三动成既济，屯所以成亨也。阳始动，唯专乃直。三初"即鹿"，阴体也，唯无系应，故能之正。若往求之，则必穷矣。

六四，乘马班如，【注】乘三也。谓三已变，坎为马，故曰"乘马"。马在险中，故"班如"也。或说乘初，初为"建侯"，安得乘之也？初"不拔"，则不应四，故"安得乘之"。求婚媾，往吉，无不利。【注】之外称"往"。言四当求五为"婚媾"，疑屯时不利有攸往，故解之。

九五，屯其膏，【注】坎雨称"膏"，《诗》云"阴雨膏之"，是其义也。既济，上坎为云，下坎为雨，三坎满形，而五坎难下，故曰"屯其膏"。小贞吉，大贞凶。小，阴也。"小"正谓四，四求五，三变离明，故"吉"。大，阳也。"大"正谓三，君膏屯而臣满形，非五之光，"凶"道也。

上六，乘马班如，【注】乘五也。坎为马，震为行，艮为止，马行而止，故"班如"也。泣血涟如。【注】谓三变时，离为目，坎为"血"，震为出，血流出目，故"泣血涟如"。"涟如"，泣貌。三不应上，故上泣。

《彖》曰：屯，刚柔始交而难生，【注】乾刚，坤柔，坎二交初，故"始交"。谓"元"。确乎难拔，故"难生"也。拔，拔出地也。微阳专确，盈而后发，故曰"难生"。谓通鼎二五，然后息复，难故盈也。**动乎险中，大亨贞**。"动"，震。"险"，坎。屯，物未生。未生之时，不可为象，由其动则"亨贞"矣。云雷动则雨，建侯则宁，皆动而亨贞之义。**雷雨之动满形**。【注】震，"雷"。坎，"雨"。既济下坎象雨，本卦坎唯象云。坤为"形"也。谓三已反正，成既济。初既动正，则必大通，体乾之称，①"成既济"也。坎水流坤，故"满形"。三正成坎，水下于地，故曰"流坤"。谓雷动雨施，品物流形也。与《乾》"云行雨施，品物流形"同义。物出屯，然后有形也。**天造草昧，宜建侯而不宁**。【注】"造"，造生也。"草"，草创物也。坤冥为"昧"，故"天造草昧"。天谓乾，乾生物于坤中。成既济定，故曰"不宁"，言宁也。三之反正，由初贞也。

《象》曰：**云雷，屯**。雷雨生物，云雷未雨，难生之时。**君子以经纶**。"君子"谓乾初。坎为"经"，震为讲论。万物冥昧，当论经法以正之，如雷雨之动物。

虽"**盘桓**"，**志行正也**。初虽"盘桓"，居正则使五体皆正。坎为"志"，震为"行"。**以贵下贱，大得民也**。阳，"贵"。阴，"贱"。坤为"民"。初正居下，四阴归之，建侯之义。阳居下则得民，阴乘刚则班蹟，各自为义。**六二之难，乘刚也**。"难"，难生也。"**十年乃字**"，**反常也**。阳，正位为常。阴，从阳为常。"**即鹿无虞**"，**以从禽也**。因无虞而求上，是"从禽"，非初之行正也。**君子舍之，"往吝"穷也。求而往，明也**。【注】体离，故"明"也。谓三已变，四体离明，故自往求不如二之"不字"。"**屯其膏**"，**施未光也**。【注】陷阴中，故"未光"也。"**泣血涟如**"，**何可长也**？【注】柔乘于刚，

---

① "称"，全集本作"贞"。

故不可长也。二四承阳，则不乘刚矣。

蒙

☷坎下艮上　消息卦。坤入中宫，以刚接柔，而为蒙、革。巽生姤成，故蒙、革旁通，犹屯、鼎也。阴巽将生，乾阳蒙昧，故名曰"蒙"。候在正月。蒙接阴，故不成既济。初发二五正，为观，否道也。

蒙，亨。【注】艮三之二。此亦消息卦，故不从临、观来。"艮者，物之成终始"，取乾九三下坎，以刚接柔，之革成巽，故从艮来而旁通革。消息取九二伏巽，故二特言"纳妇吉"。虞不言旁通革者，阙也。"亨"谓二，震刚柔接，二取震体以接巽，震刚巽柔。故"亨"。乾坤交乃亨。"蒙亨，以通行时中也"。**匪我求童蒙，童蒙求我。**【注】"童蒙"谓五。艮为"童蒙"，"我"谓二也。震为动起，嫌求之五，故曰"匪我求童蒙"。五阴求阳，故"童蒙求我，志应也"。艮为"求"，二体师象。《师》"容民畜众"，亦师传象。坎为经。"经"，六经，经法也。谓"礼有来学，无往教"。**初筮告，再三渎，渎则不告。**《系辞》曰："问焉而以言，其受命也如向"。注云："乾二五之坤，成震巽。震为言、问，谓问于蓍龟。巽为命，震为向，故'受命'。'同声相应'，故'如向'。"然则震巽相应，有筮义也。"初筮"，谓初问于二也。初承二，顺于师，初发成兑，为口说，故"告"也。"再三"，谓三、四。三逆乘，非正也。四远实，故"渎"也。渎，污亵之意。坎为渎。初已发，师象不见，故"不告"也。**利贞。**【注】二五失位，利变之正，故"利贞"。"蒙以养正，圣功也"。

初六，发蒙，利用刑人，用说桎梏，以往吝。【注】发蒙之正。"发"，动也。初为蒙，始而失其位，发蒙之正，以成兑，兑为"刑人"，坤为"用"，二用之也。二变在坤初，"子克家"。故曰"利用刑人"矣。坎为穿木，震足，艮手，互与坎连，故称"桎梏"。江承之云："上四爻，皆待二

'发蒙'，下系于二，故云'互与坎连'。"初发成兑，兑为"说"。"说"，读如脱。坎象毁坏，故曰"用说桎梏"。江承之云："二用初，脱上四爻之桎梏。"之应历险，故"以往吝"。四当求初，初不当往四，若历险以往，必吝。"吝"，小疵也。

九二，包蒙，吉。纳妇，吉。子克家。【注】 坤为"包"。应五据初，初与三四同体，同体师。包养四阴，故"包蒙，吉"。二自包四阴，三四自为渎。震刚为夫，伏巽为妇。革，革坤成乾，二巽姤下，由蒙二接之，故九二有伏巽。巽长女，故为震妇。二以刚接柔，故"纳妇，吉"。不以五为妇。五艮少男，非女也。"纳妇"与"包蒙"不属，故各言"吉"。二称"家"。《乾凿度》曰"二为大夫"，大夫称家。震长子，主器者，纳妇成初，谓初已发之正，二伏巽出，使初成震为子。故有"子克家"也。

六三，勿用取女，见金夫，不有躬，无攸利。【注】 谓三，"女"谓三也。诫上也。三应上。"取女"者，上也。"金夫"谓二。初发成兑，故三称"女"。兑为"见"，阳称"金"。乾为金。震为"夫"。三逆乘二阳，所行不顺，为二所淫，坎为"淫"，兑逆说之，故"为二所淫"。上九所以谓二寇也。二刚中养蒙，而于三义取"金夫"者，以正为求，以邪为淫，取义无常，其道一也。上来之三，陟阴，历坤故曰"用"。故曰"勿用取女，见金夫"矣。坤身称"躬"，坤为"身"。三为二所乘，兑泽动下，不得之应，故"不有躬"。泽性就下，震又动之，故失坤体。失位多凶，故"无攸利"也。

六四，困蒙，吝。 远于二，故"困蒙，吝"。

六五，童蒙，吉。【注】 艮为"童蒙"。处贵承上，言"承上"者，为动巽而言，非五求上发蒙。有应于二，动而成巽，故"吉"也。

上九，击蒙，不利为寇，利御寇。【注】 体艮为手，故"击"。上体艮，亦为蒙。谓五已变，上动成坎称"寇"，而逆乘阳，故"不利为寇"

矣。言上不可变。"御"，止也。此"寇"谓二。坎为寇，巽为高，艮为山，登山备下，顺有师象，故"利御寇"也。三应上，为二所淫，上不变而御二则利也。取师象者，明当御之于早。

《彖》曰：蒙，山下有险，险而止，蒙。侯果曰："险被山止，止则未通，蒙昧之象。""蒙亨"，以亨行时中也。江承之云："谓艮三时行则行，二由艮三下，故'以亨行时中也'。""匪我求童蒙，童蒙求我"，志应也。"志"谓二。坎为志，五求二应，志相通。"初筮告"，以刚中也。谓二发蒙。"再三渎，渎则不告"，渎蒙也。蒙自渎，非二之过。蒙以养正，圣功也。【注】体颐故"养"。"五多功"，"圣"谓二，二志应五，变得正，而亡其蒙，故"圣功也"。

《象》曰：山下出泉，蒙。【注】艮为"山"，震为"出"，坎泉流出，故"山下出泉"。"山下出泉"，刚柔相通。宋均注《礼斗威仪》云："蒙，小水也。"小水可以灌注，犹童蒙可以作圣。君子以果行育德。【注】"君子"谓二。艮为贤人。艮为"果"。果，决也。艮时行，故为"果"。震为"行"。"育"，养也。二至上有颐养象，故"以果行育德"也。

"利用刑人"，以正法也。【注】坎为"法"。初发之正，故"正法也"。"子克家"，刚柔接也。明二纳巽，初乃成震。"勿用取女"，行不顺也。【注】失位乘刚，故"行不顺也"。"困蒙"之吝，独远实也。阳为"实"。"童蒙"之吉，顺以巽也。坤为"顺"。"利用御寇"，上下顺也。【注】自上御下，故顺也。

需

☰☵乾下坎上　大壮息卦。阳至大壮，过盛失正，为阴所伤，义宜需养，故名曰需。内卦候在正月，外卦二月，爻变成既济，乾道也。大壮息阳，故上别取终乾。

需，有孚，光亨，贞吉。【注】大壮四之五。四阳二阴例。"孚"谓五。阳在二、五称"孚"。坎为"孚"。离日为"光"。四之五得位正中，故"光亨，贞吉"。"贞"谓五正。谓"壮于大舆之辐"也。"辐"当为"腹"。《大壮》九四："壮于大舆之辐。"彼注云："四失位，之五得正。坤为'大舆'，为'腹'，四之五折坤，故'壮于大舆之辐'。"正此需五也。"壮"，伤也。四在大壮，为阴所伤，之五还伤坤也。**利涉大川。**【注】谓二失位，变而涉坎，坎为"大川"，得位应五，故"利涉大川"。

初九，需于郊，利用恒，无咎。初需四。"郊"，谓四也。乾为野，坎为邦。险，城隍也。乾之前，故"于郊"。恒，久也，乾为久。二变坤为"用"，五用之也。初之应险远，宜久需二变而后应之。

九二，需于沙，小有言，终吉。【注】"沙"谓五。二需五也。水中之阳，称"沙"也。二变之阴称"小"。大壮，震为"言"，兑为口，四之五震象半见，故"小有言"。二未变，在兑属半震。二变应之，故"终吉"。正位故"吉"。

九三，需于泥，致戎至。三需上也。上入坎深，故"于泥"。离为"戎"。大壮五上伤阳，四上之五，折三入离，上为戎首，致之者谓上"入于穴"。"致戎"旧读"致寇"，郑、王肃皆作"致戎"。

六四，需于血，出自穴。四需初也。坎为"血"。二已变，初在重坎之下，故"于血"。四在两坎中，为"穴"。本大壮震为"出"，故"出自穴"。

九五，需于酒食，贞吉。二之应成噬嗑，"酒食"之象。"贞"，谓二也。

上六，入于穴，就三也。伏入坎下，故"入于穴"。**有不速之客三人来，敬之，终吉。**诚三也。自外为"来"。"不速之客"，谓坤体三爻也。上为戎主，故牵率坤爻以就三。大壮盈阳，坤既就乾，则终息乾体，乾为"敬"，故"敬之，终吉"。

《彖》曰：需，须也，"须"，待也，养也。险在前也。"险"，坎。卦以外为"前"。《杂卦》曰："需，不进也。"注云："险在前，故'不进'。"刚健而不陷其义，不困穷矣。"需，有孚，光亨，贞吉"，位乎天位，以正中也。谓五。利涉大川，往有功也。【注】五多功，故"往有功也"。之外称"往"，谓二。

《象》曰：云上于天，需，天须云降雨以养物。君子以饮食宴乐。【注】"君子"谓乾。坎水，兑口，水流人口为为"饮"。二失位，变体噬嗑，为"食"，故"以饮食"。阳在内称"宴"，"宴"，安，在内安也。大壮震为"乐"，由乐而有饮食，故取震也。故"宴乐"也。"需于郊"，不犯难行也。坎险故"难"。初不进，需之。"利用恒，无咎"，未失常也。阴从阳，正也。来而后往，故"未失常"。"需于沙"，衍在中也。【注】"衍"，流也。"中"谓五也。五有中德，泽流于二。虽"小有言"，以吉终也。"需于泥"，灾在外也。谓上坎为"灾"。自我"致戎"，敬慎不败也。【注】离为"戎"，乾为"敬"。阴消至五，遁臣将弑君，消息之卦，遁反大壮，大壮乾四失位，为阴所伤，遂进之需，则阴消至五而反遁矣。四上壮坤，四上之五，折坤为坎，"壮于大舆之腹"，则不反遁。故"敬慎不败"。上来终乾，"敬慎不败"。"需于血"，顺以听也。坎为耳。二变重坎为聪，四顺听于初也。"酒食贞吉"，以中正也。五，中正，故二变应之。不速之客来，"敬之终吉"，虽不当位，未大失也。终乾，则二、四、上失位，故曰"不当位"。阳体盈，故"未大失"。

讼

☰☵坎下乾上 遁消卦，次无妄。遁消乾，无妄明乾元非消例。消卦始于讼，阳与阴争，故曰"讼"。候在三月。卦辞"利见大人"，唯二正还成否时行也。爻成既济，明五救遁乾元也。

讼，有孚，窒，惕，中吉，【注】遁三之二也。四阳二阴例。"孚"

谓二。坎为"孚"。"窒"，塞止也。止遁不成否。"惕"，惧，二也。坎为"惕"。二失位，故不言贞。遁将成否，则子弑父，臣弑君。三来之二得中，弑不得行，故"中吉"也。**终凶**，【注】二失位，终止不变，则入于渊，故"终凶"也。**利见大人**，"大人"谓五。中正在上，离在其下，二利之正应之，故"利见大人"。**不利涉大川**。谓二不变"终凶"。五将变应之，成未济，坎为"大川"，故"不利涉大川"。

初六，不永所事，小有言，终吉。【注】"永"，长也。坤为"事"。初失位，而为讼始，讼家，阳讼阴。初遁坤，弑父之党，二救之，故"不永所事"。谓弑事也。由初以刚失位，阳来讼之，其始易明，故即能变正。《象》曰："其辨明也。"故"不永所事"也。"小有言"，谓初、四易位成震言，三"食旧德"，震象半见，故"小有言"。初变得正，故"终吉"也。

九二，不克讼，归而逋。【注】谓与四讼。谓二与四俱讼阴，故皆言"不克"，非讼四也。当遁之时，三四逼于阴，故讼。阴方浸长，敢与阳讼，阳"不克"也。坎为隐伏，故"逋"。在坎为"逋"，未之正。乾位刚在上，坎濡失正，乾位刚，宜居五，今在坎，失正。"濡"，读如耎弱也。坎为"濡"。故"不克"也。**其邑人三百户，无眚。**【注】眚，灾也。坎为"眚"。谓二变应五，乾为"百"，坤为"户"，三爻故"三百户"。坎化为坤，故"无眚"。四亦变成坤。

六三，食旧德，贞厉，终吉。【注】乾为"旧德"。乾为"德"，遁时故"旧"。三本遁爻，居乾位，故"食旧德"，从上而"吉"。"食"谓初、四、二已变之正，三动得位，体噬嗑食。四变食乾，故"食旧德"。三变在坎，正危，"贞厉"，虽正而危，是"贞厉"也。得位，故"终吉"也。**或从王事，无成。**【注】乾为"王"。二变否时坤为"事"，故"或从王事"。谓三未动，二化坎为坤则成否，而三"从王事"。先言"食旧德"，故此言

"或"。"道无成而代有终",当云"地道",写脱"地"字。故曰"无成",坤三同义也。坤三发成泰,乾为"王",坤为"事",震为"从","地道无成而代有终",故曰"或从王事,无成有终"。坤三以泰从王事,此以否从王事,皆为地道,故义同。彼发而从王事,故有终。此未动,故但言"无成"。变而终吉,则亦有终也。四已易,二未正,三亦有震象。

九四,不克讼,复即命渝,安贞吉。【注】失位,故"不克讼"。"渝",变也。"不克讼",故复位,变而成巽。巽为命令,故"复即命渝"。"即",就也。与初易位体复,故"复即命渝"。动而得位,故"安贞吉",谓二已变坤"安"也。

九五,讼,元吉。能讼阴者,五也,故"讼元吉"。

上九,或锡之鞶带,【注】"锡",谓王之锡命。"鞶带",大带。男子鞶革,初四已易位,三二之正,二正,初四易,上有巽象,时三未变。"三"盖衍字。巽为腰带,故"鞶带"。乾为王,巽为命。上亦讼阴者,在巽上位,尊象,讼而受其锡也。**终朝三拕之。**【注】位终朝上,"终"以上言。二变时坤为"终"。"终"又以三言。离为日,乾为甲,日出甲上,谓四本乾,四已变,三动体离。故称"朝"。应在三,三变时,艮为手,四已变,三为艮手,变乃拕上。故"终朝三拕之"。使变应已,三使上变应已。则去其"鞶带",自三至五三爻,故"三"。体坎乘阳,故《象》曰"不足敬也"。

《彖》曰:讼,上刚下险,险而健,讼。"刚""健",乾。"险",坎。**"讼,有孚,窒,惕,中吉",刚来而得中也。**谓二自三来。**"终凶",讼不可成也。**阳不与阴成争。**"利见大人",尚中正也。**唯五正中,能通坤。**"不利涉大川",入于渊也。**坎为"渊"为"入"。失位而讼,徒成阴长。

《象》曰:天与水违行,讼。天行健,坎行险,故皆以行言之。天西水东,相违错,讼始于相违也。**君子以作事谋始。**【注】"君子",谓乾三。遁倾否，故云"乾三"，非艮爻也。不以上乾为君子者，三来讼遁，为卦主。来变坤为"作事"。坤为"事"。坎为"谋"，"乾知大始"，故"以作事谋始"。明讼为乾德。

"不永所事"，讼不可长也。初不正，则讼长。**虽"小有言"，其辨明也。**谓三二变成离，故"明"。**"不克讼"，"归逋"，窜也。自下讼上，患至掇也。**"掇"，当依郑为"惙"，忧也。"下"谓阴，"上"谓阳。遁二阴上之三讼阳，二忧患至，坎为忧也，象辞谓之"惕"。**"食旧德"，从上吉也。**"上"谓五。三变阳为"吉"。**"复即命渝，安贞吉"，不失也。**讼，不可成，不失其正。**"讼元吉"，以中正也。以讼受服，亦不足敬也。**【注】"服"，谓"鞶带"，终朝见扡。乾象毁坏，故"不足敬"。乾为"敬"。言讼非息乾之道。

师

☷☵ 坎下坤上　消息卦。谦三降二，与同人旁通。阳出征阴体坎，王于出征，故名曰"师"。候在四月。卦"贞大人"，为比微阳之著也。爻取通同人，九二一爻之用也。上反乾为坤，正五之比也。剥复之际，君子谨之，其辞备。

师，贞大人，吉，无咎。"大人"谓二。体乾九二"见龙在田"，故曰"大人"。二当升五为比，故"正大人，吉，无咎"。

初六，师出以律，否臧凶。师之同人，二下初息复，以坎为震，震为"出"，坎为"法律"，故云"师出以律"。初失位不变，是不用律。

九二，在师中，卦以五阴统于二，将在师中之象，在国则臣无专命。**吉，无咎，王三锡命。**同人乾五为"王"，巽为"命"。师息同人由二，故有此象。五至二、三爻，故"三锡"。

六三，师或舆尸，凶。【注】坎为"尸"，坎为车，多眚。同人离为戈兵，为折首。"首"，乾。师息至三，同人"折首"。坎三"舆尸"矣。失位，乘刚，无应，尸在车上，二为坎主，故象律。三坎阴，故象尸。故"舆尸凶"矣。

六四，师左次，无咎。体震，"左"也。同人在巽，亦左也。崔憬曰："偏将军居左。左次，常备师也。"四无应，进取不可，次舍无咎，得位故也。

六五，田有禽，利执言，无咎。【注】"田"谓二。体乾二"在田"。阳称"禽"。"田"，猎也。"禽"，获也。离上九注云："乾二五之坤成坎，体师象，乾征得坤阴类，故'获匪其丑'。""禽"，谓此也。震为"言"，五失位，变之正，艮为"执"，故"利执言，无咎"。"执言"，执讯也。**长子帅师**，【注】"长子"谓二。震为"长子"，在师中，故"帅师"也。**弟子舆尸，贞凶**。【注】"弟子"谓三。三体坎。二为震主，二体震，故三独体坎。坎，震之弟，而乾之子，失位，乘阳，逆，故"贞凶"。"舆尸"言贞，明三之同人"折首"。

上六，大君有命，【注】同人乾为"大君"，巽为"有命"。师息至上，同人体成，故上象"大君有命"。**开国承家**。【注】"承"，受也。坤为"国"，二称"家"。谓变乾为坤，由师息成同人，而仍变乾为坤以取象，所谓权也。欲令二上居五为比，故"开国承家"。**小人勿用**。【注】阴称"小人"。坤虚无君，体"迷复凶"。坤成乾灭以弑君，"小人"谓上。自谦至大有皆息复，故体复之上。《复》上六："迷复，凶。用行师，终有大败，以其国君凶。"注云："三复位时体师象，坤为死丧，坎流血，故'终有大败'。姤乾为君，坤阴灭之，故'以国君凶'。《象》曰：'反君道也。'"故"小人勿用"。

《象》曰：师，众也。贞，正也。能以众正，可以王矣。【注】坤为"众"。谓二失位，变之五为比，故"能以众正"，乃"可以王矣"。此明消息大义也。剥穷于上，乾五反三为谦，谦三为复息成履，谦三降二为师，师二为复息成同人，师二升五为比，比五为复息成大有，乾坤乃合于离，故谦旁通履，师旁通同人，比旁通大有，于爻次谦为师，师为比，故二变之五为比也。

刚中而应，"刚中"谓二，"应"为五阴。**行险而顺**，"险"，坎。"顺"，坤。"行"，震也。**以此毒天下，而民从之**，坎为"毒"。马氏云："毒，治也。"坤为"民"，"贞大人"，故"民从之"。**吉，又何咎矣**。

《象》曰：**地中有水，师**。"地中有水"，阳气动于渊泉，师之象也。地能正水，水以养地，师之义也。**君子以容民畜众**。【注】"君子"谓二。乾二，故称"君子"。"容"，宽也。坤为民众，又畜养也。阳在二，"宽以居之"。乾九二《文言》注："震为宽仁。"五变执言时，有颐养象。不言二五易位者，二五易位即比，此卦实成同人，反坤受二，故五变象颐也。故"以容民蓄众"矣。坤虽有畜象，既为民众，不得又取养，故由五体颐。

"**师出以律**"，**失律凶也**。初不正，二之五，坎象不见，是"失律"。"**在师中，吉**"，**承天宠也**。谦三天道下济，居二，为师主，故曰"承天宠也"。"**王三锡命**"，**怀万邦也**。坤为"邦"，二息复通坤，故"怀万邦"，非升比也。"**师或舆尸**"，**大无功也**。"功"谓五。五使不当，故"大无功"。"**左次，无咎**"，**未失常也**。震为"常"，豫备师之象。"**长子帅师**"，**以中行也**。震为"行"。"**弟子舆尸**"，**使不当也**。"**大君有命**"，**以正功也**。【注】谓"五多功"。五动正位，故"正功也"。"**小人勿用**"，**必乱邦也**。【注】坤反君道，故"乱邦也"。

比

䷇ 坤下坎上　消息卦。师二正五，与大有旁通。阴比于阳，故名曰"比"。候在四月。乾德至比而成体，故爻以成既济明乾道成也。

比，吉。【注】师二上之五，得位，众阴顺从，比而辅之，故"吉"，与大有旁通。五下初为复，上息。**原筮，元永贞，无咎**。"原筮"，再筮也。师同人震巽相通，"受命如向"，筮象也。之五为比，通大有。大有乾为著，兑为口说，比艮为手，手著而说，又有筮象，故曰"原筮"。乾五得位，乾元始正。五下初，息大有，乾元正，则五爻皆正，故"元永贞"。萃四乾元五使之正，爻曰"元永贞"，注云"四变之正，则五体皆正，与比象同义也。**不宁，方来。**【注】水性流动，故"不宁"。阴初从阳，当惕厉以待其定。坤阴为"方"，上下应之，故"方来"也。**后夫凶。**【注】"后"谓上，"夫"谓五也。师震为"夫"，同人巽为"妇"，则比艮为"夫"，大有离为"妇"也。坎为"后"，艮为"背"，上位在背后，无应乘阳，故"后夫凶"也。

初六，有孚，比之无咎。【注】"孚"谓五。坎也。初失位，变来得正，五使初正，故《象》曰"元永贞"。消息之卦，五下初，息大有，故曰"变来"，此亦兼明旁通。故"无咎"也。**有孚盈缶，终来有它，吉。**【注】坤器为"缶"。坎水流坤，初动成屯，屯者盈也，故"盈缶"。终变得正，故"终来有它，吉"。在内称"来"也。比卦五阴皆以比五为吉。凶独初，则五来比之，变正为"前禽"，故曰"有它吉"。

六二，比之自内，贞吉。自二应五，故"比自内"。正位故"吉"。嫌当息大有，故明之。四亦同。

六三，比之匪人。【注】"匪"，非也。失位无应，三又多凶，体剥伤象，弑父弑君，故曰"匪人"。"匪人"谓三，言此乃比时之匪人也。《剥》六四"剥床以肤"，彼注云："艮为'肤'。剥至四，乾象毁坏，臣弑君，子弑父。"比自五至初，俱有剥象，初息复，二四应承于五，唯三远五，体艮未正，剥肤之位，故独得此象。不言之正者，"匪人"不能自正，须五驱之乃变正也。

六四，外比之，贞吉。【注】在外体，故称"外"。比五也。得位比贤，故"贞吉"也。

九五，显比。【注】五贵多功，得位，正中，初三以变体重明，"以"，已也。故"显比"，谓"显诸仁"也。震为仁。五息初元，三阴亦正，故"显诸仁也"。**王用三驱，失前禽。**【注】坎五称"王"。"三驱"，谓驱下三阴，不及于初，五降初为复，故驱不及初。故"失前禽"。谓初已变成震，震为鹿，为惊走，鹿之斯奔，则"失前禽"也。此以田猎为喻。田立三表，三驱而止，不合围，喻"舍逆取顺"。**邑人不戒，吉。【注】**坤为"邑"。师震为"人"。师时坤虚无君，使师二上居五中，故"不戒告"也。"邑人"，《象传》注云"谓二"也。二本师震，在坤中，故称"邑人"。二使师二上居五中，众所乐比，故不待戒告而比之。震为言，震不见，故"不戒"矣。

上六，比之无首，凶。【注】"首"，始也。乾阳为"首"。上以阴居艮背上，是"无首"也。注转言始者，上亦欲比五，失之于始，故"后夫"。以无始，故无终也。阴道无成，而代有终，阴从阳乃有终。"无首，凶"。

《彖》曰：比，吉也。比则吉矣。比，辅也，下顺从也。"原筮，元永贞，无咎"，以刚中也。五正则"永贞"，爻所以定既济。"不宁方来"，上下应也。上虽"后夫"，其义宜应。"后夫凶"，其道穷也。

《象》曰：地上有水，比，《子夏传》云："地得水而柔，水得地而流，故曰比。"**先王以建万国，亲诸侯。【注】**"先王"谓五。五本乾五，乾已灭坤，故曰"先王"。初阳已复，谓消息至比而复，三著初息大有，义同复矣。震为"建"，为"诸侯"。坤为"万国"，为腹。坎为心腹。心亲比，故"以建万国，亲诸侯"。《诗》曰"公侯腹心"，是其义也。

比之初六，"有它吉"也。以比而论，初不得吉。"比之自内"，不自失也。不失己位，无取息阳。"比之匪人"，不亦伤乎？外比于贤，以从上也。"上"谓五。"显比"之吉，位正中也。**【注】**谓离象明，正上中也。舍逆取顺，"失前禽"也。**【注】**背上六，故"舍逆"。据三阴，故"取顺"。不及初，故"失前禽"也。"邑人不戒"，上使中也。**【注】**谓二，使师二上居五中。"比之无首"，无所终也。**【注】**迷失道，故"无所终也"。亦体迷复，与师上同。

周易虞氏义卷二

周易上经

彖上传　象上传　虞氏注

小畜

☰乾下巽上　消息卦。通豫，息阳，阳畜于阴，故名"小畜"。候在四月。卦辞"自我西郊"，唯二变为家人，阴阳一家也。爻变既济，明乾元始此。

小畜，【注】需上变为巽，与豫旁通。豫四之坤初为复，此坤之消息也。夬息入乾，坤上当反，阴凝阳乃生，故复初之坤四为豫。豫四之坤初为复，而息夬得反四，是为小畜。豫四得朋为萃，萃五之复二为临，而息二阴反艮，是为大畜。萃四反三，合离坎为蹇，蹇三之复二为临，而息成睽。坤乃得合魂于坎，故豫、小畜旁通，萃、大畜旁通，蹇、睽旁通。卦息豫，非从需来，云"需上变"者，豫初变复，至二临，至三泰，至五需，由需乃变小畜。凡坤之消息，皆兼取爻来，阳卦不为阴主也，故小畜取需。复小阳潜，所畜者少，故曰"小畜"。"畜"，养也。"小"，少也。以一阴畜复，故"小"。以二阴畜临，则"大"。复阳小，临阳大也。凡消息旁通之卦，止以初爻成卦为义，其息卦虽具临泰等象，皆不以阳盛论。盖此十二卦，皆在剥夬之后，复姤之前，摩荡而成，非实阳消也。①

亨。【注】二失位，五刚中正，二变应之，故志行乃"亨"也。密云不

---
① "消"，全集本作"息"。

雨，【注】"密"，小也。兑为"密"。需坎升天为"云"，坠地称"雨"。上变为阳，坎象半见，故"密云不雨，上往也"。**自我西郊。**【注】豫坤为"自我"，兑为"西"，乾为"郊"，雨生于西，故"自我西郊"。二变为坎，则雨生西郊。

初九，复自道，何其咎，吉。【注】谓从豫四之初成复卦，故"复自道"。"出入无疾，朋来无咎"，"何其咎，吉"。复注云："谓出震成乾，入巽成坤，坎为'疾'，谓十二消息不见坎象，故'出入无疾'。兑为'朋'，在内称'来'，五阴从初，五阳正息而成兑，故'朋来无咎'。"乾称"道"也。豫四本复初，故言"自道"。

九二，牵复，吉。复息至二，朋来失位，五引之，则变而应五，故"牵复"。五体巽绳，二在豫艮手，五"牵如"谓牵二也。得正，故"吉"。二初不变，至五引之乃变，故三五俱象乾，至上乃象"既雨"。

九三，车说輹，"说"，读如"脱"。【注】豫坤为"车"，为"輹"。"輹"，《说文》云："车轴缚也。"《子夏传》云："伏兔。"江承之云："'輹'，正字当作腹，舆也，与大畜同。"至三成乾，坤象不见，故"车说輹"。马君及俗儒，皆以乾为车，非也。**夫妻反目。**【注】豫震为"夫"，为"反"。巽为"妻"，离为"目"。今夫妻共在四，豫震为"夫"，今震自下息至三，三体震，则巽宜为三妻，故下云"妻乘夫而出在外"，明上妻三夫也。"夫妻共在四"者，夫妻之目共在离。离火动上，目象不正，动，故"不正"。巽，多白眼，"夫妻反目"，妻当在内，夫当在外，今妻乘夫而出在外，《象》曰"不能正室"。三体离，"离"，伤也。需，饮食之道，饮食有讼，故争而反目也。

六四，有孚，【注】"孚"谓五。阳在二五称"孚"，谓四承五。**血去，惕出，无咎。**【注】豫坎为"血"，为"惕"。惕，忧也。震为"出"，变成小畜，坎象不见，故"血去惕出"。得位承五，故"无咎"也。

九五，有孚挛如，富以其邻。【注】孚五，谓二也。阳在二五皆"孚"。"挛"，引也。巽为绳，豫艮为手，二在艮末。二失位，五欲其变，变承三为坎，志行乃亨，故"欲其变"。故曰"挛如"。"以"，及也。五贵称"富"，"邻"谓三。兑西震东，称"邻"。三体兑，五在豫为震。二变承三，故"富以其邻"，《象》曰："不独富。"二变为既济，与东西邻同义。《既济》九五："东邻杀牛，不如西邻之禴祭，实受其福。"彼由泰来，泰震为"东"，兑为"西"，震动五杀坤，故曰"东邻杀牛"。兑动二体离明，得正承五顺三，故"实受其福"。此五为"东邻"，同三为"西邻"稍异也。

上九，既雨既处，尚得载，妇贞厉。【注】"既"，已也。应在三。坎水零为"雨"，巽为"处"。谓二已变，三体坎雨，故"既雨既处"。三"雨"而上"处"。坎云复天。谓上已变，坎复需时。坎为车，"积载"在坎上，故上得"积载"。重坎故为"积载"。尚、上通字。巽为"妇"，坎成巽坏，故"妇贞厉"。上变正也。虽正而危，阴盛将消阳也。**月几望，君子征凶。**【注】"几"，近也。坎月离日，上已正，需时成坎，正位如"需时"。与离相望兑西震东，八字为一句。豫震为坎，月在震二。小畜兑为坎，日在兑三。日月象对，故"月几望"。谓上与三相对，非二五正，故近望也。上变阳消，之坎为疑，故"君子征，有所疑"矣。惠徵士云："'君子'谓三也。阴盛阳消，故'君子征凶'。"与《归妹》《中孚》"月几望"义同也。归妹体震兑，五坎在震，三离在兑。中孚由讼坎离四之初，体震兑，坎在兑二，离在震三，故归妹六五、中孚六四，皆言"月几望"。

《象》曰：小畜，柔得位，而上下应之，曰"小畜"。 以阴畜阳，上下皆应。**健而巽，** 乾"健"而阴"巽"。**刚中而志行，乃"亨"。** "刚中"谓五。二变，坎为"志行"也。**"密云不雨"，尚往也。** 尚、上通。需上变，故"不雨"。"自我西郊",施未行也。【注】九二未变,故"施未行"矣。五阳为"施"。不得应,不"行"。

《象》曰:风行天上,小畜。"风",地气也。"行天上",散天气于地,以阴畜阳之象。君子以懿文德。【注】"君子"谓乾。"懿",美也。豫坤为"文",乾为"德",离为明。初至四体夬,为书契。乾离照坤,故"懿文德"也。乾离照坤,坤得畜乾。

"复自道",其义吉也。牵复在中,亦不自失也。【注】变应五,故"不自失",与比二同义也。嫌当息阳,故明不失。"夫妻反目"不能正室也。"有孚惕出",上合志也。"上",五也。上变坎,四与五"合志"。"有孚挛如",不独富也。二富及三。"既雨既处",得积载也。【注】巽消承坎,故"得积载"。坎习为"积"也。习坎,重坎也。"君子征凶",有所疑也。【注】变坎为盗,故"有所疑也"。

履

☱兑下乾上　消息卦。谦三为复,上息成履,以坤履行乾德,乾阳尚微,故主坤言之,名曰"履"。候在六月。卦明消息,爻变既济,明乾用。

履虎尾,不咥人,亨。【注】谓变讼初为兑也。此息谦,非由讼来,以小畜反之,故亦有变讼象。与谦旁通。谦三之坤初,为复而息。以坤履乾,以柔履刚,履,践行也,谓坤践行乾德。谦三"天道下济",又以震足行息涉兑成乾,是为"以坤履乾,以柔履刚"。《系》云:"履以和行。"坤为"和",震为"行",是履乾之义。谦坤为"虎",艮为"尾",乾为"人",乾兑乘谦,震足蹈艮,故"履虎尾"。坤以谦震降初而息履,故"震足蹈艮"。坤为"虎"而艮为"尾",有"履虎尾"之象。既成履后,则乾有人象,而艮尾为兑口,故又象"不咥人"。非以乾人履坤虎也。乾人履坤虎,则是刚履柔。兑悦而应,虎口与上绝,兑成坤灭,口与虎绝。上谓乾人,绝,不相属。故"不咥人"。"咥",

啮也。刚当位,谓五。故通。俗儒皆以兑为"虎",乾履兑,非也。此一说以为乾履兑,乾非柔,又虎在人后,非履尾,其非易明,故曰"非也"。兑刚卤,非柔也。此又一说,以为兑履乾,以乾刚为"虎"。故破之,云"兑非柔",下又云"兑不履乾"。

初六,素履往,无咎。【注】应在巽为白,故"素履"。凡履之道,以阴履阳,履初者四,故"素履"谓四。四失位,变往得正,故"往,"往"者四也。变在外,皆称"往"。不以初之四为往者,柔履刚,初不往。无咎。"无咎",自谓初。初使四变,而四果往,故"无咎"。初已得正,使四独变,初使四变,辩上下之义。在外称"往",《象》曰"独行愿也"。

九二,履道坦坦,幽人贞吉。【注】二失位,变成震,为"道",为大途,故"履道坦坦"。"坦坦",宽平,亦震象也。二变履五,履之道也。讼时二在坎狱中,故称"幽人"。独于二取讼象者,谦三当之师二,先息成履,故三降初时,二有伏坎,不可云师坎,故取讼坎而称"幽人"。非由讼来,故于初不言。之正得位,震出,兑悦,"幽人"喜笑,震为"喜笑"。故"贞吉"也。

六三,眇而视,跛而履。【注】离目不正,兑为小,故"眇而视"。视,上应也。江承之云:"视者谓察其行事而效之,与履同义。"讼坎为曳,此亦伏坎也。谦三降初,先与伏二为坎,次与息复为震,故下云"变震时为足"。一说谓二已变震也。变震时为足。足曳,故"跛而履"。俗儒多以兑刑为"跛",兑折震足为刑人,见刑断足者,非为跛也。三阴将履上阳,失位,故有此象。**履虎尾,咥人,凶。**【注】艮为"尾",在兑下,三伏阳也。艮兑互伏。故"履虎尾"。位在虎口中,故"咥人,凶"。谦艮阳伏兑下,口上属坤,二变兑口动,故"虎咥人"。三阳不能出,待上易位也。既跛且眇。视步不能,为虎所啮,故"咥人,凶",《象》曰"位不当也"。**武人为于**

大君。【注】乾象在上，为"武人"。谓上也。乾金气，又在上，故为"武人"。三失位，变而得正成乾，"大君"，乾五也。"为"，助也。三变与上易位，上自乾来，更与四五为乾。故曰"武人为于大君，志刚也"。

九四，履虎尾，愬愬，终吉。【注】体与下绝，"四多惧"，故"愬愬"。四正当谦震、履艮之位，故为"履虎尾"。乾已变坤，故不咥人也。注特解"愬愬"为惧也。"体与下绝"者，下兑悦，悦体尽，故惧也。变体坎得位，承五应初，故"终吉"，《象》曰"志行也"。"行"，即初云"往"也。

九五，夬履，贞厉。【注】谓三上已变，体夬象。三上易位，故上变在四前。故"夬履"。夬，刚决柔也。以乾决坤，履以坤履乾为象，故于五履帝位，正乾决坤之义，所谓"辩上下，定民志"。四变，五在坎中也，为上所乘，故"贞厉"，《象》曰"位正当也"。五本以息谦变坎为"不疚"，又以四变体坎为"贞厉"。居安思危，以当天位，唯能"贞厉"，是以"不疚"。

上九，视履考详，其旋元吉。【注】应在三，三先视上，故上亦视三，故曰"视履考详"矣。"考"，稽。"详"，善也。乾为"积善"，故"考详"。上以乾体之三为"大君"，又成乾，故象"积善"。三上易位，故"其旋元吉"，"旋"，易也。上易三，则四变成既济定。乾元复离，三离爻来，故曰"元吉"。《象》曰"大有庆也"。

《彖》曰：履，柔履刚也。【注】坤柔乾刚，谦坤籍乾，"籍"，蹈也。故"柔履刚"。说而应乎乾，是以"履虎尾，不咥人，【注】"说"，兑也。明兑不履乾，故言"应"也。若兑履乾，乾为"虎"，兑不应虎也。若乾履兑，兑口承乾，正为"咥"也。明由坤为"虎"，故兑应乾为"不咥人"。亨"。刚中正，履帝位而不疚，光明也。【注】"刚中正"，谓五。谦震为"帝"。五，"帝位"。明以谦三行乾，居五，故曰"履帝位"。坎为疾病，乾为大明，五履帝位，坎象不见，故"履帝位而不疚，光明也"。

《象》曰：上天下泽，履。分定而后可履，故"上天下泽"为"履"。君子以辩上下，定民志。【注】"君子"谓乾。"辩"，别也。乾天为"上"，兑泽为"下"。谦坤为"民"，坎为"志"。谦时坤在乾上，变而为履，故"辩上下，定民志"也。

"素履"之"往"，独行愿也。四独行。往，初之愿也。"幽人，贞吉"，中不自乱也。【注】虽幽讼狱中，终辩得正，震为言。故"不自乱"。"眇而视"，不足以有明也。"跛而履"，不足以与行也。"咥人"之"凶"，位不当也。"武人为于大君"，志刚也。既济定。三在坎为"志"。"愬愬，终吉"，志行也。变往体坎，为"志行"。"夬履，贞吉"，位正当也。"元吉"在上，大有庆也。阳称"大"。离本在三，易上而"元吉"，由乾元亨于既济，故"大有庆"在上。

泰

☰☷乾下坤上　息卦，自否反。天地变化，故名曰"泰"。候在正月。卦唯言"亨"，明反类也。《象》言"万物通"，明泰则既济，与爻义同。

泰，小往大来，吉，亨。【注】阳息坤，反否也。泰三阳息临，云"息坤"者，乾坤消息往来于否泰。自姤至否，坤成乾灭，则阳息而反泰，自复至泰，乾成坤灭，则阳消而反否。故"否泰反其类"，乃见消息之用。坤阴诎外为"小往"。自内而去，往者诎也。乾阳信内称"大来"。自外而反，来者信也。天地交，万物通，故"吉，亨"。

初九，拔茅茹，以其汇，征吉。【注】"否泰反其类"，否巽为"茅"。否四也。"茹"，茅根。否初应四，与四同体，在地中，故"茅根"。艮为手。亦否四。"汇"，类也。谓乾三阳。初应四，故"拔茅茹以汇"。由否反泰，始于否，上益下，非初之正，故取阴随阳。诎四拔初，与三二俱往，而泰得息初也。否泰之义，犹乾坤。泰取反否，否则取泰息，故初爻同象。否泰者，乾坤之用。故泰成既济，与乾同。坤息不成乾而成观，故否息不取成泰而成益。震为"征"。既息初。得位应四，"征吉"。"征吉"，自以泰初应四。必取"应四"者，四欲升二也，四故否初"茅茹"。

九二，包荒，用冯河，不遐遗。朋亡，得尚于中行。【注】在中称"包"。"荒"，大川也。"冯河"，涉河。以足涉水曰"冯"。"遐"，远。"遗"，亡也。"亡"，当为忘。失位，就已息言。变得正，体坎，坎为大川，既济体两坎，下流，故为大川荒。为河，震为足，故"用冯河"。乾为"远"，故"不遐遗"。兑为"朋"。坤虚无君，欲使二上，故"朋亡"。二与五易位，故"得上于中行"。震为"行"，体复初，故称"中行"。故"光大"也。息坤至二成兑，体《乾》九二"见龙"，"云行雨施"。中有坎体，谓之"包荒"，用变之正，则以震足涉坎，故曰"用冯河"。"用"者，用此包荒也。乾体在下，坤虚在上，"邑人不戒"，欲使居五，不可以远忘之。二五易位，初亡其朋，而震行，"得上于中"矣。

九三，无平不陂，无往不复。【注】"陂"，倾，谓否上也。"平"谓三。泰三。天地分，故"平"。天成地平，谓"危者使平，易者使倾"。"平""易"，泰三也。"危""倾"，否上也。泰盈三则消外而为否倾，是为"易者使倾"。"往"谓消外，"复"谓息内。否穷上，则复初而为泰平，是为"危者使平"。从三至上体复，"终日乾乾，反复道"，故"无平不陂，无往不复"。谓否反成泰，至三而盈，当反复道乃不陂。**艰贞无咎。勿恤其孚，于食有福。**【注】"艰"，险。"贞"，正。"恤"，忧。"孚"，信也。二之五得正，在坎中，三为坎中。故"艰贞"。坎为"忧"，故"勿恤"。疑当恤。阳在五孚险，五孚于坎。坎为"孚"，三坎又为"孚"。故"有孚"。体噬嗑，二五易位。食也。二上之五据四，则三乘二，故"于食有福"也。乘阴和，故"有福"。

六四，翩翩，不富，以其邻，【注】二五变时，四体离飞，故"翩翩"。坤虚无阳，故"不富"。坤凝乾元，故广生为"富"，虚则"不富"。兑西震东，故称"其邻"。震兑皆谓二也。四以"不富"，故以二升五而承之得"翩翩"。三阴乘阳，不得之应，《象》曰"皆失实也"。三阴皆欲二升四为之导。**不戒以孚。**【注】谓坤"邑人不戒"，坤为"邑"，此卦无邑人象，因比言之耳。故使二升五，信来孚邑，故"不戒以孚"。"戒"，告也。四体震为言，二来震灭成坎，故"不戒以孚"。二上体坎中正，《象》曰"中心愿也"，与《比》"邑人不戒"同义也。比五由师二升，比二为"邑人"。

六五，帝乙归妹，以祉元吉。【注】震为"帝"，坤为"乙"。帝乙，纣父。"归"，嫁也。震为兄，兑"妹"，故"嫁妹"。此谓二升五也。震初息坤为"帝乙"，二息兑为初妹，上居五泰女主，故二升象"归妹"。泰用在初，故归二者初。"祉"，福也。五变体离，离为大腹，则妹嫁而孕，得位正中，故"以祉元吉"也。于五言"元"者，凝阳，犹坤之"黄裳"，故取离大腹。

上六，城复于隍，【注】否艮为"城"，故称"城"。泰之上，否之三也。泰之三本否之四，故取艮象。坤为积土。"隍"，城下沟。无水称隍，有水称池。今泰反否，乾坏为土，艮城不见，而体复象，故"城复于隍"也。上宜体坎，既济未成，故沟无水。**勿用师，自邑告命，贞吝。**【注】谓二动时体师，阴皆乘阳，行不顺，故"勿用师"。天地虽交，以坤乘乾，行逆不顺，故泰之用在既济，于上特发此义。言五未变，不可用也。坤为"自邑"，谓上。震为言，兑为口，谓三。否巽为"命"，今逆陵阳，故"自邑告命"。三本否巽，未成既济而上就三，"告"则仍否之命而已。命逆不顺，阴道先迷，失实远应，五未实，故"先迷"，而远欲应三，故"命逆"。故"贞吝"。自三居上，正也，不顺五，则吝。

《彖》曰："泰，小往大来，吉亨"，则是天地交而万物通也，"天地交"，谓坤讪乾信。交则定既济，二五易位。乾阳物，坤阴物，坎为"通"，故"万物通"。上下交，而其志同也。乾"上"，坤"下"，坎为"志"。既济体两坎，上下同。内阳而外阴，内健而外顺，内君子而外小人，君子道长，小人道消也。泰息震大壮，息兑夬，盈乾坤。

《象》曰：天地交，泰。后以财成天地之道，辅相天地之宜，以左右民。【注】"后"，君也。阴升乾位，坤女主，故称"后"。坤富称"财"。守位以人，聚人以财，故曰"成天地之道"。五为天位，乾为人，坤为"财"。坤居五位，尚二中行，是"守位以人，聚人以财"。"相"，赞。"左右"，助之。震为"左"，兑为"右"，坤为"民"，反否，初为震，二为兑，乾通坤，故"左右民"。谓以阴辅阳。故坤后为主。《诗》曰："宜民宜人，受禄于天。"言坤承乾命，故言"辅相"。

"拔茅，贞吉"，志在外也。【注】"外"谓四也。既济定，四体坎为"志"。"包荒"，"得尚于中行"，以光大也。阳为"大"。既济两离，故"光大"。"无平不陂"，天地际也。"际"，接也。乾尽坤接，故戒其陂。与乾三同义。"翩翩不富"，皆失实也。"不戒以孚"，中心愿也。阴以阳为"实"。二升五，坎为"心"。"以祉元吉"，中以行愿也。得中以行其愿。"城复于隍"，其命乱也。坤虚无命，故"命乱"。

否

☷坤下乾上　消卦，自泰反。天地闭塞，故名曰"否"。候在七月。卦爻皆取成益反泰。

否之匪人，不利君子贞，大往小来。【注】阴消乾，又反泰也。谓三，比坤灭乾，以"臣弑其君，子弑其父"，遯虽艮子弑父，然乾未灭，故弑君弑父并在否三。故曰"匪人"。阴来灭阳，君子道消，故"不利君子贞"。乾为"君子"，"正"唯九五耳。否时五当损上降初，成益息泰而已。当上位，故"不利君子贞"。阴信阳诎，故"'大往小来'，则是天地不交而万物不通"。"否"，闭塞也。与比三同义也。比三体《剥》四"剥床以肤"，弑父弑君，故曰"比之匪人"。否三亦体剥。艮，肤也。

初六，拔茅茹，以其汇，义具泰卦。**贞吉亨**。三阴上拔，上来正位，初居而亦正，阳息而"吉亨"也。

六二，包承，小人吉，大人否，亨。【注】"否"，不也。"包"义与泰二同。六二得正应五，虽未反泰，而承阳之义自在其中，故曰"包承"。"小人"，三也。上益于下，二拔为三，三拔为四，三与阳体上巽，弑逆不行，故"小人吉"。"大人"，二也。本体《坤》二"直方"，故曰"大人"。二居三，剥伤位，有大人之德，不从阴乱，故"大人否"。应五故通。

六三，包羞。拔四得正，故不言凶。本"匪人"，弑虽不成，"包羞"在中，故不言吉。

九四，有命，无咎，畴离祉。四主拔三阴，体巽为"命"，受乾命也。"畴"，类也。三阳为"类"，并得反泰，故离四之祉。四拔则当五，否五非君，故言"有命"。

九五，休否，大人吉。"休"，美也。九五得位体观，《坤》六五"美在其中"，故"休否，大人吉"。**其亡其亡，系于包桑**。巽为绳，故"系"。巽为木。荀氏曰："桑者，上玄下黄，以象乾坤也。"《下系》曰："君子安而不忘危，存而不忘亡，治而不忘乱，是以身安而国家可保也。"彼注云："危谓上。"则亡亦谓上。上盈不久，故危亡也。五使上反初，损上益下，则五当上处，故"其亡其亡"。以乾通坤，巽入震出，天地之美，包在其中，故曰"系于包桑"，所谓"亡者保其存者也"。此居五之道，非失位居上。

上九，倾否，先否后喜。【注】否终必倾。"倾"，陂也。"盈不可久"，乾上"亢龙"。故"先否"。下反于初成益，体震，"民说无疆"，坤为"民"，震为"喜说"。故"后喜"。

《彖》曰："否之匪人，不利君子贞，大往小来"，则是天地不交而万物不通也。乾不降，坤不升，故"天地不交"。不成既济，故"万物不通"。上下不交，而天下无邦也。坤为"邦"，乾为人，坤虚无人，故曰"无邦"。内阴而外阳，内柔而外刚，内小人而外君子，小人道长，君子道消也。否消巽，观消艮，剥灭人于坤。

《象》曰：天地不交，否。君子以俭德辟难，不可营以禄。【注】"君子"谓乾，坤为"营"。"营"，求也。乾为"禄"，"难"谓坤为弑君，故"以俭德辟难"。"俭"，约也。艮为慎，乾为畏，故"俭德"。巽为入，伏乾为远，艮为山，体遁象，谓辟难远遁入山，遁时弑难将成，故君子以远小人。否难成，乾象入艮，故"君子以辟难"。故"不可营以禄"。坤来营乾，乾若入坤，则成未济，故"不可营以禄"。"营"或作"荣"，"俭"或作"险"。

"拔茅，贞吉"，志在君也。乾为"君"。息益则泰乾成，故"志在君"。"大人否亨"，不乱群也。【注】物三称"群"，谓坤三阴乱弑君，大人不从，故"不乱群也"。"包羞"，位不当也。居三不当，故有羞。"有命，无咎"，志行也。震为"行"。志在息震，四在泰正坎，故称"志"。初云"志在君"，亦四也。大人之吉，位正当也。以正位，故能"休"也。①否终则倾，何可长也。【注】以阴剥阳，故不可久也。上不益下，则消成剥。

同人

☲离下乾上　消息卦，师二降初为复而息。师震、同人巽，交乾坤于二，夫妇同心之象，故名曰"同人"。候在七月。同人再息，乾道渐著，故卦云"君子贞"。明有既济之用，爻变各正矣。唯上不变，则成家人，又与卦互相备矣。

① "也"，全集本作"否"。

同人于野，亨。【注】旁通师卦。息师为同人。巽为"同"，乾为"野"，师震为"人"，义取巽震相同，故取乾为"野"，不为"人"，不得以二五应乾为"同人"也。二得中应乾，此乾谓五，震巽同应乾。故曰"同人于野，亨"。**利涉大川**，《象》注云："乾四、上失位，变二体坎，故'涉大川'。"**利君子贞**。"君子"谓五。五"类族辨物"，天下志通，既济定。

初九，同人于门，无咎。【注】乾为"门"。谓同于四，四变应初，故"无咎"也。正应辩类，故四变应之。

六二，同人于宗，吝。"宗"谓五。妇人谓同姓之适曰"宗"。二在同人，与乾为巽，故五曰"宗"。二当同师震以应五，若以巽上应，则三四据二相攻，故"吝"，"先号咷"是也。

九三，伏戎于莽，升其高陵，三岁不兴。【注】巽为"伏"，震为"草莽"，离为"戎"。谓四变时，三在坎中，隐伏自藏，故"伏戎于莽"也。卦主九五"通天下之志"，故三、四待坎而同，三体离"戎"，四刚失正，师爻故相攻。五"类族辨物"，四变三在坎中，乃入伏就震，故有"伏戎于莽"之象。巽为"高"，师震为"陵"，以巽股"升其高陵"。"高陵"，震巽之巅，四也。四已变，三得历四通五。爻在三，乾为"岁"。"兴"，起也。动不当为"而"。失位，故"三岁不兴"也。

九四，乘其墉，弗克攻，吉。【注】巽为"墉"。城墉也。四在巽上，故"乘其墉"。四乘巽，则"其"谓三也。变而承五，体讼，体《讼》四"不克讼，复即命渝"。乾刚在上，五"以类族辨物"，故四变"弗克攻"。故"弗克攻"则"吉"也。

九五，同人先号咷而后笑，大师克相遇。【注】应在二，巽为"号咷"，"号咷"，呼号也。乾为"先"，巽在乾家。故"先号咷"。师震在下，故"后笑"，震为"后笑"也。"同人"谓二同师震也。《系》曰："或出或处，或默或语，二人同心，其利断金。"彼注云："夫出妇处，妇默夫语。"则此"号咷"与"笑"皆震巽同心之言也。二以巽先应五，乾则三四相攻"号咷"，师震同志而来，则四变三伏，故"后笑"。乾为"大"，同人反师，故"大师"。"大师"谓五。二至五体姤，遇也，故"相遇"。五既遇二，则天下志通。

上九，同人于郊，无悔。【注】乾为"郊"。失位无应，与乾上九同义，当有悔，同心之家，故"无悔"。天下志已通，上必变正，坎为"悔"，故"当有悔"。"同心之家"，体家人未变，故"无悔"。

《象》曰：同人，柔得位得中而应乎乾，曰"同人"。应乎乾，即"于野"之义。同人，曰"同人于野，亨，利涉大川"，乾行也。【注】此孔子所以明嫌表微。师震为夫，巽为妇，所谓"二人同心"。《系》引同人"同人先号咷而后笑"曰"二人同心"，彼注云："二人谓夫妇，震夫，巽妇，坎为心。六二震巽俱体师坎，故'二人同心'。"故不称君臣、父子、兄弟、朋友，而故言人耳。所以必取震巽夫妇者，剥复之间，刚柔相接，然后息阳也。谦履震巽失中，比大有无震巽，唯同人以震巽就坎离，故特表此名，与蒙革刚接柔息阴同义也。乾四上失位，变二体坎，故曰"利涉大川，乾行也"。云"表微明嫌"者，各卦止取六二一爻，卦辞乃取"于野"，取"涉川"，非复夫妇相同之义，故复出同人以表之。云所同者夫妇，乃曰"同人于野，亨，利涉大川"者，由取乾通天下之志，体坎而行也。**文明以健，中正而应，君子正也。**谓五。**唯君子为能通天下之志。**【注】"唯"，独也。四变成坎，坎为"通"为"志"，故"能通天下之志"。四变成坎，三坎也。不言五坎，主天下言。谓五"以类族辨物"，"圣人作而万物睹"。

《象》曰：天与火，同人。"火"者，阳光。乾舍于离，天光通火，故"天与火"。**君子以类族辨物。**【注】"君子"谓乾，师坤为"类"，乾为"族"。"辩"，别也。乾，阳物。坤，阴物。以"族"辩三，以"类"辩四。

体姤，"天地相遇，品物咸章"，二应五。以乾照坤，故"以类族辨物"。谓"方以类聚，物以群分"。孔子曰"君子和而不同"，故于同人家见"以类族辨物"也。物辩乃可同。

出门"同人"，又谁咎也。 初息震为"出"，"谁"谓四。四方攻三疑初，"咎"也。唯初明消息，余爻不言，义见小畜。**"同人于宗"，吝道也。** 女子外成，同于宗，吝之道。**"伏戎于莽"，敌刚也。** "刚"谓四。四虽变，三志未通，故尚"伏戎"。**"三岁不兴"，安行也。** 由安而行，不践危道。师坤为"安"，震为"行"，乾照坤，故三岁而安。**"乘其墉"，义弗克也。** 以不正乘人，故"义弗克"。**其吉，则困而反则也。** 坎为"则"。**同人之先，以中直也。** 二"中"，震"直"。谓当以"中直"为先。**"大师相遇"，言相克也。** 克三四。**"同人于郊"，志未得也。** 坎为"志"。未变，故"于郊"。

大有

☰乾下离上　消息卦，比初动为屯而息。乾为三息，魂归于离，离中有阳，故名曰"大有"。内卦候在四月，外卦五月。卦唯言"元亨"者，比已明乾体，大有著其就离也。象取二变则成离，义益明矣。爻成家人。

大有，元亨。【注】 与比旁通。息比为大有。柔得尊位大中，应天而时行，故"元亨"也。《彖》注云："谓五以日应乾而行于天也。以乾亨坤，故曰'元亨'。"

初九，无交害，匪咎，艰则无咎。【注】 "害"谓四。四离火，为恶人，离在四"焚如死如"，故为"恶人"。故"无交害"。谓无应四。初动震为"交"，比坤为"害"。四在比坤中为"害"。嫌初动，当交之，故明其"无交"。"匪"，非也。无应宜咎，以恶人宜远，非为咎也。"艰"，难。谓阳动比初成屯，屯，难也。于消息例，当五降初成复，比五阳尊降初失位，故取初自变成屯则"无咎"也。变得位，"艰则无咎"。

九二，大车以载，有攸往，无咎。【注】比坤为"大舆"，乾来积上，二息。故"大车以载"。"往"谓之五。二失位，变得正，应五，故"有攸往，无咎"矣。"顺天休命"，嫌五未变，在离有"咎"。

九三，公用亨于天子，小人弗克。【注】"天子"谓五。三，公位也。爻位三为三公。"小人"谓四。二变得位，体鼎象，故"公用亨于天子"。"亨"读曰"飨"。《传》曰"天子降心以逆公"，谓亨三也。四"折鼎足，覆公餗"，鼎变屯，四折震入兑，故曰"鼎折足，覆公餗"。故"小人不克"也。谓三欲与四辅五，四"小人"故"不克"，言当使四变。

九四，匪其尪，无咎。【注】"匪"，非也。其位尪，鼎四位。足尪，体行不正。四失位，折震足，故"尪"。变而得正，故"无咎"。"尪"，或为"彭"作"旁"《子夏传》作"旁"。声，字之误。

六五，厥孚交如，威如吉。【注】"孚"，信也。比坎为"孚"。发而孚二，故"交如"。五发而二应之，四已变震为"交"。乾称"威"，发得位，乾九五。故"威如吉"。

上九，自天右之，吉无不利。【注】谓乾也。大有乾息已成，故上爻通取一卦之义。"右"，助也。大有通比，坤为"自"，乾为"天"，兑为"右"，《系》注云："兑为口，口助为'右'。"故"自天右之"。比坤为顺，乾为信。"天之所助者顺，人之所助者信，履信思顺，《系》注云：'比坎为思。'案"履信"谓坤履乾，"思顺"谓乾比坤。又以尚贤，《系》注云："乾为贤人，坤在乾下，故'又以尚贤'。"故"自天右之，吉无不利"。

《象》曰：大有，柔得尊位大中，而上下应之，曰"大有"。"大"，阳也。比初动震为"应"。乾应五息也。阳息乾归，故曰"大有"。其德刚健而文明，"刚健"，乾。"文明"，离。应乎天而时行，是以"元亨"。【注】谓五以日应乾而行于天也。《象》曰："火在天上。"应天时行，唯日耳。"时"

谓四时也。大有亨比，比初动成震为春，至二兑为秋，至三离为夏，坎为冬，故曰"时行"。以乾亨坤，是以"元亨"。

《象》曰：火在天上，大有。不曰"日"而曰"火"者，日中则离，阴阳相就，阳气盛行，万物毕纳，故曰"大有"。日中则盛如火，故曰"火在天上"。君子"君子"谓乾。以遏恶扬善，顺天休命。【注】"遏"，绝。"扬"，举也。乾为"扬善"，坤为"遏恶"，为"顺"。以乾灭坤，体夬"扬于王庭"，夬，以刚决柔。乾为"王"为"扬"，通剥，艮为"门庭"，故曰"扬于王庭"。以乾灭坤，亦决柔义，故取夬象。故"遏恶扬善"。乾为"天""休"，二变时巽为"命"，故"顺天休命"。以坤归乾，故"顺天休命"。

大有初九，"无交害"也。【注】"害"谓四。在大有可无交四。"大舆以载"，积中不败也。坤为"败"。"公用亨于天子"，小人害也。【注】"小人"谓四也。"匪其尪"，无咎，明辩折也。【注】折之离，故"明辩折也"。离，"明"。震，"辩"。兑，"折"。折辩入明，非实鼎体，故能辩而"无咎"。四在乾则"尪"，乾为人，故象足尪。在坤为鼠。晋四也。三上易位，体小过，有飞鸟之象。艮为穴，动出穴中，飞而不高，硕鼠之象，故曰"晋如硕鼠"。在震噬肺得金矢，①噬嗑四也。艮为肤，阳为骨。肉有骨谓之"肺"。离火熯之，故为"干肺"。"金矢"，毒害之物。离为兵下震动之，矢象，故曰"噬干肺，得金矢"。在巽折鼎足，鼎四也。在坎为鬼方。未济四也。变之正体师，坤为"鬼方"，为三所伐，故曰"震用伐鬼方"。在离焚死，离在四，为下火所炎，故曰"焚如"。二至五体大过死象，故曰"死如"。在艮旅于处，言无所容，旅四也。彼注云："巽为'处'，四焚弃恶人，失位，远应，故'旅于处'，言无所容也。"②在兑睽孤孚厉。《睽》四："睽孤遇元夫，交孚，厉，无咎。"彼注："'孤'，

---

① "震"，原作"鼠"，据全集本和《周易集解》改。
② "容"，下文旅九四注文中皆作"从"。

顾也。在两阴间，睽五顾三，故曰'睽孤'。震为'元夫'，谓二已变，动而应震，故'遇元夫'也。震为'交'，坎为'孚'，动而得正，故'交孚，厉，无咎'矣。"三百八十四爻，独无所容也。离四《象》曰"无所容也"，此知恶人宜焚死，无所容矣。"厥孚交如"，信以发志也。"信"谓比五坎孚，乾又为信。四已变，二坎为"志"也。"威如"之吉，易而无备也。"乾德恒易"，易四之尪也。五体夬，有戎为备，发以变四，夬象不见，故"易而无备"。大有上吉，自天右也。明此为卦德，非爻位也。

谦

☷☶ 艮下坤上 消息卦。乾尽剥上而入坤，上来反三，归魂之始。乾盈于上，谦而居三，故名曰"谦"。三之初为复，息履，与履旁通，游魂之变也。候在十二月。乾来为谦，谦三降二为师，师二升五为比，消息之次也。阳宜正五，故爻义不之师而之比。卦明乾来，初明履息，上三爻明升五，消息之义备矣。

谦，亨。【注】乾上九来之坤，乾尽坤中，上来反三。与履旁通。三之初为复，息履。天道下济，"济"，成也。上之三，故曰"下"。故"亨"。坤交乾则"亨"。彭城蔡景君说"剥上来之三"。"剥上"即"乾上"，义亦一也。不见乾元之正，故不用也。

君子有终。【注】"君子"谓三。乾称"君子"。艮终万物，《说卦》曰："艮也者，东北之卦也，万物之所以成终而成始也。"彼注云："万物成始，乾甲，成终坤癸。艮东北，是甲癸之间，故'万物之所成终而成始'。"是"艮终万物"。剥由艮入坤，乾反坤济艮，"终则有始，天行也"。故"君子有终"。

初六，谦谦君子，用涉大川，吉。 谦息履，三降初，乾上谦居三，三又降初，故为"谦谦君子"。三坎，升五又体坎，为"大川"。初坤为"用"，故"用涉大川，吉"。

六二，鸣谦，贞吉。 三降履初，二息体震，为"善鸣"，故曰"鸣谦"。息则失位，正而承之，故"贞吉"。

九三，劳谦，君子有终，吉。 坎为"劳"，艮为"终"。不以变论，与《师》上"开国承家"义同。

六四，无不利， 体三有实，故"无不利"。**扨谦。** 荀氏云："扨，举也。阴欲扨三，使上居五。"寻师坤虚无君，使二上居五成比，故《师》五曰"利执言"，《比》五曰"邑人不戒"。《泰》四"不富以其邻，邑人不戒"，注云："与比五同义。"然则谦虽之师，亦志在比五。上六注云"利五之正"，四亦宜然。"扨谦"，当如荀氏说也。扨者，艮为手，成比则四在艮体中。

六五，不富以其邻， 坤虚故"不富"。"邻"谓三。三在谦为震，在履为兑，震东兑西称"邻"。谓以三居五。**利用侵伐，** 体师，五变"利执言"，故"利用侵伐"。**无不利。** 又言"无不利"者，坤为"利"，嫌变坤不利。

上六，鸣谦，利用行师，征邑国。【注】应在震，故曰"鸣谦"。体"师"象，震为"行"，三震上行，故曰"行师"。坤为"邑国"。利五之正，已得从征，"行师征邑国"者五也，上利用之。故"利用行师，征邑国"。

《彖》曰："谦亨"，天道下济而光明， 乾来居三，是"天道下济"。阳来成坎，息履成离，离日坎月，故"光明"也。**地道卑而上行，** 坤纳乾成震，坤在"上"，震为"行"，故"卑而上行"。**天道亏盈而益谦，**【注】谓乾盈履上，亏之坤三，故"亏盈"。谦息履，非履变谦，履象别上下是也。此自"亢龙"，"盈不可久"，"亏之坤三"。云"盈履上"者，不可云"盈乾上"，又不可云"盈剥上"，因假"履上"见义耳。剥复之间，卦无实象，故多假义，与履讼坎同。贵处贱位，上贵，三贱。故"益谦"。**地道变盈而流谦，**【注】谦二以坤变乾盈，乾盈于上，坤出遇姤，"品物咸章"，至二成遁，乾灭之始，消至剥尽，本由于二，"二以坤变乾盈"谓此也。云"谦二"者，不可云"坤二"，又不可云"遁二",故亦假言"谦二"。坎动而润下,"水流湿",既济两坎,下坎为"湿"。谦得既济下坎也。故"流谦"也。**鬼神害盈而福谦**,【注】"鬼"谓四,"神"谓三。游魂在四,归魂在三。四诎三信,故"鬼谓四,神谓三",皆乾精也。坤为鬼害,乾为神福,盈则诎坤而为鬼,谦则信乾而为神。故"鬼神害盈而福谦"也。**人道恶盈而好谦**。【注】乾为"好",为"人",坤为"恶"也,故"人道恶盈"。乾盈则就坤,故"人道恶盈"。从上之三,故"好谦"矣。乾来故为"好"。**谦尊而光,卑而不可逾**,【注】天道远,故"尊光"。自上来,故"尊"。息履离,故"光"。三位贱,故"卑"。坎水就下,险弱难胜,故不可"逾"。**君子之终也**。坎离纳乾坤,故"艮终万物"。

《象》曰:**地中有山,谦**。地柔而山刚,乘天阳也。地中不盈,地也。地谦,广以益山之高。山谦,高以益地之大。**君子以裒多益寡,称物平施**。【注】"君子"谓三。"裒",取也。艮为"多",坤为"寡"。阴有阳则"多",无阳则"寡"。乾为"物",为"施"。坎为"平"。谦乾盈益谦,艮为多宝,乾为多也。裒乾益坤,称量也。以坎量而平乾。故"以裒多益寡,称物平施"。

"**谦谦君子**",**卑以自牧也**。牧,养牛人也。坤为"牛",震为"人",驱之故象"牧"。坤为"自",三降初,"卑以自牧"。"**鸣谦,贞吉**",**中心得也**。【注】中正谓二,坎为"心"也。谓三正。"**劳谦君子**",**万民服也**。本坤故曰"万民"。"**无不利,㧑谦**",**不违则也**。坎为"则"。四本坎,五变又为坎,故"不违则"。"**利用侵伐**",**征不服也**。坎艮险阻,故又为不服象。"**鸣谦**",**志未得也**。"**可用行师**",**征邑国**"也。虽"鸣谦"应三,而志未得,故可使三升居五,五变体坎,坎为"志"是得志。

豫

☷☳ 坤下震上 消息卦。坤尽夬上而入乾,乾元索坤之四为豫,息为小畜,为坤游魂之变。豫，怡也。阴得阳而喜乐，故名曰"豫"。内卦候在二月，外卦三月。卦爻皆取息小畜，乾元入坤也。爻至五，上不变，则成需，坤之游魂也。

豫，利建侯行师。【注】复初之四，与小畜旁通。"复初"者，乾元也。阴丽阳而生，豫四之坤初为复，息小畜，阴始凝阳。坤为邦国，震为诸侯。初至五体比象，四利复初，息小畜，故"利建侯"。《比》："先王以建万国，亲诸侯。"不以四震为侯者，屯注云："善建者不拔。"震在初体潜龙，确乎不拔，乃"建侯"也。三至上体师象，故"行师"。四震下行，故为"行师"。

初六，鸣豫，凶。【注】应震善鸣，凡豫阴道，在阴而不能正则豫。失位，故"鸣豫，凶"也。初不取息者，义取四复初，故不言初变。

六二，介于石，【注】"介"，纤也。纤介，微意。与四为艮，艮为"石"，故"介于石"。《系》以豫二"知几"注云"知四当复初"，则此"介"谓几之纤微如石。**不终日，贞，吉。**【注】与小畜通，应在五。终变成离，息小畜，至五，则四成离，故曰"终变"。离为"日"。"不终日"，似谓成泰时也。得位，欲四急复初，由二中正得位，故能知几，欲四复初息正。已得休之，小畜乾为"天休"。故"不终日，贞吉"。坤欲四复，如师、谦欲二三升。

六三，盱豫悔，迟有悔。"盱"，张目也。小畜离为目，六三失位，目不正为"盱"。在阴，故"豫"。"迟"谓四之初息，而三不即正也，五变在艮，故为"迟"。

九四，由豫，大有得，勿疑，朋盍簪。【注】"由"，自从也。群阴之豫，皆由四也。据有五阴，坤以众顺，故"大有得"，得群阴也。阳称"大"。坎为"疑"，故"勿疑"。当复初息小畜，故云"勿疑"也。小畜兑为"朋"，息至四泰时。"盍"，合也。坤为"盍"。"簪"，聚会也。坎为聚，坤为众，众阴并应，故"朋盍簪"。四复初，息至兑，兑通坎，坤阴并息阳。"簪"，旧读作"攒"、作"宗"也。京氏作"攒"，荀氏作"宗"。

六五，贞疾，恒不死。【注】"恒"，常也。坎为"疾"。在豫坎中，小畜上不变，五正在坎，故"贞疾"。应在坤，坤为"死"。六二也。震为反生，位在震中，五在豫不应二。与坤体绝，小畜二不正无应，二五不取应，五之坤则为死。故"贞疾，恒不死"也。

上六，冥豫，成有渝，无咎。【注】应在三，坤为"冥"。"渝"，变也。三失位，无应，"多凶"，变乃得正，体艮成，艮为"成"。"成有渝"者，三也，由艮变也。故"成有渝，无咎"。上得位，三变则有应，故"无咎"。

《彖》曰：豫，刚应而志行，谓四复初，息小畜，乾阳皆应。坎为"志"，震为"行"，坎为震，故"志行"。顺以动，坤，"顺"。震，"动"。四复初，动乎顺。豫。豫顺以动，故天地如之，而况"建侯行师"乎？【注】小畜乾为"天"，坤为"地"。"如之"者，谓天地亦动以成四时。"而况建侯行师"，言其皆应而豫也。天地以顺动，故日月不过而四时不忒。【注】豫变通小畜。坤为"地"。动初至三成乾，故"天地以顺动"也。"过"，谓失度。"忒"，差迭也。谓变初至需，至五成需。离为"日"，坎为"月"，皆得其正，故"日月不过"。动初时震为春，至四兑为秋，至二即兑，云四者，四兑位定，对下"刑罚清"而言。至五坎为冬，离为夏，四时为正，故"四时不忒"。"通变之谓事"，盖此之类。《系》注云："'事'谓变通趋时，以尽利天下之民，谓之事业也。"圣人以顺动，则刑罚清而民服。【注】"清"，犹明也。动初至四，兑为"刑"，至坎为"罚"。坎兑体正，故"刑罚清"。坤为"民"，乾为"清"，兑坎皆息乾，故"清"。以乾乘坤，故"民服"。复初为圣人，乾息，故"圣人以顺动"也。豫之时义大矣哉。【注】顺动天地，使日月四时皆不过差，"刑罚清而民服"，故义大也。

《象》曰：雷出地奋，豫。阳升出地，万物皆喜。先王以作乐崇德，殷荐之上帝，以配祖考。复乾，故曰"先王"。象"雷出地"，故"作乐"。乾为"德"，息乾，故"崇德"。《说文》云："作乐之盛称殷。""荐"，进也。"荐上帝"，"配祖考"，谓大飨上帝于明堂，以文武配是也。复初万物之始，天行之成，故为"上帝"。小畜离"向明而治"，为明堂。坤为鬼，乾盈甲。复初故乾，小畜亦故乾。小畜乾为父，复乾为祖，四下初亦为震，体复，故"配祖考"也。

初六"鸣豫"，志穷凶也。【注】体剥"灭贞"，剥初。故"志穷凶也"。四坎为"志"，失位故"穷"。初在剥初，故"凶也"。"不终日，贞，吉"，以中正也。二中正，故"贞，吉"。"盱豫，有悔"，位不当也。"由豫，大有得"，志大行也。由坎息震，坎为"志"，震为"行"，故"志大行"。六五"贞疾"，乘刚也。五乘四，坎为"疾"。正，坎又为疾。"贞疾"，故"不死"，"生于忧患"。"恒不死"，中未亡也。变得中，不应坤，故"未亡"。"冥豫"在上，何可长也。谓小畜成，上体巽为"长"。

随

䷐震下兑上 消息卦，泰息至蛊当反否。随来通蛊，兑阴从震夫，明乾元复正也，故名曰"随"。自否来者，乾坤之合。候在二月。成既济。

随，元亨利贞，无咎。【注】否上之初，刚来下柔，初上得正，故"元亨利贞，无咎"。乾元复正，故"元亨"。初上既正，天行消息，终成既济，故"利贞"。阳降阴升，非益之道，嫌于有咎，故曰"无咎"。此与蛊旁通，不言者，蛊变泰入否，故通随为义。随通蛊入泰，不必取蛊也。

初九，官有渝，贞吉，出门交有功。"官"，主也。"渝"，变也。应四，艮为"官"，为"门"，震为"出"。四失位，变而交初，三已正，则与五成离，"五多功"，四有离体，故"交有功"。四《象》曰"有孚在道，明功也"，谓此。

六二，系小子，失丈夫。【注】应在巽，巽为绳，故称"系"。"小子"谓五。兑为少，故曰"小子"。"丈夫"谓四，体大过"老夫"，故称"丈夫"。承四隔三，故"失丈夫"。三至上有大过象，故与"老妇""士夫"同义。《大过》九二"老夫得其女妻"，注云："二体乾老，故称'老夫'。"随四体大过九二为"老夫"，三体大过初六为"老妇"，五则大过之"士夫"，故为"小子"。二不体大过，故"失丈夫"也。体咸象，咸"取女"，二三女也。夫死大过，大过，棺椁之象，故为"死"。老夫，故"夫死"也。故每有欲嫁之义也。

六三，系丈夫，失小子。随有求得，利居贞。【注】随家阴随阳。三之上无应，上系于四，失初"小子"，与四为巽，故"系"。初亦为"小子"者，对四乾为"老夫"，震长男是"小子"也。故"系丈夫，失小子"。艮为"居"，为"求"，谓求之正，得位远应，利上承四，承四然后能变正。故"利居贞"矣。

九四，随有获，贞凶。有孚在道，以明何咎。【注】谓获三也。三"系丈夫"。失位相据，在大过死象，故"贞凶"，《象》曰"其义凶"矣。"孚"谓五。阳在五为"孚"。初震为"道"，三已之正，四变应初，得位在离，故"有孚在道，以明何咎"，《象》曰"明功也"。

九五，孚于嘉，吉。【注】坎为"孚"。阳称"嘉"。四已变为"坎"。位五正，故"吉"也。

上六，拘系之，乃从维之。【注】应在艮，艮手为"拘"，巽为绳，两系称"维"，故"拘系之，乃从维之"。在随之上而无所随，故"维之"。三未正，故"无所随"。与三共系于五，故"两系称维"也。《乾凿度》曰："上六用待九五拘系之，维持之，明被阳化而阴欲随之。"《象》曰"上穷"，是其义也。王用亨于西山。【注】否乾为"王"，谓五也。有观象，故"亨"。"亨"，读如"飨"，《观》"盥而不荐"，祭亨之象。兑为"西"，艮为

"山",故"用亨于西山"也。"用",用上也。上自坤升为"用"。艮兑之象,由上升而成,故曰"用亨于西山"。

《彖》曰:随,刚来而下柔,动而说,随。【注】否乾上来之坤初,故"刚来而下柔"。阴之随阳,由刚下之,夫妇之义。"动",震。"说",兑也。"大亨贞,无咎",而天下随时。【注】乾为"天",坤为"下"。震春,兑秋,三、四之正,坎冬,离夏,四时位正,时行则行,故"天下随时"矣。随时之义大矣哉。惠徵士云:"阳倡而阴和,男行而女随,故'义大'。"

《象》曰:泽中有雷,随。"泽中有雷",阴随阳息。君子以向晦入宴息。"君子",谓乾上也。坤为"晦",震为"向"。"宴",安,坤德也。"息",滋也。"向晦入安息",养夜气,震道也。

"官有渝",从正吉也。震为"从"。谓从初,初,正也。"出门交有功",不失也。四上随五,嫌初失四,故曰"不失"。"系小子",弗兼与也。【注】已系于五,不兼与四也。"系丈夫",志舍下也。"下"谓初。"随有获",其义凶也。"有孚在道",明功也。【注】死在大过,故"凶"也。"功",谓五也。三、四之正,离为"明",故"明功"也。"孚于嘉,吉",位中正也。【注】凡五言中正,中正皆阳得其正,以此为例矣。为五例。"拘系之",上穷也。【注】乘刚无应,故"上穷也"。惠徵士云:"系于五,则不穷。"

蛊

☷ 巽下艮上 消息卦。否泰之间,犹剥复也。泰之息卦,终于蛊。刚上柔下,乾元失位,名曰"蛊"。蛊,事也,饬也。泰久则堕坏,当整饬而有事也。与随旁通。通变不倦,随则反泰,乾道也。候在三月。卦取通随,先变成渐,蛊坤道反否,不成既济,爻初正则成家人。

蛊，元亨，【注】泰初之上，与随旁通。刚上柔下，乾坤交，故"元亨"也。利涉大川。【注】谓二失位，动而之坎，故"利涉大川"也。二五失位，不言五者，二上易五，故爻云"干父用誉"。先甲三日，后甲三日。【注】谓初变成乾，乾为"甲"。至二成离，离为"日"。谓乾三爻在前，前后，自以乾之次对后乾为前。故"先甲三日"，贲时也。变三至四体离，至五成乾，乾三爻在后，故"后甲三日"，无妄时也。此所谓与随旁通也。伤事之道，尽饰而无亡，故因通随见义。

初六，①干父之蛊，有子考，无咎，厉，终吉。【注】"干"，正。"蛊"，事也。《文言》曰"贞固足以干事"，犹言立事非坏而正之。泰乾为"父"，坤为"事"，故"干父之蛊"。初上易位，艮为"子"，父死大过称"考"，故"有子考"。父以有子而称"考"，谓初伏阳也。"初上易位"，谓泰初之上。变而得正，故"无咎，厉，终吉"也。初变体夬，故"厉"。大畜须养，故"终吉"。艮为"终"。

九二，干母之蛊，不可贞。【注】应在五，泰坤为"母"，故"干母之蛊"。亦坤为事也。泰以乾为主，唯二承五，象母蛊，余皆父蛊也。失位，故"不可贞"。注义凡言贞者，之正也。凡言不可贞者，正守也。此或失之。不可贞者，谓当与五易位，不可自正而已。旁通卦皆自正，三四不变，故五待二易位。变而得正，故贞而得中道也。此释《象传》。

九三，干父之蛊，小有悔，无大咎。二变涉川，坎为"悔"。三不变，陷坎中，故"小有悔"。正位，故"无大咎"。

六四，裕父之蛊，往见吝。【注】"裕"，不能争也。"裕"，亦宽意。震为"宽"。阴柔，故为裕也。孔子曰："父有争子，则身不陷于不义。"四阴体大过"本末弱"，故"裕父之蛊"。兑为"见"，变而失正，故"往

---

① "六"，原作"九"，误。

见吝"。《象》曰"往未得"，是其义也。"往"，变也，戒言不可变。

六五，干父之蛊，用誉。【注】"誉"，谓二也。"二多誉"。二五失位，变而得正，故"用誉"。

上九，不事王侯，【注】泰乾为"王"，坤为"事"，应在于三，震为"侯"，坤象不见，故"不事王侯"。"王侯"皆指三上，不变无应，故"不事王侯"。**高尚其事。**【注】谓五已变，巽为"高"，艮阳升在坤上，上艮爻，卦本坤体，故曰"艮阳升坤上"。故"高尚其事"。

《象》曰：蛊，刚上而柔下，巽而止，蛊。【注】泰初之上，故"刚上"。坤上之初，故"柔下"。上艮下巽，故"巽而止，蛊"也。刚柔交通，巽顺而止其所，然后可以有事。**"蛊，元亨"，而天下治也。**乾为"天"，坤为"下"，阳升阴降，以乾治坤，是"天下治"。**"利涉大川"，往有事也。**"往"，变之五也。坤为"事"，二上有坤，故"往有事"。**"先甲三日，后甲三日"，终则有始，天行也。**【注】易出震，消息历乾坤，象乾为"始"，坤为"终"，故"终则有始"。出震为复，至泰为乾，则反否而终。退巽为姤，至否为坤，则反泰而姤。否泰反类，象乾坤。乾为"天"，震为"行"，故"天行也"。明出震为伤蛊之道。

《象》曰：山下有风，蛊。《左传》云："风落山，谓之蛊。"风者，所以宣滞毓财。**君子以振民育德。**【注】"君子"谓泰乾也。坤为"民"，初上抚坤，故"振民"。振者，举而有之。乾称"德"，体大畜，须养，故以"育德"也。

"干父之蛊"，意承考也。复成乾。**"干母之蛊"，得中道也。**五在震为"道"。**"干父之蛊"，终无咎也。"裕父之蛊"，往未得也。**【注】往失位，折鼎足，四变则体《鼎》九四"折鼎足"。故"未得"。**"干父用誉"，承以德也。**【注】变二使承五，故"承以德"。二乾爻，故称"德"矣。"不事王侯"，志可则也。"志""则"皆坎象。明上九之"高尚"，可与乾为既济。初云"意承考"，亦谓二上五既济，坎为"意"。

临

☷☱ 兑下坤上　息复。阳始大进，临于阴，故名曰"临"。临者大也，与遁旁通。遁息于临，临消于遁也。临，十二月卦也。动成泰，而后既济。

临，元亨利贞。【注】阳息至二，与遁旁通。遁消至二。刚浸而长，乾来交坤，动则成乾，谓三。故"元亨利贞"。**至于八月有凶。**【注】与遁旁通。临消于遁，六月卦也，于周为八月。遁弑君父，故"至于八月有凶"。荀公以兑为八月。兑于周为十月，言八月，失之甚矣。

初九，咸临，贞吉。【注】"咸"，感也。以阳感阴，所以成大，故初二皆曰"咸临"。惠徵士云："卦唯初与四、二与五二气感应，故谓之'咸'。"得正应四，故"贞吉"也。

九二，咸临，吉，无不利。【注】得中多誉，兼有四阴，体复初"元吉"，故"无不利"。

六三，甘临，无攸利，既忧之，无咎。【注】兑为口，坤为土。"土爱稼穑，作甘。"兑口衔坤，故曰"甘临"。当临之时，物无不大，故六爻皆临。三以阳体朋阴，故"甘临"。失位乘阳，故"无攸利"。言三失位无应，故"忧之"。六三坤爻"含章"，故能忧之。亦以三正后，二变体坎为"忧"也。动而成泰，故"咎不可长也"。"可"字衍。

六四，至临，无咎。【注】"至"，下也。谓下至初应，当位有实，"实"，阳也。故"无咎"。

六五，知临，大君之宜，吉。乾为"知"。"大君"，阳居五也。三已正成泰，坤虚无君，二五易位成既济，故"知临，大君之宜"，与泰六五同义也。

上六，敦临，吉，无咎。"敦"，厚也。坤为"厚"。上据坤终，故"敦临"。二已上五，既济定，故"吉，无咎"。

《彖》曰：临，刚浸而长。【注】"刚"谓二也。兑为水泽，自下浸上，故"浸而长"也。"浸"，渐也。说而顺，刚中而应，【注】"说"，兑也。"顺"，坤。"刚中"，谓二也。四阴皆应之，故曰"而应"。大亨以正，天之道也。【注】"大亨以正"，谓三动成乾天，得正为泰，天地交通，故"亨以正，天之道也"。"天之道"谓成泰则二升五，定既济也。注不言者，因泰可知。"至于八月有凶"，消不久也。"天地盈虚，与时消息。"

《象》曰：泽上有地，临。"临"者，大也。"泽"，水之大也。地大容泽，泽大浸地，故曰"临"。君子以教思无穷，容保民疆。【注】"君子"，谓二也。震为言，兑口讲习，"学以聚之，问以辩之"。体乾九二。坤为"思"。刚浸长，故"以教思无穷"。"容"，宽也。二"宽以居之，仁以行之"。坤为"容"，为"民"，故"保民无疆"矣。

"咸亨，贞吉"，志行正也。震为"行"。初本复卦震爻，故曰"行正"。感四坎，故称"志"。"咸临，吉，无不利"，未顺命也。坤为"顺"。遁巽为"命"。二浸长戒凶，故"未顺命"。"甘临"，位不当也。"既忧之"，咎不长也。谓忧则必正，故"咎不长"。"至临，无咎"，位当也。《释文》云："一本作'当位实'，非。"今谓虞本或宜作"当位实"。"大君之宜"，行中之谓也。"中"谓二，震为"行"，言二升五。敦临之吉，志在内也。"内"谓二。

观

☷坤下☴巽上　消否。九五正观示坤阴，故名曰"观"。观与大壮旁通。观息于大壮，大壮消于观也。观，八月卦也。消卦不成既济，上三正为寒，言难也。

观，盥而不荐，有孚颙若。【注】观，反临也。观，消卦，不言消否者，正阳，故取反临。以五阳观示坤民，故称"观"。"盥"，沃盥。谓祭将灌时，先沃手。"荐"，羞牲也。"孚"，信，谓五。阳在五。颙颙，君德有威容貌。"若"，顺也。坎为水。观坤道，五正位，则上之三，故有坎象。坤为器，艮手临坤，坎水沃之，盥之象也，故"观，盥而不荐"。坤为牛。上之三，坤象不见，故"不荐"。孔子曰："禘自既盥，吾不欲观之矣。"马融云："祭祀之盛，莫过初盥降神，及荐简略，则不足观。"巽为进退，容止可观，进退可度，则卜观其德而顺其化。上之三，五在坎中，故"有孚颙若，下观而化"。《诗》曰"颙颙卬卬，如珪如璋"，君德之义也。

初六，童观，小人无咎，君子吝。【注】艮为"童"。自临反观，初先之上为艮上，来居艮处，故"童观"。艮指初，非初观上。阴，"小人"。阳，"君子"。"阴"，初六也。"阳"，临初伏位。初位贱，以小人乘君子，故"无咎"。阳伏阴下，故"君子吝"矣。

六二，窥观，利女贞。【注】临兑为"女"，窃观成"窥"。兑女反成巽，巽四五得正，故"利女贞"。临五来居兑巽女处，故"女贞"，二得位，不淫视。言"四五得正"者，五比四不应二也。艮为宫室，坤为阖户，小人而应五，故"窥观，女贞"，利不淫视也。初二临阳之位，又坤未成，无民象，故为"小人"。

六三，观我生，进退。【注】坤为"我"。三，自我也。临震为"生"。"生"谓坤生民也。震为坤，故曰"生民"，与九五同义。五《象》注云："坤为民，谓三也。"巽为"进退"，故"观我生，进退"。谓五二观示坤民进退，三欲五二正上来易己。临震进之五，得正居中，故《象》曰"未失道"。

六四，观国之光，利用宾于王。【注】坤为"国"。临阳至二，天下文明，反上成观，进显天位，故"观国之光"。谓五也。"王"谓五阳。阳尊宾坤。坤为"用"，为臣。四在王庭，艮为门庭，四，诸侯位，故"在王庭"。宾事于五，故"利用宾于王"矣。《诗》曰"莫敢不来宾，莫敢不来王",是其义也。

九五,观我生,君子无咎。【注】"我",身也。亦坤为"身"。谓我生。三字疑衍。"生"谓生民。三,坤也。临二与三为震,故五亦我之。震生象反,震为"反生"。坤为死丧,嫌非生民,故不言民,言生则民见。阳为君子,在临二失位,之五得道处中,故"君子无咎"矣。

上九,观其生,君子无咎。【注】应在三,三体临震,故"观其生"。上当易之,故不云"我生"。"君子"谓三。之三得正,故"无咎"矣。

《彖》曰:大观在上,【注】谓阳息临二,"直方大"。临者,大也,在观上,故称"大观"。由临息泰,反否退观。观为消卦。圣人神道设教,特取临二反五为义,故异其文曰"大观"。顺而巽,中正以观天下。【注】"顺",坤也。"中正"谓五。五以天神道观示天下,咸服其化,宾于王庭。四"用宾于王"是也。"观,盥而不荐,有孚颙若",下观而化也。观天之神道,而四时不忒。【注】"忒",差也。"神道"谓五。乾为"道"。乾阳之信者为"神"。二五之坤,成离日坎月是也。临体乾二上正坤五,成始乎艮,洁齐乎巽,故曰"神道"。乾道变化,自成坎离,故三上易位。临震兑为春秋,三上易位,坎冬离夏,春秋者,阴阳之著,故临震兑先见。冬夏者,阴阳之微,故五得位乃易三。日月象正,四时由日月。故"四时不忒"。圣人神道设教,而天下服矣。【注】"圣人"谓乾。退藏于密,而齐于巽,兑为"密"。以神明其德教,临"教思无穷",反观"神道",故"神明其德教"。故"圣人设教",坤民顺从而"天下服"矣。

《象》曰:风行地上,观。风者天之教,所以观示万物。临震行坤,故"行地上"。先王以省方观民设教。观,消卦,临乾未成,故曰"先王"。坤为"方",为"民"。三上易位,离见艮止,故"省方观民"。

初六"童观",小人道也。临阳伏下,阴得从之,是为道也。阳为道。

"窥观女贞"，亦可丑也。"观我生，进退"，未失道也。震为"道"。二进五退，故"未失道"。"观国之光"，尚宾也。"尚"，上也，谓五。"观我生"，观民也。【注】坤为"民"，谓三也。坤体成，故"观民也"。不兼初二者，初二有临伏阳，不得以坤言民。"观其生"，志未平也。【注】坎为"志"，为"平"。上来之三，成坎。故"志未平"矣。上为五志也。

周易虞氏义卷三

周易上经

彖上传　象上传　虞氏注

噬嗑

☲☳震下离上阴　消至否。弑父弑君，乾五通坤，流坎生震，上来复三，乃反泰象，故噬嗑之丰，为否反泰，中间消息，在益恒之间。名噬嗑者，嗑，合也。乾坤当合于中孚。当否之时，未能即合，故象噬。之上来反，三四五乃正是也。候在十月。卦取之丰为消息，之丰则反泰。故四五取成既济，上九又别明之益消息。

噬嗑，亨，利用狱。【注】否五之坤初，坤初之五，刚柔交，故"亨"也。坎为"狱"，艮为手，离为明。四以不正而系于狱，上当之三，蔽四成丰，折狱致刑，由四不正，故上当折之。兑为"折"，为"刑人"。贲三坎正位，故"无敢折狱"。故"利用狱"。坤为"用"也。乾入通坤，故有用象。

初九，屦校灭趾，无咎。【注】"屦"，贯。"趾"，足也。震为足，坎为"校"，震没坎下，坎水曰"灭"。故"屦校灭趾"。震体以初为主，故独象"屦校"。初位得正，故"无咎"。

六二，噬肤灭鼻，无咎。【注】"噬"，食也。艮为"肤"，为"鼻"。

鼻没水坎中，隐藏不见，坎为隐伏。故"噬肤灭鼻"。中四爻在颐中，各有食象，所噬之物，还是当爻之象。荀氏以当爻噬取人非矣。乘刚，"刚"谓初。初否五体震，二乘之为下仁，故噬之易。又得正"多誉"，故"无咎"。

六三，噬昔肉，遇毒，小吝，无咎。【注】三在肤里，故称"肉"。四阳为骨，二为"肤"。三在肤里，称"肉"。离日燸之，为"昔"，坎为"毒"，故"噬昔肉，遇毒"。"毒"谓矢毒也。四，金矢。失位承四，故"小吝"。与上易位，"利用狱"成丰，故"无咎"也。

九四，噬干肺，肉有骨谓之"肺"。阳为骨，离"干"之。**得金矢，**乾为"金"，离为"矢"。"金矢"，毒害之物。四体离，焚弃恶人，故"得金矢"。**利艰贞，吉。**四五易位，体屯，故"利艰贞"。三上已变既济，故"吉"也。

六五，噬干肉，得黄金，贞厉，无咎。【注】阴称"肉"。位当离，日中烈，故"干肉"也。乾金黄，故"得黄金"。乾阳亦谓四也。四失位，毒害，则为"金矢"。与五易位，则"黄金"。"贞"，正。之正。"厉"，危也。体屯。变而得正，故"无咎"。

上九，何校灭耳，凶。"何"，负也。在坎校上，故"何校"。坎为"耳"。水自下没上，故"灭耳"。《系》曰："恶积而不可弇，罪大而不可解"。注云："谓阴息姤至遁，子弑其父，故'恶积而不可掩'。阴息遁成否，以臣弑君，故'罪大而不可解'也。"寻此卦，初爻义取"小徵大戒"、上爻义取"恶积罪大"者，此本否上，否终则倾，宜下反于初成益，故"先否后喜"。今上不下反，坤狱遂行，五降于初以救之，故初"无咎"而上"凶"。

《彖》曰：颐中有物，曰"噬嗑"。【注】"物"谓四，则所噬干脯也。取九四爻辞。颐中无物，则曰不噬，故先举"颐中有物曰噬嗑"也。象辞未有以卦象者，故释其义。**噬嗑而"亨"，刚柔分，**分乾降坤，分坤升乾，是以"亨"。**动而明，雷电合而章。柔得中而上行，**"动""雷"谓震，

"明""电"谓离。坤初升五，故"柔得中"。五升则四入狱，上乃之三折之，故云"上行"。震为"行"也。或以坤上为"上行"，则经当云"上行而得中"，违失甚矣。**虽不当位，"利用狱"也。**"不当位"谓五。

《象》曰：雷电，噬嗑。《稽览图》曰："雷有声名曰雷，有光名曰电。"则电亦雷也。雷之发，必先有光，而声随之，故言"雷电"。则雷动而上，电明而下，"噬嗑"象也。言"皆至"则雷后又电，乃为丰象。降阴下迎，阴起而阳气自上薄之，则为雷。乾通坤否，噬而后嗑之象也。**先王以明罚敕法。**否乾为"先王"。坎为"罚"，为"法"。离为"明"。上之三正坎，故"明罚敕法"也。

"屦校灭趾"，不行也。【注】否坤小人，以阴消阳。"其亡其亡"，故五变灭初，否坤杀不行也。"杀"读曰"弑"，云"五变灭初"，变初成趾，灭于坎下，非谓灭去初阴。**"噬肤灭鼻"，乘刚也。**乘初。同体，亦"小惩大戒"，故"无咎"。**"遇毒"，位不当也。**明无咎由之正。**"利艰贞，吉"，未光也。**屯五"施未光"，谓阳陷阴中。**"贞厉，无咎"，得当也。**之正故当。**"何校灭耳"，聪不明也。**坎正则"聪"，今不正，故"凶"。明之三折坎，则离"明"也。

贲

☲☶ 离下艮上阳息至泰，已正既济。坤来入乾成贲，贲初之四为旅，否象见矣，为泰反否，中间消息在蛊、随之前，犹息卦噬嗑、丰也。名曰"贲"者，贲，饰也。太平之功立，文盛当反质，故曰"贲，无色也"。饰而不亲，则否道。候在八月。五利往则永贞成既济，化成天下。江承之云"卦成家人，明权也"，亦通。

贲，亨。【注】泰上之乾二，乾二之坤上，柔来文刚，离为"文"。自外曰"来"，谓二。阴阳交，故"亨"也。**小利有攸往。**【注】"小"谓五。往者之正。卦唯五、上失位，故"小谓五"。五失正，动得位体离，以刚文柔，"刚"谓三，"柔"谓四，五变分三成离为"文"。故"小利有攸往"。

初九，贲其趾，舍车而徒。【注】应在震，震为"足"，故"贲其趾"也。应在艮，艮为"舍"，坎为"车"。"徒"，步行也。位在下，故"舍车而徒"。阳为质，阴为文。贲之义，以柔饰刚。贲初者四，四体震，故"贲其趾"。四在止体，下属于坎，不坚应初，故初舍之。位在下者，惠徵士云："古者大夫乘车，初为上也。"

六二，贲其须。"须"，待也。二无应，待五之正，二则贲。归妹六三"归妹以须"，注云："须，需也。"彼待四正，与此同也。

九三，贲如，濡如，永贞，吉。上下文之，故"贲如"。体坎水，故"濡如"。"永贞"谓五正则六爻皆正。五分三刚以文柔，三守正以待五，上变则吉，与"元永贞"义近也。

六四，贲如，皤如，白马翰如，匪寇，婚媾。五变文四，故"贲如"。在巽为白，故"皤如"。皤，白貌。坎为马，白马为"翰"。坎为"寇"，谓三也。"婚媾"，谓初也。戒四当贲初。

六五，贲于丘园，束帛戋戋，吝，终吉。【注】艮为山，五半山，故称"丘"。木果曰"园"，艮为"木果"。故"贲于丘园"也。言五阴贲于艮。六五失正，动之成巽，巽为"帛"，为绳，艮手持，故"束帛"。以艮断巽，巽为齐，故"断"。故"戋戋"。失位无应，故"吝"。变而得正，故"终吉"矣。"束帛戋戋"，委积之貌。

上九，白贲，无咎。【注】在巽上，故曰"白贲"。乘五阴，变而得位，故"无咎"矣。

《彖》曰："贲，亨"，柔来而文刚，故"亨"。"柔"谓二，"刚"谓三。分刚上而文柔，"柔"谓四。五变分三，上属成离。"刚"亦谓三也。下注云"二五分"是也。故"小利有攸往"。天文也。【注】谓五利变，之正成巽，体离。艮为星，离日坎月。巽为高。五，天位。离为文明。日月星辰高丽于上，故称之天文也。**文明以止，人文也。**【注】"人"谓三。三，人位。乾为"人"。"文明"，离。"止"，艮也。震，动。离，"明"。五变据四，二五分则止文三，上下两离交集于三，二五分三之文，则皆止于三。故以三为人文也。**观乎天文，以察时变。**【注】日月星辰为"天文"也。泰，震春兑秋。贲，坎冬离夏。巽为进退。日月星辰，进退盈缩，谓朓侧朒也。《说文》云："晦而月见西方，谓之'朓'。朔而月见东方，谓之'缩朒'。""侧"，即朒也。"朒"，月始生也。历象在天成变，故"以察时变"矣。**观乎人文，以化成天下。**【注】泰乾为"人"。五上动，体既济。此由泰来，泰成既济。五既变则还体泰，道长故上终变成既济，九三爻曰"永贞"是也。贲，离象，三体重离。重明丽正，故"以化成天下"也。

《象》曰：**山下有火，贲。**"山下有火"，文在其中而见乎外。**君子以明庶政，无敢折狱。**【注】"君子"谓乾。泰乾。离为"明"，坤为"庶政"，故"明庶政"。五变明坤也。坎为"狱"，三在狱得正，故"无敢折狱"。噬嗑四不正，故"利用狱"也。

"舍车而徒"，义弗乘也。惠微士云："初为士，故'义弗乘'。""**贲其须"，与上兴也。**"上"谓五，震为"兴"。"永贞"之"吉"，终莫之陵也。艮为"陵"。**六四当位，疑也。**坎为"疑"。四在坎，疑贲三。"**匪寇，婚媾"，终无尤也。**"终"，应也。**六五之"吉"，有喜也。**【注】五变之阳，故"有喜"。凡言喜庆，皆阳爻。"**白贲，无咎"，上得志也。**【注】上之正，得位，体成既济，故曰"得志"。坎为"志"也。

剥

☷坤下艮上　阴消观，九月卦也。《乾凿度》曰："夫阴伤害为行，故剥之为行剥也。当九月之时，阳气衰消，而阴尽不能尽阳，小人不能决君子也，谓之剥，言不安而已。"剥，通夬。夬消于剥，剥息于夬也。卦不变，爻义三为谦，五为观，上为艮为坤，皆明消息。

剥，不利有攸往。【注】阴消乾也。剥复，消息之要，故本乾而言。与夬旁通。自夬刚长即有剥，消剥又有夬，故旁通为义。以柔变刚，小人道长，子弑其父，臣弑其君，故"不利有攸往"也。谓上也。上变则乾尽。

初六，剥床以足，蔑贞凶。【注】此卦坤变乾也。动初成巽，巽木为"床"，犹车庐也，床以安人。复震在下为"足"，故"剥床以足"。剥穷则复，故初巽即伏震，二则不言伏兑也。"蔑"，无。"贞"，正也。消阳无可贞也。三"无咎"而初"蔑贞"者，三剥成当反，初剥始未能正也。失位无应，故"蔑贞凶"。剥则凶矣。失位无应，极言之以起其凶。震在阴下，《象》曰"以灭下也"。

六二，剥床以辨，蔑贞凶。【注】指间称"辨"。《说文》："釆，辨别也。象兽指爪分别也。读若辨。"辨，判也，故曰"指间称辨"。剥，剥二成艮，艮为"指"，二在指间，故"剥床以辨"。无应在剥，故"蔑贞凶"也。

六三，剥，无咎。消三坤成，剥体已就，故直言"剥"。剥穷于上，乾魂先返三，三返成艮，"成终成始"，故"无咎"。

六四，剥床以肤，凶。【注】辨上称"肤"，艮为"肤"。以阴变阳，至四乾毁，故"剥床以肤"。臣弑君，子弑父，故"凶"矣。否至三弑父弑君，剥至四乃成弑者，否治未然，剥道已著。乾未毁，犹不为"切近"，忠厚之至。

六五，贯鱼，以宫人宠，无不利。【注】剥消观五，巽为"鱼"，为绳。艮手持绳贯巽，故"贯鱼"也。此言五自巽为艮。艮为宫室，"人"谓乾五，以阴代阳，五贯乾为宠人，阴得丽之，故"以宫人宠"。此言五自艮复为巽也，《乾凿度》曰"阴贯鱼而欲承君子"是也。"宫人"谓乾五，不称后者，剥统于上，五不得正尊位，巽为长女，是宫人宠于乾者，群阴所丽也。

动得正成观，故"无不利"也。自剥之复，上来反三，五来复初，故三五爻象如此。消息归魂，非实之变，故上成颐，又成坤，各为义。

上九，硕果不食，君子德车，小人剥庐。【注】艮为"硕果"。谓三已复，位有颐象，颐中无物，故"不食"也。此言上不变也。夬乾为"君子"，为"德"。坤为"车"，为民。乾在坤，故以德为车。此言上变之坤，剥上就夬五，纯坤载乾，故德车民所载。"小人"谓坤，艮为"庐"。上变灭艮，坤阴迷乱，故"小人剥庐"也。坤"先迷后得主"，即此之谓。卦辞"不利有攸往"，利上不变者，阳道无尽也。爻辞之坤者，阳自坤出震，不从上反初，故取坤载乾也。

《彖》曰：剥，剥也，柔变刚也。《杂卦》曰："剥，烂也。"注云："阳得阴孰，故烂。"此"柔变刚"之义。"不利有攸往"，小人长也。顺而止之，观象也。君子尚消息盈虚，天行也。【注】坤，"顺"。艮，"止"。谓五消观成剥，故"观象"也。剥虽消，上不变，犹观示群阴。乾为"君子"。乾息为"盈"，自复至夬。坤消为"虚"。自姤至剥。故"君子尚消息盈虚，天行也"，消息皆乾道。则"出入无疾，反复其道"。解见复卦。易亏巽，姤也。"易"，乾元也。消艮，剥也。出震，复也。息兑，夬也。盈乾虚坤，故于是见之耳。日月为易。剥复，易之大，故发之。

《象》曰：山附于地，剥。"山附于地"，基大则安，剥而不陷。上以厚下安宅。"上"谓上九，非君位，故曰"上"。"厚下"，坤也。"宅"，艮也。"厚下"以"安宅"，则剥而不穷。

"剥床以足"，以灭下也。复震灭阴下，坤灭藏，故曰"灭"。"剥床以辨"，未有与也。"与"，应也。五未之正，故"未有与"。剥之"无咎"，失上下也。失之于上，即反于下。"剥床以肤"，切近灾也。"以宫人宠"，终无尤也。艮为"终"。上变坎为"尤"，体观，故"终无尤"。"君子德车"，民所载也。坤为"民"。坤载乾，故"民所载"。"小人剥庐"，终不可用也。阴必丽阳，故坤出震，坤为"用"也。

复

☷☳震下坤上　息卦之始，乾剥入坤，上九反艮为谦，历谦、履、师、同人、比、大有，而乾坤合于离坎，屯、鼎受之，复出于震，故名曰"复"。《文言》注所谓"以坤牝乾，灭出复震，为余庆也"。与姤旁通。《系》曰"龙蛇皆蛰"是也。十一月之卦。卦取阳息成泰，爻取正位成既济，皆乾道。

复，亨。【注】阳息坤，坤牝阳，故曰"息坤"。与姤旁通。巽伏震下。刚反交初，故"亨"。"反"，还也。**出入无疾，朋来无咎。【注】**谓出震成乾，入巽成坤。坎为"疾"，十二消息不见坎象，由复历临，至泰反观，成剥入坤，为乾之消息六卦。由姤历遁，至否反大壮，成夬盈乾，为坤之消息六卦。凡得乾坤之卦八，震巽兑艮卦各二，不见坎离。盖日月成八卦之象，乾坤合东，震巽合西，艮兑合南，坎离入中宫，其处空虚。离为日光，震巽兑艮皆可见离象。坎为月精，晦朔之交，不可见也。故"出入无疾"。兑为"朋"。在内称"来"。五阴从初，初阳正，息而成兑，临时。故"朋来无咎"矣。**反复其道，七日来复。【注】**谓乾成坤，剥消。反出于震而来。复阳为"道"，故"复其道"。刚为昼日，消乾六爻为六日。刚来反初，故"七日来复，天行也"。虞氏易例，日数并以爻数解之。惠徵士以日为月，非也。**利有攸往。【注】**阳息临成乾，泰时。"小人道消，君子道长"，故"利有攸往"矣。

初九，不远复，无祇悔，元吉。乾为"远"。"七日来复"，灭乾复震，故"不远复"。郑云："祇，病也。"坎为心病，为悔。"出入无疾"，故"无祇悔"。乾元正，故"元吉"也。

六二，休复，吉。"休"，宽仁之意。震为宽仁。二得正不变，下体初震，故休复而吉。

六三，频复，厉，无咎。【注】"频"，蹙也。三失位，故"频复，厉"。《说文》曰："频，水厓，频蹙不前。"三处震终，虩虩畏惧。震为足，变坎大川，将变而惧，故谓之"频"。离为目，目上震惧，频蹙之象。动而之正，故"无咎"也。

六四，中行独复。【注】"中"谓初。惠徵士云："董子以中者天地之太极。极，中也，即复之初也。"震为"行"。初一阳爻，故称"独"。四，得正应初，故曰"中行独复，以从道也"。谓初已复，四宜从之。俗说以四位在五阴之中，而独应复，非也。谓郑氏说。四在外体，又非内象，震体在外，即不为中。不在二五，何得称"中行"耳。

六五，敦复，无悔。① "敦"，厚也。坤为厚，故"敦复"。变而得正，坎为"悔"，三动成离，故"无悔"矣。

上六，迷复，凶，有灾眚。【注】坤冥为"迷"。高而无应，故"凶"。五变正时，坎为"灾眚"，故"有灾眚"也。**用行师，终有大败，以其国君凶。**【注】三复位时而体师象，故"用行师"。谓五未变。师震为"行"，坤为"用"，故"用行师"。阴逆不顺，坤为死丧，坎流血，故"终有大败"。五变师，体坎，故"大败"。姤乾为"君"，灭藏于坤，坤为异邦，故"国君凶"矣。"君"即五也。三行师，五出象险逆，故"姤乾为君"。**至于十年不克征。**【注】坤为"至"，为"十年"，阴逆坎临，当为"险"字误。故"不克征"。谓上负险，人不能征。谓五变设险，故帅师败，丧君而无征也。复，阳之微，尤恶阴逆，故上六象如此。

《象》曰："复，亨"，刚反动而以顺行，是以"出入无疾，朋来无咎"。【注】"刚"，从艮入坤，谦艮也。从反震，艮有反震象。故曰"反

---

① "悔"，原作"咎"，全集本等及下文作"悔"，据改。

动"。坤,"顺",震,"行",故"而以顺行"。阳不从上来反初,明自谦至鼎消息。故不言刚自外来,是以明"不远之复",入坤出震义也。"**反复其道,七日来复**",天行也。阳生于子,消于午,天之大数七也。"**利有攸往**",刚长也。复,其见天地之心乎!【注】坤为"复"。目下也。言自坤为复,必先归魂于谦,故三复位时,有离坎也。坤既为复,则"朋来无咎,利有攸往",故泰见乾坤也。谓三复位时,离为"见",坎为"心",谦坎、履离并在三。阳息临成泰,乾"天"坤"地",故"见天地之心"也。由坎离为乾坤,故"见天地之心"。

《象》曰:雷在地中,复。"雷",阳气也。先王以至日闭关,商旅不行,后不省方。【注】"先王"谓乾初。乾已入坤,故称"先王"。"至日",冬至之日。阳生子中,是为"冬至"。坤阖为"闭关"。震为大途,剥艮为门,伏姤巽为利市,关象。巽为"商旅",为近利市三倍。姤巽伏初,故"商旅不行"。《姤·象》曰"后以施命,诰四方",今隐复下,故"后不省方"。宋衷云"不省四方之事,将以辅遂阳体,成致君道"是也。复为阳始,姤则阴始,天地之始,阴阳之首。已言"先王",又更言"后"。"后",君也。《姤·象》注云"后,继体之君",则谓初乾也。六十四卦,唯此重耳。

"**不远**"之"**复**",以修身也。坤为"身"。刚反通坤,故"以修身"。"**休复**"之"**吉**",以下仁也。"仁"谓初,震为"仁"。"**频复**"之"**厉**",义无咎也。"危者安其位"。"**中行独复**",以从道也。阳为"道",谓初。"**敦复,无悔**",中以自考也。"考",省也。坎为心,离明察之,五位上中,故"中以自考"。"**迷复**"之"**凶**",反君道也。【注】姤乾为"君",坤阴灭之,"以国君凶",故曰"反君道也"。

无妄

☰震下乾上 遁消乾。子弑父,上之初,出震反生,阳无所亡,故名曰

"无妄"。妄，亡也。此为消卦之始，故《杂卦》曰："无妄，灾也。"候在九月。卦辞"元亨利贞"与乾同。然消卦不能成既济，故三不变，则上亦不变。而成益，否道也。

无妄，元亨利贞。【注】遁上之初。此所谓四阳二阴，非大壮则遁来也。依例当三之初，此"上之初"者，消卦之始，特正乾元，与否上成益同义。刚来交初，体乾，故"元亨"。乾元正。三四失位，故"利贞"也。卦三、四、上皆失位，独言三四者，爻位三上相易，三正则上亦正。因卦辞别出上"匪正"，故独言三四，不及上也。卦虽"利贞"，其贞者四耳。三系于四，不宜与上易位，故上有"匪正"之象。**其匪正有眚，不利有攸往。**【注】非正，谓上也。三上易位，正也。三不变而上变，是为"匪正"。四已之正，上动成坎，故"有眚"。坎为"眚"，此屯坎也。若三变成既济，则不为"眚"。变而逆乘，天命不右，故"不利有攸往"矣。上不变则成益，故"不利有攸往"。

初九，无妄，初为卦主。物所由无妄者，故直曰"无妄"。**往吉。**【注】谓应四也。释"往"义。四失位，故命变之正。《象》所谓"大亨以正"。四变得位，承五应初，故"往吉"。在外称"往"也。

六二，不耕获，不菑畬，则利有攸往。【注】有益耕象，无坤田，四未变。故"不耨"。此"耨"字当为"耕"，或经当为"耨"，疑不能明也。震为禾稼，艮为手，禾在手中，故称"获"。谓四变无田，而有田，故不耨而获。"田"在初，一岁曰"菑"。在二，二岁曰"畬"。初爻非坤，故"不菑"而"畬"也。四变，则坤在二。得位应五，利四变之益，则坤体成，有"耒耨之利"，故"利有攸往"。往，应五也。谓"天之所助者顺"。

六三，无妄之灾，或系之牛，行人之得，邑人无灾。【注】上动体坎，屯坎。故称"灾"。由三不变，故上体屯，是以三为卦之灾。四动之正，坤为牛。艮为鼻，为止。巽为桑，为绳。系牛鼻而止桑下，故"或系之牛"也。四为巽，而系三为坤，故"或系之牛"。乾为"行人"，四也。坤为"邑人"，三也。乾四据三，故"行人之得"。四系三为有所得。三系于四，故"邑人之灾"。三系四不变，上独变，成屯，故"灾"。或说以四变则牛，四坤为牛。应初震，震为"行人"也。坤为死丧，三坤为灾。故曰"行人得牛，邑人灾也"。此言初得四，三受灾，义亦大同，但不备也。

九四，可贞，无咎。【注】动得正，故"可贞"。承五应初，故"无咎"也。

九五，无妄之疾，勿药有喜。【注】四已之正，上动体坎，坎为"疾"，故曰"无妄之疾"也。外三皆坎，疾归于五，故曰"无妄之疾"。巽为木，艮为石，故称"药"。坎为多眚，药不可试，故"勿药有喜"。"康子馈药，某未达，故不尝"，此之谓也。

上九，无妄，上本无妄，行则灾也。**行有眚，无攸利。**【注】动而成坎，故"行有眚"。乘刚逆命，故"无利"。"天命不右，行矣哉。"

《象》曰：刚自外来而为主于内，自上来之初，震为主也。**动而健，刚中而应，大亨以正，天之命也。**【注】"动"，震也。"健""大亨"，谓乾。"大亨"，初也。初体乾，故"谓乾"。"刚中"，谓五。"而应"，二。"大亨以正"，变四承五，初乾使四变，故曰"以"。乾为"天"，巽为"命"，故曰"大亨以正，天之命也"。"其匪正有眚，不利有攸往"，无妄之往，**何之矣。天命不右，行矣哉。**【注】谓四已变，上动体屯，坎为"泣血涟如"，故"何之矣"。"天"，五也。巽为"命"。"右"，助也。四已变，成坤。天道助顺，上动逆乘巽命，故"天命不右"。上变巽灭，故"天命不右"。"行矣哉"，言不可行也。马君云"天命不右行"，非矣。

《象》曰：天下雷行，物与无妄。【注】"与"，谓举。皆也。"妄"，亡也。失也。谓雷以动之。震为反生，万物出震，无妄者也，万物皆生，无所亡失。故曰"物与无妄"。《序卦》曰："复则不妄矣，故受之以无妄。"阳气既复，物无所亡。而京氏及俗儒以为"大旱之卦，万物皆死，无所复望"，失之远矣。"有无妄，然后可畜"，不死明矣。若物皆死，将何畜聚？以此疑也。**先王以茂对时育万物。**【注】"先王"谓乾。初也。初故遁乾，故曰"先王"。乾盈为茂，亦初乾也。"茂"，盛也。艮为"对时"。艮为"时"，对之者，初乾。体颐养象，万物出震，故"以茂对时育万物"。言"物皆死"，违此甚矣。

"无妄"之"往"，得志也。【注】四变应初，夫妻体正，震巽为"夫妻"。故"往得志"矣。"男女睽而其志通"，故"得志"。**不耕获，未富也。**【注】四动坤虚，故"未富也"。**"行人"得牛，"邑人"灾也。**言三不变，由系四也。**"可贞，无咎"，固有之也。**【注】动阴承阳，故"固有之也"。**"无妄"之"药"，不可试也。**爻注云："坎为多眚，药不可试。""**无妄"之"行"，穷之灾也。**无妄矣而又行，则穷而灾。

大畜

䷙乾下艮上　消息卦。萃五之复二成临，通萃为大畜。二阴畜阳，凝阳于四，故名"大畜"。候在八月。成既济。

大畜，利贞。【注】大壮初之上，其德刚也。坤之消息兼从爻例。"初之上"非正例，亦殊之。与萃旁通。二五失位，故"利贞"。此萃五之复二成临。临者，大也。已具小畜。至上有颐养之象，故名"大畜"也。亦兼取颐名"畜"。小畜无养象，故知此名不正取颐。**不家食，吉，利涉大川。**【注】二称"家"。谓二五易位，成家人。家人体噬嗑食，是为"家食"。故"利涉大川"，应乎天也。二为天德，五应而变，二五既正，上变既济，重坎相承，故曰"涉大川"。不成家人，故曰"不家食"。

初九，有厉，利己。"己"，上也。初应四，二正，四体坎，故"有厉"。初本复爻，"出入无疾"，故"利己，不犯灾也"。

九二，车说腹。【注】萃坤为"车"，为"腹"。坤消乾成，故"车说腹"。"说"，读如"脱"。二为萃息之主，故特取此象。不言其变正应五者，方言阳息于初，三爻互明之。"腹"或作"輹"也。

九三，良马逐，【注】乾为"良马"。震为惊走，故称"逐"也。息至三乾成，则四五二阴速反，震亦成。**利艰贞，吉。日闲与卫。【注】**谓二已变，三在坎中，故"利居贞，吉"。利二变也。乾成则二变，天道也。离为"日"，二至五体师象，坎为闲习，坤为车舆，乾人在上，乾为"人"。萃坤为乾人在车上。震为惊卫，讲武闲兵，故曰"日闲与卫"也。**利有攸往。【注】**谓上应也。五已变正，上动成坎，坎为志，故"利有攸往"，与"上合志也"。

六四，童牛之告，元吉。【注】艮为"童"。萃艮也。五已之正。四在巽也。萃坤为"牛"。萃坤在艮，故曰"童牛"。"告"谓以木幅其角。大畜，畜物之家，恶其触害。养物者必去其害，"豮豕"亦是也。艮为手，为小木，此大畜艮也。巽为绳，绳缚小木，横著牛角，艮巽在坤上。故曰"童牛之告"。消息之义主于二阴畜阳，阴见于巽，故五变而巽得畜阳，故坤元疑于四也。畜阳者，阳毓阴中，坤之游魂，故畜乾，而象取坤牛也。姤巽未成，故曰"童牛"。乾坤相合，得巽而定，故曰"告"。萃息乾而反于坤，故五又象"豮豕"。得位承五，故"元吉"而"喜"，"喜"谓五也。

六五，豮豕之牙，吉。【注】二变时坎为"豕"。不更取坤者，二五易位也。刚豕称"豮"，令不害物。豕去雄称"豮"。大畜息阳至五而反于坤，故取豮豕之象。三至上体颐象，五变之刚，巽为白，震为出，刚白从颐中出，牙之象也。动而得位，"豮豕之牙，吉"。

上九，何天之衢，亨。【注】"何"，当也。"衢"，四交道。乾为"天"，震、艮为道，以震交艮，故"何天之衢"。"何"，读如"负何"之"何"。二五未变之象。"亨"，上变坎为"亨"也。交于天道，故变坎定既济。

《彖》曰：大畜，刚健笃实，辉光日新。【注】"刚健"谓乾，"笃实"谓艮。艮成终始，故"笃实"。二已之五，"利涉大川"。互体离坎，既济体两离坎。离为日，故"辉光日新"也。其德刚上而尚贤。大壮初升上，故"刚上"。艮为贤人。能健止，大正也。【注】"健"，乾。"止"，艮也。二五易位，故"大正"。健止则必正。旧读言"能止健"，误也。畜阳非止乾，故曰误也。"不家食，吉"，养贤也。【注】二五易位，成家人，今体颐养象，故"'不家食，吉'，养贤也"。《颐·彖》曰"圣人养贤以及万民"，谓艮为"贤人"。乾下养上，故此体颐为养贤也。"利涉大川"，应乎天也。天德定既济。二升五，则上亦变，故"涉大川"。震为"应"也。

《象》曰：天在山中，大畜，阳光皆"天"也。山畜天阳，故能生万物。君子以多志前言往行，以畜其德。【注】"君子"谓乾。乾为"言"，震为"行"。此象不取。"乾为言"，似非也。当是"震为言，为行"，传写误耳。坎为"志"，"乾知大始"，震在乾前，故"志前言往行"。萃五下之复二，则上成坎。复下震也，息二又震也，至三乃成乾。乾前有二震，萃坎临之，故"多志前言往行"也。有颐养象，故"以畜其德"矣。"德"，阳也。

"有厉，利己"，不犯灾也。【注】谓二变正，四体坎，故称"灾"也。坎为"灾"。"车说腹"，中无尤也。二得中，之正得位，故"无尤"。"利有攸往"，上合志也。上动，与三皆体坎，为"合志"。六四"元吉"，有喜也。四本小畜，阳少不能凝元，得五易二，始能有元也。"喜"谓五阳，即五云"庆"。责注云："凡言喜庆，皆阳爻。"六五之"吉"，有庆也。【注】五变得正，故"有庆也"。"喜""庆"，一也。**"何天之衢"，道大行也。**【注】谓上据二阴，乾为天道，震为"行"，故"道大行"矣。"道大行"，故能变既济。

颐

☶☳ **震下艮上** 消息卦。与大过旁通，即坎离之象也。坤入于乾，历豫、小畜、萃、大畜、蹇、睽，而阴阳合于大过、颐。大过体复一爻，阳伏巽中，颐通大过，巽伏震初，姤于是生。颐者，养也，大小，畜之盛也。候在十一月。天地合，故成既济。

颐，贞吉。【注】晋四之初，与大过旁通。颐通大过，反巽为震。"晋四之初"者，晋，乾游魂卦也。养正则"吉"，谓三之正，五上易位，成既济定。故"颐，贞吉"。反复不衰，与乾、坤、坎、离、大过、小过、中孚同义。"反复不衰"，谓上下如一。八卦皆阴阳之合，终则又始，故"反复不衰"。乾归魂于离，而息坎出震。坤归魂于坎，而息离姤巽。坎离，剥复之合也。大过积坎，颐积离。阴道重，故大过。颐为夬姤之合。小过，内离外坎。中孚，内坎外离。二卦消息之并，故泰否之合。八卦同义也。故不从临观四阴二阳之例。或以临二之上，兑为口，故有"口实"也。博异解。**观颐，**【注】离为目，故"观颐"，"观其所养也"。晋离也。晋离四之初，上成艮，艮为贤人，是以离目下观养贤。**自求口实。**【注】或以大过兑为口，颐自晋来，息大过，故取兑口为象。或以临兑为口，异解。坤为"自"，艮为"求"。"口实"，颐中物，谓其"自养"。"自养"，谓三之正，五上易位，坤虚正则实。郑元、刘表并以下动上止象颐，故名"颐"。虞既取兑为口，则颐非象，颐，直取养义耳。至噬嗑取"颐中有物"，乃是因颐卦为象，非颐卦本象颐也。《鼎》注云："六十四卦，独鼎言象"，明颐非象矣。

初九，舍尔灵龟，观我朵颐，凶。【注】晋离为"龟"。四之初，故"舍尔灵龟"。坤为"我",震为动,"朵",动貌。谓四失离入坤,远应多惧,"四多惧"。"朵颐"谓初。"尔"谓四也。四求初养,不足贵,故"凶"。故"凶"矣。

六二,**颠颐**,"颠",马躓也。三变,二在坎为"马",乘刚故"颠"。**拂经于丘颐,征凶**。江承之云:"'拂经',反常,谓五失位也。五失位,而承于上,体艮。半山为'丘',义在养上,非能应二,故曰'拂经于丘颐'。二'征'则'凶'。"

六三,拂颐,贞凶,十年勿用,无攸利。【注】三失位,体剥。体"剥床以肤"。不正相应,上三皆不正。弑父弑君,故"贞凶"。"贞"谓三动也。"由颐",主上。上正五,而三变应之,则定既济。上未变,而三先变,动无所应,虽正犹凶。坤为"十年",动无所应,故"十年勿用,无攸利"也。坤为"用",云"勿用",故知谓动也。三道大悖,虽变犹凶。"十年",数极,上变则利。

六四,颠颐,吉,虎视眈眈,其欲逐逐,无咎。【注】晋四之初。谓三已变,故"颠颐"。晋四本坎也,三变又为坎,故象颠而易马。与屯四乘坎马同义。屯四亦三变而乘坎马。坤为"虎",离为"目"。"眈眈",下视貌。视初。"逐逐",心烦貌。坤为吝啬,坎水为"欲",故"其欲逐逐"。应初之专。得位应初,故"无咎"。二无应,故"颠颐"而"凶"。四有应,故"颠颐"而"吉"。谓上已反,与五易位。三成离,三成离,故不系四于坎,与二异也。故"上施光也"。

六五,拂经,居贞吉,不可涉大川。【注】失位,故"拂经"。无应顺上,故"居贞吉"。艮为"居"也。居则贞而吉,义在养贤。涉上成坎,自我往曰"涉"。五宜变,当从上反,不可自五往,亦养贤之义。乘阳无应,故"不可涉大川"矣。阳谓上。

上九，由颐，厉，吉，【注】"由"，自从也。体剥居上，众阴顺承，故"由颐"。失位，故"厉"。以坤艮自辅，故"吉"也。利涉大川。【注】失位故"厉"。之五得正成坎，坎为"大川"，故"利涉大川"。

《象》曰："颐，贞吉"，养正则吉也。《杂卦》曰："颐，养正也。"彼注云："谓养三五。五之正为功，三出坎为圣，与'蒙以养正，圣功'同义。""观颐"，观其所养也。谓以下养上。艮为养贤。"自求口实"，观其自养也。谓三五正坤实。天地养万物，颐坤，大过乾，震生，巽长，艮山，兑泽，坤为"万物"，山泽之物，无不生长。圣人养贤以及万民。【注】乾为"圣人"。大过体复一爻，故为"圣人"，谓初也。艮为贤人，颐下养上，以初养艮。故"圣人养贤"。坤阴为"民"，皆在震上，震谓初。"以贵下贱，大得民"，四贵降初，为"下贱"。故"以及万民"。颐之时大矣哉。颐时，天地合，日月望，阴阳往来，物所以生，故"大"也。

《象》曰：山下有雷，颐。雷伏山下，天地以阳养万物。君子以慎言语，节饮食。"君子"谓初乾，震也。震为"言"，艮为"慎"，"慎言语"也。大过兑口，坤虚无实，艮为"节"，故"节饮食"也。惠徵士以"君子"谓三正体坎，震象也。

"观我朵颐"，以不足贵也。初下养贤，四在艮，故为初所养。阴非贤人，故"不足贵"。六二征凶，行失类也。"类"谓应，二当待五正。"十年勿用"，道大悖也。【注】弑父弑君，故"大悖也"。"颠颐"之吉，上施光也。"上"谓五，正三成离，故"施光"。"居贞"之"吉"，顺以从上也。"顺"谓坤。"由颐，厉吉"，大有庆也。【注】变阳得位，故"大有庆也"。之五，故"得位"。

大过

☱ 巽下兑上 消息卦，义具颐。名"大过"者，《杂卦》曰："大过，颠也。"圣人取为棺椁之象，盖乾老坤生，故"大者过也"。不言死，阳无绝也。初体复一爻，阴凝乾，继世承祀矣。候在十月。卦取二正成咸，阴阳感也。爻"过以相与"，女妻有子续阳之义。

大过，栋桡。【注】大壮五之初，或兑三之初。四阳二阴之卦，例由大壮来，"或兑三之初"者，坤尽于夬，至大过而生姤，夬兑下成巽，坤之始终也。此与颐旁通，不言者，略也。《系辞传》"藉用白茅，苟错诸地而可"，注以"颐坤为地"。"栋桡"谓三。巽为长木，称"栋"。初上阴柔，本末弱，"本"，初。"末"，上。故"栋桡"也。"桡"，下屈也。兑，反巽也。两巽相承，故全卦象"栋"而本末弱。桡独在三者，下巽本体，任重，三居上下之际，故不胜而桡也。上巽反承，在三为下"桡"，在四则为上"隆"。下桡必倾，上隆犹可任。**利有攸往，亨。**【注】谓二也。《彖》曰"大者过"，谓二失位，故知"往"谓二。刚过而中，虽过而中。失位无应，利变应五，之外称"往"，故"利有攸往"乃"亨"也。

初六，藉用白茅，无咎。【注】位在下称"藉"，巽柔白为"茅"，故"藉用白茅"。失位，咎也。承二，过四，应五"士夫"，故"无咎"矣。初过应五，义具二也。承二应五，所谓"藉"也。

九二，枯杨生稊，老夫得其女妻，无不利。【注】"稊"，稚也。杨叶未舒称"稊"。巽为"杨"，木近泽，是"杨"也。乾为"老"，老杨故"枯"。乾至大过，嬗阴故"枯"，姤阴故又"生稊""生华"。阳在二也。十二月时，周之二月。二五爻独以爻当月者，大过时重阴始，故阳义全。二体临，五体夬也。兑为雨泽，"枯杨"得泽复生"稊"。二无应，今过应上，"生稊"之象。杨少则"稊"，而老则"华"，故上为"稊"，初为"华"。二体乾"老"，故称"老夫"。"女妻"谓上兑。兑为少女，故曰"女妻"。大过之家，"过以相与"，"老夫得其女妻"，故"无不利"。初过四应五，上过三应二，是谓"过以相与"。

九三，栋桡，凶。九四，栋隆，吉，有它吝。【注】"隆"，上也。桡之反。应在于初。己与五意在于上，反比上为巽，故"栋隆"之象。故"栋隆，吉"。失位，动入险而陷于井，故"有它，吝"。二失位，"利有攸往"，四亦失位，变则成井，故戒其不可变也。然九二不取利正之义，则四"有它"亦谓不可与初耳。注似非也。

九五，枯杨生华，老妇得其士夫，无咎，无誉。【注】阳在五也。夬，三月时，周之五月。"枯杨"得泽，故"生华"矣。五为"杨"，犹四"栋"皆取反巽也。或者初巽"老妇"为"枯杨"，"得士夫"为"生华"。"老妇"谓初，巽为"妇"。巽，长女，故象已嫁为"妇"。乾为"老"，巽入乾体，故初亦"老"。故称"老妇"也。"士夫"谓五。大壮震为"夫"，兑为"少"，故称"士夫"。五阳必取"大壮震为夫"者，兑本女也，然则二亦以大壮乾为老夫，注略耳。五过二使应上，二过五使取初，五得位，故"无咎"。阴在二"多誉"，今退伏初，巽为"退伏"，非由二退也。故"无誉"。体姤淫女，故"过以相与"，使应少夫，《象》曰"亦可丑也"。旧说以初为"女妻"，上为"老妇"，误矣。马君亦然。荀公以初阴失正，当变，数六，为"女妻"；二阳失正，数九，为"老夫"；以五阳得正，位不变，数七，为"士夫"；上阴得正，数八，为"老妇"。但以数多少为老少。此何异俗说也。悲夫，学之难。而以初本为小，反以上末为老。后之达者，详其义焉。

上六，过涉，灭顶凶，无咎。【注】大壮震为足，兑为水泽，震足没水，故"过涉"也。涉者之过也。"顶"，首也。乾为"顶"。顶没兑水中，故"灭顶，凶"。谓大过之时，乾没于阴。乘刚，咎也，得位，故"无咎"，与"灭耳"同义也。噬嗑上九坎水自下没上，故曰"灭耳"，与此

"灭顶"相似。噬嗑由否之泰，消息卦否上不反坤，弑父弑君，故曰"何校灭耳，凶"。此本大壮，阴阳伤，五已之初，而上阴灭乾，故"凶"，与"灭耳"同义。然大过之时，坤生乾没，上妻二生子，得位续阴，非其咎也。

《彖》曰：大过，大者过也。【注】阳称"大"，谓二也。大过体坎，二为主。二失位，故"大者过也"。栋桡，本末弱也。"本末"谓初上，阴柔故"弱"。刚过而中，巽而说行，"利有攸往"，乃"亨"。【注】"刚过而中"，谓二。"说"，兑也，故"利有攸往"。以其得中，又"巽而说行"，故"利"，变应五也。"说行"者，大壮震为"行"。大壮震五之初，故"亨"。大壮四失位，为二阴所伤。五之初，阳得位，阴不能伤，二变应之，其亨宜矣。与遁二同义。遁二消阳，子弑其父，三来之二成讼，弑逆不行，失位终凶，复变应五，故同义也。大过之时大矣哉。【注】"国之大事，在祀与戎"。"藉用白茅"，"女妻"有子，继世承祀，故"大矣哉"。自坤尽入乾，历豫、小畜、萃、大畜、蹇、睽而入大过。乾精凝坤，乾老坤孕，故"女妻继世"。坤为鬼，故巽"白茅承祀"。此大过消息之义。

《象》曰：泽灭木，大过。兑，"泽"。巽，"木"。木，水所生，而水或灭木，木不得地也。阳，阴所牝，而阴终消阳，阳不得位也。大过，阳之终，君子知微，故发"独立不惧"之义。君子以独立不惧，遁世无闷。【注】"君子"谓乾初。复初也。方消，故不言圣人。阳伏巽中，巽，坤阴之始也。阴始著，则阳始消，故初阳伏入巽下。体复一爻，潜龙之德，故称"独立不惧"。"忧则违之"，乾初同义，故"遁世无闷"也。

"藉用白茅"，柔在下也。初为"下"。"老夫""女妻"，过以相与也。【注】谓二过初与五，五过上与二。初比二，而二使之过与五。上比五，而五使之过与二。独大过之爻得过其应，初本应四，四"不桡乎下"，故"过与五"。上本应三，三"不可有辅"，故"过与二"。故"过以相与"也。"栋桡"之

"凶",不可以有辅也。【注】本末弱,故"桡"。辅之益桡,故"不可以有辅",阳以阴为"辅"也。"阴"谓上。"栋隆"之"吉",不桡乎下也。【注】乾为动直,自二至四,乾成,故能"不桡"。远初近上,初承二三,应五;上应二,比五四,其位然也。故"不桡下"也。"枯杨生华",何可久也?"老妇""士夫",亦可丑也。【注】乾为"久"。枯而生华,故"不可久也"。妇体娸淫,故"可丑也"。"过涉"之"凶",不可咎也。大过宜凶,非阴之咎。

坎

☵坎下坎上　乾二五之坤,阳陷阴中,故名曰"坎"。于消息卦,乾尽入坤,三息会离,乾五征坤成坎,阳得其当,故曰"习坎"。坎,方伯之卦也。初六冬至,上六惊蛰。卦辞取二正为比,阳初息卦爻二不变,阳微未出坤也,至上仍取二变。

习坎,有孚,【注】乾二五之坤,与离旁通。乾归大有,坤二五乃交乾而为离,离息成坎,日月会壬。于爻,观上之二。二阳卦例。"习",常也。八纯卦,唯坎加"习"者,嫌阳陷险,非正,故明之。阳息阴中,是其常也。"重"亦常义,故《象》曰"重险"。"孚",信,谓二五。水行往来,朝宗于海,不失其时,如月行天,坎在天为月,在地为水。水之潮汐,应月之行,故以明坎之"有孚"。故"习坎"为"孚"也。**维心亨,行有尚。**【注】坎为"心"。阳在中。乾二五旁行流坤,"旁行"者,四周行于六十四卦。阴阳会合,故"亨"也。"行"谓二,"尚"谓五也。二体震为"行",动得正应五,故"行有尚,往有功也"。重险则陷,故二宜之正。

初六,习坎,入于坎窞,凶。【注】"习",积也。自阳德言,则"习"为"常"。自险势言,则"习"为"积"。位下,故"习坎"为"入"。坎中小穴称"窞"。两坎之下,是坎中之窞。上无其应,初二失正,故曰"失道凶"矣。明"求小得",亦"失道"故也。

九二,坎有险,求小得。【注】阳陷阴中,故"有险"。位在坎,不能自出险中,故曰坎而又有险,谓上更遇坎也。据阴有实,故"求小得"也。据初阴,阳为"实",阴为"小"。

六三,来之坎坎,险,且枕,入于坎窞,勿用。【注】坎在内称"来"。在坎终坎,故"来之坎坎"。三无应,来就下坎而终坎,故"来之坎坎"。"枕",止也。人卧则枕,故"枕"为止。艮为止。三失位乘二,则"险"。承五隔四,故"险,且枕"。"入于坎窞",初在重坎之下,"坎窞"也。三下就坎,则既险矣,且上就艮,则在坎之下,而亦入于"坎窞"也。体师三"舆",脱"尸"字。故"勿用"。

六四,尊酒,簋,贰用缶。【注】震主祭器,敬则用"祭器",此非祭礼。故有"尊簋"。坎为"酒"。"簋",黍稷器。《周礼》:"旅人为簋。"簋,以瓦为之,亦缶类,坤象。震为稷,为黍稷也。三至五有颐口象,震献在中,震为"献",在颐中。故为"簋"。坎为木,震为足,下坎也。坎酒在上,"尊酒"之象。君尊有丰,以木为之,若豆而卑。言震为足者,以其在下。"贰",副也。坤为"缶"。礼有副尊,玄酒也。燕礼,君尊瓦大两,有玄酒。故"贰用缶"耳。坎坤际乾,四上承五,刚柔之交。"尊酒",飨礼。"簋",食礼。"贰用缶",燕礼也。**内约自牖,终无咎。**【注】坎为"内"也。四阴小,故"约"。艮为"牖"。坤为户,艮小光照户,"牖"之象。"贰用缶",故"内约自牖"。谓四顺承五也。飨食之礼,宾席牖间,至燕,正臣礼,不敢烦亵尊者,为荀敬,席于阼阶之西,北面,故"贰用缶",则"内约自牖"矣。得位承五,故"无咎"。

九五,坎不盈,祗既平,无咎。【注】"盈",溢也。艮为止,谓水流而不盈。坎为"平"。"祗",安也。艮止坤安,故"祗既平"。谓坤为坎也。得位正中，故"无咎"。

上九，系用徽纆，寘于丛棘，三岁不得，凶。【注】"徽纆"，黑索也。观巽为绳，艮为手，上变入坎，故"系用徽纆"。"系"当作"係"。"寘"，置也。坎多心，《说卦》："坎，于木为坚多心。"故"丛棘"。狱外种九棘，于经无考，未知虞所据。故称"丛棘"。二变则五体剥，观上为二，故取二变为象。剥伤坤杀，故"寘于丛棘"也。"不得"，谓不得出狱。艮止，坎狱，乾为"岁"，五从乾来，三非其应，故曰"三岁不得，凶"矣。

《象》曰：习坎，重险也。【注】两象也。天险地险，故曰"重险"也。五，天位。二，地位。水流而不盈。"盈"，溢也。谓五艮为止，水流不溢。行险而不失其信。【注】"信"，谓二也。震为"行"。水性有常，消息与月相应，故"不失其信"矣。"维心亨"，乃以刚中也。谓二五。"行有尚"，往有功也。【注】"功"谓五。二动应五，故"往有功也"。天险，不可升也。【注】谓五在天位。五从乾来，体屯难，故"天险不可升也"。地险，山川丘陵也。【注】坤为地。乾二之坤，故曰"地险"。艮为"山"，坎为"川"，半山称"丘"，丘下称"陵"，故曰"地险，山川丘陵也"。王公设险以守其邦。【注】"王公"，大人，谓乾五。坤为"邦"。乾二之坤成坎险，震为"守"，有屯难象，故"王公设险以守其邦"，《离》言"王用出征以正邦"是也。险之时用大矣哉。自离成坎。兑，秋。震，春。坎，冬。离，夏。因时设险，故曰"时用"。

《象》曰：水洊至，习坎，剥复相嬗，如水续流。陆绩云："水再至通流，不舍昼夜。有似于习，故君子象之，以常习教事，如水不息。"君子以常德行，习教事。【注】"君子"谓乾五。在乾称大人，在坎为"君子"。惠徵士云："五坎不盈，德盛而业未大，故称'君子'。"坎为"习"，为"常"。乾为

"德"。震为"行"。巽为教令。观巽也。坤为"事"。故"以常德行习教事"也。坎会乾出震,"常德行"也,变观"习教事"也。

"习坎"入坎,失道凶也。"习坎",其位也。"入坎",其"失道"也。阳为"道",初失位,故曰"失道"。"求小得",未出中也。动应五,则出险中。"来之坎坎",终无功也。艮为"终"。"功"谓五。三不能承五,在坎终坎其道也。亦体《师》三"师或舆尸,大无功也"。"尊酒,簋",刚柔际也。【注】乾"刚"坤"柔",震为交,故曰"刚柔际也"。"坎不盈",中未光大也。【注】体屯五中,故"未光大也"。《屯》五:"屯其膏,施未光也。"以在坎中成既济,体离则光大也。上六失道,凶三岁也。谓变观,上阳为"道",故"失道"。

离

☲☲离下离上　坤二五之乾,阴丽于阳,故名"离"。离者,丽也。于消息卦为乾之舍,谦、师、比三息而乾坤合于离。与坎旁通,离阴丽坎阳也。方伯卦,初九夏至,上九白露,变正坎。

离,利贞,亨。畜牝牛,吉。【注】坤二五之乾,与坎旁通。于爻,遁初之五。二阴卦例。柔丽中正,故"利贞,亨"。"中正"谓五伏阳。乾尽归离而出于坎。坤者,乾之牝,离之阴丽乎坎之阳也。坤二五之乾,而凝元在二。乾二五之坤,而出坎在五。故二"元吉"而五"利贞"。五正,则二体皆变成坎,故下云"畜牝牛"。"畜",养也。坤为"牝牛"。乾二五之坤成坎,体颐养象,故"畜牝牛,吉"。唯坎中正,故能丽坤。俗说皆以离为"牝牛",失之矣。

初九,履错然,敬之无咎。坎震为足,初在奇侠,震履未成,故"错然"也。"错",杂也。乾五未出,诸爻皆不能变,唯二凝元,有阳义,则下三成乾。乾为"敬"。四,恶人,初变应四,则见侵,故"敬之,无咎"。

六二，黄离，元吉。坤六五也。体"黄裳"，故"黄离"。凝乾之元，故"元吉"。

九三，日昃之离，兑为西，巽为入，故"日昃"。不鼓缶而歌，则大耋之嗟，凶。离为大腹，"缶"象也。坎三当艮为手，震为"笑言"，则"鼓缶而歌"也。三不能变，则下体成乾，乾为老。三乾尽体大过死，故"大耋"也。巽，呼号，兑，口舌，故"嗟"矣。

九四，突如，其来如，"突"，逆子也。次四当震为长男，坎为中男，艮为少男。四未能变，乘乾。三男，皆逆乘父，故"突如"。上下之交，故"来如"。焚如，在二火间，故"焚如"。死如，体大过，故"死如"。弃如。二已正体乾，乾为野，大过棺椁象毁，四在野上，故弃，不葬。

六五，出涕沱若，自目曰"涕"。离为目。由离出坎，象水出目，故"出涕沱若"。戚嗟若，吉。【注】坎为心，震为声，坎震。兑为口，离兑。故"戚嗟若"。动而得正，尊丽阳，故"吉"也。

上九，王用出征，有嘉折首，获匪其丑，无咎。【注】"王"谓乾。乾二五之坤，成坎，体师象，震为"出"，故"王用出征"。"首"谓坤二五来折乾，离之二五也。伏阳出，先折二五，故曰"折首"。二五曾折乾者，故谓之"首"也。故"有嘉折首"。阳为"嘉"。"丑"，类也。乾征得坤阴类，谓五阳既出，初、三、四、上皆变而为坤，故曰"阴类"。乾，阳物，故"获匪其丑，无咎"矣。

《彖》曰：离，丽也。"丽"，附著之意。阴必附于阳，故乾合坤元而为离。日月丽乎天。【注】乾五之坤成坎为"月"，五伏阳出，上先成坎。离为"日"，下仍本离。"日月丽天"也。乾为"天"。百谷草木丽乎地。【注】震为"百谷"。坎震。巽为"草木"。离巽。坤为"地"。乾二五之坤成坎震，体屯。"屯者，盈也。盈天地之间者唯万物。"万物出震，故"百谷草木丽乎地"。**重明以丽乎正，乃化成天下。【注】**两象故"重明"。"两象"，离坎也。离日坎月，为"重明"，所谓"明两作"。"正"谓五阳。阳变之坤来化乾，"阳变之坤"谓坤二五之乾，以丽乾五。坤为"化"，故曰"化乾"。以成万物，谓离日"化成天下"也。化坎由离，此以上指释"利贞"也。**柔丽乎中正，故"亨"。【注】**"柔"谓五阴，"中正"谓五伏阳。出在坤中"畜牝牛"，故"中正"而"亨"也。是以"畜牝牛，吉"也。

《象》曰：**明两作，离。【注】**"两"，谓日与月也。乾五之坤成坎，坤而之乾成离。离坎，日月之象，故"明两作，离"。离以丽乾为义，故"明两作"谓"日月"。"作"，成也。日月在天，动成万物，故称"作"矣。或以日与火为"明两作"也。**大人以继明照于四方。【注】**阳气称"大"人，则乾五"大人"也。乾二五之光继日之明。坎月。坤为"方"。二五之坤，震东，坎震。兑西，离兑。离南，坎北，故曰"照于四方"。

履错之敬，以辟咎也。"咎"谓四。初不变，辟之。**"黄离元吉"，得中道也。**"中"谓二，乾谓"道"。**"日昃之离"，何可久也？"突如，其来如"，无所容也。**四，恶人，无所容，故"焚""死""弃"也。**六五之"吉"，离王公也。**"王公"，乾五大人也。**"王用出征"，以正邦也。【注】**乾五出征坤，故"正邦"也。坤为"邦"。

周易虞氏义卷四

周易下经

彖下传　象下传　虞氏注

咸

☳艮下兑上　消息卦。在否，次渐。渐，"女归待男行"。咸，以乾感坤，为反泰之始也。候在五月。变成既济。

咸，亨，利贞，取女吉。【注】"咸"，感也。坤三之上成女，乾上之三成男。由否来。乾坤气交以相与。"止而说，男下女"，故"通，利贞，取女吉"。"贞"谓初四易位，少男下少女，亲迎之义。初四正，则中男正乎外，中女正乎内，故"取女吉"。

初六，咸其拇。【注】"拇"，足大指也。艮为指，坤为"母"，故"咸其拇"。失位远应，之四得正，故"志在外"谓四也。咸家男下女，四感初，初乃之四。然初之志则常在四也。拇非动始，然足之行先于拇。

六二，咸其腓，凶，居吉。【注】"腓"，胫腨也。巽为股，二最在下，"腓"之象，艮注云"巽长为股，艮小为腓"是也。感之者，三也。凡感之道，近则通。二五正应，近为三感，故"凶"。阴道承阳，故"居"二比三，虽"凶"，吉也。

九三，咸其股，执其随，往吝。【注】巽为"股"，谓二也。三与二俱为"股"。三二相感，非谓二独为股也。巽为"随"，艮为手，故称"执"。

谓三当执守于二，二乃随之。三应于上，初四已变，历险，故"往吝"。"往"，谓之上。

九四，贞吉，悔亡。憧憧往来，朋从尔思。【注】失位，"悔"也。应初动得正，故"贞吉"而"悔亡"矣。"憧憧"，怀思虑也。之内为"来"，之外为"往"。欲感上，隔五，感初，隔三，故"憧憧往来"矣。四为咸心，无所不感。初上举其远者，故有往来之象。兑为"朋"，少女也。谓上。艮初变之四，坎心为"思"，故曰"朋从尔思"也。谓四既正，则上亦从也。四与上非男女之感，故转兑为朋象。

九五，咸其脢，无悔。【注】"脢"，夹脊肉也。谓四已变，坎为脊，故"咸其脢"。五感上也。通体坎为"脢"，亦如三之股，脢不动，象五不应二。得正，故"无悔"。舍二感上，嫌有悔，故云"无悔"。

上六，咸其辅颊舌。【注】耳目之间称"辅颊"。四变为目，离也。坎为耳，兑为口舌，故曰"咸其辅颊舌"。"辅颊"，在耳目之间，与舌不相接而相通。上应三，三在离坎之间，"辅颊"也。上为兑舌也。上感于五，不得之三，而与三通气，以言语相感，故曰"咸其辅颊舌"，《象》曰"滕口说"也。

《彖》曰：咸，感也。阳始感阴。**柔上而刚下，**"柔"，坤三。"刚"，乾上。**二气感应以相与。**郑氏云："'与'，犹亲也。"**止而说，男下女，**"止"，艮。"说"，兑。艮，"男"。兑，"女"。**是以"亨，利贞，取女吉"也。天地感而万物化生，**初四正，既济定。天地行变化，既成万物，故"万物化生"。一说谓咸反泰也。《序卦》云："有天地然后有万物。"注云："谓否反成泰，'天地氤氲，万物化醇'。"**圣人感人心，而天下和平。【注】**乾为"圣人"。否乾。初四易位成既济，坎为"心"，为"平"，故"圣人感人心而天下和平"。此"保合太和""品物流形"也。**观其所感，而天地万物之情可见矣。【注】**谓四之初，以离日见"天"，坎月见"地"，悬象著明，"万物"见离，故"天地万物之情可见"也。

《象》曰：山上有泽，咸。君子以虚受人。【注】"君子"谓否乾。乾为"人"，坤为"虚"。谓坤虚三受上，故"以虚受人"。乾坤感应，阳施阴受，故曰"君子"。艮山在地下为谦，在泽下为"虚"。泽在山上，源出山中，山虚受之。

"咸其母"，志在外也。谓初志应四，初之四，坎为"志"。虽"凶，居吉"，顺不害也。二在否体坤，坤为"顺"，为"害"。三来坤坏，二坤中，故"顺不害"。"咸其股"，亦不处也。志在随人，所执下也。【注】巽为处女也。男已下女，以艮阳入兑阴，故"不处也"。当咸之时，已有男下女之象，故三二同在巽体，"亦不处也"。凡士与女，未用皆称"处"矣。二，"女"。三，"士"。志在于二，故"所执下也"。"贞吉，悔亡"，未感害也。【注】坤为"害"也。今未感坤，初体遁，弑父，故曰"未感害也"。未感则害必"贞吉"，乃"悔亡"。"憧憧往来"，未光大也。【注】未动之离，故"未光大也"。谓感上亦以求正也。"咸其脢"，志末也。四支谓之"末"。五正坎心，为末之志。上与五为"脢"，脢从然后可正"末"。"咸其辅颊舌"，媵口说也。【注】"媵"，送也。不得之三，感于五。"山泽通气"，故"媵口说也"。

恒

☷ 巽下震上　泰息卦。通益，否反泰也，故注云"与益旁通"。乾坤天地终则有始，恒久之道，故名曰"恒"。内卦候在六月，外卦七月。否之反泰，由益反下，无取于恒，恒特明乾坤终始之义耳。故变又成益，所以为恒久不已也。恒则化成，必先正位，故先言"利贞"，明既济也。后言"利有攸往"，明成既济乃反益也。父上不变，云在益上，明三当"立不易方"也。

恒，亨，无咎，利贞。利有攸往。【注】"恒"，久也。与益旁通。

恒乾通益坤。乾初之坤四，由泰来。刚柔皆应，故"通，乾坤交故。无咎，失位，咎也。刚柔应，故"无咎"。利贞"矣。谓变复成益，三不易方，成既济定。初利往之四，终变成益，则初、四、二、五皆得其正，终则有始，否泰相寻，恒益反复。故"利有攸往"也。

初六，浚恒，贞，凶，无攸利。【注】"浚"，深也。初下称"浚"，故曰"浚恒"。初失位，变体"潜龙"，故"浚恒贞"。益成则死坤中，故"凶，无攸利"。益初宜吉而凶者，未定既济，非损上益下也。

九二，悔亡。【注】失位，"悔"也。动而得正，处中多誉，故"悔亡"也。

九三，不恒其德，或承之羞，贞吝。卦变成益，三上失位，三宜"立不易方"，则上亦不变而既济定，所谓"圣人久于其道，而天下化成"也。乾为"德"，坤为耻。三不守乾，则二四与为坤，故"或承之羞"。至承羞而后"贞"，虽正犹"吝"。

九四，田无禽。【注】"田"为二也。地上称田，乾九二。"无禽"，为五也。"禽"，获也。阳出征阴，则有获。在五多功，与师五"田有禽"同义。九四失位，利二上之五，已变承之，故曰"田无禽"。凡二五易位者，四多利五变。言二五皆非其位，故《象》曰"久非其位，安得禽也"。

六五，恒其德，贞妇人吉，夫子凶。【注】动正成乾，乾五。故"恒其德"。"妇人"谓初，巽为"妇"。终变成益，震四复初，妇得归阳，从一而终，故"贞妇人吉"也。震，乾之子而为巽夫，故曰"夫子"。终变成益，震四从巽，死于坤中，故"夫子凶"也。初上为四，从震而吉，四下为初，从巽死坤中，此"浚恒"所以"凶"也。故三"立不易方"，乃各正性命也。使初四正者乾五，故言之。

上六，震恒，凶。【注】在震上，故"震恒"。五动乘阳，故"凶"。

不变在益上，故"凶"。三正定既济，则非乘阳也。

《彖》曰：恒，久也。刚上而柔下，乾初上，坤四下。雷风相与，蜀才云："分乾与坤，雷也。分坤与乾，风也。"巽而动，刚柔皆应，恒。"恒，亨，无咎，利贞"，久于其道也。乾为"久"，阳为"道"。凡不变者不足恒，故"利贞"乃"久于其道"。天地之道，恒久而不已也。【注】泰乾坤为"天地"。谓终则复始，"有亲则可久"也。《系》注云："阳道成，乾为父，震坎艮为子。'本乎天者亲上'，故'有亲'。"此终变成益，乾坤历生六子，故曰"有亲"。"利有攸往"，终则有始也。"有始"读曰"又"。日月得天而能久照，【注】动初成乾为"天"，至二离为"日"，至三坎为"月"，故"日月得天，而能久照"也。四时变化而能久成，【注】春夏为"变"，阳信。秋冬为化，阴诎。变至二离夏，至三兑秋，至四震春，至五坎冬至，此误，应云："变至二离夏兑秋，至三震春，至五坎冬。"故"四时变化而能久成"，谓乾坤成物也。圣人久于其道，而天下化成。【注】"圣人"谓乾。即乾三君子。乾为"道"，三"不易方"，故久于道。初二已正，四五复位，成既济定。此论爻变也。卦三上得位，三久其道，不与上易，则益初、二、四、五正位，成既济。"乾道变化，各正性命。"有两离象，"重明丽正"，故"化成天下"。观其所恒，而天地万物之情可见矣。【注】以离日照乾，坎月照坤，万物出震，故"天地万物之情可见矣。"与咸同义也。

《象》曰：雷风，恒。雷风至变而恒。君子以立不易方。【注】"君子"谓乾三也。乾为"易"，为"立"。坤为"方"。乾初之坤四，三正不动，乾爻唯三正。故"立不易方"也。

"浚恒"之"凶"，始求深也。【注】乾初为渊，故"深"矣。失位，变之正，乾为"始"，故曰"始求深也"。"九二悔亡"，能久中也。变得位，是"能久中"。"不恒其德"，无所容也。诸爻皆正，三独失位，故"无所容"。久非其位，安得"禽"也。注云："言二五皆非其位。""妇人贞吉"，从一而终也。【注】"一"谓初。终变成益，以巽应初震，故"从一而终也"。"夫子"制义，从妇凶也。【注】震没从巽入坤，故"从妇凶"矣。坤为义，以乾制坤，为"制义"。"震恒"在上，大无功也。【注】终在益上。五远应，故"无功也"。五应二，不能比上，上不得五，故"无功"而"凶"。上六在益上，故"凶"。三"不易方"，则上不变，成既济，非"震恒"矣。

遁

☷艮下乾上　消姤，阴道长，阳当退，故名曰"遁"。与临旁通。临"至八月有凶"，谓遁也。遁，六月卦也。卦不变，消时也。爻取三消成否，上来四反，成既济，明三否之义，①"与时行也"。

遁，亨。【注】阴消姤二也。宜与临旁通，不言略也。艮为山，巽为入，乾为远。远山入藏，故"遁"。乾人入藏于远山。以阴消阳，子弑其父，艮为少男，变乾为艮，故"子弑父"。小人道长，避之乃通，故遁而通。则"当位而应，与时行也"。"当位"谓五，"应"谓二。二阴道长，弑父弑君，由应五利贞，故阳不伤，遁之而通。**小利贞。**【注】"小"，阴，谓二。得位浸长，以柔变刚，故"小利贞"。二得位，贞矣。浸长，则非正。"利贞"者，谓"执用黄牛之革"也。

初六，遁尾，厉。勿用，有攸往。【注】艮为"尾"也。初失位，动而得正，故"遁尾，初动则遁去其尾。厉"。之应成坎，为灾。之四成坎，故"厉"。在艮宜静，遁消方长，必至否乃能复济，初在艮中，"时止则止"，故"宜静"。若不往于四，则无灾矣。否既成，上既来变三，四来之初，则可"往"。

---

① "三"，全集本作"泰"。

六二，执之用黄牛之革，莫之胜说。【注】艮为手称"执"。二执三。否坤为"黄牛"，二执三，在成否之后，故取"否坤"。艮为皮。四变之初，则坎水濡皮，离日干之，皮濡而干乃成"革"。故"执之用黄牛之革"。阴浸而长，三消成否，二"小利贞"，故上来之三，仍为艮，四之初而执三，在坎中也。此则三动而复出，与旅三同，故旅上"丧牛"，五动成遁。注云："六二'执用黄牛'，则旅家所丧也。""莫"，无也。"胜"，能。"说"，解也。"说"，读如"脱"。乾为坚刚，上乾。巽为绳，上来时，四未变，为巽绳。艮为手，持革缚三，在坎中，故"莫之胜说"也。

九三，系遁，有疾，厉。畜臣妾，吉。【注】"厉"，危也。巽为。宜脱"绳"字。三在巽，故"系"。消坤失位，有系于上，故"系遁"。四变时，九三体坎，坎为"疾"，故"有疾，厉"。此二所谓"执用黄牛之革"。据上来执三也。遁阴剥阳，三消成坤，与上易位，坤为"臣"，兑为"妾"，上来之三，据坤应兑，"据"，四初未动言。故"畜臣妾，吉"也。虽"有疾厉"，然以乾畜坤兑，终成既济，故"吉"也。

九四，好遁，君子吉，小人否。【注】否乾为"好"，为"君子"。三消成否，四乃之初，故称"否乾"。阴称"小人"。动之初，故"君子吉"。四以乾入坤，故"吉"。阴在四"多惧"，故"小人否"。初"遁尾厉"，故"否"。得位承五，故无凶咎矣。

九五，嘉遁，贞吉。【注】乾为"嘉"。刚当位应二，故"贞吉"。谓三已变，成否也。上来之三成坎，四已易初。《象》曰"以正志也"。坎为"志"。

上九，肥遁，无不利。【注】乾盈为"肥"。四、五、上皆乾，由乾而遁，故曰"好遁""嘉遁""肥遁"也。遁皆变去，五不变，故曰"贞吉"。二不及上，故"肥遁，无不利"，《象》曰"无所疑也"。二执三谓执上，然二不能及上，上遁之三，二乃得执之，入坎。坎为"疑"，疑"有疾，厉"，不利。

《彖》曰："遁亨"，遁而亨也。遁乃得通。**刚当位而应，与时行也。**【注】"刚"谓五。"而应"，二。艮为"时"，故"与时行"矣。"小利贞"，**浸而长也。**《临》云"刚浸而长"，注以"兑泽"解之。此亦曰"浸长"者，《临》"至八月有凶"，遁二消临兑，故亦取泽象。虞虽不说，可以例求。**遁之时义大矣哉。**阴消之际，"时行则行"，否反成既济，故"义大"也。

《象》曰：天下有山，遁。弑乱之时，天下无邦，唯山可遁。**君子以远小人，不恶而严。**【注】"君子"谓乾。乾为"远"，为"严"。"小人"谓阴。坤为"恶"，为"小人"。故"以远小人，不恶而严"也。二阴浸长，三消入坤，是"小人"也。乾上反三，据坤四动初，既济定，是"远小人，不恶而严"。

"遁尾"之"厉"，不往，何灾也。之四成坎，为"灾"也。执用"黄牛"，固志也。坎为"志"。谓上来之三，四变之初。"系遁"之"厉"，有疾惫也。"畜臣妾吉"，不可大事也。【注】三动入坤，坤为"事"，故"不可大事也"。故上来之三。"君子好遁"，小人否也。"嘉遁贞吉"，以正志也。谓三已变，否上之三，四正初，五在坎为志正。"肥遁，无不利"，无所疑也。谓之三，坎为"疑"。

大壮

䷡乾下震上　阳息泰。过盛而为阴伤，故名曰"大壮"。壮，伤也。与观旁通。大壮，二月卦也。卦辞正五成需，阳过当止，故曰"大壮，止也"。爻成既济，五正则阳道成。

大壮，利贞。【注】阳息泰也。"壮"，伤也。物过则伤。不云"伤"而云"壮"者，阴阳之辞。《方言》曰："凡草木刺人，北燕朝鲜之间谓之'策'，或谓之'壮'。"郭璞注云"今淮南亦呼'壮'为'伤'"是也。"大"谓四，失位，为阴所乘，兑为毁折，伤，阳不失位，不致伤也。与五易位乃得正，故"利贞"也。

初九，壮于趾征，凶，有孚。【注】"趾"谓四。"征"，行也。震足为"趾"，为"正"。当作"征"。初得位，四不征，之五，故"凶"。"趾征"，犹言趾之征也。凡应不相得则伤。四不应初，故初伤而凶。江承之云："经文言'征'，非言'不征'。如虞读，似四征五而初伤，殆非也。'趾'谓四，'征'谓初，四失位，初不得应，故伤。若遂动而应四，则'凶'。唯不动而待四之五，已得应之，则'有孚'也。'壮于趾'为句，'征凶'为句。《象》曰：'壮于趾，其孚穷也。''趾、征'不连读，明甚。"坎为"孚"，谓四上之五成坎，已得应四，故"有孚"。

九二，贞吉。【注】变得位，故"贞吉"。

九三，小人用壮，君子用罔，贞厉。【注】应在震也。三阳"君子"。九三。"小人"谓上。上逆，故"用壮"。阴方逆乘，伤阳不应三。谓二已变离，离为"罔"，"罔"，罗也。三乘二，故"君子用罔"。体《乾》"夕惕"，故"贞厉"也。三陷于罔，故危。**羝羊触藩，羸其角**。"羝羊"，牡羊也。"藩"，篱也。"羸"，缀系也。三体兑，兑为羊，在乾，故曰"羝"。震为竹木，谓上二阴在阳前，为"藩"。乾为首，三乾上，故为"角"。兑为刚卤。三欲触上，反见羸。谓二已变，体巽为绳也。荀氏以"三触四而危之"，"三"为君子，明"不触四"也。

九四，贞吉，悔亡。藩决不羸，壮于大舆之腹。【注】失位，"悔"也。之正得中，与五易位，故"得中"。故"贞吉"而"悔亡"矣。体夬象，故"藩决"。震四上处五，则藩毁坏，故"藩决不羸"。坤为"大舆"，为"腹"。四之五折坤，故"壮于大舆之腹"。而《象》曰"尚往"者，谓上之五。

六五，丧羊于易，无悔。【注】四动成泰，坤为"丧"也。乾为"易"，四上之五，兑还属乾，体乾九五，有乾德，故曰"易"。故"丧羊于易"。动各得正，而处中和，故"无悔"矣。

上六，羝羊触藩，不能退，不能遂，无攸利，艰则吉。【注】应在三，故"羝羊触藩"。谓上不应三，使三触藩，故"无攸利"。明三所触者上矣。"遂"，进也。谓四已之五，体坎，上能变之巽，"能"，衍字。巽为进退，故"不能退，不能遂"。不能"进退"，言为巽之不可。"退"则失位，上则乘刚，"退"谓上为巽，退于己"则失位"，进于五则逆"乘刚"也。故"无攸利"。坎为"艰"，得位应三利上，不变居坎则"得位"。藩既决，三自应之，利居五上。故"艰则吉"。

《象》曰：大壮，大者壮也。 阳为"大"。**刚以动，故"壮"。**"刚"，乾。"动"，震。动而过刚，谓四失位，为阴所乘，故伤也。**"大壮，利贞"，大者正也。**【注】谓四进之五乃得正，故"大者正也"。**正大而天地之情可见矣。**【注】"正大"谓四之五成需，以离日见天，坎月见地，故"天地之情可见也"矣。

《象》曰：雷在天上，大壮。 雷，阳气，震阴而为声。"在天上"，阳盛而伤，故震也。失位而伤，"非礼弗履"之义。**君子以非礼弗履。** 震足履乾，履非所履。四正成坎，震足不见，故曰"非礼弗履"。"君子"谓乾阳。履，以坤柔履刚，故"嘉会合礼"。此以震刚履乾，故"非礼弗履"。其义同也。

"壮于趾"，其孚穷也。【注】应在乾终，故"其孚穷也"。穷于"孚"，故伤。**九二"贞"吉，以中也。**【注】动体离，故"以中也"。二宜阴中。**"小人用壮"，"君子""罔"也。** 上方伤阳，三宜正守，乃恶而触之，羸角宜矣。**"藩决不羸"，尚往也。**"尚"，上也，谓之五。**"丧羊于易"，位不当也。** 四五不当位，故"丧羊"乃无悔。**"不能退，不能遂"，不详也。**

"详"、祥同。"艰则吉"，咎不长也。【注】乾善为"详"。不得三应，故"不详也"。巽为"长"，动失位，为"咎"，不变之巽，故"咎不长也"。

晋

☷☲坤下离上　观消卦。阴进居五，故名曰"晋"。晋，进也，不曰进而曰晋者，以阳为义。日中，观之大也。故《杂卦》曰："晋，昼也。"候在二月。卦辞初动成噬嗑，消道也。取阳义，故爻成既济。

晋，康侯用锡马蕃庶，昼日三接。【注】观四之五。四阴例。"晋"，进也。谓四进居五，上行也。坤为"康"，康，安也。初动体屯，震为"侯"，故曰"康侯"。"康侯"，犹宁侯，谓初坤为震也。震为"马"，坤为"用"，故"用锡马"。惠徵士读"锡贡"之"锡"，诸侯所以享王。艮为多，坤为众，故"繁庶"。"蕃"当作"繁"。离日在上，故"昼日"。三阴在下，故"三接"矣。观四之五，以离日接乾，初正坤，故三阴在下。"三接"，三享也。

初六，晋如，摧如，贞吉。罔孚，裕，无咎。【注】"晋"，进。"摧"，忧愁也。应在四，故"晋如"。失位，故"摧如"。动得位，故"贞吉"。应离为"罔"。曰衍字。坎称"孚"，坤弱为"裕"，四虽"孚"而在"罔"，变则四在坤而"裕"。欲四之五成巽，初受其命，巽为"命"。故"无咎"也。正位得应，故"无咎"矣。

六二，晋如，愁如，贞吉，受兹介福，于其王母。【注】震为。脱字，当云："震为行，故'晋如'。"谓初已变，二在震也。应在坎上，故"愁如"。得位处中，故"贞吉"也。二无应，嫌当变应五。乾为"介福"，艮为手，四五易位变艮。坤为虚，二也。故称"受"。艮手持福，与二，二受之。"介"，大也。谓五已正中，乾为"王"，坤为"母"，故"受兹介福，于其王母"。九五，乾也。消坤中，故为"王母"。

六三，众允，悔亡。【注】坤为"众"。"允"，信也。土性信，故"众允"。三失正，与上易位，则"悔亡"，故《象》曰"上行也"。此则成小过，不据初正也。小过，故有飞鸟之象焉。此并解九四"硕鼠"由三上易位也。小过飞鸟则"硕鼠"也。"臼杵之利"，见硕鼠出入坎穴，盖取诸此也。《系》曰："臼杵之利，取诸小过。"

九四，晋如，硕鼠，贞厉。"硕鼠"，五技鼠也。离为飞鸟。上之三，离象坏。震为动，艮为穴，动出穴中，飞而不高，故为"硕鼠"。正居坎，故危。

六五，悔亡。失位为"悔"，之正故"亡"。矢得，勿恤。往吉，无不利。【注】"矢"，古"誓"字。誓，信也。"勿"，无。"恤"，忧也。五变得正，坎象不见，故："誓得勿恤，往有庆也"。"誓得"，信得也。"往"，谓之正。

上九，晋其角，惟用伐邑，厉吉，无咎，贞吝。【注】五已变之乾为"首"。位在首上，称"角"，故"晋其角"也。坤为"邑"，动成震而体师象，坎为心，故"维字误，当为'惟'。用伐邑"。"心"谓五也。五未正，体师已正，体坎惟思也。言思欲伐邑，谓五使上之三伐坤也。得位乘五，故"厉吉，无咎"而"贞吝"矣。得位故"吉，无咎"，乘阳，故"吝"。

《象》曰：晋，进也。明出地上，顺而丽乎大明，离为"明"。"顺"，坤。"丽"，离。"大明"，谓乾也。五，乾位，阴顺丽阳，故"丽乎大明"。谓观四之五也。柔进而上行，是以"康侯用锡马蕃庶，昼日三接"也。以四丽五，柔进上行，以离接乾，是"康侯用锡马"于王，"昼日三接"之象。

《象》曰：明出地上，晋。日出于地，进而照地。君子以自照明德。【注】"君子谓"观乾。乾五也。乾为"德"，坤为"自"，离为"明"。乾五动，以离日自照，故"以自照明德"也。就阳而言，为乾五动。

"晋如摧如",独行正也。"裕无咎",未受命也。【注】初动震为"行"。"初",一称"独"也。五未之巽,故"未受命也"。四裕在坤,初受巽命。"受兹介福",以中正也。"众允"之,志上行也。【注】坎为"志"。三体坎。三之上成震,故曰"上行也"。"硕鼠贞厉",位不当也。谓当之五。"矢得,勿恤",往有庆也。【注】动之乾,乾为"庆"也。"惟用伐邑",道未光也。谓五已正,离为"光",上之三"伐邑",五得光也。五阳为"道"。

明夷

☷☲离下坤上 临息卦,次升。阳虽升而未光,犹伤于阴,故曰"明夷"也。言阳当有所诛杀,故曰"明夷,诛也"。候在九月。五出,成既济。

明夷,【注】"夷",伤也。临二之三,二阳例。而反晋也。兼取反卦,非消息例。侯果云:"晋与明夷,往复不已,故见暗则伐取之,乱则治取之。""明入地中",故伤矣。

利艰贞。【注】谓五也。五失位,变出成坎,为"艰",故"利艰贞"矣。

初九,明夷于飞,垂其翼。离为"飞"。晋时离在上,今反下,故"垂翼"。君子于行,三日不食。晋四下初,体震为"行"。晋初动,体噬嗑"食"。初从四下,不从坤变,故"不食"。离为"日"。自四之初三爻,故"三日不食"。有攸往,主人有言。震为"主人",为"言"。应在震,故"有攸往"而"有言"。

六二,明夷于左股,本临三。在震为"足"。初,趾,二,股也。震为"左",故"左股"。用拯马壮,吉。"拯",《子夏传》作"抍",举也。"壮",伤也。震为"马"。谓临二震在坤下,失位而伤,三之二举之,得位而吉。

九三,明夷于南狩,得其大首,体师,以坎正坤,离为"南",故"南狩"。此本离上也，离上有"嘉折首"。**不可疾贞**。坎为"疾"。"疾贞"，正乎坎也。言当征五，成既济也。季札闻《周南》《召南》曰"犹有憾"，谓"疾贞"也。

六四，入于左腹，坤为"腹"，体震为"左"。**获明夷之心，于出门庭**。本晋初也。在艮下，艮为"门庭"，今体震，故"出"。坎为"心"。"明夷之心"，三也。四应初历险，近得于三，故"获明夷之心，于出门庭"矣。

六五，箕子之明夷，利贞。上六，不明晦，初登于天，后入于地。【注】应在三。离灭坤下，故"不明晦"。晋时在上丽乾，故"登于天，照四国"。今反在下，故"后入于地，失其则"。

《象》曰：明入地中，明夷。谓反晋，坎为"入"。**内文明而外柔顺，以蒙大难，文王以之**。【注】"以"，用也。三，喻"文王"。"大难"，谓坤。谓上。坤为弑父，迷乱荒淫，若纣杀比干。三幽坎中，象文王之拘羑里。震为诸侯，喻从文王者。谓四也。纣惧出之，故"以蒙大难"，得身全矣。"文明"，离也。"柔顺"，坤也。"蒙"，遭也。虞以纣惧诸侯而出文王，足以正《史记》之失。**"利艰贞"，晦其明也。内难而能正其志，箕子以之**。【注】"箕子"，纣诸父，故称"内难"。五乾天位，今化为坤，箕子之象。坤为"晦"，乾为大明，故"晦其明"。箕子正之，出五成坎，体离，"重明丽正"，坎为"志"，故"正其志，箕子以之"，而纣奴之矣。

《象》曰：明入地中，明夷。君子以莅众，用晦而明。【注】"而"，如也。"君子"谓三。体师象，以坎莅坤，坤为"众"，为"晦"，离为"明"，故"用晦如明"也。虽在晦，犹自明也。

"君子于行"，义"不食"也。荀氏云："暗昧在上，有明德者义不食禄也。"**六二之"吉"，顺以则也**。坎为"则"，谓二顺三。**"南狩"之志，乃大得也**。坎为"志"。**"入于左腹"，获心意也**。入坤宜比三。**"箕子"之贞**，

明不可息也。 五正则重明，丽正故不息。**"初登于天"，照四国也。** 谓晋时在坤上，坤为"四国"。**"后入于地"，失则也。** 谓反在坤下，三坎为"则"。三在下，不应上，上失之。

家人

☲☴ 离下巽上　遯消卦，次讼。阴阳一家，故名曰"家人"。候在五月。三权变，受上成既济。消卦正位多由家人，此发例也。卦不变，消卦之正。

家人，利女贞。【注】 遯初之四也。二阴例。"女"谓离巽。二四得正，故"利女贞"也。

初九，闲有家，悔亡。 应四在坎为"闲"。闲，防也。初，夫。四，妇。三未动，震巽未成，故闲之悔也。三动，则"悔亡"。

六二，无攸遂，在中馈，贞吉。 二得地正，坤道从阳，故"无攸遂"。三动体颐，二在颐中，五在颐上，艮手馈养，故"在中馈"。居正应五，故"吉"。

九三，家人嗃嗃，悔厉，吉。 马氏云："嗃嗃，悦乐自得貌。"今当从之。三动震为喜乐，故"嗃嗃"。失位，故"悔厉"。天地正，故"吉"。**妇子嘻嘻，终吝。** "嘻嘻"，乐笑无节也。"妇"，巽。"子"，震也。三终为坤而不正位，则悦乐之过而"妇子嘻嘻"矣，谓当与上易位。

六四，富家大吉。【注】 三变体艮，艮为笃实，坤为大业。得位应初，顺五乘三，比据三阳，故曰"富家大吉，顺在位也"，谓顺于五矣。

九五，王假有家，勿恤，吉。 "假"，大也。乾五称"王"。"家"谓二。坎为"恤"，谓三也。三变则五交二，无忧而"吉"。

上九，有孚，威如，终吉。【注】 谓三已变，与上易位成坎，坎为"孚"，故"有孚"。乾为"威如"。自上之坤，故"威如"。上乾体。易则得位，故"终吉"也。

《彖》曰：家人，女正位乎内，男正位乎外，男女正，天地之大义也。【注】遁乾为"天"，三动坤为"地"。男得天正于五，遁五不变。女得地正于二，成既济，二不变。故"天地之大义也"。离巽皆女，女以男为家，故三动正天地，则二五男女正内外矣。三本正位，变坤复易上，成既济，所谓权也。家人有严君焉，父母之谓也。"父母"，乾坤也。乾为"君"，坤为后，后亦"君"也。父子、兄弟、夫妇所以各正，由父母正，故三动然后既济定。父父子子，兄兄弟弟，夫夫妇妇，【注】遁乾为"父"，艮为"子"。三五位正，故"父父，子子"。父尊，子卑。三动时震为"兄"，艮为"弟"。初位正，当言初五位正。上已言三五，故省文。故"兄兄弟弟"。兄先，弟后。三动时震为"夫"，巽四为"妇"。初四位正，故"夫夫妇妇"也。夫内成，妇外成。而家道正。三上易位，六爻皆正。正家而天下定矣。成既济定，"云行雨施，天下平"。

《象》曰：风自火出，家人。"火"，天气。"风"，地气。火则生风，得风而火盛，犹男女之道，相须而成。君子以言有物，而行有恒。"君子"谓九三。遁艮"贤人"也。三动成震为"言"，为"行"。纳上成坎为法，故"有物""有恒"，与乾九二"庸言之信，庸行之谨"同义。

"闲有家"，志未变也。坎为"志"，谓三。六二之"吉"，顺以巽也。坤为"顺"，"巽"谓五。"家人嗃嗃"，未失也。终纳上，故"未失"。"妇子嘻嘻"，失家节也。坎为"节"。三上易则体两坎，为"家节"。"富家大吉"，顺在位也。得位顺五，故"顺在位"。"王假有家"，交相爱也。【注】乾为"爱"也。二称"家"。三动成震，五得交二，初得交四，故"交相爱"。震为"交"也。"威如"之"吉"，反身之谓也。【注】谓三动坤为"身"，上之三成既济定，故"反身之谓"。此"家道正，正家而天下定"矣。

睽

☲兑下离上　消息卦，通蹇。蹇三之复二成临，坤五丽乾五，微阴始著，阴阳之气自此而分，故名曰"睽"。《序卦》曰："睽，乖也。"《彖》曰："天地睽而其事同。"义在乾五伏阳出通坤五，故先睽而后同。候在十二月。卦唯言五应乾，消息之义。爻取五正，则定既济，明乾元也。与小畜、大畜亦同义。

睽，小事吉。【注】大壮上之三。四阳之例。《杂卦》曰："睽，外也。"亦谓阳动而外也。在《系》"盖取"无妄二之五也。《系》'盖取'"者，《系》云："弧矢之利，以威天下，盖取诸睽。"此《彖》云"柔进而上行"，故知与"盖取"同义。"小"谓五，阴称"小"，得中应刚，蹇乾五。故"吉"。

初九，悔亡，丧马勿逐，自复。见恶人，无咎。【注】无应，"悔"也。四动得位，故"悔亡"。应在于坎，坎为"马"，四而衍。失位，之正入坤，坤为"丧"，坎象不见，故"丧马"。震为"逐"，艮为止，故"勿逐"。坤为"自"，二至五体复象，故曰"复"。当以二变，四至初体复，云"二至五"似非。四动震马来，故"勿逐自复"也。离为"见"，"恶人"谓四。四离"焚""弃"，故"恶人"。动入坤初，四复正，故"见恶人，以避咎"矣。

九二，遇主于巷，无咎。【注】二动体震，二失位，故"动"。震为"主"，为"大途"，艮为径路，大道而有径路，故称"巷"。变而得正，故"无咎"而"未失道也"。

六三，见舆曳，【注】离为"见"，坎为车，为"曳"，当以四动坤为"舆"，直取坎车似非。故"见舆曳"。"舆"谓四也。**其牛掣，**【注】四动坤为"牛"，为类。"为类"，未详，疑字之误。牛角一低一仰，故称"掣"。离上而坎下，"其牛掣"也。**其人天且劓，无初有终。**【注】"其人"谓四，"恶人"也。四睽五顾三，三失位，故所见"舆""牛""人"皆四也。黥额为"天"，割鼻为"劓"。无妄乾为"天"，震二之乾五，以阴墨其天。乾五之震二，毁艮，割其鼻也。兑为刑人，故"其人天且劓"。失位，动得正成乾，故"无初有终"，《象》曰"遇刚"，是其义也。

九四，睽孤，遇元夫，交孚，厉，无咎。【注】"孤"，顾也。《释名》有此文。在两阴间，睽五顾三，故曰"睽孤"。体离，故为目。《说文》云："睽，目不相视也。"四失位，不承五而顾三，故曰"睽孤"也。震为"元夫"，谓二已变，动而应震，故"遇元夫"也。震为"交"，坎为"孚"，坎动成震，故"交孚"。动而得正，故"交孚，厉，无咎"矣。

六五，悔亡，厥宗噬肤，往何咎。【注】往得位，"悔亡"也。谓动正。动而之乾，明五变，四乃能变。乾为"宗"，谓五本与乾五为体。二体噬嗑，故曰"噬"。四变时，艮为"肤"，故曰"厥宗噬肤"也。"宗"谓乾五伏阳，非谓二应。变得正成乾，乾为"庆"，故往无咎而"有庆"矣。

上九，睽孤，见豕负涂，载鬼一车。【注】睽三顾五，故曰"睽孤"也。离为"见"，坎为"豕"，为"雨"。四变动时坤为土，土得雨为泥涂。四动艮为背，豕背有泥，故"见豕负涂"矣。坤为"鬼"，坎为"车"，变在坎上，四变也。故"载鬼一车"也。"豕""鬼"皆谓五。五未变，上失正，所见如此。**先张之弧，后说之壶。**【注】谓五已变，乾为"先"。应在三，五变上乃与三相应。坎为"弧"，离为矢，三本象。张弓之象也。谓三不应己。故"先张之弧"。四动震为"后"。"说"，犹置也。"说"读如"税"。兑为口，离为大腹，坤为器。大腹有口，坎酒在中，"壶"之象也。之应，历险以与兑，故"后说之壶"矣。四动，三乃与上相应，坎象不见，壶空置矣。**匪寇，婚媾，往遇雨则吉。**【注】"匪"，非。坎为"寇"。之三历坎，故"匪寇"。谓三匪与上为应。阴阳相应，故"婚媾"。谓上易三。三在坎下，故"遇雨"。下坎为"雨"。与上易位，坎象不见，各得其正，故"则吉"也。成既济定。

《象》曰：睽，火动而上，泽动而下。【注】离火炎上，泽水润下也。无妄，二之五，二动为"火"，五动为"泽"。二女同居，其志不同行。【注】"二女"，离兑也。坎为"志"。离上，兑下。无妄震为"行"，巽为"同"，艮为"居"。二五易位，震巽象坏，故"二女同居，其志不同行"也。巽艮体皆坏，则"同居"者原其在无妄而言，非即谓离上兑下为"同居"。女道外成，离兑为姊妹，故原在家为"同居"。说而丽乎明，柔进而上行，得中而应乎刚，【注】"说"，兑。"丽"，离也。"明"谓乾。乾五伏阳，即蹇五也。当言大明，以丽于晋。"丽"疑当为"例"。《晋》言"丽乎大明"，"大明"谓乾。此亦当然与晋同，则脱字也。"柔"谓五。无妄巽为"进"，从二之五，故"上行"。"刚"谓应乾五伏阳，非应二也，与鼎五同义也。鼎应屯五乾，睽应蹇五乾。是以"小事吉"，天地睽而其事同也。【注】五动乾为"天"，四动坤为"地"，故"天地睽"。惠徵士云："乾上坤下，象天地否，故'天地睽'。"坤为"事"也。五动体同人，故"事同"矣。男女睽而其志同也。【注】四动艮为"男"，兑为"女"，故"男女睽"。惠徵士云："咸，两象易，故'男女睽'。"坎为"志"，为"通"，故"其志通也"。万物睽，而其事类也。【注】四动万物出乎震，"区以别矣"，故"万物睽"。震生兑杀，故"区以别矣"。坤为"事"，为"类"，故"其事类也"。睽之时用大矣哉。离，夏。兑，秋。坎，冬。四变，震，春。故曰"时"。惠徵士云："非义之常，故曰'时用'也。"

《象》曰：上火下泽，睽。君子以同而异。"君子"谓乾五伏阳。伏阳出，成巽为"同"。四动，三上易位，既济定，乾坤别，故"以同而异"。

"见恶人"，以避咎也。"遇主于巷"，未失道也。【注】动得正，故"未失道"。

"见舆曳"，位不当也。三失位，故见四顾之。"无初有终"，遇刚也。【注】动正成乾，故"遇刚"。"刚"谓上，三与上相易。"交孚，无咎"，志行也。【注】坎动成震，故"志行也"。"厥宗噬肤"，往有庆也。"庆"谓乾五阳。遇雨之吉，群疑亡也。【注】物三称"群"。谓坎三爻也。坎为疑，三变坎败，故"群疑亡也"。

蹇

☷ 艮下坎上　消息卦，通睽。萃四既息五，则下反三而为蹇。蹇三之复二成睽。睽五应蹇五，乾坤乃通。阳老入重坎，始蹇难，故名曰"蹇"。坤德至蹇而复，故卦辞"利西南，不利东北"，与坤同也。候在十一月。成既济，坤元复也。

蹇，利西南，【注】观上反三也。观上即萃四。萃，观上之四也。坤德成观，又二阳之例，故不言萃四。坤，西南卦。五在坤中，坎为月，月生西南，故"利西南"。"往得中"，谓"西南得朋"也。此言乾五当使三之复二成睽也。三之睽，成震兑，"西南得朋"。五居坤中，以应睽五，故曰"利西南"，与坤同义。然则"往得中"者，谓三往居二中爻。就一卦言，以外体为"往"。卦就消息言，以之卦为"往"。义各有当也。**不利东北。**【注】谓三也。艮，东北之卦。月消于艮，丧乙灭癸，故"不利东北"。言"丧乙灭癸"，明不但以艮为"东北"也，则"西南"亦指震兑。"其道穷也"，则"东北丧朋"矣。**利见大人。**【注】离为"见"，"大人"谓五。二得位应五，故"利见大人，往有功也"。此乃据爻义言之。**贞吉。**【注】谓五当位，"正邦"，坤为"邦"，乾正坤。故"贞吉"也。明初当正。

初六，往蹇，来誉。【注】"誉"谓二，"二多誉"也。失位应阴，往历坎险，故"往蹇"。蹇以见险而止为义，故诸爻并言"往来"。内卦则以外卦为"往"，外卦则以变为"往"。变而得位，以阳承二，故来而誉矣。

六二，王臣蹇蹇，匪躬之故。【注】观乾为"王"，五也。坤为"臣"，二也。为"躬"，坎为"蹇"也。蹇亦险难。之应涉坤，二五俱坎，故"王臣蹇蹇"。君臣同难。观上之三，折坤之体，臣道得正，故"匪躬之故"，《象》曰"终无尤也"。

九三，往蹇，来反。【注】应正历险，故"往蹇"。反身据二，故"来反"也。江承之云："反当谓三反之复二，成临，息睽。"注似非。

六四，往蹇，来连。【注】"连"，輦。"蹇"，难也。"輦"亦难意，故通训之。在两坎间，进则无应，"进"谓变往。初已正，故"无应"。故"往蹇"。退初介三，故"来连"也。

九五，大蹇，朋来。【注】当位正邦，故"大蹇"。江承之云："九三之复二成临，临者大，故大其蹇。"睽兑为"朋"，故"朋来"也。九五以乾通睽，故"大其蹇"。三之复二为兑，"西南得朋"。独于九五言通睽者，消息在五，三往得中，五所为也。

上六，往蹇，来硕，吉，利见大人。【注】阴在险上，变失位，故"往蹇"。上无所往，故知以变为"往"。"硕"谓三。艮为"硕"。退来之三，故"来硕"。得位有应，故"吉"也。离为"见"。"大人"谓五，之三历五，故"见大人"。故"利见大人"矣。

《象》曰：蹇，难也，险在前也。"前"，外也。诸爻言"往蹇"，以险在前。**见险而能止，知矣哉。**【注】离，"见"。坎，"险"。艮为"止"。观乾为"知"，谓五体观乾。故"知矣哉"。**"蹇，利西南"，往得中也。**谓三之复二得中。震，"西"。兑，"南"。**"不利东北"，其道穷也。**谓三在坤中。坤，"东"。癸，"北"，阳道穷。**"利见大人"，往有功也。**【注】"大人"谓五。二往应五，"五多功"，故"往有功也"。**当位"贞吉"，以正邦也。**谓五正坤。坤为"邦"。**蹇之时用大矣哉。**【注】谓坎月生西南，而终东北。震象出庚，兑象见丁，乾象盈甲，巽象退辛，艮象消丙，坤象穷乙，丧灭于癸，终则复始，以生万物，故"用大矣"。三之复二成震兑。五乾照之，为阳息。变之四成巽，艮灭于坤，为阴消，故备时用。蹇，坤乾之合，阳将老，故又发此义。

《象》曰：山上有水，蹇。"山上有水"，地险山川，故为蹇难。**君子以反身修德。**【注】"君子"谓观乾。体乾九三，故曰"君子"。坤为"身"。观上反三，故"反身"。阳在三，"进德修业"，故"以反身修德"。观乾德外著，反之于内，体乾之"夕惕"。孔子曰："德之不修，是吾忧也。"

"**往蹇，来誉**"，宜待时也。【注】艮为"时"，谓变之正，以待四也。"**王臣蹇蹇**"，终无尤也。"尤"，亦悔意，坎也。"终无尤"，言不累于坎。"**往蹇，来反**"，内喜之也。【注】"内"谓二，阴也。谓二是阴爻，非通初六言之。爻注云"反身据二"，是其义也。"**往蹇，来连**"，当位实也。阳为"实"，谓初变正应四，不以"来连"为患。"**大蹇朋来**"，以中节也。五"中节"，故能瞑而同，是以"朋来"。惠徵士说以《中庸》曰"发而皆中节"。"**往蹇，来硕**"，志在内也。坎为"志"，三"在内"。"**利见大人**"，以从贵也。五乾为"贵"，言上应三则比五。

解

☵☳坎下震上　临息卦，次明夷。阳动而交坤，阴始解散，故名曰"解"。候在二月。卦辞成屯，消息震也。屯则既济定，故爻至上而三正。

解，利西南，【注】临初之四。二阳例。坤，西南卦。初之四，得坤"众"，故"利西南，往得众也"。此说"西南"与坤注违，盖非也。四在震，二往之五成兑，震"西"兑"南"，"西南得朋"。正坤五，故"利西南，往得众也"。**无所往，其来复吉。**【注】谓四本从初之四，失位于外而无所应，初亦失位，不相应也。故"无所往"。宜来反初，复得正位，故"其来复吉"也。二往之五,四来之初,下云"夙吉",知二往之五,四乃得来之初。成屯,体复象,故称"来复吉"矣。**有攸往,夙吉。**【注】谓二也。"夙",早也。离为日,为甲。乾为"甲",离亦为"甲",日所出也。日出甲上,故早也。四变则离不见,故"夙吉"。九二失正,早往之五则吉,故"有攸往,夙吉,往有功也"。

初六,无咎。【注】与四易位,体震得正,二已之五,故"体震"。故"无咎"也。失位宜咎。之正,故"无咎"。初四变不言贞者,解主九二,二贞则诸爻皆正。

九二,田获三狐,得黄矢,贞吉。【注】二称"田"。体乾九二"在田"。"田",猎也。体坎离,则象猎。变之正,艮为"狐",坎为弓,离为"黄矢",矢贯狐体。二离"黄矢",之正,艮体见,故"获狐"。二之五,历三爻,故"田获三狐,得黄矢"。二上五艮,狐象。四下初,又艮。二、三、四三爻皆狐,故"三狐"。三"解悖",离复见,故"得黄矢"。之正得中,故"贞吉"。

六三,负且乘,【注】"负",倍也。二变时艮为"背",《系》曰"作《易》者其知盗乎",注云:"否上之二成困,三暴慢,以阴乘阳,二变入宫为萃。五之二,夺之成解。"故曰"上慢下暴,盗之招"谓此也。此就爻变另为一例。此注以《系》解之者,三伏阳"解悖",六三非能自正,故以致盗言之,取困三暴二入宫也。又本象二变之五为萃,正与困二入宫同。或者五既正后,四逼三暴,不能之初,五复之二夺之,故三伏阳出,还成乾也。解悖,四乃之初。谓三以四艮倍五也。五在艮后,故"三以四艮倍五"。五来寇三时,谓五之二,夺之成解也。坤为车,萃坤。三在坤上,故"负且乘"。"小人而乘君子之器",坤为"器",乾为"君子"。乾在坤上,称"君子德车"。故象曰"亦可丑也"。**致寇至,贞吝。**【注】五之二成坎,坎为寇盗。五之二失正,故为"寇盗"。

上位慢五，下暴于二，"慢藏诲盗"，《系》注："坎心为'悔'，坤为'藏'，困兑为见。藏而见，故'慢藏'也。"故"致寇至，贞吝"。伏阳出三，则"贞"矣，"可丑"，故"吝"也。《象》曰："自我致戎，又谁咎也。"

九四，解而拇，朋至斯孚。【注】二动时，艮为指。四变之坤为"拇"，"拇"，大指也。坤艮兼象指拇。故"解而拇"。四解坤而成拇。临兑为朋，四本临之兑，四为二之"朋"。坎为"孚"，"朋至"自四，谓二往也。二之五成坎，故"斯孚"。四阳从初，故"朋至斯孚"矣。

六五，君子惟有解，吉，有孚于小人。【注】"君子"谓二，之五，得正成坎，坎为心，故"君子惟有解，吉"。"惟"，思也。君子思解则解矣。"小人"谓五，阴为小人。《乾凿度》曰："阴失正为小人。"君子升位，则小人退在二，故"有孚于小人"。坎为"孚"也。三阳出，二亦为坎。

上六，公用射隼于高墉之上，获之，无不利。【注】上应在三，"公"谓三伏阳也。凡"公"皆三也。六三"暴慢"，故知三伏阳。三乾君子"赦过宥罪"，谓此也。离为"隼"。三失位，动出成乾，贯隼，入大过死象，离矢，坎弓，乾人发之。故"公用射隼于高墉之上，《同人》注云：'巽为墉。'获之，无不利也"。既济定，故"无不利"。

《彖》曰：解，险以动，动而免乎险，解。【注】"险"，坎。"动"，震。解二月，雷以动之，雨以润之，春分雷动地中，下坎为雨也。物咸孚甲，万物生震，震出险上，故"免乎险"也。震为"出"，坎解为雨，故"免乎险"。解"利西南"，往得众也。谓二之五。之外，故"往"也。"无所往，其来复吉"，乃得中也。复初为"中"。中，正也，天元之正也。二已之五，四来体复，故"乃得中也"。"有攸往，夙吉"，往有功也。谓二之外为"往"，"五多功"也。**天地解而雷雨作**，临乾解坤，故"天地解"。雷雨作，**而百果草木皆甲宅**。惠徵士云："皮曰'甲'，根曰'宅'。乾为'百果'，震为

'草木'，离为'甲'，艮为'宅'。"**解之时大矣哉**。"解之时"，震时也。万物出，故"大"。

《**象**》曰：**雷雨作，解**。阳升为"雷"，阴下为"雨"。**君子以赦过宥罪**。【注】"君子"谓三伏阳。取"三伏阳"者，临二阳息，乾三当正。临来之卦升、明夷，皆三正位，故解伏阳出，"以解悖也"。出成大过，坎为"罪"。入则大过象坏，故"以赦过"。二四失位，皆在坎狱中。三出体乾，两坎不见，震喜兑说，罪人皆出，故"以宥罪"。谓三入则"赦过"，出则"宥罪"，"公用射隼以解悖"是其义也。

刚柔之际，义"无咎"也。【注】体屯初震，刚柔始交，故"无咎"也。谓二五已正，故"体屯"。**九二"贞吉"，得中道也**。【注】动得正，故"得中道"。五乾为"道"也。"**负且乘"，亦可丑也**。"**自我致戎"，又谁咎也**。【注】临坤为"丑"也。义无取于"临坤"，不可云萃坤，故借言"临坤"。坤为"自我"。以离兵伐三，故转"寇"为"戎"。甚三之罪。艮手招盗，《系》注云："二藏坤时，艮手招盗。"谓二欲五伐三。故"谁咎也"。"**解而母**"，未当位也。初四失位。**君子有解，小人退也**。【注】二阳上之五，五阴"小人"退之二也。"**公用射隼"，以解悖也**。【注】坎为"悖"。三出成乾而坎象坏，故"解悖"也。

周易虞氏义卷五

周易下经

彖下传　象下传　虞氏注

损

☷☱兑下艮上　泰息卦。次既济，消之始。损阳益阴，失位，故曰"损"。谓泰不久也。候在七月。二五正成益，上之三既济。必成益者，损衰益盛也。

损，有孚，元吉，无咎。可贞，利有攸往。【注】泰初之上，损下益上，以据二阴，故"有孚，元吉，无咎"。自初之上，自上之三，坎为"孚"。泰初乾元损，成既济，由上，故"元吉"。失位宜咎，"元吉"，故"无咎"。皆泰之上一爻当之。艮男居上，兑女在下，男女位正，故"可贞，利有攸往"矣。《系》曰："天地氤氲，万物化醇，男女构精，万物化生。"彼注云："艮男，兑女，乾为精，损反成益，万物出震。"此言"男女位正"者，正明"构精""化生"，所以"可贞"，非谓此为贞也。"可贞"谓二五也。二五失位，二当贞五，则成益。万物化生，则上益三而亦正也。"利有攸往"谓三也，与上爻辞同义。损家损下，故二益五自二往，上益三则自三往。曷之用二簋可用享。坤为"用"，谓二正五成益。上为宗庙，震长子主祭，坤为器，艮手执器，享祭之象。簋，黍稷器，圆曰"簋"，方曰"簠"，《周官》"旅人为簋"，则簋以瓦为之。坤为土，上之三成两离。离火烧土而中虚，体乾为圆，在祭器则"簋"也。谓益道成，既济定,未耦之利,荐之宗庙,当泰之后,王者治定制礼也。惠徵士用郑义,以木器而圆为"簋",取益时震象,谓二升五用"二簋"以"享"于上,上右五而益三,乃成既济。今谓《象》注"二簋应有时"谓春秋,"损刚益柔"谓冬夏。既济既定,四时乃备。二簋之象,明当在上益三之后。

初九,祀事遄往,无咎,酌损之。【注】"祀",祭祀。坤为"事"。"二簋用享",故举"祀事"。谓二也。"用享"者二。"遄",速。"酌",取也。二失正,初利二速往,合志于正,"正"当为"五"。得正"无咎"。"无咎"亦谓二。已得之应,故"遄往,无咎,酌损之"。《象》曰:"上合志也。"注未言"酌损"之义,惠徵士云"谓五酌上,之刚以益三"。案《象》注云"终成既济",四注云"三上复坎",惠说是。"祀",旧作"巳"也。

九二,利贞,征凶,弗损益之。【注】失位当之正,故"利贞"。"征",行也。震为"征"。不贞则为震。失正毁折,体兑。故不征之五则"凶"。"征"当为"贞"声之误也。二有应于五,震性行,故戒其不正而之应于五也。二之五成益,小损大益,贞之五亦损下,故"小损"。故"弗损益之"矣。谓弗虑其损,当益五也。

六三,三人行,则损一人。【注】泰乾三爻为"三人",乾为"人"。震为"行",故"三人行"。谓泰三爻"拔茅茹"。损初之上,故"则损一人"。**一人行,则得其友。**【注】"一人"谓泰初之上,此"一人行"。损刚益柔,反来益三,此言"得友"。故"一人行"。兑为"友",谓三。初之上,据坤应兑,上来益三,由三往之上,故上但言"应兑"而已。或疑"损刚益柔"四字当在"应兑"之下,著脱字失处耳。然三不言"利有攸往"者,三往之上,当在五正之后也。故"则得其友"言致一也。"致一"谓"天地化醇""男女化生"。

六四,损其疾,使遄有喜,无咎。【注】四谓二也。与初同义。四得位，远应初，二疾上五，已得承之。谓二之五，三上复坎为"疾"也。二坎体，故称"疾"，亦《象》称"上有孚"之义。阳在五称"喜"，故"损其疾，使遄有喜"。二上体观，得正承五，故"无咎"矣。三正，四在坎"疾"，故明之"无咎"。

六五，或益之十朋之龟，弗克违，元吉。【注】谓二五已变，成益，故"或益之"。"或"者不主之辞。不可云"上益之"，故云"或"。坤数"十"，兑为"朋"。三上失位，三动离为"龟"。"十"谓神、灵、摄、宝、文、筮、山、泽、水、火之龟也，见《尔雅》。故"十朋之龟"。三上易位，成既济，故"弗克违，惠徵士云：'不违龟筮也。'元吉矣。

上九，弗损益之，无咎，贞吉。【注】损上益三也。上失正，之三得位，故"弗损益之，无咎，贞吉"。弗损而益三也。失位咎，之正故"无咎，贞吉"矣。动成既济，故"大得志"。《象传》义。**利有攸往，得臣无家。**【注】谓三往之上，故"利有攸往"。自内曰"往"。三至是始往。二五已动成益，坤为"臣"，三变据坤成家人，故曰"得臣"。动而应三，成既济，则家人坏，故曰"无家"。

《象》曰：损，损下益上，其道上行，谓泰初之上。损而"有孚，元吉，无咎，可贞，利有攸往，由乾道上行，故损之道如此，所谓'天地氤氲，万物化醇'。曷之用，二簋可用享"，二簋应有时。【注】"时"谓春秋也。损二之五，震二月，益正月，春也。损七月，兑八月，秋也。谓"春秋祭祀，以时思之"。艮为"时"，震为"应"，故"应有时"也。**损刚益柔有时。**【注】谓冬夏也。二五已易成益。坤为"柔"谓"损"。益上之三成既济，坎冬，离夏，故"损刚益柔有时"。**损益盈虚，与时偕行。**【注】乾为"盈"，坤为"虚"，"损刚益柔"，故"损益盈虚"。谓泰初之上，损二之五，益上之三，变通趋时，故"与时偕行"。损由泰反否，衰之始也。圣人于此明"与时偕行"之义，谓持泰之道，损而"有孚"反益而成既济，人道备矣。

《象》曰：山下有泽，损。"山下有泽"，润通乎上，损下益上之象也。泽以涤山，山以镇泽，"惩忿窒欲"之义也。君子以澂忿窒欲。【注】"君子"，泰乾。乾阳刚武为"忿"，坤阴吝啬为"欲"，损乾之初成兑说，故"澂忿"。"澂"，郑康成及刘瓛皆云"清"也，蜀才作"澄"，盖古借作"澂"。卦取兑泽，训"清"是也。初上据坤，艮为山，故"窒欲"也。"窒"，塞也。山象窒塞。

"祀事遄往"，上合志也。【注】终成既济，初欲二上，欲其酌上以益三也。谓二上合志于五也。九二"利贞"，中以为志也。【注】动体离中，故"为志"也。上来之三，二离在坎为"志"。"一人行"，三则疑也。【注】坎为"疑"。上益三成坎，故"三则疑"。"损其疾"，亦可喜也。【注】二上之五，体大观象，故"可喜也"。六五"元吉"，自上右也。三兑为"右"。右，助也。自上益三，所以"右五"，故"元吉"。"弗损益之"，大得志也。【注】谓二五已变，上下益三成既济定，离坎体正，故"大得志"。

益

☰震下巽上　否反泰，消息卦。否终必倾，上反于初，"先否后喜"，三阳以次而下，则泰成。否泰"拔茅"以此也。损上益下，中行得位，故名曰"益"。益与恒旁通，明益之道，当恒也。其实益反泰不由恒，① 故恒终变还成益，而益卦义不取恒。候在正月。三正，由上益三成既济，故曰"益，盛之始也"。卦取涣者，明三伏阳与爻"告公"同义。

益，利有攸往，【注】否上之初也。与损同。损上益下，"其道大光"。二利往坎应五，言应坎者，明当成既济。故"利有攸往，中正有庆

---

① "泰"，原作"秦"，据全集本改。

也"。**利涉大川。【注】**谓三失正,动成坎,体涣。坎为"大川",故"利涉大川"。涣,舟楫象,"木道乃行"也。

初九,利用为大作,元吉,无咎。【注】"大作"谓耕播,"耒耨之利"盖取诸此也。坤为"用",乾为"大",震为"作",故"利用为大作"。体复初得正,"朋来无咎",所以反泰。故"元吉,无咎"。复初"元吉"也。震,三月卦。"三"当为二。"日中星鸟",春分也。日中星鸟,敬授民时,故以"耕播"也。益,正月卦。启蛰郊而祈谷,农事之始。益民之大,莫若农。

六二,或益之十朋之龟,弗克违,永贞吉。【注】谓上从外来益也,以反泰,则上下益初。以爻定既济,则上来益三。故"或益之"。二五卦主,益三所以益二。二得正,远应,利三之正,己得承之。坤数"十",损兑为"朋",谓三变离为"龟",故"十朋之龟"。成卦在初,反泰在上。当否之时,阳不正位,不能反泰,故上必先来益三,而后下益初。上下初成损体兑,故曰"十朋之龟"。明上当益初,"朋来无咎"也。注云:"损兑为朋",其旨微矣。坤为"永",上之三得正,故"永贞吉"。**王用享于帝,吉。【注】**震称"帝","王"谓五,否乾为"王"。体观象,艮为宗庙,此享帝而取宗庙,以其祭感生帝也。《礼》曰:"王者禘其祖之所自出,以其祖配之,而立四庙。"郑注云"祖所出谓五帝",即南郊之祭也。三变折坤牛,体噬嗑食,故"王用享于帝"。得位,故"吉"。明"不王不禘"。《乾凿度》曰:"孔子曰:《益》之六二,'或益之十朋之龟,弗克违,永贞吉,王用享于帝,吉。'益者,正月之卦也。天气下施,万物皆益,言王者之法天地,施政教,而天下被阳德,蒙教化,如美宝莫能违害,永贞其道,咸受吉化。德施四海,能继天道也。'王用享于帝'者,言祭天也。三王之郊,一用夏正,天道三微而成一著,三著而成一体。方此之时,天地交,万物通。故泰益之卦,皆夏之正也。此四时之正,不易之道也。"

故三王之郊，一用夏正，所以顺四时，法天地之通道也。"

六三，益之用凶事，无咎。【注】坤为"事"。三"多凶"，上来益三得正，故"益用凶事，无咎"。"凶事"，丧事也。坤为死，三阳伏坤中，上来益之，但象"凶事"而已。**有孚，中行告公用圭。**【注】"公"谓三，伏阳也。上来益三，而云"三伏阳"者，明上当下初，益三非正也。三动体坎，故"有孚"。震为"中行"，为"告"。震为"行"，为"告"，"中"字误衍耳。位在中，故曰"中行"。"中行"谓初。初体复初九。复六四"中行独复"，注云"'中'谓初，震为'行'"，正此也。必云"位在中"者，中为内，初在内乃得称"中行"。明非初，虽震不得为"中行"也。三，公位。乾为"圭"，乾之三，故"告公用圭"。"公"谓三伏阳，"圭"谓上。初欲上来益己而反泰，故先欲三上复正，上来益三，初为之也。初以上益三，伏阳出则上益初，是初以上之"圭"告于三之伏阳，此所以"有孚"。"圭"，桓圭也。公执"桓圭"。

六四，中行，告公从。【注】"中行"谓震。位在中，震为"行"，为"从"，故曰"中行"。谓初也。嫌与三异义，故更说之也。"公"谓三。三上失位，四利三之正，己得以为实，故曰"告公从"矣。"告公"者，初也。"从"者，四也。四与初正应。**利用为依迁邦。**【注】坤为"邦"。"迁"，从也。三动坤从，"从"皆当为"徙"。故"利用为依迁邦"也。四，诸侯。惠徵士说以《春秋左传》曰"周之东迁，晋郑是依"。

九五，有孚惠心，勿问，元吉。【注】谓三上也。震为"问"，三上易位，三五体坎，已成既济，"已""以"通。坎为"心"，故"有孚惠心，勿问，元吉"。当益之时，故曰"惠心"。《象》曰："勿问之矣。"**有孚惠我德。**【注】坤为"我"，乾为"德"，三之上体坎为"孚"，故"惠我德"。《象》曰："大得志。"

上九，莫益之，【注】"莫"，无也。自非上无益初者，上下初，则五亦随之而泰成，故"自非上莫益初"。唯上当无应，故"莫益之"矣。三上失位，失位则不应。上当无应之时，体否上穷灾，民莫之与，岂能益人，故"莫益初"矣。言上当益三正位。**或击之。**【注】谓上不益初，则以剥灭。乾艮为手，故"或击之"。倾否之始，初阳不能独立。上不益初，则还成坤剥耳。**立心勿恒，凶。**【注】上体巽为进退，故"勿恒"。动成坎心，以阴乘阳，故"立心勿恒，凶"矣。谓既益三后，若不益初，虽立坎心，犹为巽体，"勿恒"也。盖倾否非能既济之时，若以为济，犹弗泰矣。

《象》曰：损上益下，民说无疆。【注】上之初。否上也。坤为"无疆"，震为喜笑，"以贵下贱，大得民"，故"说无疆"矣。坤为"民"。**自上下下，其道大光。**【注】乾为大明。以乾照坤，谓上之初。故"其道大光"。乾为"道"。或以上之三离为"大光"矣。亦"自上下下"。**利有攸往，中正有庆。**【注】"中正"谓五，而二应之，乾为"庆"也。"**利涉大川，木道乃行。**【注】谓三动成涣。涣，舟楫象。巽木得水，故"木道乃行"也。**益动而巽，日进无疆。**【注】震三动为离，离为"日"，巽为"进"，坤为"疆"，日与巽俱进，故"日进无疆"矣。**天施地生，其益无方。**【注】乾下之坤，震为出生，"万物出震"，故"天施地生"。阳在坤初，为"无方"，坤为"方"。"日进无疆"，故"其益无方"也。**凡益之道，与时偕行。**【注】上来益三，四时象正。上之三，坎冬离夏，益初反泰，震春兑秋，故"四时象正"。艮为"时"，震为"行"，与损同义，故"与时偕行"也。"损，衰之始"，有孚反益而定既济。"益，盛之始"，成既济而后反泰，所谓"与时偕行"。

《象》曰：风雷，益。《稽览图》曰："降阴下迎，阴起合和，而阳气用上，薄之则为雷。"郑注云："阳气，风也。"是风之益雷，自上下下也。《系》注云："益万物者莫大乎风雷。"**君子以见善则迁，有过则改。**【注】"君子"谓乾也。

上之三离为"见"，乾为"善"，坤为"过"，坤三进之乾四，故"见善则迁"。上之初，故三进居四，居四得位，故曰"迁善"。乾上之坤初，改坤之"过"，体复象，"复以自知"，故"有过则改"也。

"**元吉，无咎**"，**下不厚事也**。坤为"厚事"。民无他事，农为"大作"也。"**或益之**"，**自外来也**。【注】乾上称"外"，来益三也。**益用凶事，固有之矣**。【注】三上失正，当变，是"固有之"。谓三中有伏阳，故初"告公"也。"**告公从**"，**以益志也**。【注】坎为"志"。三之上有两坎象，故"以益志也"。"**有孚惠心**"，"**勿问**"**之矣**。"**惠我德**"，**大得志也**。上益三，成坎为"志"，五得之。"**莫益之**"，**偏辞也**。"偏"，周帀也。三体刚凶。江承之云："'刚'当为'剥'，传写之误。"故至上应，乃益之矣。"之"谓初也。三体剥凶，故上无应，不能益初。"偏"者谓上三正，则六爻偏正，偏乃益初也。"**或击之**"，**自外来也**。【注】"外"谓上。上来之三，故曰"自外来也"。不来则"或击"，故"自外来也"。

夬

☰ 乾下兑上 息大壮。五阳去一阴，决之而已，故名曰"夬"。夬者，决也，与剥旁通。剥息于夬，夬消于剥也。夬，三月卦也。爻成既济，卦已取二动复利终乾者，上终有凶，既济不定也。

夬，**扬于王庭**，【注】阳决阴，"决"，开也。息卦也。乾九五。刚决柔，与剥旁通。乾为"扬"，为"王"，剥艮为"庭"，以乾居艮，故为"王庭"。故"扬于王庭"矣。"扬"，举也。小人而举在王庭，乘君子之上，其重难决。《彖》曰："柔乘五刚也。"**孚号有厉**。【注】阳在二五称"孚"。"孚"谓五也。阳在二五皆坎体，故称"孚"。五不变，故"谓五"。二失位，动体巽，巽为"号"，离为"光"，释《彖传》。不变则危，"厉"，危也。故"孚号有厉，其危乃光也"。决上者五，而二辅之。五"苋睦"于上，二"惕号"

于下，故卦主二五之"孚号"也。决小人危事，故"孚号"恐其"有厉"。**告自邑，不利即戎。**【注】阳息动复，刚长成夬，震为"告"，坤为"自邑"。夬从复升，坤逆在上，民众消灭。二变时，离为"戎"，卦有"戎"象，故"戒"之。故"不利即戎，所尚乃穷也"。二"孚号"体离，似尚"即戎"，故戒以所尚在兵，乃困穷也。《复》云"用行师，终以大败"，亦同义。言君子去小人，当以阳德渐散其民众则去之，决不当尚兵戎与之争也。**利有攸往。**【注】阳息阴消，君子道长，故"利有攸往，刚长乃终"。终成乾。

初九，壮于前趾，往不胜，为咎。【注】夬变大壮。"壮"，伤也。大壮震为"趾"，谓四。位在前，故"壮于前"。大壮初九"壮于趾"，注谓"四震为足"。此云"前"亦四也。易位以外为"前"。刚以应刚，不能克之，四失位，"闻言不信"。兑为毁折，故伤。往如失位，故"往不胜，为咎"。夬阴之时，阳贵相应，又重正位。初变往四，乌能胜阴矣。

九二，惕号，莫夜，有戎，勿恤。【注】"惕"，惧也。二失位，故"惕"。变成巽，故"号"。剥坤为"莫夜"。二动成离，离为"戎"，变而得正，故"有戎"。谓有守备。四变成坎，坎为"忧"，坎又得正，故"勿恤"，谓成既济定也。二有离象"戎"，勿即戎。"有"者，言勿用也。有坎象，戒"勿恤"。

九三，壮于頄，有凶。三在大壮，"小人用壮"，谓上也。"君子用罔"，谓三也。"頄"，翟玄云"面也"。谓上处乾首之前，称"頄"。虞义亦当。然上阴乘阳，三应于上，为上所伤，故"壮于頄有凶"。**君子夬夬。**大壮体乾三"君子"，此亦当然。"夬夬"者，言三志在决上也。**独行遇雨。**大壮震为"行"，三不应上，故"独行"。四变泽为坎，故"遇雨"。**若濡有愠，无咎。**"遇雨"故"濡"。坎为心，不应上，故"有愠"。得正决阴，故"无咎"。

九四，臀无肤，其行次且。【注】二四已变，坎为"臀"，剥艮为

"肤"，毁灭不见，故"臀无肤"。大壮震为"行"，坎为破，为曳，故"其行次且"。"次且"，马云"却行不前也"。**牵羊悔亡，闻言不信。**【注】兑为"羊"，二变巽为绳，剥艮手持绳，故"牵羊"。谓四之正，得位承五，故"悔亡"。震为"言"，坎为耳，震坎象不正，故"闻言不信"也。五阳同心以决小人，四位诸侯，不可刚进，当应初顺二。"行次且"，应初也。"牵羊"，顺二也。如此，则"悔亡"。然四体壮趾，虑其不信初二，故以"闻言不信"戒之。

九五，苋陆夬夬，中行无咎。【注】"苋"，说也。"苋"，读"夫子苋尔而笑"之"苋"。今《论语》作"莞"也。字当作"苋"，今作"艸"下"见"，传写误耳。"陆"，和睦也。"陆"读当为"睦"。震为"笑言"，五得正位，兑为说，故"苋陆夬夬"。大壮震为"行"，五在上中，动而得正，自大壮动也。故"中行无咎"。旧读言"苋陆"，字之误也。马君、荀氏皆从俗言"苋陆"，非也。然则虞本当为"苋睦"。

上六，无号，终有凶。【注】应在于三。三动时体巽，"三动"，"三"当为二。巽为号令，四已变坎，之应历险，巽象不见，故"无号"。言三不应之。位极乘阳，故"终有凶"矣。

《彖》曰：夬，决也，刚决柔也。【注】乾决坤也。**健而说，决而和。**【注】"健"，乾。"说"，兑也。以乾阳获阴之和，故"决而和"也。**"扬于王庭"，柔乘五刚也。"孚号有厉"，其危乃光也。**谓二变，离为"光"。**"告自邑，不利即戎"，所尚乃穷也。**尚兵以决小人，乃以穷困。**"利有攸往"，刚长乃终也。**【注】乾体大成，以决小人，终乾之刚，故"乃以终也"。

《象》曰：泽上于天，夬。泽气上天，阴也阳决之，则降为雨，陆绩曰"水气上天，决降为雨"是也。**君子以施禄及下，居德则忌。**【注】"君子"

谓乾。乾为"施禄"。"下"谓剥坤。坤为众臣，以乾应坤，故"施禄及下"。乾为"德"，艮为"居"，故"居德则忌"。阳极阴生，谓阳忌阴。"施禄及下"，"告自邑"也。"居德"，谓乾已成，宜戒"余殃"矣。

"不胜"而"往"，咎也。【注】"往"失位应阳，故"咎"矣。"有戎，勿恤"，得中道也。【注】动得正应五，故"得中道"。"君子夬夬"，终无咎也。决阴何咎。"其行次且"，位不当也。失位宜正，故行宜"次且"。"闻言不信"，聪不明也。【注】坎耳，离目，折入于兑，故"聪不明也"。谓四不变则体兑。"中行，无咎"，中未光也。【注】在坎阴中，故"未光也"。"无号"之"凶"，终不可长也。【注】阴道消灭，故"不可长也"。

姤

☰ 巽下乾上　消卦之始，坤决入乾，豫、复索坤，历豫、小畜、萃、大畜、睽、蹇而乾坤合于大过、颐、蒙、革，受之，巽阴始生。《文言》注所谓"以乾通坤，极姤生巽，为'余殃'也"。姤，遇也。阳称复，阴称遇者，不正阴之生，以遇刚为名也。与复旁通。复、姤，阴阳之初，互相伏。姤，五月卦也。卦变小畜，消道也。爻变终于需，阳消不定既济也。二不变，所以防遁。

姤，此古文，以《序卦》《杂卦》注知当作此。女壮，【注】消卦也，与复旁通。复初龙蛇俱蛰，姤初"命诰四方"，阴阳相伏。巽，长女。女壮，伤也。不言伤阳，讳之。阴伤阳，柔消刚，故"女壮"也。勿用取女。【注】阴息剥阳，积姤成剥。以柔变刚，故"勿用取女，不可与长也"。巽为"长"，初当变之四。

初六，系于金柅，贞吉。【注】"柅"，谓二也。二乾金，故知"谓二"。巽为绳，初也。故"系柅"。乾为"金"，巽木入金，"柅"之象也。柅，《说文》作"檷"，云"络丝趺也"，谓初当系二。初四失正，易位乃吉，故"贞吉"矣。系二，则四"陨"而初"贞"。**有攸往，见凶，羸豕孚蹢躅。**【注】以阴消阳。"往"谓成坤。遁子弑父，否臣弑君，消至二，遁，至三，否。夬时，三动离为"见"，故"有攸往，见凶"矣。姤初由夬三也。夬决于上，游魂于四，归魂于三，故本而言之。此言三动，即下云"动而体坎"一也。在姤为三，在夬为四，故下云"三，夬之四"。三，夬之四。姤之消息起于小畜，小畜由豫、复初，复初本乾上，降三，夬三即乾三。复初之四，实夬三之坤四，以豫、小畜在四，故云"三，夬之四"。卦九三爻辞正与夬四同。坤之游魂，亦丽乾魂也。在夬动而体坎，游魂在需也，假夬四为象。坎为"豕"，为"孚"，巽绳操之，故称"羸"也。宋衷云："羸，大索，所以系豕者也。"此云"巽绳操之"，则义与之同。"羸"当读为"缧"，古字通。操之者二也。巽为舞，为进退，操而舞，故"羸豕孚蹢躅"，"蹢躅"，不静也。以喻姤女望于五阳，如"豕蹢躅"也。

九二，包有鱼，无咎，不利宾。【注】巽为"白茅"，在中称"包"。二在中。《诗》云："白茅包之。""鱼"谓初阴，巽为"鱼"，二虽失位，阴阳相承，故"包有鱼，无咎"。二非阳不能包初，故不以失位为咎。"宾"谓四，乾尊称"宾"，二据四应，故"不利宾"。四应初不正，故二包之，不使及宾，以及宾为不利也。或以"包"为"庖厨"也。

九三，臀无肤，其行次且，厉，无大咎。【注】夬时，动之坎为"臀"。三自夬动之豫为坎。艮为"肤"。豫艮也。二折艮体，故"臀无肤"。复震为"行"，其象不正，豫下坤为复，息小畜。"不正"者，不能反复道，姤生其下。故"其行次且"。三得正位，虽则危厉，故"无大咎"矣。

九四，包无鱼，起凶。二"包有鱼"，故四无也。上曰"起"，下曰"陨"。四当"陨自天"，故"起"则"凶"。

九五，以杞苞瓜，含章，【注】"杞"，杞柳，木名也。巽为"杞"，为"苞",乾圆称"瓜",故"以杞苞瓜"矣。"苞",蔓也,谓四变五乾体,巽"瓜"蔓于杞。"含章",谓五也。五欲使初四易位,以阴含阳,己得乘之,故曰"含章"。初之四体兑口,故称"含"也。**有陨自天。**【注】"陨",落也。乾为"天",谓四陨之初,初上承五,故"有陨自天"矣。

上九,姤其角,吝,无咎。【注】乾为首,位在首上,故称"角"。动而得正,故"无咎"。

《彖》曰:姤,遇也,柔遇刚也。"勿用取女",不可与长也。巽为"长",谓五使初上四。**天地相遇,品物咸章也。**谓坤出于巽而遇乾。乾坤相见乎离,乾为"物",故"品物咸章"。**刚遇中正,天下大行也。**姤在初,以柔遇刚,五使初上四以刚遇柔。五中正,故"刚遇中正"。阳得阴助,阴阳交亨,故"天下大行"。**姤之时义大矣哉。**复姤震巽,总在于初,阴阳争,死生分,故"大"也。

《象》曰:天下有风,姤。"风",天气也,而出于土,天地相遇也。风周天下,故"施命诰四方"矣。**后以施命诰四方。**【注】"后",继体之君。乾消,故为"继体"。姤阴在下,故称"后"。阴生,五不纯乎阳。与泰称"后"同义也。"泰",女主,故称"后"。此阴生,故"同义"。乾为"施",巽为"命",为"诰"。复震二月,东方。姤,五月,南方。巽,八月,西方。复,十一月,北方。皆总在初,故以"诰四方"也。孔子"行夏之时",经用周家之月。如《临》"八月有凶"为遁。夫子传《彖》《象》以下皆用夏家月,是故复为十一月,姤为五月矣。

"系于金柅",柔道牵也。【注】阴道"柔",巽为绳,"牵"于二也。**"包有鱼",义不及宾也。**四不当包初,"义者礼之和也"。**"其行次且",行未牵也。**【注】在夬失位,故"牵羊"。在姤得正,故"未牵"也。不为阴所牵。"无鱼"之"凶"，远民也。初坤为"民"，不"陨"乃"远"。**九五"含章"，中正也**。《象》曰"刚遇中正"，谓此也。"**有陨自天**"，**志不舍命也**。【注】巽为"命"也。欲初之四承己，故"不舍命"矣。上变坎为"志"。"舍"，犹守也，与临二"未顺命"同义。"**姤其角**"，**上穷吝也**。

萃

☷坤下兑上　消息卦，通大畜。复初之四为豫，而息小畜。豫四息五，阳得其朋，阴得其主，聚而归之，故名曰"萃"。萃，坤德也。萃五之复二成临，则息大畜。在萃无取通大畜，故不言也。候在八月。消息之次，萃次豫，蹇次萃，蹇三萃四也。卦取三四正，初不变，之蹇也。爻成既济，乾德也。

萃，王假有庙。【注】观上之四也。二阳卦例。不云豫来者，以乾照坤，非阳生之次。观乾为"王"，谓五。"假"，至也。艮为"庙"。体观享祀，上之四，上自观来又体观。故"假有庙，致孝享"矣。**利见大人，亨，利贞**。【注】"大人"谓五。三四失位，利之正，变成离，离为"见"，故"利见大人，亨，利贞"，"聚以正也"。"利见"由于"利贞"，故变《象传》文。**用大牲吉，利有攸往**。【注】坤为牛，故曰"大牲"。四之三折坤得正，故"用大牲吉"。三往之四，三四易位，由三往。故"利有攸往，顺天命也"。

初六，有孚，不终，乃乱，乃萃。【注】"孚"谓五也。初四易位，五坎中，故"有孚"。言五利初易四也。初四易，爻之正也。失正当变，坤为"终"，故"不终"。初四易位，则二、三与四为坤。以三往易四，坤体不见，故"不终"谓初不能与四易。"萃"，聚也。坤为"乱"，为聚，故"乃乱乃萃"。失位不变，则相聚为乱，故《象》曰"其志乱也"。**若号，一握为笑，勿恤，往无咎**。【注】巽为"号"。谓四也。四与三易位，初不能上四，四已之正，号呼于初，初乃变震应之。艮为手，四之三，下成艮。初称

"一",故"一握"。犹言艮初。初动成震,初自动,不与四易。震为"笑"。四虽之三,三本坤。初以艮变,而体则震,故曰"一握为笑"。四动成坎,坎为"恤",故"若号,一握为笑,勿恤"。初之四,之应,非易位。得正,故"往无咎"矣。四易三位,嫌无应有咎。

六二,引吉,无咎。【注】应巽为绳,艮为手,故"引吉"。得正应五,故"无咎"。利引四之初,使避己,己得之五也。九四"大吉",六二"引吉","吉"谓四,二欲引之之初也。四待三易位,义不之初,四不避二,嫌二不得之五有咎,故明"无咎"。**孚乃利用禴。**【注】"孚"为五。"禴",夏祭也。体观象,故"利用禴"。四之三,故"用大牲"。明卦义在此爻。离为夏,故"禴祭"。《诗》曰"禴祭蒸尝",是其义。今《诗》"祭"为"祠"也。二不能引四,五使四之三,二得应五也。

六三,萃如,嗟如,无攸利,往无咎,小吝。【注】坤为"萃",故"萃如"。巽为号,故"嗟如"。失正,故"无攸利"。动得位,故"往无咎,小吝"。六字为句。谓往之四。三之四非正,故"无咎"而"小吝"。

九四,大吉,无咎。失位,咎也。动得正,故"无咎"。四正则五体皆正,故吉大矣。

九五,萃有位,无咎。匪孚,元永贞,悔亡。【注】得位居中,故"有位无咎"。五虽正位,复元在四,未正,故"咎"。五得位,能使"永贞",故"无咎"。"匪孚"谓四也。四当正,坎为"孚"。四变之正,则五体皆正,三与四易,初正应四。故"元永贞"。"元",始也。爻正四始之。四本豫四、复初、乾元也。与《比·彖》同义。四动之初,"之",应也。故"悔亡"。

上六,赍咨,涕洟,无咎。【注】"赍",持。"咨",赗也。货财丧称赗。以货财哀丧。自目曰"涕",自鼻称"洟"。坤为财,巽为进,故"赍咨"也。三之四,体离坎,艮为鼻,涕泪流鼻目,故"涕洟"。得位应三，故"无咎"。上体大过，死象，故有"赍咨，涕洟"之哀。上应在三，死大过中，故"赍咨"哀之。四易三位，大过象毁，故"涕洟"而"无咎"。

《彖》曰：萃，聚也。顺以说，"顺"，坤。"说"，兑。刚中而应，五，"刚中"。二，"应"之。故"聚也"。"王假有庙"，致孝享也。【注】"享"，享祀也。五至初有观象，谓"享"。坤牛，故"致孝享"矣。"利见大人，亨"，聚以正也。【注】坤为"聚"。坤三之四，故"聚以正也"。"利贞，用大牲吉，利有攸往"，顺天命也。【注】坤为"顺"，巽为"命"，三往之四，故"顺天命也"。观其所聚，而天地万物之情可见矣。【注】三四易位成离坎，坎月离日，日以见天，月以见地，故"天地之情可见矣"。不言"万物"，或脱字。与大壮、咸、恒同义也。

《象》曰：泽上于地，萃。聚水于泽，以备旱潦。君子以除戎器，戒不虞。【注】"君子"谓五。"除"，修。"戎"，兵也。《诗》曰："修尔车马，弓矢戎兵。"阳在三四为修。乾三四"进德修业"。坤为"器"，三四之正，离为戎兵、甲胄、飞矢。坎为弓弧，巽为绳，艮为石。谓敕甲胄，锻厉矛矢，故"除戎器"也。坎为寇，坤为乱，故"戒不虞"也。

"乃乱乃萃"，其志乱也。【注】坎为"志"。初之四，"其志乱也"。此与爻注悖。"初之四"，当脱"不"字。"引吉，无咎"，中未变也。【注】二得正，故不变也。二中不变，故五"用禴"而得应。"往无咎"，上巽也。【注】动之四，故"上巽"。"大吉，无咎"，位不当也。【注】以阳居阴，故"位不当"。动而得正，承五应初，故"大吉"而"无咎"矣。"萃有位"，志未光也。【注】阳在坎中，故"志未光"，与屯五同义。"赍咨，涕洟"，未安上也。【注】乘刚远应，故"未安上也"。

升

☷☴ 巽下坤上　临息卦。阳临阴，二当升五，故名曰"升"。乾之用始于此，故"元亨"。候在十二月。变之蹇，升之初未定既济也。

升，元亨，【注】临初之三，二阳例。又有临象，乾元正，故曰"元"。刚中而应，与临同义。二刚中，四阴应之。故"元亨"也。用见大人，勿恤。【注】谓二当之五为"大人"。离为"见"，坎为"恤"。二之五得正，故"用见大人，勿恤，有庆也"。南征吉。【注】离，南方卦。二之五成离，故"南征吉，志行也"。

初六，允升，大吉。"允升"之义，注阙，未详。晋三"众允"，注云："允，信也，坤土为信。"此或亦当然。《说文》作"靴"，云"进也"。升主九二上升，余爻无升义。初虽失位，之正成泰，进无所升，非卦义也。盖初居坤，与群阴共升二于五而承之，故"允升大吉"，《象》曰"上合志也"。

九二，孚乃利用禴，无咎。【注】"禴"，夏祭也。"孚"，谓二之五，成坎为"孚"，离为夏，故"乃利用禴，无咎"矣。卦有四时之象。二升五，艮为宗庙，坎为思。春秋祭享，以时思之也。坎水沃艮手，观之"盥"象也。二上折坤牛，萃"用大牲"象也，故"利用禴"矣。

九三，升虚邑。荀氏云："坤称'邑'，五虚无君，利二上居之。"虞义亦宜然。

六四，王用亨于岐山，吉，无咎。"亨"亦"享"也。"王"谓二已正位五也。坤为"用"。二"用禴"，四用"亨"，其义同。"岐山"，即西山。二升五，艮为"山"，体兑在西，兑象不见，故不言西山。体离为火，火性枝，分为"岐"。四顺承五，以下比三，故"吉，无咎"。

六五，贞吉，升阶。【注】二之五，故"贞吉"。巽为高，坤为土，古者土阶。震升高，故"升阶"也。荀氏云："阴正居中，为阳作'阶'。"

上六，冥升，利于不息之贞。当升之时，阴性暗昧，故"冥升"。"贞"亦谓二五。惠徵士云："二升五，'积小以成高大'，故曰'不息'。阳道不息，阴之所利，故曰'利于不息之贞'。"

《彖》曰：柔以时升，【注】"柔"，谓五，坤也。"升"谓二。坤邑无君，二当升五虚。震兑为春秋，二升，坎离为冬夏，四时象正，故"柔以时升"也。卦以升二为义。使二升者五，故曰五为二阶。巽而顺，巽以顺坤。刚中而应，"刚中"谓二，四阴应之。是以"大亨，用见大人，勿恤"有庆也。阳为"庆"，坤有阳，故"庆"。"南征吉"，志行也。【注】二之五，坎为"志"，震为"行"。

《象》曰：地中生木，升。木之升阳也，地阴养之，"柔以时升"也。"地中生木"，以微至著，"积小以成高大"。君子以慎德积小，以成高大。【注】"君子"谓三。临初至三则主三，二为君，不称"君子"。"小"谓阳息复时，复小为德之本，至二成临。临者，大也。临初之三，巽为"高"，二之五，艮为"慎"，坤为"积"，故"慎德积小以成高大"。

"允升大吉"，上合志也。二升五，坎为"志"。九二之"孚"，有喜也。【注】升五得位，故"有喜"。阳为"喜"。"升虚邑"，无所疑也。【注】坎为"疑"。上得中，故"无所疑也"。"王用亨于岐山"，顺事也。坤为"顺事"，谓承五。"贞吉，升阶"，①大得志也。五升二，二五皆体坎，故"大得志"。"冥升"在上，消不富也。阴消失实，故利阳息。

困

☱☵坎下兑上　否消卦。二之上，阴乘阳，故名曰"困"，而次否。候在九月。卦不变，困时宜静也。爻成既济，困而亨也。

困，亨。【注】否二之上。不云否上之二者，由否上则之初反泰，不之二也。二阴上拿五阳，故为"困"矣。乾坤交，故通也。贞大人吉，无咎。【注】"贞大人吉"谓五也。体乾五"大人"。在困无应宜静，则"无咎"，

---

① "升"，原作"降"据全集本改。

故"贞大人吉，无咎"。五本正也，言"贞大人"者，否上若之初，则五随上反下，今上之二，嫌五宜下，故戒之也。**有言不信**。【注】震为"言"，折入兑，上当反初，成益体震，今二上折乾入兑。故"有言不信，乾为"信"，乾灭，故"不信"。**尚口乃穷**。"兑为"口"。

初六，臀困于株木，初在坎穴，为"臀"。"株木"，枯木。谓三坎为"木"，兑金毁折，故为"株木"。**入于幽谷**，惠徵士云："初动体兑，坎水半见于口，故为'谷'，坎为'入'。"**三岁不觌**。"觌"，相见也。初应在四，四体离为"觌"。自初至四，三爻为"三岁"。

九二，困于酒食，二困于三，兑酉流坎为"酒"。四变，体颐为"食"。**朱绂方来**，"绂"，韠也。《乾凿度》曰："天子、三公、九卿，朱绂。诸侯，赤绂。""朱绂"谓五。乾为"朱"，坤为"绂"。自外曰"来"。五来应二，二当之五。**利用享祀**，初四已之正，体损。二变应五，则三伏阳出，成既济，"二簋用享"也。坤为"用"。**征凶，无咎**。"征"，行也。动入坤，坤为"凶"，得位，故"无咎"。

六三，困于石，据于蒺藜，【注】二变正时，三在艮山下，故"困于石"。"石"谓四。"蒺藜"，木名。坎为"蒺藜"。二变艮手据坎，"蒺藜"谓二。《象》曰"乘刚"，注以"变"言者，阴乘阳不得云"据"。知二已变，虽变犹是刚体，故《象》曰"乘刚"。一曰"初已正为刚"。故"据蒺藜"者也。**入于其宫，不见其妻，凶**。【注】巽为"入"。二动艮为"宫"，兑为"妻"，谓上无应也。三在阴下，谓三伏阳，在阴之下。离象毁坏，阴在坤中，死其将至，三隐坤中，"致命遂志"，又三体大过死。故"不见其妻，凶"也。此与解"负且乘"异义，各以位言之。

九四，来荼荼，困于金舆，吝，有终。【注】"来"，欲之初。"荼荼"，舒迟也。见险，故"来荼荼"。否乾为"金"。谓二也。坤为

"舆",之应历险,谓坎。故"困于金舆"。易位得正,初云"三岁不觌",是初先正而待四,云"易位",略言之。故"吝,有终"矣。

九五,劓刖,困于赤绂。【注】割鼻曰"劓",断足曰"刖"。四动时,震为足,艮为鼻,离为兵,兑为刑,故"劓刖"也。"劓刖",刑之小者也。于困之时,未得二应,止可行其小刑。《象》曰:"志未得也。""赤绂"谓二。否乾为朱,故"赤"。"朱""赤"同耳,深浅差之。五深故"朱",二浅故"赤"。坤为"绂",二未变应五,故"困于赤绂"也。**乃徐有说,**【注】兑为"说",坤为"徐",二变坤之兑。二动应已,故"乃徐有说"也。**利用祭祀。**与二同义。

上六,困于葛藟,于臲卼,【注】巽为草莽,称"葛藟",谓三也。兑为刑人,故"困于葛藟,于臲卼"也。"臲卼",盖兀刑也。五之劓刖,正施于三。四动三在震,受离兵兑刑。**曰动悔有悔,征吉。**【注】乘阳,故"动悔"。变而失正,故"有悔"。"曰"者三,戒上之辞。二变,三在震为言。三不欲上动,故三之正而上得"征吉"。三已变正,己得应之,故"征吉"也。

《象》曰:**困,刚揜也。**否二之上,揜五之刚,故为"困"。**险以说,困而不失其所,"亨",其唯君子乎?**"险",坎。"说",兑。在险之中,能自正以说,不失所亨。所谓"乃徐有说",谓五也。**"贞大人吉",以刚中也。**谓五。**"有言不信",尚口乃穷也。**【注】兑为"口"。上变口灭,上无变象,盖"灭"下脱"乾"字。故"尚口乃穷"。

《象》曰:**泽无水,困。**水在泽下,故"无水"。**君子以致命遂志。**【注】"君子"谓三,伏阳也。泰成于三,故否消之初,取三伏阳。否坤为"致",巽为"命",坎为"志"。三入阴中,三出则大过死,故不出也。此与解相足。故"致命遂志"也。

"入于幽谷"，幽不明也。坤幽在上。"困于酒食"，中有庆也。"中"谓五，二变应五，故"中有庆"。"据于蒺藜"，乘刚也。二虽变，三逆乘，犹为"乘刚"。"入于其宫，不见其妻"，不详也。"详"，善也。乾为"详"，伏阳出，乃为乾也。"来徐徐"，志在下也。"下"谓初，坎为"志"。虽不当位，有与也。以四尊位，降而来初，故"不当位"。"有与"谓有应。"劓刖"，志未得也。"乃徐有说"，以中直也。乾为"直"。二五乾德，故能相应。"利用祭祀"，受福也。"王明并受其福。""困于葛藟"，未当也。【注】谓三未变，当位应上故也。"动悔，有悔"，吉行也。【注】"行"谓三。变乃得当位之应，故"吉行"者也。

井

☴下坎上　泰息卦，在既济前。井，通也，辩也。泰以乾别坤而通阴，所以定既济，故名曰"井"而象井。所以象井者，泉自下出，阳通而上也。候在五月。定既济，在初二正，功成在上，故上"大成"而"元吉"。

井，改邑不改井，【注】泰初之五也。乾坤往来。坤为"邑"。乾初之五折坤，故"改邑"。初为旧井，四应"甃"之，故"不改井"。"井，居其所而迁。"乾上助阴，不失旧体，故四"甃"之而初正，是"改邑不改井"。无丧无得，往来井井。【注】"无丧"，泰初之五，坤象毁坏，故"无丧"。坤为"丧"。五来之初，失位无应，故"无得"。初变正，乃"有得"。坎为通，故"往来井井"。"往"谓之五，"来"谓之初也。汔至亦未繘，井羸其瓶，凶。【注】巽绳为"繘"。郭璞《方言》注云："繘，汲水索也。""汔"，几也，谓二也。言"汔至亦未繘"谓二，非二为几。几至初改，谓五。初上"改邑"，二几至泉。"未繘井，'井'字衍。未有功也"。二变为艮手持繘，未变，故"未繘"。"羸"，钩罗也。艮为手，巽为"繘"，离为"瓶"，手繘折其中，二不变，折艮为兑。故"羸其瓶"。体兑毁缺，瓶缺漏，故"凶"矣。言二当正。

初六，井泥不食，旧井无禽。【注】"食"，用也。初下称"泥"，坎之下。巽为木果，惠微士云："古者井树木果，故《孟子》'井上有李，禽来食'之说是也。""不食"本以井养为义，因辞言"禽"，故注"巽为木果"。初二正体，离为飞鸟，是"禽"也。无噬嗑食象，五体噬嗑，故"食"。凡未成，故"不食"。下而多泥，故"不食"也。乾为"旧"，位在阴下，故"旧井无禽，时舍也"。

九二，井谷射鲋，瓮敝漏。【注】巽为"谷"，为"鲋"。鲋，小鲜也。离为"瓮"。瓮瓶，毁缺，"羸其瓶，凶"，故"瓮敝漏"也。"鲋"谓初。初二不言变者，初待四而"修"，二待五而"洌"也。

九三，井渫不食，为我心恻。"渫"，荀氏云："去秽浊，清洁之意也。"三当位，故"井渫"。未正初二，无噬嗑象，故"不食"。二变坎为"心"，二折坎心，故"为我心恻"。可用汲，王明并受其福。二变艮手持缡为"汲"。"王"谓五。体离为"明"。三利二正，既济定，已为五汲。

六四，井甃，无咎。【注】以瓦壁垒井为"甃"。坤为土，初之五成离，离火烧土，为瓦治象，故曰"井甃，无咎，修井也"。初，"旧井"，四应初，"甃"之，则初正。

九五，井洌，寒泉食。【注】泉自下出称"井"。周七月，夏之五月，阴气在下。二已变，坎十一月为"寒泉"。初二已变，体噬嗑食，故"洌，寒泉食"矣。

上六，井收勿幕，有孚，元吉。【注】"幕"，盖也。"收"，谓以辘轳收缡也。坎为车。"辘轳"，车类。应巽绳为"缡"，故"井收勿幕"。古者井不汲，则幕之。"有孚"谓五坎，坎为"孚"，故"元吉"也。成既济，乾元定。

《象》曰：巽乎水而上水，井。"巽"，入也。为井者构木于泉，是巽水也。井养而不穷也。【注】兑口饮水，坎为通，"往来井井"，故"养不穷也"。"改邑不改井"，乃以刚中也。居尊位，故能不失初阳。"无丧无得，往来井井，谓初不变。汔至亦未繘，谓二亦不变。"未有功也。【注】谓二未变应五，故"未有功也"。凡功谓五。"井羸其瓶"，是以凶也。

《象》曰：木上有水，井。构木为井，泉乃上出以养民。君子以劳民劝相。【注】"君子"谓泰乾也。坤为"民"，初上成坎为"劝"，故"劳民劝相"。坎为"劳"。"相"，助也，谓以阳助坤矣。

"井泥不食"，下也。"旧井无禽"，时舍也。【注】谓时舍于初，非其位也，与乾二同义。"时舍"，故"不食"，非初之咎。"井谷射鲋"，无与也。五不应之。"井渫不食"，行恻也。行道之人为之"恻"，明非三求用，三体噬嗑，震为行。求"王明"，受福也。二变艮为"求"。"井甃，无咎"，修井也。【注】"修"，治也。"寒泉"之"食"，中正也。"元吉"在上，大成也。【注】谓初二已变，成既济定，故"大成也"。

革

☰离下兑上　消息卦。蒙二以刚接柔，革五以乾通坤，以坤革乾，姤生其下，乾道更革，故名曰"革"。候在三月。坤凝乾元，坤道即乾道，故"元亨利贞"。成既济，与乾同义。

革，已日乃孚，元亨利贞，悔亡。【注】遁上之初，二阴例。当遁初之上，云"上之初"者，非遁也。蒙，艮三之二，实颐初之二。卦由大过初之二，当云兑三之二。大过、兑皆大壮生卦。阴生卦，不可取大壮，故取遁之上。与蒙旁通。蒙九二接巽，坤变革四乾。"悔亡"谓四也。下注云"《传》以比桀纣"是也。四失正，动得位，故"悔亡"。离为日，惠徵士云："离象就已，故云已日。""孚"谓坎。四动体离，五在坎中，故"已日乃孚"，以成既济，

"乾道变化，各正性命，保合太和，乃利贞"，故"元亨利贞，悔亡"矣，与《乾·彖》同义也。

初九，巩用黄牛之革。惠徵士云："巩，固也。蒙坤为'黄牛'，艮皮为'革'。得位无应，未可以动，故'巩用黄牛之革'。"

六二，己日乃革之，征吉，无咎。二应于五，为四所隔，故"己日乃革之"。二为离，水火相息也。之应，故"征吉"。体蒙震为"征"，正位，故"无咎"。

九三，征凶，贞厉。亦体蒙震为"征"。三应于上，四未变，逆乘，故"征凶"。得位，故"贞"。革命之际，当危也。**革言三就，有孚**。蒙震为"言"。"有孚"谓五。三至五，三爻，四变，五三皆坎，故"革言三就，有孚"。"就"，成也。

九四，悔亡，有孚，改命吉。【注】革而当，其悔乃亡。"孚"谓五也。巽为"命"。四动，五坎改巽，故"改命吉"。四乾为君，"进退无恒"，在离"焚""弃"，离四亦乾四。体大过死，传以比桀纣。"汤武革命，顺天应人。"《彖》注云："'天'，谓五。'人'，谓三。"故"改命吉"也。

九五，大人虎变，未占有孚。【注】乾为"大人"，谓五也。蒙坤为"虎变"。由坤变，故曰"虎变"。《传》论汤武，以坤臣为君。革，乾革成坤，阳无消道，故以汤武坤臣象之。"占"，视也。离为"占"。四未之正，五未在坎，故"未占有孚"也。阳在五，具坎体，四虽未变，五已有孚。

上六，君子豹变。【注】蒙艮为"君子"，为"豹"，上由艮变。从乾而更，故"君子豹变"也。**小人革面，征凶，居贞吉**。【注】阴称"小人"也。四变，阴"小人"。"面"谓四。在乾首中，故"面"。"革"为离，以顺承五，故"小人革面"。乘阳失正，故"征凶"。得位，故"居贞吉"。蒙艮为"居"也。

《彖》曰：革，水火相息，【注】"息"，长也。乾坤相为消息。离为"火"，兑为"水"。《系》曰"润之风雨"，"风"，巽，"雨"，兑也。言兑当言"雨"。四革之正坎见，故独于此称"水"也。二女同居，其志不相得，曰革。【注】"二女"，离兑。体同人象。蒙艮为"居"，二女同自蒙来，故"二女同居"。四变体两坎象，"二女"有"志"，离火志上，兑水志下，故"其志不相得"。坎为"志"也。"己日乃孚"，革而信之。文明以说，大亨以正，革而当，其悔乃亡。【注】"文明"谓离。"说"，兑也。"大亨"谓乾。四动成既济定，故"大亨以正"。革而当位，故"悔乃亡"也。天地革而四时成。【注】谓五位成乾为"天"，蒙坤为"地"，震春，兑秋，四之正，坎冬，离夏，则四时具，坤革而成乾，消息则乾革成坤。四革命是也。坤之凝元，则乾革坤。"天地革而四时成"，皆阳也。故"天地革而四时成"也。汤武革命，顺乎天而应乎人。【注】"汤武"谓乾。乾为圣人，"天"谓五。"五"，天位。"人"谓三。"三"，人位。四动顺五应三，四顺五，上应三。故"顺天应人"。巽为"命"也。革之时大矣哉。

《象》曰：泽中有火，革。"火"，阳。"泽"，阴。"泽中有火"，水成火藏，坤凝乾象也。君子以治历明时。【注】"君子"，遁乾也。"历象"谓日月星辰也。离为"明"，坎为"月"。离为"日"，蒙艮为"星"。四动，成坎离，日月得正，"天地革而四时成"，故"君子以治历明时"也。

"巩用黄牛"，不可以有为也。【注】得位无应，动而必凶，故"不可以有为也"。"己日革之"，行有嘉也。【注】"嘉"谓五，乾为"嘉"。四动承五，故"行有嘉"矣。"革言三就"，又何之矣。【注】四动成既济定，故"又何之矣"。革道大成，无取之应。"改命"之"吉"，信志也。

【注】四动成坎，故"信志也"。"大人虎变"，其文炳也。【注】乾为大明，四动成离，离为文。故"其文炳也"。"君子豹变"，其文蔚也。【注】"蔚"，薿也。《说文》曰："薿，草多貌。"蔚、薿，皆繁缛之貌也。兑小，故"其文蔚也"。"小人革面"，顺以从君也。【注】乾"君"谓五也。四变顺五，故"顺以从君也"。

鼎

巽下离上 消息卦。通屯，以离五应坎五，复生其下。《杂卦》曰"鼎，取新也"，言故乾去而新震来，犹和水火以新物，故取象而名"鼎"。内卦候在五月，外卦六月。卦"元吉亨"，唯取坎离交五生复之义也。《象》取初四变大畜，三动未济，言阴凝阳未出震也。爻兼取诸爻动，唯上不变，则成家人。然五注云："三贯鼎两耳，乾为金"，则三盖复出，变上成既济也。

鼎，元吉，亨。【注】大壮上之初，据大壮应初之上，云"上之初"，非大壮也。屯自坎二之初，则鼎离二之初。阳生不取阴卦，故从大壮而变其例。与屯旁通。天地交，乾坤出离坎。柔进上行，《象》注谓"柔"谓五，"进"谓巽，"行"谓震。盖以屯二居五为"进"，以巽通震也。得中，五。应乾五刚，故"元吉，亨"也。乾元正。

初六，鼎，颠趾，利出否，得妾以其子，无咎。【注】"趾"，足也。应在四，大壮震为足，折入大过。初从大壮上来。"大过，颠也"，故"鼎，颠趾也"。阴在下，故"否"。利出之四，故曰"利出"。"否"，闭也。兑为"妾"。四变得正，成震，震为长子，继世守宗庙，而为祭主，故"得妾以其子，无咎"矣。"亨，以享上帝"，取此象。故注及"继世守宗庙为祭主"，其实此非出震爻，故上仍取未济。

九二，鼎有实，我仇有疾，不我能即，吉。【注】二为"实"，阳，"实"也。故"鼎有实"也。坤为"我"，谓四也。四当变坤爻。二据四妇，初为"四妇"。故相与为"仇"。谓三变时，四体坎，坎为"疾"，故"我仇有疾"。四之二历险，二动得正，故"不我能即，吉"。谓二不变，则与四争，初变正得吉。

九三，鼎耳革，其行塞，雉膏不食。【注】动成两坎，坎为耳，而革在乾，故"鼎耳革"。初四变时，震为"行"，鼎以耳行。伏坎，震折而入乾，三不变而初四变，伏坎为震所折而入乾。故"其行塞"。三正位，不宜变，而卦取"大亨以养圣贤"，三宜动而应上，故言三之不可不变如此。离为"雉"，坎为"膏"。初四已变，三动体颐，颐中无物，离象不见，故"雉膏不食"。言三与初四俱变，又为"不食"之象，故上取三独变。**方雨，亏悔，终吉。【注】**谓四已变，三动成坤，坤为"方"，坎为"雨"，坎者四不动而三独变。故曰"方雨"。三动亏乾而失位，"悔"也。终复之正，故"方雨，亏悔，终吉"也。三动而"养圣贤"，然后复正而定既济，所谓权也。

九四，鼎折足，覆公餗，其刑渥，凶。【注】"餗"，八珍之具也。此注见《释文》。谓四变时，震为"足"，足折入兑，故"鼎折足"。兑为"刑"，"渥"，大刑也。鼎足折，则公餗覆，言"不胜任"。象入大过死，凶，故"鼎足折，覆公餗，其刑渥，凶"。言四不变之咎如此。

六五，鼎黄耳，金铉，利贞。【注】离为"黄"，三变坎为"耳"，故"鼎黄耳"。"铉"谓三，贯鼎两耳，乾为"金"，故"金铉"。动而得正，故"利贞"。此则三复正，成既济也。

上九，鼎玉铉，大吉，无不利。【注】"铉"谓三。乾为"玉铉"。五正位，象乾之刚，故"金铉"。上圣贤，象乾之纯，故"玉铉"。体《大有》上九"自天右之"，复初成震，即此爻矣。位贵据五，三动承上，故"大吉，无不利"。谓三"亏悔"应上，成未济。虽不当位，六位相应，故"刚柔节"。此或失之。金、玉铉皆当谓三。自未济复出，三出则诸爻皆正，故五

"利贞",上"大吉,无不利"。"刚柔节"谓既济定。未济不得"大吉"。《象》曰"巽耳目聪明",为此九三发也。

《彖》曰:鼎,象也。【注】六十四卦皆观系辞,谓观文王之辞,以释卦名。而独于鼎言"象",何也?"象事知器",故独言象也。《系》注云:"坤为'器',乾五之坤为'象',故'象事知器'。"谓坤凝乾元,莫盛于鼎,故于鼎之"取新"言象。**以木巽火,亨饪也。**屯鼎通震,木巽于下,火炎于上而烁水,"亨饪"之象。**圣人亨以享上帝,而大亨以养圣贤。**【注】"圣人"谓乾。初四易位,体大畜,震为"帝",在乾天上,故曰"上帝"。体颐象,三动噬嗑食,故"以亨上帝"也。"大亨"谓"天地养万物,圣人养贤以及万民"。贤之能者称"圣人"矣。此引《颐·象》,非取颐象也。颐象"雉膏不食",可以享帝,不可以养圣贤,谓颐以下养上。上九为"贤",鼎以九三变未济,应上体噬嗑食,上体大有,上九为"圣贤",三乾阳为"大",故"大亨以养圣贤"。下云"巽而耳目聪明",申成此义。**巽而耳目聪明,**【注】谓三也。三在巽上,动成坎离,有两坎两离象,乃称"聪明"。"日月相推而明生焉",故"巽而耳目聪明"。"眇而视,不足以有明","闻言不信,聪不明",皆有一离一坎象故也。**柔进而上行,得中而应乎刚,**【注】"柔"谓五。得上中,不正,故曰"上中"。应乾五刚,屯五。巽为"进",震为"行",通屯之象。非谓应二刚,与睽五同义也。睽五应蹇五。**是以"元亨"。**

《象》曰:木上有火,鼎。木之传火,转续相生,犹乾生震继于离也。**君子以正位凝命。**【注】"君子"谓三也。鼎五爻失正,独三得位,故"以正位"。"凝",成也。体姤谓阴始凝初,巽为"命",故"君子以正位凝命"也。乾未出,震赖坤凝之,三变"养贤",以成复震,是谓"凝命"。

"鼎颠趾",未悖也。未至悖乱。**"利出否",以从贵也。**【注】"出"

初之四，承乾五，故"以从贵也"。"鼎有实"，慎所之也。【注】二变之正，艮为"慎"。"我仇有疾"，终无尤也。【注】"不我能即，吉"，故"终无尤也"。"鼎耳革"，失其义也。【注】鼎以耳行，"耳革"行塞，故"失其义也"。"覆公餗"，信如何也。三已变，四在坎为"信"，故曰"信如何"，言非信。"鼎黄耳"，中以为实也。"实"谓乾五刚。"玉铉在上"，刚柔节也。谓三变承上，未济刚柔应。五利贞，既济刚柔应。

震

☳☳ 震下震上　乾二五之坤。震，动也。一阳动于二阴之下，于息卦在临，次解。阴解散，阳震动，则成泰也。方伯之卦，初九春分，上六芒种。卦取四变成复。《象》五出成随，四变承五为屯，言震德可以正也。爻变成既济，震巽特变，不取之巽者，阴阳之义。

震，亨，震来虩虩，【注】临二之四。六子皆以乾二五相索，其在六十四卦又从爻变消息。天地交，乾二五之坤。故通。"虩虩"，谓四也。来应初，初命四变而来应已，四失位，多惧，故"虩虩"。"虩虩"，恐惧貌。之内曰"来"也。笑言哑哑，【注】"哑哑"，笑且言，谓初也。得正有则，坎为"则"，谓四变来应。故"笑言哑哑，后有则也"。震惊百里，不丧匕鬯。【注】谓阳。从临二阴为百二十，从临二息时，有五阴，阴爻二十四，五爻共百二十。举其大数，故当震百里也。以阳震阴，坤方百"里"。坎为棘匕，上震为"鬯"。震为禾稼，坎水和之，为鬯酒，故上震为"鬯"。坤为"丧"。二上之坤成震，体坎，得其"匕鬯"，故"不丧匕鬯"也。

初九，震来虩虩，后笑言哑哑，吉。【注】"虩虩"，谓四也。初位在下，故"后笑言哑哑"。爻例，上为前，下为后，故下震为"后"。得位，故"吉"也。

六二，震来厉，亿丧贝，跻于九陵，勿逐，七日得。【注】"厉"，危也，乘刚，故"厉"。二自四来，故曰"来"。"亿"，惜辞也。"亿""噫"同，本亦有作"噫"者。坤为"丧"。三动离为蠃蚌，故称"贝"。二当为离，故惜其"丧贝"。在艮山下，故称"陵"。震为足，足乘初九，故"跻于九陵"。震为"逐"，谓四已体复象，当云"四已变"，脱"变"字也。故"丧贝，勿逐"。三动时，离为"日"，震数"七"，震得庚七。故"七日得"者也。

六三，震苏苏，震行无眚。【注】死而复生称"苏"。三死坤中，动出得正，震为生，故"苏苏"。坎为"眚"，三出得正，坎象不见，故"无眚"。《春秋传》曰"晋获秦谍，六日而苏"也。

九四，震遂泥。【注】震土得雨为"泥"。位在坎中，故"遂泥"也。四不言变者，四当之五。上云"震不于其躬，于其邻"，谓"四之五"也。四之五，又在坎，故"遂泥"矣。

六五，震往来厉，【注】"往"谓乘阳，"往"谓在外。"来"谓应阴。失位，乘刚，故"往来厉"也。**亿无丧，有事。**【注】坤为"丧"也。"事"谓祭祀之事。出而体《随》"王享于西山"，则"可以守宗庙社稷，为祭主"，故"无丧有事"也。"亿"义同六二。"无丧有事"而惜之者，惜其不定既济也。故上取四五易位。

上六，震索索，视矍矍，【注】上谓四也，欲之三，隔坎，故"震索索"。"索索"，马氏云："内不安貌。"三已动，应在离，故"矍矍"者也。"矍矍"，惊视貌。**征凶。震不于其躬，于其邻，无咎。婚媾有言。**【注】上得位，震为"征"，故"征凶"。言上之凶由四也。四变时，坤为"躬"，"邻"谓五也。四上之五，震东兑西，五出体随，故取兑象。故称"邻"。之五得正，故"不于其躬，于其邻，无咎"。谓三已变，上应三，震为言，故"婚媾有言"。

《彖》曰："震，亨，震来虩虩"，恐致福也。【注】惧变，承五应初，故"恐致福也"。谓四。"笑言哑哑"，后有则也。【注】"则"，法也。坎为"则"也。"坎"则谓四，"后"谓初。四应初，故初"笑言"。"震惊百里"，惊远而惧迩也。【注】"远"谓四，近谓初。远近以地言。震为"百"。卦辞注"从临二阴为百二十"，此又云"震为百"，似衍。谓四出惊远，初应惧近也。出可以守宗庙社稷，以为祭主也。【注】为五出之正。"为"当作"谓"，字误。震为"守"，艮为"宗庙社稷"，长子主祭器，故"以为宗主也"。

《象》曰：洊雷，震。"洊"，重也。"雷"，天之阳气，动出地下，惊雷四方。君子以恐惧修省。【注】"君子"谓临二。二出之坤四，体以修身。复震。坤为身。二之四，以阳照坤，故"以恐惧修省"。老子曰"修之身，德乃震"也。

"震来虩虩"，恐致福也。【注】阳称"福"。"笑言哑哑"，后有则也。【注】得正故"有则"也。初得正，故四变应之。"震来厉"，乘刚也。"震苏苏"，位不当也。阳在坤中，故死也。"震遂泥"，未光也。【注】在坎阴中，与屯五同义，故"未光也"。四体屯五，又当之五，故与同义。"震往来厉"，危行也。【注】乘刚，山顶，故"危行也"。其事在中，大"无丧"也。【注】动出得正，故"无丧"。阳为"大"。"震索索"，中未得也。【注】四未之五，故"中未得也"。虽"凶""无咎"，畏临戒也。【注】谓五正位，已乘之，逆，"畏临戒也"。

艮

☶ 艮下艮上　乾二五之坤。艮，止也，阳穷止于阴上。于消卦在观，次晋。阳道当剥，进不可极，当止于上，故曰"艮"也。艮下有伏兑。内卦候在九月，外卦十月。卦辞不变，"时止则止"也。《象传》取五动成渐爻，初五正成家人，

"时行则行"也。在消卦，不成既济。

艮其背，不获其身，行其庭，不见其人，无咎。【注】观五之三也。二阳例。艮为多节，故称"背"。观坤为"身"，观五之三，折坤为"背"，故"艮其背"。坤象不见，故"不获其身"。震为行人，艮为"庭"，坎为隐伏，故"行其庭，不见其人"。三得正，故"无咎"。

初六，艮其趾，无咎，利永贞。【注】震为"趾"，艮不取应震为"趾"，似非。以咸例之，当云"艮为指"。故"艮其趾"矣。失位变得正，故"无咎永贞"也。坤为"永"。

六二，艮其腓，不拯其随，其心不快。【注】巽长为股，艮小为"腓"。"拯"，取也。"随"谓下二阴。初及二。艮为止，震为动，故"不拯其随"。初二随三，不能自止，三为之"心"，故"不拯其随"，则"心不快"。并言初者，五正初乃正，故初言"永贞"，与萃四"元永贞"亦同义。坎为"心"，故"其心不快"。

九三，艮其限，裂其夤，厉，熏心。【注】"限"，要带处也。坎为"要"，五来之三，故"艮其限"。"夤"，脊肉。艮为背，坎为脊，艮为手，震起艮止，故"裂其夤"。坎为"心"。"厉"，危也。艮为"阍"。阍，守门人。坎盗动门，故"厉阍心"。古"阍"作"熏"字。《汉书·百官公卿表》"光禄勋"，如淳注："胡公曰，勋之言阍也，光禄主公门。"是古"阍""勋"假借字，"熏""勋"又通也。马因言"熏灼其心"，未闻易道以坎水熏灼人也。荀氏以"熏"为"勋"，读作"动"，皆非也。

六四，艮其身，无咎。【注】"身"，腹也。观坤为"身"，故"艮其身"。得位承五，故"无咎"。或谓妊身也。五动则四体离妇，离为大腹，孕之象也，故"艮其身"。得正承五，而受阳施，受五乾施。故"无咎"。《诗》曰"大任有身，生此文王"也。

六五，**艮其辅，言有孚，悔亡。**【注】"辅"，面颊骨，上颊车者也。三至上体颐象，艮为止，在坎车上，故"艮其辅"，谓辅车相依。"车"，牙车。震为"言"，五失位，悔也，动得正，故"言有孚，悔亡"也。阳在二五称"孚"。

上九，**敦艮，吉。**【注】无应静止，下据二阴，故"敦艮，吉"也。"敦"，厚也。阳据坤，故"厚"。

《象》曰：**艮，止也。**【注】位穷于上，故"止也"。**时止则止，时行则行，**【注】"时止"，谓上阳穷止，故"止"。"时行"，谓三体处震为"行"也。**动静不失其时，其道光明。**【注】"动"谓三，"静"谓上。艮止则"止"，震行则"行"，故"不失时"。五动成离，故"其道光明"。五动"时行"也。**艮其止，止其所也。**【注】谓两象各止其所。明"背"是三才，卦象非九三一爻。**上下敌应，不相与也。**【注】"艮其背"，背也。相违背也。两象相背，故"不相与也"。明《传》解"艮其背"。**是以"不获其身，行其庭，不见其人，无咎"也。**

《象》曰：**兼山，艮。**止莫如山。**君子以思不出其位。**【注】"君子"谓三也。三，君子位。震为"出"，坎为隐伏，为"思"，故"以思不出其位"也。

"艮其趾"，未失正也。【注】动而得正，故"未失正也"。**"不拯其随"，未违听也。**【注】坎为耳，谓三坎。故"未违听也"。"趾""朏"，听心者也。**"艮其限"，危薰心也。**【注】坎为"心"。坎盗动门，艮为"门"。故"危薰心也"。**"艮其身"，止诸躬也。**【注】艮为四，五动乘四则妊身，故"止诸躬也"。**"艮其辅"，以中正也。**【注】五动之中，故"以正中也"。"中正"误为"正中"。**"敦艮"之"吉"，以厚终也。**【注】坤为"厚"。阳上据坤，故"以厚终也"。

周易虞氏义卷六

周易下经

象下传　象下传　虞氏注

渐

☶艮下巽上　否消卦，次未济。渐者，进也。三进而承阳，有随阳之渐，其成则泰也，故名曰"渐"。候在正月。成既济，三权变受上。否时，非君子行权不济也。初变成家人，唯家人变受耳。

渐，女归吉，利贞。【注】 否三之四。乾坤交。"女"谓四。离为"女"。"归"，嫁也。坤三之四承五，进得位，往有功，反成归妹，兑"女归吉"。"归"，自外来也。四自下进，不可谓"归"，故以反成归妹为义。消息卦渐不通归妹，否泰卦乾坤交，故取义众也。《杂卦》曰："渐，女归待男行也。"注云："兑为'女'，艮为'男'，反成归妹，巽成兑，故女归待艮成震乃行，故'待男行也'。"寻归妹之义，震兄嫁兑妹，以坎离为夫妇。此卦亦四离三坎为夫妇，九三爻"夫征""妇孕"是也。三动则五体坎，故亦与四为夫妇，"妇三岁不孕"是也。四与五、三俱有夫妇之义。四爻注云"四已承五，又顾得三"是也。然则，"女归"之义仍在渐象，卦有归妹反象，故取"女归"。九三虽坎体，权变成震，九三变则四专承五，而上正，五坎为夫妇，所谓"终莫之胜"者，是亦震兄嫁妹，归妹之义也。以女无自进之道，归妹由阳来，而渐由阴往，故其取义如此，非谓此卦当反成归妹也。若反成归妹，则"利贞"不可通也。当与复反震之象同例。初上失位，故"利贞""可以正邦"也。初正，三权变成坤为"邦"，受上正既济。

初六，鸿渐于干，小子厉，有言无咎。【注】"鸿"，大雁也。离五"鸿"。"鸿"，飞不独行，有次列者也。五为"鸿"，与五爻俱渐也。"渐"，进也。小水从山流下，称"干"。艮为山，为小径，坎水流下山，故"鸿渐于干"也。艮为"小子"，初失位，故"厉"。变得正，三动受上成震，震为"言"，故"小子厉，有言，无咎"也。

六二，鸿渐于磐，饮食衎衎，吉。【注】艮为山石，坎为聚，聚石称"磐"。初已之正，体噬嗑食，坎水阳物，阳为物也。并在颐中，故"饮食衎衎"。"衎衎"，饮食貌。得正应五，故"吉"。

九三，鸿渐于陆。【注】高平称"陆"。谓初已变，坎水为"平"，初未变则艮山也。三动之坤，坤土无水，故"陆"矣。故"鸿渐于陆"。**夫征不复，【注】**谓初已之正，三动成震，震为"征"，为"夫"，而体复象，坎阳死坤中，坎象不见，故"夫征不复"也。**妇孕不育，凶。【注】**"孕"，妊娠也。"育"，生也。巽为"妇"，离为"孕"。三动成坤，离毁失位，故"妇孕不育，凶"。"夫"谓三坎，"妇"谓四离。**利用御寇。【注】**"御"，当也。坤为"用"，巽为高，艮为山，离为戈兵、甲胄，坎为"寇"。"坎"谓三阳，四当承五，坎寇之为夫妇。自上御下，谓五也。三动坤顺，坎象不见，故"利用御寇，顺相保"。"保"，大也。《春秋传》所谓"保大定功"。

六四，鸿渐于木，或得其桷，无咎。【注】巽为"木"。"桷"，椽也，方者谓之桷。巽为交，为长木，艮为小木，坎为脊，离为丽。小木丽长木，巽绳束之，象脊之形，椽桷象也。"木"谓五，"桷"谓三。故"或得其桷"。得位顺五，故"无咎"。明四当顺五。四已承五，又顾得三，故"或得其桷也"矣。四女得两顾者，坎离夫妇之义。三五本一坎也，"女归待男行"，三成震，四然后嫁，故取归妹也。

九五，鸿渐于陵，妇三岁不孕。【注】"陵"丘。"妇"，谓四也。三动受上时，而四体半艮山，故称"陵"。巽为"妇"，离为"孕"，坎为"岁"，三动离坏，故"妇三岁不孕"。自三至上，三爻，故"三岁"。上三易位，则妇孕。**终莫之胜，吉。**【注】"莫"，无。"胜"，陵也。得正居中，故"莫之胜，吉"。上终变之三，成既济定，坎为"心"，故《象》曰"得所愿也"。

上九，鸿渐于陆。【注】"陆"，谓三也。三坎为平，变而成坤，故称"陆"也。**其羽可用为仪，吉。**【注】谓三变受，变而受上，易位。成既济，与《家人·象》同义。上之三得正，离为鸟，故"其羽可用为仪，吉"。三动失位，坤为乱，乾四止坤，乾四，三也。上来即三出，故曰"乾四"。"止"字当为"正"。《象》曰"不可乱"，《象》曰"进以正邦"，为此爻发也。三已得位，又变受上，权也。孔子曰"可与适道，未可与权"，宜无怪矣。《系》曰："巽以行权。"渐、家人皆体巽。

《彖》曰：渐之进也，"女归，吉"也。【注】三进四得位，阴阳体正，故"吉"也。此即以阴阳体正释"女归"，则坎离夫妇本卦象也。**进得位，往有功也。**【注】"功"谓五。四进承五，故"往有功"。巽为"进"也。**进以正，可以正邦也。其位，刚得中也。**【注】谓初已变，为家人，四进已正，而上不正，三动成坤为"邦"。上来反三，故"进以正，可以正邦。其位，刚得中"。与《家人》"道正"同义。三在外体之中，言在内也。故称"得中"。《乾·文言》曰"中不在人"，谓三也。乾三体复初乾元，故称"中"。此君子行权，得乾三之中，故称"中"，非在内体即称"中"。此可谓上变,既济定者也。家人三变,然后夫妇正。此亦三变,而"女归",故同。**止而巽,动不穷也。**【注】"止",艮也。三变,震为"动"。上之三据坤,动震成坎,坎为通,故"动不穷"。"往来不穷谓之通"。

《象》曰:山上有木,渐。木生渐进。**君子以居贤德善俗。**【注】"君子"谓否乾。乾为"贤德",坤阴小人柔弱为"俗"。乾四之坤,为艮为居,以阳善阴,故"以居贤德善俗"也。乾为"君子",故取乾四之坤。

"小子"之"厉",义无咎也。【注】动而得正,故"义无咎也"。**"饮食衎衎",不素饱也。**【注】"素",空也。承三应五,故"不素饱"。**"夫征不复",离群丑也。**【注】坤三爻为"丑",物三称"群"也。谓三变成坤。**"妇孕不育",失其道也。**【注】三动离毁,阳陨坤中,故"失其道也"。阳为"道",四当顺五,而妇三"失其道",宜"不育"矣。**"利用御寇",顺相保也。**【注】三动坤"顺",坎象不见,故以"顺相保也"。**"或得其桷",顺以巽也。**【注】坤为"顺",以巽顺五。志在顺五,不嫌顾三。**"终莫之胜,吉",得所愿也。**【注】上之三,既济定,故"得所愿也"。坎心为"顺"。**"其羽可用为仪,吉",不可乱也。**【注】坤为"乱"。上来正坤,六爻得位,成既济定,故"不可乱也"。

归妹

☵☳ 兑下震上　泰息卦,次损。泰过将反,阴道始盛,故明阴阳始终之义,曰"归妹"也。内卦候在八月,外卦九月。卦辞不变,消道也。爻变有三义。承损则当为未济,故初变应四,时也。在五则正而为既济,阳道也。初先变为解,三四反初复正,仍为泰,然后二五正位,明保泰之道也。

归妹,【注】"归",嫁也。自外曰"归"。兑为"妹"。震为兄,兑为妹。泰三之四,乾坤交。坎月离日,夫妇义。俱归妹象。谓卦具三象。乾坤,一也。坎离，二也。震兄嫁妹，三也。"阴阳之义配日月"，则"天地交而万物通"，故以嫁娶也。征凶，【注】谓四也。震为"征"。三之四，不当位，故"征凶"也。无攸利。【注】谓三也。四之三，失正无应，以柔乘刚，故"无攸利"也。天地交宜亨，否之始，故戒之。

初九，归妹以娣，跛而履，征吉。【注】震为兄，故嫁妹谓三也。震四嫁三妹。初在三下，动而应四，故称"娣"。初亦震妹，在三下，故"娣"。"履"，礼也。"嘉事"，礼之大。娣从媵，礼也。初九应变成坎，四未反，故初变应。坎为曳，故"跛而履"。二变初当为震，震为足，故"跛而履"。应在震为"征"，初为"娣"，变为阴，故"征吉"也。此言初当应四耳。四反正，则初亦反正，故在二为震，在五为离，在上为乾也。

九二，眇而视，利幽人之贞。【注】"视"，应五也。震上兑下，离目不正，故"眇而视"。"幽人"谓二。初动，二在坎中，故称"幽人"。变得正，震喜，兑说，故"利幽人之贞"，与履二同义也。二当与五易位。卦主在四，四正然后初正，二乃得上之五，爻序如此。

六三，归妹以须，反归以娣。【注】"须"，需也。初至五体需象，故"归妹以须"。"须"，待也。卦象震兄嫁妹，则卦有妇而无夫。坎离不为夫妇者，失正故也。故须四反三，三进四，则二五易位，坎在兑三，离在震四，日东月西，夫妇道著，六五"月几望"是也，故二"归妹以须"。"娣"谓初也。震为"反"，反马归也。震为"马"，四反不可仍象震兄，故象"反马"。三失位，四反得正，兑进在四，见初进之，兑为"见"。四反初亦正，与兑四为应，故象四嫁而进其娣。初在兑后，礼，"嫁女，同姓媵之"。故初变应震兄，及见于君，必夫人进之，故又正应兑四而在兑后也。故"反归以娣"。

九四，归妹愆期，迟归有时。【注】"愆"，过也。谓二变，三动之正，体大过象。坎月离日为"期"，三变日月不见，故"愆期"。谓三不待四则愆期，故三须四而"迟归"也。坎为曳，震为行，行曳，故"迟"也。"归"谓反三。在兑为嫁，在震为"反"。震春兑秋，坎冬离夏，四时体正，故"归有时"也。三四正位，二五升降，坎离时正。

六五，帝乙归妹，其君之袂，不如其娣之袂良。【注】三四已正，震为"帝"，坤为"乙"，故曰"帝乙"。《泰》注云："帝乙，纣父。"泰乾为"艮"，为"君"，乾在下为小君则"妹"也。谓三为震之妹，居乾位，为"小君"。袂口，袂之饰也。"袂"，当为衣。兑为口，乾为衣，故称"袂"，谓三失位无应。"娣袂"谓二，二在兑，亦三娣。得中应五，三动成乾为"艮"，故"其君之袂，不如其娣之袂良"。故《象》曰"以贵行也"矣。此象参错。三四已正，"帝乙归妹"，妹归在四初正。乾衣兑口为"袂"。泰女主，五为"小君"，失位无实。"娣"谓二，在乾中，故"其君之袂，不如其娣之袂良"。谓二当升五"贵行"。**月几望，吉。【注】**"几"，其也。小畜注"几，近也"，义同。坎月离日，兑西震东，日月相对，故曰"几望"。此以三四得正，三居兑，四居震，为"几望"，非以五坎、二离为"望"，故与小畜、中孚同义。二之五，四复三，得正，既济定。故"吉"也。与小畜、中孚"月几望"同义也。小畜上正，离在兑三，通豫，坎在震二，中孚由讼四之初，坎在兑二，离在震三，皆非二五，故曰"几望"。

上六，女承筐，无实。【注】"女"谓应三兑也。自下受上称"承"。震为"筐"。以阴应阴，三四复位，坤为虚，故"无实"。《象》曰："承虚筐也。"**士刲羊无血，无攸利。【注】**"刲"，刺也。"剌"即刺字。震为"士"，谓四反三，为上①应上也。兑为"羊"，离为刀，故"士刲羊"。三四复位成泰，坎象不见，坎为"血"。故"无血"。三柔承刚，言三自以柔承坎刚，不能应上。故"无攸利"也。

---

① "上"，据文意当作"士"。

《彖》曰：归妹，天地之大义也。【注】乾"天"，坤"地"。三之四，天地交。以离日坎月战阴阳，日月会，壬癸其象也。"阴阳之义，配日月"，则万物兴，故"天地之大义"。乾主壬，坤主癸，日月会北。震为玄黄，乾坤会而生震。"天地之杂"。震东兑西，离南坎北，六十四卦，此象最备四时正卦，故"天地之大义也"。天地不交，而万物不兴。【注】乾三之坤四，震为"兴"，天地以离坎交阴阳，故"天地不交，则万物不兴"矣。归妹，人之始终也。【注】人始生乾而终于坤，故"人之始终"。《杂卦》曰"归妹，女之终"，谓阴终坤癸，则乾始震庚也。否泰，小剥复，于此见之。说以动，所归妹也。【注】"说"，兑。"动"，震也。谓震嫁兑，所归必妹也。"征凶"，位不当也。谓四当反。"无攸利"，柔乘刚也。谓三当进四。

《象》曰：泽上有雷，归妹。阳功即成，雷归于泽，退保蛰虫。雷出奋阳，雷入成阴，故"归妹"。君子以永终知敝。【注】"君子"谓乾也。坤为"永终"，为"敝"，乾为"知"。三之四为"永终"。四之三，兑为毁折，故"以永终知敝"。泰尽将否，君子不失其时。

"归妹以娣"，以恒也。"跛而履"，吉相承也。【注】阳得正，故"以恒"。言初为三娣，正以得位，不取变也。恒动初承二，既得正，又动承二。故"吉相承也"。二未变，初动承之，二变正，初亦正，故"相承"。"利幽人之贞"，未变常也。【注】"常"，恒也。谓得正。乘初未之五，故"未变常"矣。初变二乘坎，故"幽人"。之五正位，则为"常"。"归妹以须"，位未当也。【注】三未变之阳，故"位未当"。须四反正位。"愆期"之志，有待而行也。【注】"待男行"矣。三待坎阳也。"帝乙归妹"，"不如其娣之袂良"也。【注】三四复正，乾为"良"。其位在中，以贵行也。【注】三四复，二之五成既济，五贵，故"以贵行也"。上六"无实"，承虚筐也。【注】泰坤为"虚",故"承虚筐也"。二之五,则坤实。

丰

☲离下震上　泰息卦,折噬嗑。乾坤合,则否反泰。丰,"王假之","与时消息",群阴顺从,故"大"。《杂卦》曰"丰多故",言亲五者多也。候在六月。成既济。泰道上取成家人者,未反泰也。卦五动而后四变,王"照天下也"。爻四变而后五动,"折狱致刑"也。

丰,亨,【注】此卦三阴三阳之例,当从泰二之四,而丰三从噬嗑上来之三,折四于坎狱中,而成丰,故"君子以折狱致刑"。消息卦变例。阴阳交,故通。噬嗑所谓"利用狱"者,此卦之谓也。**王假之,**【注】乾为"王"。"假",至也。谓四宜上至五,五阳自出,非四易位,下别云四变,则此上之五者,犹言上息五耳。动之正成乾,故"王假之,尚大也"。"尚""上"通。**勿忧,宜日中。**【注】五动之正,则四变成离。离日中当五,在坎中,坎为"忧",故"勿忧,宜日中"。体两离象,"照天下也"。"日中则昃,月盈则食,天地盈虚,与时消息。"泰初,故明消息。

初九,遇其妃主,【注】"妃",嫔,谓四也。四失位,在震为"主",五动体姤"遇",故"遇其配主"也。"配"当为"妃"。此言五变而四不变。**虽旬无咎,往有尚。**【注】谓四失位,变成坤应初。谓五未动。坤数十。上之五成离,离为日。卦先"王假","遇其妃主",是四先动,以初为"夷主",嫌不免咎,故曰"虽旬无咎"。

六二,丰其蔀,日中见斗,往得疑疾。【注】日蔽云中称"蔀"。蔀,小,上爻注云:"丰大蔀小。"谓四也。在五则大为丰,在四则小为蔀。二利四之五,故"丰其蔀"。欲去四之蔽也。噬嗑离为"见",象在上为"日中",艮为"斗"。斗,七星也。噬嗑艮为星,为止。坎为北中,巽为高舞。星止于中而舞者，北斗之象也。离上之三，隐坎云下，故"日中见斗"。四噬嗑艮，离隐而艮爻见，故"见斗"谓四也。四往之五，得正成坎，坎为"疑疾"，故"往得疑疾"也。**有孚发若，吉。【注】**坎为"孚"。四"发"之五，成坎"孚"，此似非。当谓五阳发成坎。动而得位，故"有孚发若，吉"也。"若"，顺也，谓二应五顺之。

九三，丰其沛，日中见沬。【注】日在云下称"沛"。亦谓四也。"沛"，不明也。"沬"，小星也。噬嗑离为"日"，艮为"沬"，故"日中见沬"。三本离日故"见"，艮为沬。二阴见之则为斗，皆谓四也。上之三，日入坎云下，故"见沬"也。三利四之阴，故象与二同。**折其右肱，无咎。【注】**兑为"折"，为"右"。噬嗑艮为"肱"。上来之三，折艮入兑，故"折其右肱"。之三得正，故"无咎"也。嫌日隐有咎。

九四，丰其蔀。【注】"蔀"，蔽也。噬嗑离日之坎云中，故"丰其蔀"，《象》曰："位不当也。"**日中见斗，【注】**噬嗑"日"在上，为"中"，上之三为巽，巽为"入"。日入坎云下，幽伏不明，故"日中见斗"，《象》曰"幽不明"，是其义也。**遇其夷主，吉。【注】**震为"主"。四行之正，成明夷，则三体震为"夷主"，故"遇其夷主，吉"也。四变然后五正。

六五，来章，有庆誉，吉。【注】在内称"来"。五阳在内。"章"，显也。阳为"显"。"庆"谓五，阳出称"庆"也。誉谓二，"二多誉"。五发得正，则来应二，故"来章，有庆誉，吉"也。

上六，丰其屋，蔀其家。【注】"丰"，大。"蔀"，小也。三至上体大壮，屋象，故"丰其屋"。谓四五已变，上动成家人，大屋见则家人坏，故"蔀其家"。与泰二同义。泰二终变成坎，爻曰"包荒"，"荒"，大川也。谓阳息二包坎体也。此上六终变当成家人，今体大壮，故"丰其屋，蔀其家"，与泰二同义。故《象》曰"天降祥明"，以大壮为屋象故也。大壮乾为"天"，震动为"祥"。**窥其户，阒其无人，三岁不觌，凶。**【注】谓从外窥三应也。"阒"，空也。四动时，坤为阖，户阖，故"窥其户"。坤为空虚，三隐伏坎中。坎为伏。故"阒其无人"，《象》曰："自藏也。"言三不应上。四五易位，噬嗑离目为"窥"。窥人者，言皆不见。此有错误。四五易位，则无取噬嗑离也，当云："四五易位，离目为'觌'，今无人，故'不见'。"坎为"三岁"，坤冥在上，体否坤故"冥"。离象不见，故"三岁不觌，凶"。谓五未变，离象不见也。四五已变，上体既济，而三不应，取成家人者，否未反泰，既济未定，"天地盈虚，与时消息"，故上权变也。

《象》曰：丰，大也。阳动故"大"。**明以动，故丰。**"明"，离。"动"，震。阳动，故"王假"，是以"大"也。**"王假之，尚大也。**"尚"，上也。"大"，阳也。五尊阳而上之。**"勿忧，宜日中"，宜照天下也。**【注】五动成乾，乾为"天"，四动成两离，重明丽正，故"宜照天下"，谓化成天下也。既济也。**日中则昃，**四五正，重离为"日中"。上变，成家人。离为巽，巽日入，故"则昃"也。**月盈则食，**【注】月之行，生震见兑，盈于乾甲。五动成乾，故"月盈"。四变体噬嗑食，故"则食"。此"丰其屋，蔀其家"也。上所以取成家人。**天地盈虚，与时消息，而况于人乎，况于鬼神乎。**【注】五息成乾为"盈"，四消入坤为"虚"，故"天地盈虚"也。丰之既济，四时象具。丰震春兑秋，既济坎冬离夏也。乾为"神""人"，坤为"鬼"。鬼神与人，亦随时消息，谓"人谋鬼谋，百姓与能"，"与时消息"。"人"谓三乾，由上之三为"神"。"鬼"谓上，坤变之巽，皆"与时消息"。

《象》曰：雷电皆至，丰。"雷电"，阳威之大。**君子以折狱致刑。**【注】"君子"谓三。噬嗑四失正，系在坎狱中，故上之三，折四入大过死象，故"以折狱致刑"。兑折为"刑"。贲三得正，故无敢折狱也。

"虽旬无咎",过旬灾也。【注】体大过,故"过旬灾"。四上之五,坎为"灾"也。四不应初,则"坎为灾"。"有孚发若",信以发志也。【注】四发之五,坎为"志"也。"丰其沛",不可大事也。【注】利四之阴,故"不可大事"。"折其右肱",终不可用也。【注】四死大过,不变。故"终不可用"。"丰其蔀",位不当也。离日之坎云中。"日中见斗",幽不明也。【注】离上变入坎云下,故"幽不明"。坎,"幽"也。"遇其夷主",吉行也。【注】动体明夷,震为"行",故曰"吉行"。六五之"吉",有庆也。【注】动而成乾,乾为"庆"。"丰其屋",天际祥也。"际",降也,孟氏云:"天降下恶祥也。""窥其户,阒其无人",自藏也。【注】谓三隐伏坎中,故"自藏"者也。

旅

☲☶ 艮下离上　否消卦,变贲也。否象已就,乾寄坤家,有似羁旅,故名曰"旅"。内卦候在三月,外卦四月。卦正五,爻戒三,动五终变成遁,否之渐也。

旅,小亨,旅贞吉。【注】贲初之四,否三之五,非乾坤往来也。与噬嗑之丰同义。"小"谓柔。五。得贵位而顺刚,丽乎大明,"大明",乾也。五丽乾,故能正。故"旅,小亨,取五通乾坤。旅贞吉"。"贞"亦五也。再言"旅"者,谓四凶恶,进退无恒,无所容处,故再言"旅",恶而憖之。

初六,旅琐琐,斯其所取灾。【注】"琐琐",最蔽之貌也。"最蔽",盖猥杂也。艮为居,巽为伏,为草莽,伏居草下,故"最蔽"也。失位远应,之正介坎,谓之正与四易位,则在坎,故初不之正。坎为灾眚,艮手为"取",谓三动应坎。三动则四在坎体,艮手,初往应之,为"取灾"。《杂卦》曰"亲寡,旅也",言不应。

六二，旅即次，怀其资。"即"，就。"次"，舍。"资"，财也。艮为舍。二正在艮中，故"即次"。五变，应阳有实，巽为藏，故"怀其资"。**得僮仆贞。【注】**艮为"僮仆"。谓三也。得正承三，故"得僮仆贞"而"终无尤也"。谓五动二执三，"用黄牛之革"，"得僮仆"之"贞"也。

九三，旅焚其次，丧其僮仆，贞厉。【注】离为火，艮为"僮仆"。三动艮坏，故"焚其次"。艮舍为"次"。坤为"丧"，三动艮灭入坤，故"丧其僮仆"。三正位，泰将为否，故三欲动而应上。动而失正，故"贞厉"矣。"贞"正也。五动二执三在坎，故"危"。言三动而失正，宁正而危也。

九四，旅于处，得其资斧，"资"当为齐。陆德明云："诸家皆作'齐'"。**我心不快。【注】**巽为"处"，四"焚弃"恶人，失位远应，故"旅于处"，言无所从也。言若寄处人家者然。离为"资斧"，故"得其资斧"。"资"当为"齐"，"齐斧"所以断物。三动，四坎为"心"，其位未正，故"我心不快"也。二执三，终不动。

六五，射雉，一矢亡。【注】三变，坎为弓，离为"矢"，故"射雉"。离为"雉"。五变乾体，矢动雉飞，雉象不见，故"一矢亡"矣。**终以誉命。【注】**"誉"谓二，巽为"命"。五终变成乾，则二来应己，故"终以誉命"。

上九，鸟焚其巢，旅人先笑，后号咷。【注】离为"鸟"，为"火"。巽为木，为高。四失位，变震为筐，"巢"之象也。此即贲时也。今巢象不见，故"鸟焚其巢"。震为"笑"，震在前，贲震故"在前"。故"先笑"。应在巽，巽为"号咷"，巽象在后，旅巽。故"后号咷"。**丧牛于易，凶。【注】**谓三动时，坤为"牛"。五动成乾，乾为"易"。上失三，五动应二，故"丧牛于易"。失位无应，故"凶"也。五动成遁，六二"执之用黄牛之革"，则旅家所"丧牛"也。

《彖》曰："旅，小亨"。柔得中乎外，而顺乎刚，谓五顺乾刚。止而丽乎明，"止"，艮。"丽"，离也。"明"，大明，谓乾，离丽乾五也。是以"小亨，旅贞吉"也。"亨""贞"皆在五也。旅之时义大矣哉。【注】以离日丽天，"悬象著明莫大日月"，故"义大"也。贲，震春坎冬。旅，兑秋离夏。

《象》曰：山上有火，旅。"山上有火"，阳寄于地，旅之象也。火焚杀万物，故明"慎用刑"之义。君子以明慎用刑，而不留狱。【注】"君子"谓三。艮为贤人。离为"明"，艮为"慎"，兑为"刑"，坎为"狱"。贲初之四，狱象不见，故"以明慎用刑，而不留狱"，与《丰》"折狱"同义者也。

"旅琐琐"，志穷灾也。【注】谓三动应坎，坎为"志"，坤称"穷"，故曰"志穷灾也"。"得僮仆贞"，终无尤也。三动坎为"尤"。二执三，故"终无尤"。"旅焚其次"，亦以伤矣。【注】三动体剥，故"伤"也。以旅与下，其义丧也。【注】三变成坤，坤为下，为"丧"，故"其义丧也"。"旅于处"，未得位也。不能正。"得其资斧"，心未快也。三不动。"终以誉命"，上逮也。【注】"逮"，及也，谓二上及也。以旅在上，其义"焚"也。【注】离火焚巢，故"其义焚也"。"丧牛"之"凶"，终莫之闻也。【注】坎耳入兑，故"终莫之闻"。

巽

☴巽下巽上　坤二五之乾，阳入伏阴下，故曰"巽"。巽，入也，伏也。于消卦在遁，次家人。阴阳一家，柔巽顺刚。巽旁通震。上动成初，"乾元用九，而天下治"，所以明消之有息也。内卦候在七月，外卦八月。卦辞唯取二正，以《象传》言之，则明变震消息。爻唯于初、五、上言之者，初、上进退，五卦主，主变也。震巽特变，由阳进退，取初二易位，三四不变，先成家人，"巽以行权"，著于此矣。

巽，小亨，利有攸往，利见大人。【注】遁二之四。二阴例。柔得位而顺五刚，故"小亨"也。"大人"谓五，离目为"见"。二失位利正，往应五，自内曰"往"，往历离，故曰"见"。故"利有攸往，利见大人"矣。此唯言二正。以《象》注言之，初二易位，之正也。彼已详，故此略耳。

初六，进退，利武人之贞。【注】巽为"进退"。阳由震而入，伏于巽为"退"，由巽而反于震为"进"，皆在于初。其在爻则二退，初进，亦是。乾为"武人"。初失位，利之正为乾，故"利武人之贞"矣。

九二，巽在床下，用史巫，纷若，吉，无咎。巽为木。遁乾人藉木，"床"也。"下"谓初。二失位，动而之初，故曰"巽在床下"，四注所谓"欲二之初"是也。兑为"巫"，巽为命令，兑又为书契、史也。二入坤用之，故"用史巫"。荀氏云："纷，变。若，顺也。"当变而顺五，则"吉无咎"。

九三，频巽，吝。【注】"频"，颦也。谓二已变，三体坎艮，又不言初变者，巽变震自上来，非由二动之初。二、三、四但论位义。变成家人，故三取坎艮，明二非易初。坎为忧，艮为鼻，故"频巽"。无应，在险，故"吝"也。

六四，悔亡，田获三品。【注】"田"，谓二也。地中称"田"。二位在"田"。失位无应，"悔"也。"失位"上脱"初"字。欲二之初，已得应之，故"悔亡"。二动得正，处中应五，五"多功"，故《象》曰"有功也"。二动艮为手，故称"获"。谓艮为狼，坎为豕，艮二之初，离为雉，故"获三品"矣。

九五，贞吉，悔亡，无不利，无初有终。【注】得位处中，故"贞吉，悔亡，无不利"也。明正位与之震皆中正之道。震巽相薄，雷风无形，当变之震矣。巽究为躁卦，故"无初有终"也。先庚三日，后庚三日，吉。【注】震，"庚"也。谓变初至二成离，至三成震，震主"庚"，离为"日"，震三爻在前，对后震为"前"。故"先庚三日"，谓益时也。动四至五成离，终上成震，震爻在"后"，故"后庚三日"也。巽初失正，终变成震，得位，故"无初有终，吉"。震究为蕃鲜白，释"蕃鲜"为"白"。谓巽白。巽究为躁卦，躁卦谓震也。震在上躁动。与《蛊》"先甲三日，后甲三日"同义。五动成蛊，乾成于甲，震成于庚，阴阳，天地之终始，故经举甲、庚于蛊《象》、巽五也。此明五动成蛊，二卦同义。蛊非自巽也。巽者消卦，在否前。蛊者，泰息卦，在反否前，故举终始也。

上九，巽在床下，【注】"床下"，谓初也。穷上反下，成震，故"巽在床下"。《象》曰"上穷也"，明当变穷上而复初者也。巽上复震，犹否上复泰。丧其齐斧，贞凶。【注】变至三时，上应三，故取三变。离毁入坤，坤为"丧"，巽为"齐"，离为"斧"，故"丧其齐斧"。三变失位，故"贞凶"。坤为"凶"。三当权变，失位乃可"贞"。《象》曰："正乎凶也。"

《彖》曰：重巽以申命，巽为"命"，"重"故"申"。刚巽乎中正而志行，【注】"刚中正"谓五也。二失位，动成坎，坎为"志"，终变成震，震为"行"也。《杂卦》曰："巽，伏也。"五刚中正，入伏震下，故"刚巽乎中正而志行"。柔皆顺乎刚，顺五刚。是以"小亨，利有攸往，利见大人"。

《象》曰：随风，巽。"风"者，天之号令。"随"，从也。风从地，所以散布阴气也。重，故"随"。君子以申命行事。【注】"君子"谓遁乾也。巽，阴卦，故知遁乾。巽为"命"，重象，故"申命"。变至三，坤为"事"，震为"行"，故"行事"也。

"进退"，志疑也。坎为"疑"，为"志"。在上变坎，故"志疑也"。"利

武人之贞",志治也。【注】动而成乾,乾为大明,故"志治","乾元用九,天下治",是其义也。震巽阴阳出入,故象乾坤。"纷若"之"吉",**得中也**。荀氏云:"谓二以处中和,故能变。""频巽"之"吝",志穷也。在坎为"志",不变为"穷",上爻"贞凶"谓此也。"田获三品",有功也。"功"谓五,谓二应五。九五之"吉",位正中也。【注】居中得正,故"吉"也。"巽在床下",上穷也。【注】阳穷上反下,故曰"上穷也"。穷巽上,反震下。"丧其齐斧",正乎凶也。【注】上应于三,三动失正,故曰"正乎凶也"。上以凶而正,所谓权也。

兑

☱兑下兑上　坤二五之乾。兑,说也,见也。阳正而见阴,阴故说也。于息卦在大壮,次需。阳伤大壮,需养正五,刚中柔外,故说而可决阴也。兑下有伏艮。兑,方伯之卦也。初九秋分,上六大雪。息卦成既济。

兑,亨,利贞。【注】大壮五之三也。四阳例,宜三之五,此亦变也。刚中谓二五。而柔外,谓三上。二失正,动应五承三,二承三则三正,可知二正则四亦正也。故"亨,利贞"也。

初九,和兑,吉。【注】得位,四变应已,故"和兑,吉"矣。

九二,孚兑,吉,悔亡。【注】"孚"谓五也。四已变,初令四变。五在坎中称"孚"。二动得位应之,故"孚兑,吉,悔亡"矣。五以二变。

六三,来兑,凶。【注】从大壮来,失位,故"来兑凶"矣。不言正者,兑家阴悦阳,三无应,故不变。上变阳,与三易位,然后变也。三不变,而上能变者,兑有伏艮,艮兑之卦,皆上为主也。

九四,商兑,未宁,介疾有喜。【注】巽为"近利市三倍",故称"商兑"。变之坎,水性流,震为行,谓二已变,体比象,故"未宁",与《比》"不宁方来"同义也。《比》"不宁"亦取坎水性流。坎为"疾",

故"介疾"。"介",纤也。体艮为小。得位承五,故"有喜"。阳为"喜"。

九五,孚于剥,有厉。【注】"孚",谓五也。二四变,体剥象,故"孚于剥"。在坎未光,"有厉"也。未成既济,三未为离。

上六,引兑。【注】无应乘阳,动而之巽为绳,艮为手,应在三,三未之正,故"引兑"也。三不之正,上动与三易位乃各正。

《彖》曰:兑,说也。【注】兑口,故"说也"。"说""悦"同义。**刚中而柔外,说以"利贞"。**【注】"刚中"谓二五,"柔外"谓三上也。二、三、四,利之正,故"说以利贞"也。**是以顺乎天而应乎人。**【注】大壮乾为"天",谓五也。"人"谓三矣。三正则君子。二变顺五承三,故"顺乎天应乎人"。坤为"顺"也。**说以先民,民忘其劳。**【注】谓二四已变成屯,坎为"劳",震喜兑说,坤为"民",坎为心,民心喜说,有顺比象,故"忘其老"也。**说以犯难,民忘其死。**【注】体屯故"难"也。三至上体大过死,变成屯,"民说无疆",故"民忘其死"。坎心为"忘",或以坤为"死"也。**说之大,民劝矣哉。**【注】体比顺象,故劳而不怨。震为喜笑,故"人劝"也。

《象》曰:丽泽,兑。离为"丽"。兑阴丽阳,故"丽泽"。**君子以朋友讲习。**【注】"君子",大壮乾也。谓五。阳息见兑,"学以聚之,问以辩之",体乾二也。兑二阳同类为"朋",伏艮为"友",坎为"习",震为"讲",二四变。兑两口对,故"朋友讲习"也。

"和兑"之"吉",行未疑也。【注】四变应初,震为"行",坎为"疑",故"行未疑"。初行而后四之坎。**"孚兑"之"吉",信志也。**【注】二变应五,谓四已变,坎为"志",故"信志也"。**"来兑"之"凶",位不当也。九四之"喜",有庆也。**【注】阳为"庆",谓五也。**"孚于剥",位正当也。上六引兑,未光也。**【注】二四已变而体屯,上三未为离，故"未光也"。

涣

☷坎下巽上　否消卦，次咸。阳始感通，阴初解散。涣者，离也。候在六月。卦辞二正成观，成观则有既济之道，故《象传》注云："成既济也。"其实，消卦不成既济，故上爻取二正成观。

涣，亨。【注】否四之二，成坎巽，以阳涣阴。天地交，故"亨"也。**王假有庙，**【注】乾为"王"。"假"，至也。否体观，艮为宗庙，乾四之坤二，故"王假有庙，王乃在中也"。乾入艮中，"中"谓二。**利涉大川，利贞。**【注】坎为"大川"。涣，舟楫象，故"涉大川，乘木有功"。二失正，变应五，故"利贞"也。

初六，用拯马壮，吉。【注】坎为"马"。初失正，动体大壮，得位，故"拯马壮，吉"。"拯"，《子夏传》作"抍"，取也。初应在四，四坤为"用"，四拯于初，初动马壮而吉。悔亡之矣。四字盖衍，或虞本有"悔亡"字。

九二，涣奔其机，悔亡。【注】震为"奔"。初已正，二变为震。坎为棘，为矫輮，"棘"，小枣。震为"足"。輮棘有足，古者几，盖以棘木为之。艮肱据之，凭机之象也。"机"，古"几"字。涣宗庙中，故设"机"。二"王假有庙"，故"设机"。二失位，变得正，故"涣奔其机，悔亡"也。以阳之阴，假庙象灭，疑有悔，故明之。

六三，涣其躬，无悔。二已变，坤为"躬"，坎为"悔"，不变故"无悔"。

六四，涣其群，元吉。【注】谓二已变成坤，坤三爻称"群"，得位顺五，故"元吉"也。**涣有丘，匪夷所思。**【注】位半艮山，故称"丘"。三变故涣四丘。"匪"，非也。"夷"，谓震。震大涂，故"夷"。四应在初，二已变，初为震。三变坎为"思"，故"匪夷所思"也。谓有"匪夷"之"思"。

九五，涣汗其大号。 巽为号令，五乾称"大"。否坤为身，四之二成坎为水，水出于身，汗也。汗出而不反，以比号令。**涣王居，无咎。** 五为"王"，艮为"居"。当涣之时，王居正位，二变应，故"无咎"。

上九，涣其血，去逖出，无咎。【注】应在三，坎为"血"，为"逖"。三不取变，与二为坎。"逖"，忧也。二变为观，坎象不见，故"其血去逖出，无咎"。上不正者，未能定既济也，故独取二正体观象。

《彖》曰："涣，亨"，**刚来而不穷，** 否四之二，坎为通，故"不穷"也。**柔得位乎外而上同。** 二之四顺五。**"王假有庙"，王乃在中也。** 二得中，在艮宗庙，故"假庙"。**"利涉大川"，乘木有功也。**【注】巽为"木"，坎为水，故"乘木有功也"。谓圣人作舟楫。

《象》曰：**风行水上，涣。** "风行水上"，阴散而阳聚，故涣以立庙。**先王以享于帝立庙。**【注】否乾为"先王"。"享"，祭也。震为"帝"，为祭，艮为"庙"。四之二，杀坤大牲，故"以享帝立庙"。谓成既济，有噬嗑食象故也。祭则鬼享之，故以成既济为象也。"享于帝立庙"，谓立新庙也。"享于帝"者，告于南郊而谥之。涣，否泰之交，象嗣君正位继体也。

初六之"吉"，顺也。【注】承二，故"顺"也。二将变，初正承之，故"顺"。**"涣奔其机"，得愿也。**【注】动而得位，故"得愿也"。**"涣其躬"，志在外也。** "外"谓四。三变与四成坎，故"志在外"。**"涣其群，元吉"，光大也。**【注】谓三已变成离，故四"光大也"。**"王居，无咎"，正位也。**【注】五为"王"，艮为"居"。正位居五，四阴顺命，故"王居，无咎，正位也"。**"涣其血"，远害也。**【注】乾为"远"，坤为"害"，体遯上，故"远害也"。

节

☱兑下坎上 泰息卦，次归妹。阴道既盛，阳虽既济，犹不可贞，故节止不过，则四时成也。候在七月。爻变成屯。

节，亨。【注】泰三之五，天地交也。五当位以节。"节"，止也。五体艮，故止也。中正以通，坎，"通"也。故"节亨"也。**苦节不可贞。【注】**谓上也。爻亦言"苦节"。应在三，三变成离火，"炎上作苦"，位在火上，故"苦节"。虽得位，乘阳，故"不可贞"。三变既济，云"苦节"者，泰已过，不可恃，故上象在离上也。三不变，则上不苦。成屯，则节之道。

初九，不出户庭，无咎。【注】泰坤为"户"，艮为"庭"，震为"出"，初得位应四，故"不出户庭无咎"矣。初不变，为"不出户庭"。

九二，不出门庭，凶。【注】变而之坤，艮为"门庭"。二失位不变，出门应五，则"凶"，故言"不出门庭，凶"矣。

六三，不节若，则嗟若，无咎。【注】三，节家君子也。节六爻，皆"君子"。失位，故"节若"。当节之时，三不变则成屯，得节之道，故"节若"。"若"，辞也。"嗟"，哀号声。震为音声，为出。三动得正而体坎离，二已变。涕流出目，故"则嗟若"。得位乘二，故"无咎"也。

六四，安节，亨。【注】二已变，艮止坤安，不言三变者，三"节若"，其常也。得正承五，有应于初，故"安节，亨"。

九五，甘节，吉，往有尚。【注】得正居中，坎为美，故"甘节，吉"。"往"谓二。二失正，变往应五，故"往有尚"也。

上六，苦节，贞凶，悔亡。【注】二三变，在两离，火"炎上作苦"，故"苦节"。乘阳，故"贞凶"。得位，故"悔亡"。

《象》曰："节，亨"，刚柔分而刚得中。"刚柔分"，天地交也。谓泰三之五，"刚得中"。**"苦节不可贞"，其道穷也。【注】**位极于上，乘阳，故"穷"也。泰时已极，故"道穷"。**说以行险，【注】**兑，"说"。坎，"险"。

震为"行",故"说以行险"也。当位以节,中正以通,【注】"中正"谓五,坎为"通"也。天地节而四时成。【注】泰乾"天",坤"地",震春,兑秋,坎冬,三动离为夏,故"天地节而四时成"也。节以制度,不伤财,不害民。【注】艮手称"制",坤数十为"度"。坤又为"害",为"民",为"财"。二动体剥,剥为"伤"。三出复位,成既济定,坤剥不见,故"节以制度,不伤财,不害民"。故三"嗟若,无咎"。

《象》曰:泽上有水,节。水在泽上,不节则溃。君子以制数度,议德行。【注】"君子",泰乾也。艮止为"制"。手止称"制"。坤为"度",震为"议",为"行",乾为"德",故"以制数度,议德行"。乾三之五为"制数度",坤五之乾为"议德行"也。

"不出户庭",知通塞也。【注】坎为"通"。二变,坤土壅初为"塞"。"通塞"皆节泽之道。"不出门庭,凶",失时极也。【注】"极",中也。未变之正,"失时极"矣。"不节"之"嗟",又谁咎也。时使然,不得咎三。"安节"之"亨",承上道也。"上"谓五。"甘节"之"吉",居位中也。【注】艮为"居",五为"中",故"居位中也"。"苦节,贞凶",其道穷也。位极于上,乘阳,故"穷"。

中孚

☱下☴上 消息卦。在否,次益、恒。否自咸阳感阴,历涣、噬嗑、丰、益、恒,凡六卦。而乾坤合于中孚,反泰而息,大壮注云"大壮阳已至四",谓此也。中孚、小过与坎离同义。孚,信也。中孚,离外而坎内,故二体坎为"孚",言阳信于阴,故否反泰也。候在十一月。爻成既济。

中孚,【注】讼四之初也。坎,孚象在中,谓二也。二本讼坎,今在二中,坎象半见。故称"中孚"。不取五而取二者,反泰内乾,故二为主。此当从四阳二阴之例,遁阴未及三,而大壮阳已至四,故从讼来。讼者,离游魂卦。明此与坎离同义。二在讼时，体离为鹤，在坎阴中，有"鸣鹤在阴"之义也。此以爻辞证卦从讼来。**遁鱼吉**，李鼎祚云"虞氏以三至上体遁，便以'豚鱼'为'遁鱼'也。"巽为"鱼"，体遁，故"遁鱼"。遁弑父，大壮阳来止之，兑为泽，"遁鱼"得泽，故"吉"也。**利涉大川，【注】**坎为"大川"，谓二已化邦。《彖》曰："说而巽乎，乃化邦也。"谓二应五化成坤，即下云"利贞"也。《彖》于孚言之，谓二具孚德，以能化邦，故卦辞"利涉大川"，据二已化邦也。复言"利贞"者，卦德未显，故又言之。谓二正三上也。李鼎祚谓"虞解遁鱼，不言化邦"，更生异说，不知《彖传》之次，"化邦"已在孚中。李以"化邦"解"遁鱼"，乃远《彖传》也。三利出，涉坎得正，体涣。涣，舟楫象，故"利涉大川，乘木舟虚也"。**利贞。【注】**谓二利之正而应五也。"中孚以利贞，乃应于天也"。"天"谓五乾。

初九，虞吉，有它不燕。"虞""燕"，皆安也。初得位，故"虞吉"。"有它"谓应四也。初正比二，二"化邦"，坤为安，四"遁鱼"上承五，不取相应，故戒以"有它"而不"燕"也。四"马匹亡"，《象》曰"绝类上"，谓初也。

九二，鸣鹤在阴，其子和之。我有好爵，吾与尔靡之。【注】"靡"，共也。震为"鸣"，讼离为"鹤"，坎为阴夜，鹤知夜半，故"鸣鹤在阴"。二动成坤，体益，五艮为"子"，体坤为母。震巽同声者相应，故"其子和之"。坤为身，故称"我"。"吾"谓五也。离为"爵"，爵位也。讼离也。坤为邦国，五在艮，阍寺庭阙之象，故称"好爵"。五利二，变之正应，以故"吾与尔靡之"矣。

六三，得敌，或鼓或罢，或泣或歌。三失位，不能自正，应在上"登天"，不下与三易位。"敌"谓三四也。上与四体震为"鼓"，艮止为"罢"，下乘二在讼，坎为"泣"，二变震为"歌"。《象》曰："位不当也。"

六四，月几望，马匹亡，无咎。【注】讼坎为"月"，离为"日"。

"坎"谓二,"离"谓四。兑西震东,月在兑二,离在震三,讼四之初,二在兑,四则离位。日月象对,故"月几望"。"几",近也。不在二五,不正望。中孚,坎离之合,故发此象。乾坎两马"匹"。"匹",配也。在讼乾四与坎初为"匹"也。初四易位,震为奔走,体遁山中,乾坎不见,故"马匹亡"。初四易位,故"无咎"矣。

九五,有孚,挛如,无咎。【注】"孚",信也。谓二在坎为"孚"。巽绳艮手,故"挛"。二使化为邦,得正应己,故"无咎"也。

上九,翰音登于天,贞凶。【注】巽为鸡,应在震,震为"音"。"翰",高也。巽为"高",乾为"天",故"翰音登于天"。失位,故"贞凶"。谓上宜与三易位,正乎凶,卦辞"利涉大川"是也。《礼》荐牲,鸡称"翰音"也。

《象》曰:**中孚,柔在内而刚得中**。刚柔皆谓二也。二变应五,故"柔在内"。王弼云"三四在内",四外体,不得云"内"也。**说而巽**,孚。兑,"说",谓二。"巽孚"谓之五,故"乃化邦"矣。**乃化邦也**。【注】二化应五成坤,坤为"邦",故"化邦"也。"遯鱼吉",信及遯鱼也。"遯鱼"谓三四。三四体遯,弑君父,二救之,故"信"。"利涉大川",**乘木舟虚也**。三出体涣,舟楫象,故"乘木舟虚"。**中孚以"利贞",乃应乎天也**。【注】讼乾为"天",二动应乾,故"乃应乎天也"。

《象》曰:**泽上有风,中孚**。风生乎泽,风行水上,以阳散阴,"泽上有风"。以阴应阳,中孚之义也。"泽"者,恩泽。"风"者号令,"议狱缓死"之义。**君子以议狱缓死**。【注】"君子",谓乾也。讼乾即否乾也。讼坎为"狱",震为"议",为"缓"。坤为"死"。乾四之初,则二出坎狱。兑说震喜,坎狱不见,故"议狱缓死"也。

初九"虞吉",志未变也。讼二坎为"志",二未变,故初"有它"。"其子和之",中心愿也。【注】坎为"心",动得正应五,故"中心愿也"。"或鼓或罢",位不当也。三失位,不能正,待上易位。"马匹亡",绝类上也。【注】讼初之四,体与上绝,谓初也。故"绝类上也"。"上"谓乾。"有孚挛如",位正当也。五正中,故能孚二。"翰音登于天",何可长也。谓当反三。

小过

䷽ 艮下震上　消息卦。在泰,次随、蛊。泰自归妹,阳归阴,历节、贲、旅、蛊、随六卦,而乾坤遇于小过,反否而消观。注云"观四已消"谓此也。小过坎外而离内,谓五以阴丽阳,故名"小过"。注云"柔得中而应乾刚"是也。内卦候在十二月,外卦正月。卦辞五正成咸,咸否反泰。卦爻成既济,犹在泰也。

小过,亨,利贞。【注】晋上之三,当从四阴二阳临观之例。临阳未至三,而观四已消也。又有飞鸟之象,故知从晋来。"杵臼之利",盖取诸此。从晋者,乾游魂卦也,明否泰具乾坤义。晋三《象》曰"上行也",注云:"此则成小过,小过故有'飞鸟之象'焉。杵臼之利,见硕鼠出入坎穴,盖取诸此也。"柔得中而应乾刚,故"亨"。谓五也。乾刚谓五伏阳,震为应。五失正,故"利贞"。"过以利贞,与时行也。"**可小事,**【注】"小"谓五。小,阴也。晋坤为"事",柔得中,故"可小事"也。**不可大事。**【注】"大事",四。"事"当为"谓"。刚失位而不中,故"不可大事"也。**飞鸟遗之音,不宜上,宜下,大吉。**【注】离为"飞鸟",震为"音",艮为止。晋上之三,离去震在,飞鸟而音止,故"飞鸟遗之音"。"遗",存也。上阴乘阳,故"不宜上"。谓五当变。阴顺阳,故"宜下,大吉"。谓二"遇其臣"。俗说或以卦象二阳在内,四阴在外,有似飞鸟之象,妄矣。宋仲子说也。于《易》无此取象法,故曰"妄"也。

初六,飞鸟以凶。【注】应四离为"飞鸟",晋离。上之三,则四折入大过死，故"飞鸟以凶"。初失正，利四来易位，四死大过，故以初凶。

六二，过其祖，遇其妣。【注】"祖"，谓祖母，对妣言，故知谓"祖母"。初也。母死称"妣"，谓三。坤为丧，为母，折入大过死，故称"祖"也"妣"。当为"妣也"，误倒耳。二在巽。三，巽之主。女随母，故三为二母，死大过，故"妣"也。初坤体，坤又为巽母，故为"祖母"也。二过初，故"过其祖"。五变三，体姤遇，故"遇妣"也。**不及其君，遇其臣，无咎。**【注】五动为"君"，晋坤为"臣"。谓三在坤位，为五臣。二之五隔三，艮为止，故"不及其君"。止如如而通。承三得正，体姤遇象，故"遇其，无咎"也。小过之时，阴过阳，故戒以顺阳为吉。《象》注云"随同义"。

九三，弗过，防之，从或，戕之，凶。【注】"防"，防四也。谓三"弗过"四，应上而"防四也"。失位，"从或"而欲折之初。谓四也。"或"，初。"戕"，杀也。离为戈兵。三从离上入坤，折四死大过中，故"从或，戕之，凶"也。"凶"，谓四也。此或疑焉。四之凶不当见于三，谓三不防四，四折之初，则体飞鸟而成明夷，三离灾眚，故"凶"耳。

九四，无咎，弗过，遇之。失位，"咎"也。下成明夷，故失位"无咎"，谓四弗过三之初，而待五正体姤遇。**往厉必戒，勿用，永贞。**往之初也。坤为"用"。五既变，则三弋初而正四，故"永贞"也。

六五，密云不雨，自我西郊。【注】"密"，小也。晋坎在天为"云"，坠地成"雨"。上来之三，折坎入兑。小为"密"，坤为"自我"，兑为"西"，五动乾为"郊"，故"密云不雨，自我西郊"也。**公弋取彼在穴。**【注】"公"，谓三也。三，公位。"弋"，矰缴射也。坎为弓弹，离为鸟矢。谓三弋取初而正四，成既济，体坎离。弋，无矢也。句有误。巽绳连鸟，弋人鸟之象。初四易位，体二离。"鸟弋人"下有脱字。艮为手，二为"穴"，巽伏为"穴"。手入穴中，在穴中者初也。故"公弋取彼在穴"也。

上六，弗遇，过之，飞鸟离之凶，是谓灾眚。【注】谓四已变之坤。谓四先五动，明夷时也。上得之三，故"弗遇，过之"。谓上弗待五正遇三，而过五应三。离为"飞鸟"，公弋得之，鸟下入艮手而死，故"飞鸟离之凶"。注谓四也。案四下易初，则三在离鸟，三主弋鸟者，今不取"在穴"，而由四下三体死，鸟离其凶，不能应上也。晋坎为"灾眚"。以凶主四，故取晋坎。今言三则四下初，三在坎矣。故"是谓灾眚"矣。言非三咎。

《象》曰：小过，小者过而亨也。"小"谓五。过乎阳而应乾刚，故"过而亨"。**过以"利贞"，与时行也。**艮为"时"，震为"行"。谓五正成咸。泰否相反，终则有始，"与时偕行"。**柔得中，是以"小事吉"也。【注】**谓五也。阴称"小"，故"小事吉也"。**刚失位而不中，是以"不可大事"也。【注】**谓四也。阳称"大"，故"不可大事也"。**有飞鸟之象焉**，晋上之三。**"飞鸟遗之音，不宜上，宜下，大吉"，上逆而下顺也。**阴在阳上为"逆"，故五宜正阴，在阳下为"顺"，故二不变。

《象》曰：山上有雷，小过。雷者随阳而出，遇音而声。在山上为阴过，在天上为阳伤，义同。**君子以行过乎恭，【注】**"君子"谓三也。上贵三贱。晋上之三，震为"行"，故"行过乎恭"。谓三"致恭以存其位"，与谦三同义。泰否之义，同剥复也。**丧过乎哀，【注】**晋坤为"丧"，离为目，艮为鼻，坎为洟洟，震为出。洟洟出鼻目，体大过遭死，"丧过乎哀"也。**用过乎俭。【注】**坤为财用，为吝啬，艮为止，兑为小。小用止，"密云不雨"，故"用过乎俭"也。

"飞鸟以凶"，不可如何也。【注】四死大过，故"不可如何也"。**"不及其君"，臣不可过也。【注】**体大过下，止舍巽下，故"不可过"。"臣谓三，谓二不可过三。与随三同义。随三"系丈夫，失小子"。小过时，阴亦当从阳。"从或戕之"，"凶"如何也。【注】三来"戕"四，故"凶如何也"。**弗过遇之，位不当也。**四失位，故常欲过三之初。"往厉，必戒"，终不可长也。【注】体否上倾，故"终不可长"矣。"密云不雨"，已上也。【注】谓三坎水已之上六，故"不雨"。故"已上也"。**弗遇过之，已亢也。**【注】飞下称"亢"。《诗传》曰："飞而上曰颉，飞而下曰颃。"古"颃""亢"同。晋上之三，"已亢也"。谓三已下飞，不上应上。

既济

䷾离下坎上　泰息卦。六爻皆正，故曰"既济"。济，成也。泰至既济则反否，故"辞危"。候在十月。爻不变。

既济，亨小，【注】泰五之二。"小"，谓二也。柔得中，故"亨小"。于例当二之五，而"五之二"者，泰坤女主，下交上二，故卦主"柔得中"而"亨小"。**利贞。**【注】六爻得位，"各正性命，保合大和"，故"利贞"矣。**初吉，**【注】"初"，始也。谓泰乾，"乾知大始"，故称"初"。坤五之乾二，得正处中，故"初吉，柔得中也"。**终乱。**【注】泰坤称"乱"。坤为"终"。二上之五，既济二也。终止于泰，则反成否。"子弑其父，臣弑其君"。天下无邦，终穷成坤，故"乱，其道穷"。既济者，已济也。其济在泰，至既济而尽，尽则二复于五，终泰而反否。

初九，曳其轮，濡其尾，无咎。坎为"轮"，为"曳"。泰初本否四也。否四在艮为狐，为"尾"，未济之"小狐濡尾"是也。坎水为"濡"。初应在四，历坎，故"曳其轮，濡其尾"。濡、曳似咎，正位，故"无咎"。既济六爻各正，不取相应，虽二五亦然，故二主承三也。

六二，妇丧其茀，勿逐，七日得。【注】离为"妇"，泰坤为"丧"。茀发，谓鬒发也，一名妇人之首饰。所谓被后夫人之燕服。坎为玄云，故称"髯"。《诗》曰:"鬒发如云。"乾为首,坎为美,五取乾二之坤为"坎",坎为盗,故"妇丧其髯"。泰震为"七",故"勿逐,七日得"。"震",谓三也。离为日,震为离二,又在坎,故"得其髯",言当顺三。与《睽》"丧马勿逐"同义。睽初丧坎马得震马,故同义。"髯"或作"茀",俗说以"髯"为妇人蔽膝之茀,非也。卦无膝象,故知非也。

九三,高宗伐鬼方,三年克之,小人勿用。【注】"高宗",殷王武丁。"鬼方",国名。乾为"高宗"。泰乾为君。三在震,帝君配天,故称"高宗"。坤为"鬼方",坤为"鬼",为"方",故"鬼方"。乾二之坤五,故"高宗伐鬼方"。三为高宗者,既济泰之用,以泰乾为君,乾三得位,使二上五征坤,故三为高宗。《象》曰"君子思患豫防",谓三也。坤为"年",位在"三",故"三年"。坤为"小人"。谓上也。二上克五,故"三年克之,小人勿用"。《象》曰"惫也"。坎为劳也。

六四,繻有衣袽,终日戒。【注】乾为"衣",故称"繻"。"袽",败衣也。乾二之五,衣象裂坏,故"繻有衣袽"。离为"日",坎为盗,在两坎间,故"终日戒"。谓伐鬼方三年乃克,旅人勤劳,衣服皆败,鬼方之民犹或寇窃,故"终日戒"也。三言定既济之难,四言既济不可恃。

九五,东邻杀牛,不如西邻之禴祭,实受其福。【注】泰震为"东",兑为"西"。东西称"邻"。坤为"牛",震动五杀坤,故"东邻杀牛"。在坎多眚,为阴所乘,故"不如西邻之禴祭"。五在震为"东邻",二在兑为"西邻"。泰成既济,四时象正,"国之大事,在祀与戎",故三言"伐鬼方",五言"祭事"也。"禴",夏祭也。离为夏,兑动,二体离明,得正承五顺三,故"实受其福,吉大来也"。

上六,濡其首,厉。【注】乾为"首"。五从二上,在坎中,故"濡其首,厉"。位极乘阳,象上濡五也。故"何可久"。泰所以否也。

《彖》曰："既济，亨"，"小"者亨也。"小"谓二。由坤五之二，乃得"亨"。"利贞"，刚柔正而位当也。"初吉"，柔得中也。【注】"中"谓二。终止则乱，其道穷也。【注】反否终坤，故"其道穷也"。

《象》曰：水在火上，既济。水火相济以成其用，其不相济，则患也。君子以思患而预防之。"君子"谓乾三也。坤为"患"，坎为"思"。泰天地交，物所以济，终止则乱。乾三"惕若"，使二升五以正坤，故曰"思患而豫防之"，谓防否也。

"曳其轮"，义无咎也。正位故"无咎"。"七日得"，以中道也。二中宜柔，道乃然也。"三年克之"，惫也。【注】坎为劳，故"惫也"。"终日戒"，有所疑也。四多惧，两坎间，坎为"疑"也。"东邻杀牛"，不如"西邻"之时也。既济"亨小"，故"西邻时"也。"实受其福"，吉大来也。受乾"福"也，阳为"大"。"濡其首厉"，何可久也。

未济

☲☵坎下离上　否消卦。六爻皆错，故名曰"未济"。未济者，言反泰则济也。内卦候在十月，外卦十一月。卦辞不变，消道也。爻正既济，明可以济也。

未济，亨。【注】否二之五也。柔得中，天地交，故"亨"。"济"，成也。六爻皆错，故称"未济"也。小狐汔济，【注】否艮为"小狐"。谓四也。汔""，几也。"济"，济渡。狐济几渡，而"濡其尾"，未出中也。"几渡"，谓二上之五涉坎，由濡尾，故"未济"。濡其尾，无攸利。【注】艮为"尾"。狐，兽之长尾者也。"尾"谓二，在坎水中，故"濡其尾"。失位，故"无攸利，不续终也。"未济，非可终之道。

初六，濡其尾，吝。【注】应在四，故"濡其尾"。四在否艮，故为"尾"。四濡尾，故不应。初"伐鬼方"，则下正初矣。失位，故"吝"。

九二，曳其轮，贞吉。坎为"轮"，为"曳"。未济之家，不正相应，故皆不取应爻，二应五，而"曳其轮"也。"贞"而得位，故"吉"矣。

六三，未济，征凶，利涉大川。三在两坎之中，故独象未济。三变正，四在震为"征"，谓"伐鬼方"也。初二未变，入大过，故"凶"也。四下正初，五变二正，上"孚"，既济，皆三之用，故"利涉大川"。

九四，贞吉，悔亡。【注】动正得位，故"吉"而"悔亡"矣。**震用伐鬼方，三年有赏于大邦。【注】**变之震，体师，五未正也。坤为"鬼方"，故"震用伐鬼方"。"鬼方"，谓四。"震"，谓三也。坤为"年"，为"大邦"，阳称"赏"。四在坤中，体既济离三，故"三年有赏于大邦"。又言"三"以四阳下正初也。四体既济离三，亦"伐鬼方"之爻也。初坤爻，又"鬼方"。"三年"者，自四下初，三爻，故"三年"。以其正在初，故以离三言之耳。

六五，贞吉，无悔。【注】之正则"吉"，故"贞吉，无悔"。上变坎为"悔"。未济柔中亨，嫌变有悔。**君子之光，有孚，吉。【注】**动之乾，离为"光"，三四已正。故"君子之光"也。"孚"，谓二。二变应己，得有之，故"有孚，吉"。坎称孚也。

上九，有孚于饮酒，无咎。【注】坎为"孚"，谓四也。上之三介四，故"有孚"。饮酒"饮"当为"坎"字误。流颐中，故"有孚于饮酒"。终变之正，故"无咎"。**濡其首，有孚失是。【注】**乾为"首"。否乾也。五动，坤二之五也。首在酒中，失位，故"濡其首"矣。"孚"，信。"是"，正也。六位失正，故"有孚失是"。谓若殷纣沉湎于酒，以失天下也。此又综六爻之义而言。"有孚"，谓四。四"失是"者，既济泰主九三，故"高宗伐鬼方"，未济否主九四，故"震用伐鬼方"，以其为消息之主，故既济之得正由三，未济之失正由四，其贞亦四，先之初也。干宝、侯果皆以既济为殷亡周兴之卦，盖古有是说，故引"纣沉湎于酒"为比。

《象》曰："未济，亨"，柔得中也。谓否二之五，天地交。"小狐汔济"，未出中也。【注】谓二未变，在坎中也。谓二以上体既济，故"几济"也。"濡其尾，无攸利"，不续终也。【注】否阴消阳，至剥终坤，"终止则乱，其道穷也"。乾五之二，坤杀不行，故"不续终也"。谓未济亦救否之道，然六爻失位，不可相续而终，故二居坎，"无攸利"也。虽不当位，刚柔应也。

《象》曰：火在水上，未济。火水各居其方，未成其功也。君子以慎辩物居方。【注】"君子"，否乾也。艮为"慎"。"辩"，辩别也。物谓"乾阳物也，坤阴也。"当云"阴物也"，脱"物"字。艮为"居"，坤为"方"。乾别五以居坤二，故"以慎辩物居方"也。以阳为主，故"乾别五"。

"濡其尾"，亦不知极也。李鼎祚云："极，中也。谓四居坎中，以'濡其尾'，是'不知极也'。"九二贞吉，中以行正也。【注】谓初已正，二动成震，故"行正"。震为"行"。"未济，征凶"，①位不当也。六爻皆位不当，因三言"未济"而发之。"贞吉，悔亡"，志行也。震正四，以四阳下正初。坎为"志"，震为"行"，故"志行"。"君子之光"，其晖吉也。【注】动之正，乾为"大明"，故"其晖吉也"。谓五丽乎大明。"饮酒濡首"，亦不知节也。【注】"节"，止也。艮为节。否四爻云"有孚"也。"饮酒濡首"，故"不知节也"。

---

① "征"，原作"贞"据六三爻辞及《周易集解》改。

周易虞氏义卷七

周易系辞上　虞氏注

天尊地卑，乾坤定矣。【注】天贵故"尊"，地贱故"卑"。"定"谓成列。谓庖牺分天象为三才，以地两之，乾坤相并俱生，天地相应，成一阴一阳六画之列。天以上为"尊"，故五为天位；地以下为"卑"，故二为地位，故曰"定"也。此即既济之位也。

卑高以陈，贵贱位矣。【注】乾高贵五，坤卑贱二，"列贵贱者存乎位"也。乾坤之列，自下而上，以位言之，则坤在乾上，故曰"卑高"。乾坤正位二五，故"贵贱"。"位"谓若《乾凿度》曰"初为元士，二为大夫，三为三公，四为诸侯，五为天子，上为宗庙"者也。**动静有常，刚柔断矣。【注】**"断"，分也。乾刚常动，坤柔常静，"分阴分阳，迭用柔刚"。谓庖牺既定乾坤六位，又分乾阳坤阴各为六画，然后可以"迭用"，所谓"刚柔者立本者也"。**方以类聚，物以群分，吉凶生矣。【注】**物三称"群"。坤方道静，故"以类聚"。乾物动行，故"以群分"。言乾坤各以三为六。乾生故"吉"，坤杀故"凶"，则"吉凶生矣"。乾坤各为六画，则有正不正，故"吉凶生"。下注云"得正言吉，失位言凶"也。凡"吉"乾之生，凡"凶"坤之杀也。**在天成象，在地成形，变化见矣。【注】**谓日月在天成八卦，震象出庚，兑象见丁，乾象盈甲，巽象伏辛，艮象消丙，坤象丧乙，坎象流戊，离象就己，故"在天成象"也。在天之象，庖牺则之为三才之卦。既定乾坤，则就乾坤生六子，本此在天之象所成，故变化仍象之也。"在地成形"，谓震竹，巽木，坎水，离火，艮山，兑泽，乾金，坤土。在天为"变"，在地为"化"，即乾变坤化，一也。"刚柔相推而生变化"矣。谓以乾坤为六子也。**是故刚柔相摩，八卦相荡。**【注】旋转称"摩"，薄也。相薄入。乾以二五摩坤，成震、坎、艮。坤以二五摩乾，成巽、离、兑。八卦，天象所生，其成爻，则六子由乾坤二五摩薄，故曰"庖牺作八卦"，此谓六爻卦也。凡言"二五"者，谓其中气尔，非必二五爻，故三才卦亦言二五。故"刚柔相摩"，则"八卦相荡"也。"荡"，动也。下注云："乾坤与六子俱名'八卦而小成'也。"**鼓之以雷霆，润之以风雨。日月运行，一寒一暑。**【注】"鼓"，动。"润"，泽也。"雷"，震。"霆"，艮。"霆"，霹雳也。"雷"，动于下。"霆"，击于上。"风"，巽。"雨"，兑也。风生于水，故巽坎半见于下。雨陨于云，故兑坎半见于上。"日"，离。"月"，坎。"寒"，乾。"暑"，坤也。大寒，乾生。大暑，坤生。运行往来，"日月相推而明生焉，寒暑相推而岁成焉"，故"一寒一暑"也。谓六子成乾坤之功。**乾道成男，坤道成女。**谓乾坤统六子，震、坎、艮为阳，巽、离、兑为阴也。**乾知大始，坤化成物。**谓六子生物皆乾坤也。"大哉乾元，万物资始。""至哉坤元，万物资生。"阳称"大"，资始未来，故曰"知"，"神以知来"也。承天成物，故曰"化"也。**乾以易知，**"易"读如字。**坤以简能。**【注】阳见称"易"，以阳变阴，故称"易"。阴藏为"简"。阴藏阳。"简"，阅也。乾息昭物，天下文明，故"以易知"。坤阅藏物，故"以简能"矣。谓乾以息阳而"知大始"，坤以牝阳而"化成物"。**易则易知，简则易从。**【注】乾悬象著明，故"易知"。坤阴阳动辟，故"易从"。言坤之能，在从阳。"不习无不利，地道光也"。**易知则有亲，易从则有功。**【注】阳道成乾为父，震、坎、艮为子。"本乎天者亲上",故"易知则有亲"。"本乎地者亲下。"独言乾者,巽、离、兑阴卦皆丽阳,故震通巽,坎正离,艮伏兑,三女外成,坤无亲也。**以阳从阴**,实以阴从阳。言"以阳从阴"者,坤凝阳出震,乾来通阴,故曰"从阴"也。至五多功,五正位,坤化则成。故"易从则有功"矣。**有亲则可久,有功则可大**。以阳正阴,终则有始,故"有亲则可久"。"大"谓阳。以阴牝阳,动出至五则复乾,故"有功则可大"。**可久则贤人之德,可大则贤人之业**。姚信云:"'贤人',乾坤也。言乾以日新为德,坤以富有为业。"**易简而天下之理得矣**。【注】"易"为乾息,"简"为坤消。乾坤变通,穷理以尽性,《说卦》注云:"以乾推坤谓之'穷理',以坤变乾谓之'尽性'。"故"天下之理得矣。"谓乾坤消息既正,六十四卦皆出于此。**天下之理得,而易成位乎其中矣**。"易",神也。"中",《下系》注云"正也"。六位正,既济定,则《易》之"迭用柔刚"也。六十四卦消息,则易出乾入坤,九六之用,"各正性命,保合太和",故曰"易成位乎其中矣"。

第一章,孔颖达《正义》云:"周氏分《上系》为十二章,虞翻合'大衍之数'并'知变化之道'共为一章,凡十一章。"今以《注》文考之,"易有太极"盖合"天一地二"为一章。今唯并此一章,余悉依《正义》。此章明庖牺作《易》立乾坤以起消息,成于既济。

圣人设卦观象,"圣人"谓庖牺、文王也。庖牺"设卦",系辞变化则文王。"象",消息之象也。**系辞焉而明吉凶悔吝。刚柔相推而生变化**。【注】刚推柔生"变",柔推刚生"化"。"刚柔相推",消息之象也。文王因之而为九六变化。**是故吉凶者,失得之象也**。【注】吉则象得,失则象失也。下注云:"得正言吉,失位言凶。"不于此言之者,此文王言观象以正人事,谓辞之吉凶,象人事之失得,故经于下又别出"吉凶者,言乎其失得也"之文。注各随文互相备。**悔吝者,忧虞之象也**。【注】"悔"则象"忧","吝"则象"虞"

也。"虞",欢虞也。忧未至吉,虞未知凶。**变化者,进退之象也**。变化之消息,象人事之进退。**六爻之动,三极之道也**。"极",中也。"三极",三才也。三才六爻,非中则动。《下系》曰:"因而重之,爻在其中。"故君子以天地之消息仪人事。**是故君子所居而安者,易之象也**。【注】"君子"谓文王。以其系辞谓之"圣人",以法后世谓之"君子"。"象"谓乾二之坤,成坎月离日,日月为"象"。下方引大有上九爻辞,故此以大有说之。《易》三百八十四爻随举为例也。乾五之坤为比,比息坤为大有,大有通比,故"坎月离日"。言乾二者消息,师二为比五。"君子黄中通理,正位居体",故"居而安者,易之象也"。旧读"象"误作"厚",或作"序",非也。**所变而玩者,爻之辞也**。【注】"爻者,言乎变者也"。谓乾五之坤,坤五动则观其变。坤五动之乾为大有。坤五之动,由乾五之坤,此玩爻之例。旧作"乐",字之误。**是故君子居则观其象而玩其辞**,【注】"玩",弄也。谓乾五动成大有,以离之目观天之象。兑口玩习所系之辞,故"玩其辞"。**动则观其变而玩其占**,【注】谓观爻动也。"以动者尚其变","占事知来",故"玩其占"。**是以"自天右之,吉无不利"**。【注】谓乾五变之坤成大有,有天地日月之象。比坤、坎,大有乾、离。文王则庖牺,亦"与天地合德","日月合明","天道助顺,人道助信,履信思顺",故"自天右之,吉无不利"也。

第二章,此章言文王系辞,用九、六以正消息。

象者,言乎象者也。【注】"在天成象","八卦以象告"。象说三才,故"言乎象"也。象本七、八正象之名,卦辞言象亦谓之象。彖言两象,故"说三才"。**爻者,言乎变者也**。【注】爻有六画,"所变而玩者,爻之辞也"。谓九、六变化,故"言乎变者也"。**吉凶者,言乎其失得也**。【注】得正言"吉",失位言"凶"也。**悔吝者,言乎其小疵也**。"疵",病也。

无咎者，善补过也。【注】失位为"咎"。悔变而之正，故"善补过"，孔子曰"退思补过"者也。**是故列贵贱者存乎位**，谓"卑高以陈，贵贱位矣"。**齐大笑者存乎卦**，"小"，阴。"大"，阳。"齐"，正也。谓"分阴分阳，迭用柔刚"。**辩吉凶者存乎辞**，【注】"辩"，别也。此注见《释文》。**忧悔吝者，存乎介**。【注】"介"，纤也。"介如石焉，断可识也"，故"存乎介"。谓识小疵。举豫四为则。**震无咎者，存乎悔**。【注】"震"，动也。"有不善，未尝不知之；知之，未尝复行。""无咎者，善补过"，故"存乎悔"也。举复初为则。**是故卦有小大，辞有险易。辞也者，各指其所之**。【注】阳，"易"，指天。阴，"险"，指地。"圣人之情见乎辞"，故"指所之"。**易与天地准，故能弥纶天下之道**。【注】"准"，同也。"弥"，大。"纶"，络。谓易在天下，包络万物，"以言乎天地之间则备矣"，故"与天地准"也。**仰以观于天文，俯以察于地理，是故知幽明之故**。《说卦》注云："乾三画成天文，坤三画成地理。"又下章注云"阴谓幽"，然则阳谓"明"也。观震巽出入，则知日月之行。察五位方隅，则知山川维络之纪。乾坤代序，则知温凉寒暑之候。六位成章，则知天地诉合之理。故"知幽明之故"也。**原始及终，故知死生之说**。《下系》注云："以乾'原始'，以坤'要终'，谓'原始及终，以知死生之说'。"又云："出阳知生，入阴惧死。"然则乾合于坤，坎为玄黄，震出于乾为父子，此人之始。乾往通坤，死于大过，震伏姤初，出坤承乾为父子，此人之终。故"原始及终，则知死生之说"也。

第三章，此承上章，言观象观变之大义。

精气为物，游魂为变，是故知鬼神之情状。与天地相似，故不违。【注】"魂"，阳物，谓乾神也。坤无魂，坤魂亦乾。"变"谓坤鬼。"鬼"，亦神为之，故言"神无方"，不言鬼也。乾，"纯粹精"，故主"为物"。谓万物资始乾元。乾流坤体，变成万物，故"游魂为变"也。谓乾消剥入坤，九三反艮为谦，息谦成履，谦三下二为师，息师成同人。师二上五为比，息比成大有，坎离正，乾坤合，出屯玄黄，而复震。坤夬夬就乾，复初之坤四为豫，小畜凝之，豫四息五为萃，大畜凝之，萃五使四之三为蹇，睽凝之，坎离正，乾坤合，革故生巽。剥复夬姤之际，阳阴未成，乾元流坤，变而成体，故曰"游魂"。京房述孔子曰"游魂、归魂为鬼易"是也。京氏之法，八卦皆有游魂、归魂。乾坤在坎离，坎离在乾坤，震巽艮兑互为游、归。虞氏消息止坎离，戉乾坤耳。**乾神似天，坤鬼似地**。乾"神"、坤"鬼"即天地之用，故"相似"。圣人"与天地合德"，"鬼神合吉凶"，故"不违"。谓不违卜筮也。"精气"、"游魂"皆乾元也。**知周乎万物，而道济天下，故不过**。此下咸言鬼神之德，圣人不违也。"知"读如"乾以易知"。乾为知，为道。出乾入坤，故"周乎万物"。时成既济，保合太和，故"道济天下"。消息十二爻生长收藏，故不过差也。**旁行而不流**，"旁行"，旁通也。消息之卦，阴阳旁通，以济成乾坤。"不流"，淫也。谓若剥夬，姤复，坎离，谦履，豫萃之类。**乐天知命，故不忧**。巽为"命"。谓阴消之卦，以坤变乾，极姤生巽为"余殃"，故"乐天知命"。阳消宜忧，"知命"故"不忧"。坎为"忧"，谓消卦不贞。坎入大过，故"不忧"。**安土敦乎仁，故能爱**。坤为"土"，震为"仁"。谓阳息之卦，以乾据坤，故"安土"。"敦"，厚也，谓牝乾复震为"余庆"，故"敦乎仁"也。阳不遗阴，故"泛爱众"。乾为"爱"也。**范围天地之化而不过**。乾金为"范"，坤方为"围"。乾坤消息，裁成天地，不过差也。

　　曲成万物而不遗。谓坤元也。阴道诘诎，万物化成。**通乎昼夜之道而知**，谓乾元也。刚柔皆本乾元。乾神知来，谓"圣人以此先心"。**故神无方而易无体**。自阴阳谓之"神"，自乾坤谓之"易"。"神无方"，故"易无体"。谓出乾入坤，"上下无常，周流六虚"者也。**一阴一阳之谓道**，"一阴一阳"，相并俱生，三极各正，保合太和，是"之谓道"矣。庖牺参天两地，六位时成，以为道法也。

易神消息，既成万物，则复于道也。**继之者善也，成之者性也。**【注】"继"，统也。谓乾能统天生物。一阴一阳皆统于乾元，"大哉乾元，万物资始，乃统天"是也。乾为"善"。坤合乾性，养化成之。乾为"性"。乾非坤，化性亦不成。故"继之者善，成之者性"也。言乾坤合德以立道，人得乾善之统，资坤之化，以成性，故"率性之谓道"者也。"神"与"易"皆此也。**仁者见之谓之仁，知者见之谓之知**，见阳之息谓之"仁"，见阴之藏谓之"知"。**百姓日用而不知，故君子之道鲜矣。**

第四章，此章言易以消息为神，是谓之道。

显诸仁，藏诸用，震为"仁"，坤为"用"。谓阳息出震，乾元显见，于德为"仁"，故"显诸仁"。阳消入坤，乾元退藏，知以藏往，为仁之用，故"藏诸用"。**鼓万物而不与圣人同忧**。震为"鼓"，故"鼓万物"。"作《易》者其有忧患乎。"乾元消息，"保合太和，各正性命"，故"不同忧"。**盛德大业至矣哉**。乾易显仁，故"盛德"。坤简藏用，故"大业"。**富有之谓大业**。"可大"，故"富有"。**日新之谓盛德**，"可久"，故"日新"。**生生之谓易**。阴阳消息，转易相生，故谓之"易"。京氏曰："八卦相荡，阳入阴，阴入阳，二气交互不停，故曰'生生之谓易'。"**成象之谓乾**。"在天成象"，八卦皆阳象也。自显至藏，乾象可见，故以立三才之象矣。**爻法之谓坤**。"爻"，列也。自藏之显，皆合乾而成。爻列乾法，故"两地而倚数"矣。**极数知来之谓占，通变之谓事**，【注】"事"，谓变通趋时，以尽利天下之民，谓之事业也。知来通变，皆圣人忧患之事。**阴阳不测之谓神**。"神"者，乾元之运，出阳入阴，故"不测"。易，则神之所为也。**夫易，广矣大矣**，【注】乾象动直，故"大"。坤形动辟，故"广"也。下论"大生""广生"，故探以为说。**以言乎远则不御，以言乎迩则静而正**，【注】"御"，止也。"远"，谓乾，天高不御也。地当为"迩"。谓坤。坤至静而德方，故"正"也。**以言乎天地之间，则备矣。**【注】

谓"易广大悉备",有天、地、人道焉,故称"备"也。**夫乾,其静也专,其动也直,是以大生焉。**隐藏坤中,寂然无为,故"其静也专"。《说卦》曰"震为专"也。动出触坤,直导生物。**夫坤,其静也翕,其动也辟,是以广生焉。**"翕",合也。"辟",开也。坤静牝阳,凝元无间,故"翕"。动而出震,开辟四布也。**广大配天地,变通配四时,**【注】"变通""趋时",谓十二月消息也。泰、乾三。大壮、乾四。夬,乾五。配春。乾、乾上。姤、坤初。遁,坤二。配夏。否、坤三。观、坤四。剥,坤五。配秋。坤、坤上。复、乾初。临、乾二。配冬。谓十二月消息相变通,而周于四时也。**阴阳之义配日月,**复出震,临见兑,泰盈乾,观退巽,剥消艮入坤,是谓阳盈。姤遇巽,遁侵艮,否灭坤,大壮反震,夬决兑就乾,是谓阴虚。与日月悬象相应,是谓"配日月"也。**易简之善配至德。**乾息为"易",坤消为"简"。乾元称"善"。至德太极也。《礼》曰:"至德以为道本。"子曰:"易,其至矣乎。"易配"至德",故"至矣乎"。**夫易,圣人所以崇德而广业也。**【注】"崇德",效乾。"广业",法坤也。探下言之。**知崇礼卑。崇效天,卑法地。**【注】"知"谓乾,乾神知来。凡知谓乾,智谓坤。效天崇。"体"谓坤,坤"正位居体"。法地卑也。体卑所以"广业"。**天地设位,而易行乎其中矣。**【注】"位"谓六画之位。乾坤各三爻。乾爻初、三、五,坤爻二、四、上。故"天地设位"。"设",立也。庖牺"参天两地",立此六画之位。易,出乾入坤,"上下无常",上在天,下在地。"周流六虚","六虚",六位。故"易行乎其中也"。**成性存存,道义之门。**【注】"知终终之,可与存义也"。此《乾》九三《文言》,谓三当乾之终,泰当反否,三终乾反复,上坤不变,乾元常存,故"知终终之,可与存义"。坤为"义"也。引之者,天地消息,乾坤相续,易以坤成乾之性,乾元常存,道义出焉。举乾三为则也。乾为道门,坤为义门。"成性",谓"成之者性也"。阳在道门,阴在义门,其易之门邪。

第五章，此章言道以乾坤为门。

圣人有以见天下之赜，而拟诸其形容，象其物宜，是故谓之象。【注】乾称"圣人"，谓庖牺也。庖牺位乾五。"赜"，谓初。"天下之赜"，谓万物之初。自上议下称"拟形容"，谓阴，在地成形者也。"物宜"谓阳，"远取诸物"，"在天成象"，故"象其物宜"。"象"谓三才，八卦在天也，庖牺重为六画也。"重为六画"，仍是三才之象，故六十四卦皆谓之象。圣人有以见天下之动，而观其会通，以行其典礼。系辞焉以断其吉凶，是故谓之爻。【注】重言"圣人"，谓文王也。文王位乾三。"动"谓六爻矣。"会"谓阴阳交，"通"谓旁通。"典礼"谓典常，"出入以度"也。言天下之至赜，而不可恶也。【注】"至赜"，无情，京氏云："赜，情也。"此云"至赜无情"，亦微破之。阴阳会通，品物流宕，以乾简、坤易之至也。"乾简坤易"当为"乾易坤简"，误倒耳。一本"简"作"开"，亦通。庖牺无言，言"天下之至赜"谓系辞也。故云"至赜无情"，无情则不可得言。以阴阳会通，乾易坤简，"至赜"于此可言也。至赜，乾元也。元善之长，故"不可恶也"。言天下之至动，而不可乱也。【注】以阳动阴，万物以生，故"不可乱"。所谓"典礼"。"六二之动，直以方"。证"以阳动阴"。"动"旧误作"赜"也。拟之而后言，议之而后动，【注】以阳拟坤而成震，"至赜""至动"皆乾元。乾元，震初也。圣人观乾元有此象，故"以之先心"。震为"言""议"，为"后""动"，故"拟之而后言，议之而后动"。震为"言""动"。乾元在先，故拟乾元而后言，既有言而后动也。"安其身而后动"，谓当时也矣。"时"，消息之时。坤为"安""身"。乾元牝坤，当时出震，故"安其身而后动"。三百八十四爻，皆言"时"也。拟议以成其变化。【注】议天成变，乾二五通坤。拟地成化。坤二五息乾。阳已出震，故天称"议"。阴方牝乾，故地称"拟"。"天施地生，其益无方"也。下说中孚成益，故本益卦言之。"鸣鹤在阴，其子和之。我有好爵，吾与尔靡之。"中孚九二爻辞。彼注中孚"讼四之初"。二在讼时，体离为"鹤"，在坎险中，有"鸣鹤在阴"之象。二动成坤，体益，五艮为"子"，震巽同声相应，故"其子和之"。"靡"，共也。"吾"，谓五也。离为"爵"。爵，位也。五利二，变之正应，以故"吾与尔靡之"矣。此下引七爻，略明拟议之变化也。**子曰："君子居其室，出其言善，**【注】"君子"谓初也。初阳正，故称"君子"。二之得为震，由初自讼四来，故辞本于初。二变五来应之，艮为"居"，初在艮内，故"居其室"。震为"出""言"，讼乾为"善"，故"出言善"。谓二已变，初以乾体震，是"出言善"。此亦成益卦也。**则千里之外应之，况其迩者乎？**【注】谓二变则五来应之，体益卦，坤数十，震为百里，十之"千里"也。"外"谓震巽同声，云"外"者，在坤震之外，是五也，体巽。同声者相应，故"千里之外应之"。"迩"谓坤。坤为顺，二变顺初，故"况其迩者乎"。此"信及豚鱼"者也。三至上体遁，巽为鱼，"豚鱼"谓五也。**居其室，出其言不善，**【注】谓初阳动，入阴成坤，坤为"不善"也。**则千里之外违之，况其迩者乎？**【注】谓初变体剥，弑父弑君，二阳"肥遁"，二不顺初，与三四自为坤。则坤违之而承于五，自初为坤，则千里之外，四也。故"千里之外违之，况其迩者乎"。"迩"谓二坤。**言出乎身，加乎民，行发乎迩，见乎远。**【注】震为"出"，为"言"。坤为"身"，为"民"也。震为"行"，坤为"迩"，乾为"远"，五体讼乾。兑为"见"。谓二发应五，则"千里之外"，故"行发迩见远"也。**言行，君子之枢机，**乾坤为门，故震为"枢机"。**枢机之发，荣辱之主也。**阳息为"荣"，阴消为"辱"，震为"主"，故"荣辱之主"。**言行，君子之所以动天地也，可不慎乎。"**【注】二已变，成益，巽四以风动天，震初以雷动地。二变乃有地象。中孚十一月，雷动地中，艮为"慎"，故"可不慎乎"。

"**同人先号咷而后笑**。"同人九五爻辞。彼注云:"应在二,巽为'号咷',乾为'先',故'先号咷'。师震在下,故'后笑',震为'后笑'也。"谓同人通师,震巽同心以应五,"号咷"与"笑"皆震巽同心之言也。方言中孚二动而无应,故次言同人二往应五,以明"千里之外应之"之义。子曰:"**君子之道,或出或处,或默或语**。【注】乾为"道",故称"君子"。谓师二乾爻。同人反师,震为"出",为"语",坤为"默",巽为"处",同人二体巽。故"或出或处,或默或语"也。**二人同心,其利断金**。【注】"二人"谓夫妇。师震为"夫",巽为"妇",坎为"心",巽为"同"。六二震巽俱体师坎,故"二人同心"。巽为"利",乾为"金",以离断金,谓乾二爻变则同人。故"其利断金"。谓夫出妇处,妇默夫语,故"同心"也。**同心之言,其臭如兰**。"【注】"臭",气也。"兰",香草。震为"言",巽为"兰",巽为草木,又为臭,草木之臭,故为"兰"。离日燥之,故"其臭如兰"也。

第六章,此章言系辞拟议变化。引二爻,以明言动之义。

"**初六,藉用白茅,无咎**。"【注】"其初难知",阴又失正,故独举初六。大过爻辞。彼注云:"位在下称'藉'。巽柔白为'茅',故'藉用白茅'。失位,咎也。承二,过四,应五,'士夫'故'无咎'矣。"中孚君子由初正,故次举大过初六。子曰:"**苟错诸地而可矣。藉之用茅,何咎之有,慎之至也**。【注】"苟",或。"错",置也。颐坤为"地",大过通颐。故"苟错诸地"。今藉以茅,故"无咎"也。过四应五,五颐在艮,艮为"慎"也。**夫茅之为物薄,而用可重也**。【注】阴道柔贱,故"薄"也。香絜可贵,故"可重也"。**慎斯术也以往,其无所失矣**。""往",谓过四应五。"**劳谦,君子有终,吉**。"谦九三爻辞。三,君子之位。次初言之。子曰:"**劳而不伐,有功而不德,厚之至也**。【注】坎为"劳",五"多功",乾为

"德"。德言至。三字疑衍。以上之贵，下居三贱，故"劳而不伐，有功而不德"。剥艮入坤，乾上九来居坤三，上降体坎，故"劳而不伐"。五，乾位，可居五而不居，故"有功而不德"。艮为"厚"，坤为"至"，故"厚之至也"。**语以其功下人者也。【注】**震为"语"，五"多功"。下居三，乾上即乾五。故"以其功下人者也"。**德言盛，礼言恭。谦也者，致恭以存其位者也。"【注】**谦旁通履。乾为"盛德"，坤为"礼"。"天道亏盈而益谦。"三从上来同之，盛德故"恭"。下云"坎为劳，故能恭"，此云"盛德，故恭"，寻其文旨，当谓三从上来，乾同于坤，以乾德盛，故礼恭耳。震为言，故"德言盛，礼言恭"。坎为劳，故能"恭"。谓三也。三得位，故"以存其位者也"。**"亢龙有悔。"**乾上九爻辞。谦九三，乾上九也。谦三"存位"，反之则"亢龙"。**子曰："贵而无位，高而无民，【注】**天尊故"贵"，以阳居阴，故"无位"。在上，故"高"。无阴，故"无民"也。**贤人在下位，【注】**乾称贤人。"下位"谓初也。"遁世无闷"，故"贤人在下位"而不忧也。上盈入剥，初元遁世，故"贤人"谓初。**而无辅，是以动而有悔也。"【注】**谓上无民，故"无辅"。乾盈动倾，故"有悔"。文王居三，纣亢极上，故以为诫也。此因论谦三而示戒耳。乾六爻皆龙德，尧舜禅让，"与时偕极"，则"知进退存亡"者也。**"不出户庭，无咎。"**节初九爻辞。彼注云："泰坤为'户'，艮为'庭'，震为'出'。初得位应四，故'不出户庭，无咎'矣。"《象》曰："'不出户庭'，知通塞也。"注云："坎为'通'，二变坤土壅初为'塞'。"节初君子，方言乾初遁在下位，故又论节初。**子曰："乱之所生也，则言语以为阶。【注】**节本泰卦。泰三之五，坤为"乱"，震为"生"，为"言语"，坤称"阶"，坤土故称"阶"。故"乱之所生，则言语以为阶也"。泰三震为坤。**君不密则失臣，臣不密则失身，【注】**泰乾为"君"，坤为"臣"，为"闭"，故称"密"。乾三之坤五，君臣毁贼，故

"君不密则失臣"。坤五之乾三，坤体毁坏，不言乾毁君臣之辞。故"臣不密则失身"。坤为"身"也。**几事不密则害成，【注】**"几"，初也。谓二已变成坤，坤为"事"，故"几事不密"。此"不密"连文协句耳。二变坤为"几事"，其"不密"自由初动，如下注云。初利居贞，不密初动，则体剥，初动则二坤不纯，故为"不密"。"子弑其父，臣弑其君"，故"害成"。**是以君子慎密而不出也。【注】**"君子"谓初。初正，故"君子"。二动坤为"密"，故"君子慎密"。体《屯》"盘桓，利居贞"，故"不出也"。

子曰："为《易》者，其知盗乎？"【注】"为《易》者"，谓文王。爻变，故"谓文王"。否上之二成困，三暴慢，以阴乘阳，二变入宫为萃。困二曰："入于其宫"，入宫则为萃，此取"入宫"耳，无取萃也。五之二，夺之成解，坎为盗。故"为《易》者，其知盗乎"。六十四卦消息，萃，观上之四；解，临初之四。此说文王爻变之例。注唯此一条耳。《下系》引十一爻，解次困后，疑为彼此因节泰来，故解亦取否来相次也。**《易》曰："负且乘，致寇至。"**解六三爻辞。彼注云："二变时，艮为背，谓三以四艮倍五也。五来寇三时，坤为车，三在坤上，故'负且乘'。五之二成坎，坎为寇盗。"解三，谦三之反。**负也者，小人之事也。【注】**阴称"小人"。坤为"事"。困二变"入宫"成坤。以贱倍贵，以四艮倍五。违礼悖义，故"小人之事也"。**乘也者，君子之器也。【注】**"君子"谓五。萃五。"器"，坤也。坤为"器"。坤为大车，故"乘君子之器"也。**小人而乘君子之器，盗思夺之矣。【注】**"小人"谓三。既违礼倍五，复乘其车，五来之二成坎，坎为"盗"，思夺之矣。"为《易》者，知盗乎"，此之谓也。**上慢下暴，盗思伐之矣。【注】**三倍五，上慢乾君而乘其器，下暴于二，二藏于坤，困二"入宫"。五来寇三，以离戈兵，折三入离。故称"伐之"。坎为"暴"也。三在困时，体坎暴二，故二"入宫"。**慢藏诲盗，冶容诲淫。【注】**坎心为

"悔"，坤为"藏"，兑为见，困兑。藏不见，故"慢藏"。"不"字疑误，当为"而"。萃三体坤兑，故"藏而见"。三动成乾为"野"。郑氏谓："饰其容而见于外为'野'。"困时三体离为中女，暴二动乾，是"野容"也。坎水为淫，谓五来成坎。二变藏坤，则五来夺之。二藏五来坎，淫中女。故"慢藏诲盗，野容悔淫"。"慢藏""野容"，三也。"盗""淫"，五也。"悔"谓悔恨。此四字见《释文》。《易》曰"'负且乘，致寇至'，盗之招也。"【注】五来夺三，以离兵伐之，故变寇言戎，《解·象》曰"自我致戎"，是"变寇言戎"。又疑虞本此"致寇至"当为"致戎"也。以成三恶。二藏坤时，艮手招盗，故"盗之招"。

第七章，此承上章，明君子观象玩辞之要。

大衍之数五十，"衍"，郑氏云"演"也。**其用四十有九**。虚其一，以象乾元。**分而为二以象两**，两仪。**挂一以象三**，三才也。下注云"扐，并合挂左手之小指"，则此"挂一"不在左手小指也，当在右手。**揲之以四，以象四时，归奇于扐以象闰**。【注】"奇"，所挂一策。象三才者。"扐"，所揲之余，不一则二，不三则四也。取奇以归扐，扐并合并合两揲之余。挂左手之小指，为一扐，则"以闰月定四时成岁"，以揲四象四时，以扐象岁，以归奇象闰。故"归奇于扐以象闰"者也。**五岁再闰，故再扐而后挂**。"卦"旧作"挂"。《释文》云："京作'卦'，云'再扐而后布卦'。"今详虞氏注义，其本实同京氏作"卦"，后人传写之误。《说文》"扐"字云："《易》筮再扐而后卦。"《说文》引《易》孟氏，是孟氏本作"卦"也。【注】谓已一扐，复分挂，取前过揲之策，复分二挂一。如初揲之，归奇于初扐，此省文，先并所揲之余于初扐，乃取奇归之，故云"归奇于初扐"。并挂左手次小指间，为再扐，则再闰也。又分扐"扐"当为"挂"字之误。揲之如初，而挂左手第三指间，又并所揲之余于再扐，其奇则不归也。成一变，则布卦之一爻，"挂"当为

"卦"。《集解》引之，改以从经耳。"布卦之一爻"者，七八九六也。谓再扐之后，四揲之策，九为九，八为八，七为七，六为六，是成一爻，画之于地以识之。《士冠礼》有"卦者"，注："有司主画地识爻者。"有"所卦者"，注"所以画地识爻者"也。是"画地识爻"谓之"卦"。谓已二扐，又加一为三，并重合前二扐，为五岁，故"五岁再闰，再扐而后挂"。当为"卦"。谓一扐，一岁也。归奇，一闰。再扐，二岁也。合初扐，三岁也。归奇，再闰也。三扐，四岁也。合再扐，五岁也。不归奇，故"再闰"。此"参五以变"。以三为五而成一变，故"参五以变"。据此为三扐，不言三闰者，闰岁余十日，《素问》曰："日行一度，月行十三度而有奇焉，故大小月三百六十五日而成岁，积气余而盈闰矣。"谓三百六十五度四分度之一，积三十日为一月，气盈五日有奇，朔虚五日有奇，故月大小常差六日，约其大数，岁十日也。五岁闰，六十日尽矣。五岁余五十日，再闰六十日，已侵下余分。后扐闰余分，闰月不能恰尽，必有余分，故虚三扐象之。然则四时终而计余，余分定乃成岁，并扐象计余成岁，归奇则象闰也。不得言三扐二闰，若言"三扐"，则似有三归奇也。故从言"再扐而后挂"者也。"挂"当为"卦"。**天数五，地数五，**【注】"天数五"谓一三五七九，"地数五"谓二四六八十也。**五位相得而各有合。**【注】"五位"谓五行之位。甲乾、乙坤相得合木，甲，一。乙，二。谓"天地定位"也。丙艮、三。丁兑四。相得合火，"山泽通气"也。戊坎、五。己离六。相得合土，"水火相逮"也。庚震、七。辛巽八。相得合金，"雷风相薄"也。天壬、九。地癸十。相得合水，言阴阳相薄而战于乾。乾坎艮震为天，坤兑离巽为地。天数一、三、五、七、九，地数二、四、六、八、十。庖牺三索生六子，象其数也。故"五位相得而各有合"。或以一六合水，二七合火，三八合木，四九合金，五十合土也。此则五行生成之数。《太玄》曰："一与六共宗，二与七共朋，三与八成友，四与九同道，五与五相守。"一六为水，二七为火，三八为木，四九为金，五五为土是也。五五则十也。此亦得为天地之数，故备一义也。**天数二十有五，地数三十，凡天地之数，五十有五。**【注】一、三、五、七、九，故二十五也。二、四、六、八、十，故三十也。天二十五，地三十，故"五十有五"。天地数见于此，故大衍之数，略其奇五而言五十也。《太玄》曰："五与五相守。"地之十还是五，故略之也。**此所以成变化，而行鬼神也。**"鬼神之情状"，"与天地相似"，则此也。**乾之策二百一十有六，**阳策三十六。**坤之策百四十有四，**阴策二十四。**凡三百有六十，当期之日。二篇之策万有一千五百二十，当万物之数也。**侯果云："'二篇'谓上下经，三百八十四爻。"

　　是故四营而成易，十有八变而成卦，八卦而小成，谓庖牺"幽赞神明以生蓍"乃"观变于阴阳而立卦"也。"营"亦变也。易变而为一，一变而为七，七变而为九，九者，气变之究也，乃复变而为一。此一即太极易也。"四营"者，四变也。阴阳相并俱生，阳动而进，阴动而退，八丽于七，六依于九，九、六、七、八，故"成易"也。虞君《表》云"孔子美大衍四象之作"，此之谓矣。庖牺观四营之数，三天两地立六画之位，乾坤各三爻，于是分刚柔，别乾坤，以立本。每六爻三变则成六子之卦，谓若乾二五之坤成坎，于六位初、二、三变；坤二五之乾成离，于六位四、五、上变。三六十有八，则六子之卦与乾坤并为八卦而小成。《说卦》注云："阳变成震、坎、艮，阴变成巽、离、兑。"六爻三变，则十有八变而成卦，"八卦而小成"。阳，一君二民，阴，二君一民，不道乾坤者也。又《下系》注云："乾坤与六子俱名'八卦而小成'也。"**引而信之，触类而长之，**【注】"引"谓庖牺引信三才，兼而两之以六画。谓八卦小成也。"触"，动也。谓六画以成六十四卦，故"引而信之，触类而长之"。兼目之。"其取类也大"。"称名也小"，注谓"小成"，明取类六十四卦为"大成"也。则"发挥刚柔而生爻"也。明"十有八变而成卦"，即"观变于阴阳而立卦"也。**天下之能事毕矣。**【注】谓乾以简能。"乾"当为"坤"。蓍圆，乾道，卦方，坤道，故"坤以简能"。"能说诸心，能研诸侯之虑"，《下系》注云："乾五之坤，坎为'心'，兑为'说'，故'能说诸心'。坎心为'虑'，乾五之震为'诸侯'，故'能研诸侯之虑'。"则此皆言坎离。故"能事毕"。**显道神德行，**【注】"显道神德行"，乾二五之坤，成离日坎月，日月在天，运行照物，故"显道神德行"。谓乾为"道""德"，震为"行"也。"默而成，不言而信，存于德行"者也。**是故可与酬酢，可与佑神矣。**"酬酢"谓阴阳往来。**子曰："知变化之道者，其知神之所为乎？"**【注】在阳称"变"，乾二之坤。在阴称"化"，坤五之乾。"阴阳不测之谓神"，"知变化之道者"，故"知神之所为"。"变化之道"，九六消息也。诸儒皆上"子曰"为章首，而荀、马又从之，甚非者矣。虞君《表》云："孔子叹易'知变化之道者，其知神之所为乎'，以美大衍、四象之作也。"

《易》有圣人之道四焉。目下。**以言者尚其辞，**【注】"圣人之情见于辞"，"系辞焉以尽言"也。谓若坎人"辞惭"、离人"辞枝"之属。**以动者尚其变，**谓消息之变，"议之而后动"。**以制器者尚其象，**谓若十二"盖取"。**以卜筮者尚其占。**【注】乾蓍称"筮"。动离为龟，龟称"卜"。古者卜筮盖皆出于《易》，而所以占异，今不可考也。《礼记》曰："易抱龟南面。"郑注《周礼》云："龟知生数，一、二、三、四、五之神，蓍知成数六、七、八、九之神。"动则玩其占，故"尚其占"者也。**是故君子将有为也，将有行也，问焉而以言，**【注】"有为"谓"建侯"，"有行"谓"行师"也。乾元动震，故就震言之，举例也。乾二五之坤成震，有师象。乾二五之坤，坎也，坎体震，有师象。震为"行"，为"言""问"，故"有为""有行"。谓凡"为"与"行"，皆震之象，故震神尽知之。凡应九筮之法则筮之。《周官》"筮人"所掌也。谓问于筮龟，以言其吉凶。爻象动内，吉凶见外。蓍德圆神，卦德方智，故史拟神智，以断吉凶也。**其受命也如向，【注】**言神"不疾而速，不行而至"，"不言善应"。乾二五之坤成震巽，乾二五之坤，则坤二五动，故震巽常相向。巽为"命"，震为"向"。"向"，答也。故"受命"。"同声相应"，故"如向"也。**无有远近幽深，遂知来物。【注】**"远"谓天，"近"谓地。阴谓"幽"。"深"谓阳。"来物"谓乾神。"神以知来"，"感而遂通"，谓"幽赞神明而生蓍"也。**非天下之至精，其孰能与于此。【注】**"至精"，谓乾，"纯粹精也"。乾元谓神明。**参五以变，错综其数。【注】**逆上称"错"。"综"，理也。谓"五岁再闰、再扐而后挂"，以成一爻之变，三扐而象五岁，故"参五以变"。"参"，三也。"挂"当为"卦"。而倚六画之数。一爻之变七、九、八、六也。易始于一，壮于七，究于九，故三画而成乾。阴并阳生，一而二，七而八，九而六，故参天两地，以倚六画之数。"倚"，立也。卦从下升，谓乾坤六画，一阳一阴，自下而上。故"错综其数"，则"参天两地而倚数"者也。**通其变，遂成天地之文。【注】**变而通之，观变阴阳始立卦，乾坤相亲，六画一阴一阳，即既济之位。故"成天地之文"。"物相杂，故曰文。"《释文》云"虞作'天地之爻'"，据此注，则《释文》误耳。**极其数，遂定天下之象。【注】**"数"，六画之数。极六画之数，三百八十四爻。"六爻之动，三极之道"，故定天下吉凶之象也。**非天下之至变，其孰能与于此。【注】**谓"参五以变"，故能成六爻之义。用九、用六也。"六爻之义，易以工"也。**易无思也，无为也，【注】**"天下何思何虑？同归而殊途，一致而百虑"，故无所为，《下系》注云："六爻正，既济定，故'何思何虑'。"乾元未动，"一阴一阳之谓道"，是"无思无为"也。谓"其静也专"。**寂然不动，感而遂通天下之故。【注】**谓隐藏坤初，机息矣。"专"，故不动者也。"感"，动也。以阳变阴，"通天下之故"，谓"发挥刚柔而生爻"者也。**非天下之至神，**

其孰能与于此。【注】"至神"谓易隐初入微,"知几其神乎"。夫易,圣人所以极深而研几也。唯深也,故能通天下之志。【注】"深"谓幽赞神明。"无有远近幽深,遂知来物",故"通天下之志",谓蓍也。所谓"至精"。唯几也,故能成天下之务。【注】"务",事也,谓易研几开物,"几者动之微"。"研",究也。故"成天下之务",谓卦者也。所谓"至变"。唯神也,故不疾而速,不行而至。【注】"神",谓易也。"阴阳不测",是乃易也。谓日月斗在天,日行一度,月行十三度,从天西转,故"不疾而速"。星"寂然不动",随天右周,"感而遂通",故"不行而至"者也。"日""月"者,六十四卦消息所出。斗与日月相会,正建十二次,卦气消息出焉。历家以斗为阳气,皆神之可见者也。上注"寂然不动,感而遂通",谓阳隐藏坤中,以阳动阴,发挥刚柔,是言乾元,非言星也。以斗随天,故以斗为天之消息耳。乾道复子姤午,出震入兑,唯斗可见,故言之也。北辰在斗,是易之太极。子曰"易有圣人之道四焉"者,此之谓也。

第八章,言蓍卦皆神之所为。

天一,【注】水,天一生水于北。甲。日行青道,甲一、乙二。地二,【注】火,地二生火于南。乙。甲乾乙坤,相得合木。天三,【注】木,天三生木于东。丙。日行赤道,丙三丁四。地四,【注】金,地四生金于西。丁。丙艮丁兑,相得合火。

天五,【注】土,天五生土于中。戊。日行黄道,戊五己六。地六,【注】水,地六成水于北,一六合水。己。戊坎己离,相得合土。天七,【注】火,天七成火于南,二七合火。庚。日行白道,庚七辛八。地八,【注】木,地八成木于东,三八合木。辛。庚震辛巽,相得合金。天九,【注】金,天九成金于西,四九合金。壬。日行黑道,壬九癸十。地十。【注】土,地十成土于中,五十合土。癸。天壬地癸,相得合水。此则"大衍之数五十有五",蓍龟所从生。"幽赞神明而生蓍",以此生之耳。圣人"以通神明之德,以类万物之情"。子曰:"夫《易》何为而作也?【注】问《易》何为取天地之数也。夫《易》开物成务,冒天下之道,如斯而已者也。"【注】以阳辟坤,谓之"开物"。以阴翕乾,谓之"成务"。"冒",触也。"触类而长之",如此也。"以阳辟坤",息而出震,震在庚,其数七,是阳象数也。"以阴翕乾",消而退巽,巽在辛,其数八,是阴象数也。息,变而进,七之九。消,变而退,八之六。九六相变,所以"触类而长"。易变而为一,一变而为七,七变而为九。阴并阳,一而二,七而八,九而六,七、八、九、六,而天地之数备。一、三、五,九也。二、四,六也。五,九也。十,六也。故曰"如斯而已者也"。若以"一六合水"之义,则生数每加五为成数。大衍之数五十五,而五为虚。《太玄》云"五五相守",十即五也。"物成而后有数",亦阳进阴退。而七、九、八、六之数立,不用一、二、三、四。**是故圣人以通天下之志**,谓"开物"。**以定天下之业**,谓"成务"。**以断天下之疑**。谓"冒天下之道"。**是故蓍之德圆而神**,蓍数七,七七四十九,阳数也。乾之德,故"圆而神"。**卦之德方以知**。"知"读为"智"。卦数八,八八六十四,阴数也。坤之德,故"方以智"。**六爻之义,易以工**。"六爻之义",九六也。"工",未闻,惠徵士读与"功"同,谓"功业见乎变"。

圣人以此先心,退藏于密,吉凶与民同患。【注】"圣人",谓庖牺。以蓍神知来,故以"先心"。震七之神也。复"见天地之心",故"先心"。阳动入巽,巽为退伏,坤为闭户,由巽入坤。故"藏密"。谓齐于巽,"以神明其德"。谓以卦德藏往,巽八之智也。阳吉阴凶,坤为"民",故"吉凶与民同患",谓"作《易》者其有忧患"也。谓以六爻定吉凶,九六之易也。**神以知来,知以藏往**。【注】乾神"知来",坤知"藏往"。"来"谓"先心","往"谓"藏密"也。**其孰能与于此哉**。【注】谁乎能为此哉？谓"古之聪明睿知"之君也。**古之聪明睿知神武而不杀者夫。**
【注】谓大人也。庖牺在乾五，动而之坤，与天地合。下引大有上九是也。"聪明"，在坎则"聪"，坎为耳。在离则"明"。离为目。"神武"谓乾，乾，刚德。"睿知"谓坤。坤知藏往。乾坤坎离，反复不衰，上下如一。故"而不杀者夫"。"杀"，衰也。**是以明于天之道，而察于民之故，**【注】乾五之坤，谓大有。以离日照天，故"明天之道"。以坎月照坤，故"察民之故"。坤为"民"。**是兴神物，以前民用。**"兴神物"，谓"幽赞神明而生蓍"。"前民用"谓"先心"也。**圣人以此齐戒，以神明其德夫。**谓"退藏于密"。**是故阖户谓之坤，**【注】"阖"，闭翕也，谓从巽之坤，八。坤柔象夜，故以闭户者也。"乾坤，易之门"，故曰"户"。**辟户谓之乾，**【注】"辟"，开也，谓从震之乾。七。乾刚象昼，故以开户也。**一阖一辟谓之变，**【注】阳变阖阴，九。阴变辟阳，六。"刚柔相推而生变化"也。**往来不穷谓之通。**旁通卦，九、六往来。**见乃谓之象，**"在天成象"，东方一、二，南方三、四，西方七、八，北方九、十，五、六合中。**形乃谓之器，**"在地成形"，水一、六，火二、七，木三、八，金、四九，土五、十。**制而用之谓之法。**阳用七、九，阴用八、六。**利用出入，民咸用之谓之神。**出乾入坤，以前民用，"百姓日用而不知"。**是故易有太极，是生两仪，**【注】"太极"，太一也。《乾凿度》曰："太一，取七、八、九、六之数，以行九宫，四正四维皆合于十五。"郑氏注云："太一者，北辰之神名也。居其所曰'太一'，常行于八卦日辰之间，曰'天一'。"又引《星经》曰："天一，太一主气之神。"然则太一即乾元也。在天为"北辰"，在易为"神"。虞君注"斗，寂然不动，感而遂通"，谓此"太一"也。分为天地，故"生两仪"也。"两仪"谓天地。"仪"，法也。《礼运》曰："夫礼必本于太一，分而为天地。"

　　两仪生四象，【注】"四象"，四时也。谓日月之行，春，甲乙，夏，丙丁，秋，庚辛，冬，壬癸，四时之间，戊己。甲、丙、戊、庚、壬，为天象。乙、丁、己、辛、癸，为地象。《月令》曰："春，其日甲乙。夏，其日丙丁。秋，其日庚辛。冬，其日壬癸。中央，其日戊己。"郑注云："日之行春，东从青道，发生万物，月为之佐，时万物皆解孚甲，自抽轧而出，故名甲乙。日之行夏，南从赤道，长育万物，月为之佐，时万物皆炳然著见而强大，故名丙丁。日之行四时之间，从黄道，月为之佐，至此万物皆枝叶茂盛，其含秀者抑屈而起，故名戊己。日之行秋，西从白道，成熟万物，月为之佐，万物皆肃然改更，秀实新成，故名庚辛。日之行冬，北从黑道，闭藏万物，月为之佐，时万物怀任于下，揆然萌芽，故名壬癸。"此四时之象也。"两仪"，谓乾坤也。又言"两仪谓乾坤"者，谓庖牺观天之象，则而画卦，幽赞神明以拟太极，乃立乾坤以象天地，以太极之一、七、九为乾坤之三画，亦是"太极生两仪"也。此与天地四时之文不属，每句各具二义耳。乾二五之坤，遂言庖牺四象也。二五中气，即太极，非爻名。**成坎、离、震、兑，**太极乾元，一施为坎，再施为离，一息为震，再息为兑。**震春，兑秋，坎冬，离夏，**此庖牺所定，以则四象也。离以象日，昼中正南，故为夏。坎以象月，夜中正北，故为冬。震阳出以象雷，故为春。兑阳成以象雨，故为秋。故"两仪生四象"。归妹卦备，故《象》独称"天地之大义"也。**四象生八卦，【注】**乾二之坤，则生震、坎、艮，坤二五之乾，则生巽、离、兑。此蒙上注义，先言庖牺八卦也。既象乾之息，乃复象其消，反兑而为巽以象风，反震而为艮以象霆。消息既备，则乾退而就坎，坤进而就离，故分震、坎、艮属天，巽、离、兑属地。三索交乾坤，以成六子之爻。十五日，乾象西北，西北坎前。坤阴所积，乾就坤以交阴，则生三男也。坤不位东南者，阳先阴后，不敢敌阳，故位离后西南。震兑之间，阳盛之位。坤亦就乾以交阳，则生三女也。艮在甲癸之间，故位东北。震巽相薄，阳动入巽，故位乎东南以受震。故"四象生八卦"。《下系》注云"乾坤与六子俱名'八卦而小成'"谓此也。**乾坤生春，**

此乃言在天八卦，生于四时也。"生春"犹言生乎春，句当为生春者也。通下省耳。月行至甲乙，而乾坤象见，是"乾坤生乎春"也。艮兑生夏，月行至丙丁，艮兑象见。震巽生秋，月行至庚辛，震巽象见。坎离生冬者也。坎离在中，不可象，日月会于壬癸而坎离象见，故"生乎冬"。**八卦定吉凶，【注】**阳生则"吉"，阴生则"凶"。谓"方以类聚，物以群分，吉凶生矣"。八卦六位有正、不正，故吉凶生。已言于上，故不言生而独言"定吉凶"也。**吉凶生大业**，"富有之谓大业"，谓坤化成物也。吉凶相推，万物化成，谓触类而长，成六十四卦。**是故法象莫大乎天地**，谓"太极生两仪"。**变通莫大乎四时**，谓"两仪生四象"。**悬象著明莫大乎日月。【注】**谓日月悬天，成八卦象。三日暮，震象出庚。八日，兑象见丁。十五日，乾象盈甲。十七日旦，巽象退辛。二十三日，艮象消丙。三十日，坤象灭乙。《文言》注"二十九日"，此云"三十日"，大分言之，当以彼注为正。晦夕朔旦，坎象流戊，日中则离，离象就己，戊己土位，象见于中，"日月相推而明生焉"，故"悬象著明，莫大乎日月"者也。谓"四象生八卦"。**崇高莫大乎富贵。【注】**谓乾正位于五，此即太极之神也。"探赜索隐"，则为乾初，"正位"则为乾五。变化消息，皆乾五所为。五"贵"，坤"富"，谓坤在二。以乾通坤，故"高""大""富贵"也。"高大"，不辞，盖脱误耳。当言"崇高莫大乎富贵"，下皆"吉凶生大业"者也。**备物致用，立成器以为天下利，莫大乎圣人。【注】**神农、黄帝、尧、舜也。民多否闭，取乾之坤，谓之"备物"。以坤之乾，谓之"致用"。乾为"物"，坤为"器""用"。否四之初，耕稼之利。否五之初，市井之利。否四之二，舟楫之利。否上之初，牛马之利。谓十二"盖取"以利天下。制器尚象多因否来，皆乾坤六位往来。"通其变，使民不倦。神而化之，使民宜之"，"圣人作而万物睹"，故"莫大乎圣人"也。**探赜索隐，钩深致远，以定天下之吉**

凶，成天下之娓娓者，莫善乎蓍龟。【注】"探"，取。"赜"，初也。初隐未见，故"探赜索隐"，则"幽赞神明而生蓍"。初深，谓"潜龙"。故曰"钩深"。"致远"谓乾。"远"谓乾，"致"之谓息。乾为"蓍"。乾五之坤大有，离为"龟"。乾生知"吉"，坤杀知"凶"，故"定天下之吉凶，莫善于蓍龟"也。末章注云"娓娓，进也。"**是故天生神物，圣人则之。**"神物"，蓍龟。"则之"，则天也。**天地变化，圣人效之。**谓效天地而立刚柔。**天垂象，见吉凶，圣人象之。**谓象天八卦消息，而立六十四卦。**河出图，洛出书，圣人则之。**河图、洛书，王者所以受命。"则之"以立易轨，其说存《乾凿度》。**《易》有四象，所以示也。**"四象"即上章大衍四象，谓七、八、九、六"四营成易"者也。圣人作《易》，所以示人法天地之数也。**系辞焉，所以告也。【注】**谓系《彖》《象》之辞，"八卦以象告"也。**定之以吉凶，所以断也。【注】**"系辞焉以断其吉凶"，"八卦定吉凶"，以"断天下之疑"也。《易》曰："自天右之，吉无不利。"又引大有上九证之。**子曰："右者助也。【注】**大有兑为口，口助称"右"。**天之所助者，顺也。【注】**大有五以阴顺上，故为"天所助者顺也"。下注云"比坤为顺"，则此谓大有通比。五本比坤二，顺上而乾应之为兑，故曰"天所助者，顺也"。**人之所助者，信也。【注】**"信"，谓二也。乾为"人"，为"信"，"庸言之信"也。体乾九二，谓二应乎五，而三与之成兑，故"人助信"。**履信思乎顺，有以尚贤也。【注】**大有五应二而顺上，言二五相应以顺上。故"履信思顺"。比坤为"顺"，坎为"思"，乾为贤人，坤伏乾下，大有成比，坤伏乾下。故"有以尚贤"者也。"有"读曰"又"。**是以'自天右之，吉无不利'也。"**

第九章，此章言圣人象数立卦消息之序，所以幽赞神明。《正义》章次以是，故"易有太极"以下别为一章，言虞不异。今谓虞注"聪明睿知",以乾五之坤为义,即是与"自天右之,吉无不利"为一章。《正义》所言,或后人误分之耳。

子曰:"书不尽言,言不尽意。"【注】谓书易之动,九六之变,不足以尽易之所言。言之,则不足以尽庖牺之意也。然则,圣人之意其不可见乎?子曰:"圣人立象以尽意,谓圣人之意尽于象。设卦以尽情伪,《下系》注云:"情,阳。伪,阴也。"此谓立象尽于六十四卦。系辞焉以尽其言,谓《彖》《象》之辞尽《易》之言。变而通之以尽利,谓九六之变,六爻发挥旁通,皆所以"尽言"。鼓之舞之以尽神。"【注】"神",易也。阳息震为"鼓",雷声动万物,故以"鼓"言。阴消巽为"舞",风散动万物,故以"舞"言。故"鼓之舞之以尽神"。明消息,则意言尽。乾坤,其易之缊邪。【注】"缊",藏也。易丽乾藏坤,故为"易之缊"也。此下言尽神在乾坤。乾坤成列,而易立乎其中矣。"成列",谓乾坤各三爻,"天尊地卑,乾坤定矣"。"中",正也。一阴一阳,"各正性命",故"易立乎其中"也。乾坤毁,则无以见易。谓分阴分阳,重为六爻,乾成则坤毁,坤成则乾毁,六位不皆正,易道不见也。易不可见,则乾坤或几乎息矣。谓若乾坤不见,易道则亦几于息绝,故九六变化,成既济定,所以为"易之缊"。是故形而上者谓之道,天成位于上,垂象为"道"。

形而下者谓之器。地成位于下,五行之用为"器"。化而财之谓之变,以阳通阴,"崇高莫大乎富贵",富是财也。以乾元言,故独言变矣。"财"亦为"裁"。推而行之谓之通。凡旁通卦,多为震上息,震为"行",故"推而行之"。举而措之天下之民,谓之事业。乾坤各正,成既济定。坤为"天下",乾为"民","保合太和",谓之"事业"。

是故夫象,圣人有以见天下之赜,而拟诸其形容,象其物宜,是故谓之象。圣人有以见天下之动,而观其会通,以行其典礼,系辞焉以断其吉凶，是故谓之爻。极天下之赜者存乎卦，故设卦则尽情伪。鼓天下之动者存乎辞，故系辞则尽言。化而裁之存乎变，推而行之存乎通。故鼓之舞之则尽神。神而明之，存乎其人。默而成，不言而信，存乎德行。谓"显道神德行"也。圣人位乾五，五之坤，成离日坎月，故"神而明之，存乎其人"。坤为"默"，震为"言"，乾为"信"为"德"，震为"行"。乾元在坤中，"寂然不动"，乾体自正，故"默而成，不言而信，存乎德行"也。

第十章，言玩辞当求之神，神当求之乾坤六位。

周易虞氏义卷八

周易系辞下　虞氏注

八卦成列，象在其中矣。【注】"象"谓三才成八卦之象。"三才"谓三画象一、七、九也。乾坤列东，艮兑列南，震巽列西，坎离在中，故"八卦成列"，则"象在其中"，"中"，正也。日月为象，坎离者，神明之象也。坎在戊正位，阳。离在己正位，阴。故八卦"象在其中"。"天垂象，见吉凶，圣人象之"是也。**因而重之，爻在其中矣。【注】**谓参重三才为六爻。以八为六十四。发挥刚柔，则"爻在其中"。下曰"非其中爻不备"，注云："中，正也。'因而重之，爻在其中'，故非其中则爻辞不备。"即此"爻在其中"，谓参天两地之，六爻各得其正也。六画称爻，"六爻之动，三极之道也"。"极"，中也。**刚柔相推，变在其中矣。【注】**谓十二消息，九六相变，"刚柔相推而生变化"，故"变在其中矣"。文王设九六变化，所以随时而处中，归乎既济。**系辞焉而命之，动在其中矣。【注】**谓系《彖》《象》九六之辞，故"动在其中"。以动之正、不正，命其吉凶。"鼓天下之动者，存乎辞"者也。**吉凶悔吝者，生乎动者也。【注】**"动"谓爻也，"爻者，效天下之动者也"。爻象动内，吉凶见外，"吉凶生而悔吝著"，故"生乎动者也"。**刚柔者，立本者也。【注】**乾刚，坤柔，为六子父母。乾天称父，坤地称母。本天亲上，本地亲下，故"立本者也"。**变通者，**

趣时者也。【注】"变通配四时"，故"趣时者也"。**吉凶者，贞胜者也**。【注】"贞"，正也。"胜"，灭也。阴生灭阳，阳动贞之。阳生则"吉"，阴消则"凶"者也。**天地之道，贞观者也**。"天尊地卑"，天正位于五，地正位于二，中正以观天下，故"贞观者也"。**日月之道，贞明者也**。参天两地，既济定，体两离两坎，重明丽正，故"贞明者也"。**天下之动，贞夫一者也**。【注】"一"谓乾元，天地日月之道即此也。万物之动，各资天一阳气以生，"天一"即"太一"。故"天下之动，贞夫一者也"。三百八十四爻，皆以乾元消息。**夫乾，确然示人易矣**。【注】阳在初弗用，确然无为，潜龙时也。不易世，不成名，故"示人易"者也。"乾以易知"，不在出震，而在潜龙，所谓乾元。**夫坤，隤然示人简矣**。【注】"隤"，安。"简"，阅也。"坤以简能"，阅内万物，故"示人简"者也。坤之简能，不在动辟，而在静翕，所谓坤元。**爻也者，效此者也**。【注】"效法之谓坤"，谓效三才以为六画。此谓乾元。坤凝乾元，相并俱生，故效乾而参两也。由两地而有爻，故主坤言。**象也者，象此者也**。【注】"成象之谓乾"，谓圣人则天之象，分为三才也。此亦谓乾元。日月之象皆示乾元，故"圣人则之"。象者三才，故主乾言。**爻象动乎内，吉凶见乎外**。【注】"内"，初。"外"，上也。"初""上"，约略言之，指内外卦耳。阳"象动内"，则"吉见外"；阴"爻动内"，则"凶见外"也。《乾凿度》曰"三画已下为地，四画以上为天。易气从下生，动于地之下，则应于天之下；动于地之中，则应于天之中。动于地之上，则应于天之上。初以四，二以五，三以上，此之谓应"是也。**功业见乎变**，谓之卦消息。**圣人之情见乎辞**。谓系辞尽言。**天地之大德曰生**，下言"圣人之情见乎辞"者也。乾坤合元以生万物，故"大德曰生"。**圣人之大宝曰位**，乾为"圣人"，位在九五，乾为金为玉，故"大宝曰位"。

何以守位曰人，震为"守"为"人"。乾五出坤自震始。**何以聚人曰财**，坤富有为"财",乾道入坤出震,故财聚人。**理财正辞,禁民为非曰义**。以乾通坤,谓之"理财"。乾为言。以坤禽乾,谓之"正辞"。以乾制坤,谓之"禁民为非"。阴为"非"。谓消息旁通,终成既济,"美利利天下","利物足以和义",故"曰义"也。

第一章,下篇分章无文。《正义》依周氏、庄氏为九章。今定为七章。此章言爻象变动消息在正,正者,乾元也

古者庖牺氏之王天下也,【注】"庖牺",太昊氏,以木德王天下,位乎乾五。文王书经,系庖牺于乾五。五动见离,离生于木,故知火化。炮啖牺牲,号庖牺氏也。**仰则观象于天**,"在天成象"。**俯则观法于地**,"在地成形"。**观鸟兽之文**,谓观象也。"鸟兽之文",日月也。张衡《灵宪》云:"日者阳精之宗,积而成鸟,象鸟,而有三趾,阳之类,其数奇。月者,阴精之宗,积而成兽,象兔,阴之类,其数偶。"是其义也。**与地之宜**,谓观法也。"宜",山泽也。**近取诸身,远取诸物**,《说卦》备焉。**于是始作八卦,以通神明之德,以类万物之情**。【注】谓庖牺观鸟兽之文,"悬象著明,莫大乎日月",故特言之。则天八卦效之。"易有太极,是生两仪,两仪生四象,四象生八卦。""八卦"乃"四象"所生,非庖牺之所造也。故曰"象者,象此者也"。则大人造爻象以象天,卦可知也。而读《易》者咸以为庖牺之时,天未有八卦,恐失之矣。"天垂象,示吉凶,圣人象之",则天已有八卦之象。庖牺重卦六十四,言八卦者,本其象于天也。**作结绳而为罟,以田以鱼,盖取诸离**。【注】"离"为日。"日"当为"目"字之误。巽为"绳"。目之重者唯罟,故"结绳为罟"。坤二五之乾成离,巽为"鱼",坤二称"田"。乾九二"在田",在坤二也。以罟取兽曰"田",故"取诸离也"。**庖牺氏没,神农氏作**。【注】"没",终。"作",起也。神农以火德继庖牺王,火生土,故知土则利民播种,号神农氏也。**斫**

木为耜，揉木为耒，耒耨之利，以教天下，盖取诸益。【注】否四之初也。益注云："上之初。"巽为"木"，为入，艮为手，乾为金，手持金以入木，否四之初乾为艮而入巽，故"手持金入木"。故"断木为耜"。"耜"，耒头金，耒面谓之庇，长尺有一寸，断木为庇，耜金入之。耜止所逾，因名曰"耜"。未详。艮为小木，手以挠之，故"揉木为耒"。耒耜柄长六尺六寸，倨句磬折。耒耜，耔器也。"耔"，耨也。巽为号令，乾为"天"，故"以教天下"。乾之坤，故"天下"。坤为田。巽为股，进退，震足动耜，艮手持，耒进退田中，耕之象也。益万物者莫若雷风，故法风雷而作耒耜。耕亦益之大。日中为市，致天下之民，聚天下之货，交易而退，各得其所，盖取诸噬嗑。【注】否五之初也。离象正上，故称"日中"也。震为足，艮为径路，震又为大涂，否乾为天，坤为民，故"致天下之民"象也。坎水艮山，群珍所出，"聚天下货"之象也。坤以类聚。震升坎降，"交易而退，各得其所"。震雷主升，坎雨主降。否，天地不通。五之初交易，雷雨满形，故"各得其所"。"噬嗑，食也"。颐中有物。市井交易，饮食之道，故取诸此也。

神农氏没，黄帝、尧、舜氏作，通其变，使民不倦。【注】"变而通之以尽利"，谓作舟楫、服牛乘马之类，故"使民不倦"也。神而化之，使民宜之。【注】"神"谓乾。乾动之坤，化成万物，以利天下。坤为"民"也，"象其物宜"，故"使民宜之"也。乾动之坤，谓大有也。易穷则变，变则通，通则久。易穷于剥，变之五为比，大有通比，乾元复正，则可久。是以"自天右之，吉无不利"也。黄帝、尧、舜垂衣裳而天下治，盖取诸乾、坤。【注】乾为"治"，在上为"衣"。坤下为"裳"。乾坤，万物之缊，故以象"衣裳"。乾为明君，坤为顺臣，"百官以治，万民以察"，坤由夬入乾。故"天下治"盖取诸此也。刳木为舟，剡木

为楫，舟楫之利以济不通，致远以利天下，盖取诸涣。否四之二也。否乾为金，艮为手，坎为穴。手持金穴木，故"刳木为舟"也。巽为长木，艮为小木，震为行，小木动长木，楫也。艮手持金剡之，故"剡木为楫"也。坎为通，坤为闭塞，否四来通坤，故"济不通"。乾为远，为天，乾来坤中，故"致远以利天下"矣。"刳"或为"挎"，"剡"或为"掞"。**服牛乘马，引重致远，以利天下，盖取诸随。**【注】否上之初也。否乾为"马"，为"远"。坤为"牛"，为"重"。坤初之上，为"引重"。乾上之初，为"致远"。艮为背，巽为股，在马上，初乾马。故"乘马"。巽为绳，绳束缚物，在牛背上，二三坤牛，亦艮为背。故"服牛"。出否之随，"引重致远，以利天下"，故"取诸随"。**重门击柝，以待暴客，盖取诸豫。**复初之坤四也。震为"门"，艮又为"门"，故"重门"。坎为穿木，艮为小木，为手，震为声，手持两木有声，故"击柝"也。"暴客"，匆遽之客。坤为夜、阖户，震为行人，为开户，艮为待，故"以待暴客"也。

断木为杵，掘地为臼，臼杵之利，万民以济，盖取诸小过。【注】晋上之三也。艮为小木，上来之三断艮，故"断木为杵"。坤为"地"，艮手持木以掘坤三，故"掘地为臼"。艮止于下，"臼"之象也。震动而上，"杵"之象也。震出巽入，艮手持杵，出入臼中，舂之象也，故"取诸小过"。本无乾象，故不言"以利天下"也。坤为万民。**弦木为弧，剡木为矢，弧矢之利，以威天下，盖取诸睽。**【注】无妄五之二也。巽为绳，为木。无妄巽。坎为弧，离为矢，故"弦木为弧"。乾为金，艮为小木，无妄乾艮。五之二，以金剡艮，故"剡木为矢"。乾为"威"，五之二，故"以威天下"。弓发矢应而坎雨集，"而""如"，古通。盖"取诸睽"也。**上古穴居而野处，后世圣人易之以宫室，上栋下宇，以待风雨，盖取诸大壮。**【注】无妄，两象易也。"两象易"唯此"盖取"三卦耳，无以明之也。无妄，乾在上，故称"上古"。乾为"古"。艮为"穴居"，乾为"野"，巽为"处"。无妄乾人在路，震为"路"。故"穴居野处"。震为"后世"，乾为"圣人"。"后世圣人"，谓黄帝也。前言"黄帝、尧、舜氏作"，故知谓"黄帝"。艮为"宫室"，乾在上，则为"穴居"。乾入居，则为"宫室"。变成大壮，乾人入宫，乾居艮上。故"易以宫室"。艮为"待"，巽为"风"，无妄艮巽。兑为"雨"。大壮兑。乾为高，巽为长木，反在上为"栋"，大壮反巽。震阳动起，为"上栋"。"宇"，谓屋边也。兑泽动下，为"下宇"。无妄之大壮，巽风不见，兑雨隔震，与乾绝体，象乾人伏栋下。故"上栋下宇，以待风雨，盖取诸大壮"者也。**古之葬者，厚衣之以薪，葬之中野，不封不树，丧期无数。后世圣人易之以棺椁，盖取诸大过。**【注】中孚，上下易象也。本无乾象，故不言"上古"。大过乾在中，故但言"古者"。巽为"薪"，艮为"厚"，乾为"衣"，为"野"，乾象在中，中孚之卦，遁阴未至三，而大壮阳已至四，是乾在中孚中。故"厚衣之以薪，葬之中野"。穿土称"封"。"封"，古"窆"字也。聚土为"树"。必知非"聚土"为"封"者，以殷人尚墓而不坟，不必上古也。中孚无坤、坎象，故"不封不树"。坎为"穿土"，坤为"聚土"。坤为"丧"。"期"谓从斩衰至缌麻日月之期数。无坎离日月，坤象，故"丧期无数"。坤为"丧"，坎离乃为期也。然则大过亦无坎离，而圣人易中孚而定"丧期"之象者，岂非以大过通颐象离坎乎。非正离坎，故经不言也。巽为木，为入、处，兑为口，乾为人，木而有口，乾人入处，"棺"敛之象。中孚艮为山丘，巽木在里，棺藏山陵，"椁"之象也。此又以巽木象"椁"也。大过得有"封""树"象者，大过通颐，颐坤"聚土"，坎象"穿土"。故"取诸大过"。**上古结绳而治，后世圣人易之以书契，百官以治，万民以察，盖取诸夬。**【注】履上下象易也。乾象在上，故复言"上古"。巽为绳,离为罟,乾为治,故"结绳以治"。"后世圣人"谓黄帝、尧、舜也。夬旁通剥,剥坤为"书",兑为"契","契",刻木。两书一札,同而别之。《周礼》谓之"剂"。兑为附决,连附而决分之,"契"也。故"易之以书契"。履无震亦言"后世"者,履本由谦震降初,是后世圣人。乾为"百",剥艮为"官"。坤为众臣,为"万民",为迷暗。乾为"治"。夬反剥,以乾照坤,故"百官以治,万民以察",故"取诸夬"。大壮、大过、夬此三"盖取",直两象上下相易,故俱言"易之"。大壮本无妄,夬本履卦,乾象俱在上,故言"上古"。中孚本无乾象,大过乾不在上,故但言"古者"。大过亦言"后世圣人易之",明上古时也。**是故易者,象也。**【注】"易"谓日月在天成八卦象,"悬象著明,莫大日月"是也。上言圣人观象制器,故复明易本由日月之象,故圣人取象焉,遂言圣人以象通德、类情也。**象也者,象也。**谓卦象之象,还即在天之象也。

彖者,材也。"材"读当为"才"。【注】彖说三才,则三分天象以为三才,谓天地人道也。象分说两象,是说三才之卦。**爻也者,效天下之动者也。**【注】"动",发也。谓两三才为六画,则"发挥刚柔而生爻也"。**是故吉凶生,而悔吝著也。**【注】爻象动内,则吉凶见外,"悔吝者生乎动者也",故曰"著"。

第二章,言圣人观象以作《易》,故能通神明之德,类万物之情,以制器尚象之事明之。

阳卦多阴,震、坎、艮。**阴卦多阳**,巽、离、兑。**其故何也?阳卦奇,阴卦偶。**【注】阳卦一阳,故"奇"。阴卦二阳,故"偶"。**其德行何也?**【注】谓德行何可者也。**阳一君而二民,君子之道也。阴二君而一民,小人之道也。**乾为"君",坤为"民"。《易》曰:"**憧憧往来,朋从尔思。**"引《咸》九四爻,以明阴阳德行,消息各正之义也。彼注云:"'憧憧'，怀思虑也。之内为'来'，之外为'往'。欲感上隔五，感初隔三，故'憧憧往来'矣。兑为'朋'，少女也。艮初变之四，坎心为'思'，故曰'朋从尔思'也。"子曰："天下何思何虑。天下同归而殊途，一致而百虑。天下何思何虑？"【注】"易无思也"。既济定，六位得正，故"何思何虑"。阳息阴消，定于既济，君子之道。**日往则月来，**【注】谓咸初往之四，与五成离，故"日往"。与二成坎，故"月来"。之外，"日往"。在内，"月来"。此就爻之正者也。所谓既济体两坎离。**月往则日来。**【注】初变之四，与上成坎，故"月往"。四变之初，与二成离，故"日来"者也。**日月相推而明生焉。**【注】既济体两坎离象，故"明生焉"。**寒往则暑来，**【注】乾为"寒"，坤为"暑"，谓阴息阳消，从姤至否，故"寒往暑来"也。卦变，咸从否来。坤三之上，乾上之三，卦气咸在姤前，夏至六日七分卦也。故于咸明阴阳消息。《上系》七爻首中孚。中孚，冬至六日七分卦也。与此十一爻首咸，皆消息自然之序。阳息于复，至泰反否。阴消于姤，至否反泰。咸否天地交，反泰之始。**暑往则寒来，**【注】阴诎，阳信，从复至泰，故"暑往寒来"也。否为"暑往"。咸乾下三为"寒来"，即姤复之义。**寒暑相推而岁成焉。**复姤为阴阳始，泰否为阴阳中，春秋冬夏于是具矣。**往者诎也，来者信也。**凡往皆"诎"，凡来皆"信"。**诎信相感而利生焉。**【注】"感"，咸象，故"相感"。"天地感，而万物化生，圣人感人心，而天下和平"，《咸·彖》文。彼注云："初四易位成既济，坎为'心'，为'平'，此'保合太和'，'品物流形'也。"故"利生"。"利生"谓阳出震，阴伏藏。《彖》注云："成既济。"此云"阳出震，阴伏藏"者，既济六位时成，乾元至正，自然"阳出震，阴伏藏"。所谓"复见天地之心"者，天地之心正，既济也。注云"阳常主动，阴常主静，阳常主吉，阴常主凶"，于此见之矣。**尺蠖之诎，以求信也。**下皆言"阳出震，阴伏藏"，姤遇所以正复，消息皆在乾元也。"尺蠖"，惠徵士云"巽虫为尺蠖"是也。阴未遇姤，巽体未成，不曰"蛇"而曰"尺蠖"，咸卦时也。咸时"尺蠖诎"，至姤则"信"。**龙蛇之蛰，以存身也。【注】**"蛰"，潜藏也。龙潜而蛇藏。阴息初，巽为"蛇"，阳息初，震为"龙"。十月坤成，十一月复生，姤巽在下，阴阳相并俱生，故姤巽在下。龙蛇俱蛰初，坤为"身"，故"龙蛇之蛰，以存身也"。**精义入神，以致用也。利用安身，以崇德也。**承龙蛇皆蛰言之。坤为"义"，为"用"，为"安""身"。乾为"精"，为"神"，为"德"。谓乾藏坤中，以阳动阴，所以致坤之用。巽伏乾下，以阴牝阳，所以崇乾之德。**过此以往，未之或知也。**阴阳既出，变化不一，无以知之。**穷神知化，德之盛也。【注】**以坤变乾，谓之"穷神"。消卦也。以乾通坤，谓之"知化"。息卦也。乾为盛德，故"德之盛"。消息变化，所谓"未之或知"。一消一息，成既济定。乾元德盛，则"殊途同归，一致百虑，天下何思何虑"者也。

第三章，言阴阳有君子、小人之道。易消息各正，归于"盛德"，是为"德行"。

《易》曰："**困于石，据于蒺藜，入于其宫，不见其妻，凶。**"困六三爻辞。彼注云："二变正时，三在艮山下，故'困于石'。坎为'蒺藜'。二变艮手据坎，故'据蒺藜'者也。巽为'入'，二动艮为'宫'，兑为'妻'，谓上无应也。三在阴下，离象毁坏，隐在坤中，死其将至，故'不见其妻，凶'也。"**子曰："非所困而困焉，名必辱。【注】**困本咸。咸三"入宫"，以阳之阴，则二制坤，故以次咸。困否二之上，此云"困本咸"者，以此困咸相次，俱是否来之卦，则又生此象焉。《上系》注云："否上之二成困，三暴慢，以阴乘阳，二变入宫为萃，五之二，夺之成解。"亦为此困解相次而言，皆非本义。为四所困，四，失位恶人，故"非所困而困焉"。阳称"名"，阴为"辱"，以阳之阴下，故"名必辱"也。以咸变为义，故不与经注同。**非所据而据焉，**

身必危。【注】谓据二。二失位，故"非所据而据焉"。二变时，坤为"身"，二折坤体，故"身必危"。既辱且危，死其将至，其妻可得见邪？"《易》曰："公用射隼于高庸之上，获之，无不利。"解上六爻辞。彼注云："上应在三，'公'谓三伏阳也。离为'隼'。三失位，动出成乾，贯隼入大过死象，故'公用射隼于高庸之上，获之，无不利'也。"子曰："隼者，禽也。【注】离为"隼"，故称"禽"。言其行野容，如禽兽焉。谓三"野容悔淫"。弓矢者，器也。【注】离为"矢"，坎为"弓"，坤为"器"。射之者，人也。【注】"人"，贤人也。谓乾三伏阳出而成乾，故曰"射之者人"。人则"公"。三应上，故上令三出而"射隼"也。君子藏器于身，待时而动，何不利之有。【注】三伏阳为"君子"。二变时，坤为"身"，为"藏""器"，所谓二变入宫为萃。为藏弓矢以待射隼。艮为"待"，为"时"。三待五来之二，弓张矢发，动出成乾，贯隼入大过死，两坎象坏，故"何不利之有"。《象》曰："以解悖。"三阴小人乘君子器，故上观三出，射去隼也。上以三为象，故曰"观三出"。动而不括，是以出而有获，语成器而动者也。"【注】"括"，作也。待时而动，不见作为。震为"语"。解震也。困五下二，则震成，故"语成器"。乾五之坤二，成坎弓离矢，动以贯隼，故"语成器而动者也"。子曰："小人不耻不仁，不畏不义，【注】谓否也。噬嗑，否五之初。以坤灭乾为"不仁""不义"。坤为"耻"为"义"，乾为"仁"为"畏"者也。不见利不动，不威不惩。【注】否乾为"威"，为"利"。巽为"近利"。谓否五之初，成噬嗑市。离日见乾为"见利"，震为"动"，故"不见利不动"。五之初，以乾威坤，故"不威不惩"。震为"惩"也。惠徵士云："'徵'，古'惩'字。震虩虩恐惧，故为'徵'也。"小惩而大戒，此小人之福也。"【注】艮为"小"，乾为"大"。五下威初，坤杀不行，"杀"读为"弑"。震惧虩虩，故"小惩大戒"。坤为"小人"，乾为"福"，以阳下阴，"民说无疆"，故"小人之福也"。《易》曰："'屦校灭趾，无咎'，噬嗑初九爻辞。彼注云："震为足，坎为'校'，震没坎下，故'屦校灭趾'。初位得正，故'无咎'。"此之谓也。""善不积不足以成名，恶不积不足以灭身。【注】乾为"积善"。阳称"名"。坤为"积恶"，为"身"。以乾灭坤，故"灭身"者也。小人以小善为无益而弗为也。【注】"小善"谓复初。以小恶为无伤，而弗去也。【注】"小恶"谓姤初。故恶积而不可掩，【注】谓阴息姤至遁，"子弑其父"，故"恶积而不可掩"。罪大而不可解。【注】阴息遁成否，以臣弑君，故"罪大而不可解"也。《易》曰：'何校灭耳，凶。'"噬嗑上九爻辞。否阴既成，当上九下初，成益反泰。上九恶积、罪大，安于不正，故五之初，"小惩大戒"以救之。五下，则坎为"校"，为"耳"。"何"，儋也。乾本为首，坎成横贯其中，故"何校灭耳"。子曰："危者安其位者也，亡者保其存者也，乱者有其治者也。是故，君子安而不忘危，【注】"君子"，大人谓否五也。否坤为"安"。"危"，谓上也。上亢故"危"，当下初成益。存而不忘亡，治而不忘乱。"存""治"谓乾，"亡""乱"谓坤五。知存亡治乱，故使上反下也。是以身安而国家可保也。"【注】坤为"身"。谓否反成泰，损上益下，则反成泰。君位定于内，而臣忠于外，故"身安而国家可保也"。《易》曰："'其亡其亡，系于包桑。'"否九五爻辞。上反之初，五在巽体为木。"包"，木也。震阳入地为木根。"桑"者，上玄下黄，乾坤之象也。巽为绳，艮为手，故五"系于包桑"，与初"拔茅"同义也。子曰："德薄而位尊，【注】鼎四也。则离九四凶恶小人，故"德薄"。四在乾位，故"位尊"。知少而谋大，【注】兑为少知，乾为大谋，四在乾体，故"谋大"矣。力少而任重，【注】五至初体大过，"本末弱"，故"力少"也。乾为仁，故"任重"。"以为己任，不亦重乎。"乾为仁，释乾为"任重"

之故耳，非谓鼎四任仁也。**鲜不及矣。【注】**"鲜"，少也。"及"，及于刑矣。《易》曰：'鼎折足，覆公餗，其形渥，凶。'鼎九四爻辞。彼注云："四变时，震为'足'。足折入兑，故'鼎折足'。兑为'刑'。渥，大刑也。'鼎足折'，则公餗覆，言不胜任，象入大过死，凶，故'鼎足折，覆公餗，其形渥，凶'。"**言不胜其任也。"子曰："知几，其神乎？【注】**"几"，谓阳也。阳在复初称"几"。此谓豫四也。豫二欲四复初，故主谓豫四。恶鼎四"折足"，故以此次。言豫四知几，而反复初也。复初之四为豫，豫四反复初，通小畜。**君子上交不谄，下交不渎，其知几乎？【注】**豫二谓四也。四失位，"谄""渎"。"上"，谓交五。五贵，震为笑言。笑言且，当为"且言"。谄也，故"上交不谄"。下谓交三，坎为"渎"，故"下交不渎"。欲其复初得正元吉，故"其知几乎"。**几者动之微，吉之先见者也。【注】**阳见初成震，故"动之微"。复初元吉，"吉之先见者也"。**君子见几而作，不俟终日。《易》曰：'介于石，不终日，贞吉。'**豫六二爻辞。彼注云："介，纤也。与四为艮，艮为'石'，故'介于石'，与小畜通。应在五，终变成离，离为'日'，得位欲四急复初，已得休之，故'不终日，贞吉'。"**介如石焉，宁用终日，断可识矣。**四在艮，则知当复初，不待终变也，故曰"忧悔吝者存乎介"。**君子知微知章，**初动之微，终离见为章，故"知微知章"。**知柔知刚，**小畜阳潜四中，故"知柔知刚"。**万夫之望。"**坤为"万"，震为"夫"，离目为"望"。小畜以离畜阳，故"万夫之望"。**子曰："颜氏之子，其殆庶几乎？【注】**"几"者，神妙也。颜子知微，故"殆庶几"。孔子曰："回也，其庶几也。"今《论语》："回也，其庶乎。"**有不善，未尝不知，【注】**复以自知。《老子》曰："自知者明。"**知之，未尝复行也。【注】**谓颜回"不迁怒，不贰过"，"克己复理，当为"礼"。天下归仁"。**《易》曰：'不远复，无祗悔，元吉。'"**复初九爻辞。"七日来复"，故"不远复"。坎为悔，

"出入无疾",故"无祗悔"。乾元正,故"元吉"。"**天地氤氲,万物化醇。**【注】谓泰上也。先说否,否反成泰,故不说泰。此明说十一爻之序也。此章主论阳吉阴凶,故明姤复否泰之几。阴生姤,成乎否。阳生复,成乎泰。泰反否,非姤而有姤道,"天地氤氲"也。否反泰,非复而有复道,"知几其神"也。咸者姤前之卦,说咸不说姤,说损不说泰,互见也。咸、困、噬嗑皆否来。解,临来。鼎,大壮来。此引则皆为否消也。咸三入宫,上慢下暴,则乾三伏阳出射之,其本由否不反泰,故五降为噬嗑以救之。否五知存亡,故损上益下而反泰也。鼎,息卦也,阳新之时,五爻皆吉,唯四以不正处高位,独凶,故次否。五以起豫四也,豫四反复道,息泰成,故说损也。损泰交坤,将又反否,故更以益终焉。皆"穷神知化"之事。天地交,万物通,故"化醇"。**男女构精,万物化生。**【注】谓泰初之上,成损,艮为"男",兑为"女",故"男女构精"。乾为"精"。损反成益。亦以此卦次为义,非本义也。万物出震,故"万物化生"也。《易》曰:'三人行,则损一人。一人行,则得其友。'损六三爻辞。彼注云:"泰乾三爻为'三人',震为'行',故'三人行'。损初之上,故'则损一人'。'一人',谓泰初,之上损刚益柔,故'一人行'。兑为'友'。初之上,据坤应兑,故'则得其友'。"**言致一也。**"子曰:"**君子安其身而后动,**【注】谓反损成益。"君子",益初也。坤为"安身",震为"后动"。**易其心而后语,**【注】乾为"易"。益初体复"心",震为"后语"。**定期交而后求。**【注】震专为"定",为"后"。"交",谓刚柔始交。艮为"求"也。**君子修此三者,故全也。**【注】谓否上之初,"损上益下","其道大光","自上下下,民说无疆",故全也。**危以动,则民不与也。**【注】谓否上九高而无位,故"危"。坤民否闭,故"弗与"也。**惧以语,则民不应也。**【注】否上穷灾,故"惧"。不下之初成益,故"民不应"。坤为"民",震为"应"也。**无交而求,则民不与也。**【注】上来之初,故

"交"。坤"民"否闭，故"不与"。震为"交"。**莫之与，则伤之者至矣。【注】**上不之初，否消灭乾，则体剥伤，臣弑君，子弑父，故"伤之者至矣"。《易》曰：'莫益之，或击之，立心勿恒，凶。'"益上九爻辞。彼注云："莫，无也。自非上，无益初者，唯上当无应，故'莫益之'矣。上不益初，则以剥灭乾，艮为手，故'或击之'。上体巽，为进退，故'勿恒'。动成坎心，以阴乘阳，故'立心勿恒，凶'矣。"益上九则否九五也。言当益初者，益道反泰，三阳以次下初，则泰成，故益上九《象》以否上为说也。

第四章，承上章言阴阳、君子、小人之道，穷神知化之盛德。

子曰："乾坤，其易之门邪。""易"，神也。入坤出乾，故"乾坤"为"易之门"。**乾，阳物也。坤，阴物也。阴阳合德，而刚柔有体。【注】**"合德"，谓天地杂，保太和，日月战。乾入坤，坤就乾，"天地杂"也。坤牝乾，阴凝阳，"日月战，保太和"也。易出入乾坤之门者，以此。乾刚以体天，坤柔以体地也。谓易消息也。**以体天地之撰，以通神明之德。**"天地之撰"，刚柔也。"神明之德"，阴阳也。"体"之，"通"之，易也。"撰"，数也。天地之数，即大衍之数是也。易出入乾坤而为消息，故"参天两地而倚数"，"幽赞神明"，则六十四卦成也。**其称名也，杂而不越。**"名"，六十四卦名也。名以阴阳杂居而立，然不越乎乾坤之大义也。**于稽其类，其衰世之意邪。【注】**"稽"，考也。三称"盛德"，上称"末世"，乾终上九，动则入坤，坤弑其君父，故为乱世。阳出复震，入坤出坤，故"衰世之意邪"。谓庖牺作《易》为衰世法。"易穷则变，变则通，通则久"，是"衰世之意"，非取"殷之末世，周之盛德"。**夫易，彰往而察来，而微显阐幽，【注】**"神以知来"，乾。知以藏往。坤。"微"者"显"之，谓从复成乾，是"察来"也。"阐"者"幽"之，谓从姤之坤，是"彰往"也。**开而当名。【注】**阳息出初，故"开而当名"。谓乾元也。乾元出坤，其动也辟，故"开"。六十四卦由此生，故"当名"也。**辩物，正言，断辞，则备矣**。乾元出坤，阴阳以别，故"辩物"。震为言，为辞，阳出震，故"正言，断辞"，皆备于名，故"则备矣"。**其称名也小**，【注】谓乾坤与六子俱名"八卦而小成"，乾坤为易之门。神即乾元，然其"称名"，则与六子并列而为八卦是"小"也。言八卦则与三百八十四爻俱名，六十四卦为"小"可知。故下又申之"复小而辨于物"也。故"小"，"复小而辨于物"者矣。阳元别物，六十四卦"称名"由此也。**其取类也大**。【注】谓乾阳物也，为天，为父，"触类而长之"，故"大"也。谓"触类而长之"，成六十四卦，皆乾元所为。"为天为父"者，言其大生，故"触类而长之"耳。非以《说卦》所属为取类也。**其旨远，其辞文**。【注】"远"谓乾，"文"谓坤也。乾元"知来"，故"旨远"。坤知"章往"，故"辞文"。**其言曲而中，其事肆而隐**。【注】"曲"，诎。"肆"，直也。阳曲初，震为"言"，故"其言曲而中"。"中"，正也。坤为"事"，隐未见，故"肆而隐"也。"称名小"，谓"当名"。"取类大"，谓"辩物"。"旨远""辞文"谓"断辞"。"言曲""事肆"谓"正言"。皆阳道开坤出乾，"通神明之德"也。**因贰以济民行，以明失得之报**。【注】"二"谓乾与坤也。郑氏云："'贰'当为'式'。"坤为"民"，乾为"行"。"行""得"，则乾"报"以吉。"行""失"，则坤"报"以凶也。《**易**》**之兴也，其于中古乎**。【注】兴《易》者，谓庖牺也。文王书经，系庖牺于乾五。乾五见离，火生于木，庖牺木德王，"帝出乎震"，故文王位之乾五。乾为"古"，五在乾中，故"兴于中古"。《系》以黄帝、尧、舜为"后世圣人"，庖牺为"中古"，则庖牺以前为上古。**作《易》者，其有忧患乎**。【注】谓忧患百姓未知兴利远害，不行礼义，茹毛饮血，衣食不足。庖牺则天八卦，通为六十四，以德化之，"吉凶与民同患"，故"有忧患"。**是故，履，德之基也**。【注】乾为"德"。六十四卦皆乾元，故言"德"。履与谦旁通，坤柔履刚，故"德之基"。坤为"基"。**谦,德之柄也。**【注】坤为"柄"。"柄",本也。地者,万物之本。凡言德,皆阳爻也。乾上九反三,阳德皆本乎此,故"谦"为"德之柄"。**复,德之本也。**【注】复初,乾之元,故"德之本"也。**恒,德之固也。**【注】"立不易方",恒,自泰乾初之坤四,三正不动,故"立不易方"。守德之坚固。**损,德之修也。**损下益上,乾道日新,故"德之修"。荀氏云:"'惩忿窒欲',所以修德。"**益,德之裕也。**"天施地生,其益无方",乾道优裕。荀氏云:"'见善则迁','有过则改',德之优裕也。"**困,德之辨也。**否上之二,以乾别坤。**井,德之地也。**泰初之五,"劳民劝相",以阳助坤,故"德之地"。**巽,德之制也。**【注】巽风为号令,所以制下,故曰"德之制也"。遁二之四,柔得位而顺五,"君子以申命行事",故曰"德之制"。注阙不备也。**履,和而至。**【注】谦与履通。谦坤柔和,故"履,和而至",履刚而行,故"至","至哉坤元"也。"礼之用,和为贵"者也。**谦,尊而光。**"天道下济而光明",故"尊而光"。**复,小而辩于物。**【注】阳始见,故"小"。乾阳物,坤阴物,以乾居坤,故称别物。**恒,杂而不厌。**乾坤交,故"杂"。终则有始,恒久而不已,故"不厌"也。**损,先难而后易。**【注】损初之上,失正,故"先难"。终反成益,得位于初,故"后易","易其心而后语"。**益,长裕而不设。**【注】谓"天施地生,其益无方。凡益之道,与时偕行",故"不设"也。"设",大也,谓利之而不庸。**困,穷而通。**【注】阳穷否上;变之坤二成坎,坎为"通",故"困,穷而通"也。**井,居其所而迁。**"迁",改也。旧井甃之,"改邑不改井",故"居其所而迁"。**巽,称而隐。**"称",度也。物,"齐乎巽","神明其德",阳隐乎初,故"称而隐"。**履以和行。**【注】"礼之用,和为贵",谦震为"行",故"以和行"也。**谦以制礼。**【注】阴称"礼"。礼居鬼而从地,故"阴称礼"。谦三以一阳制五阴,万民服,故"以制礼"也。**复以自知。**【注】"有不善未尝不知",故"自知"也。"乾以知来",坤为"自",以乾通坤,故"复自知"。**恒以一德。【注】**"恒,德之固","立不易方",从一而终,故"一德"者也。**损以远害。【注】**坤为"害"。泰以初止坤上,故"远害"。乾为"远"。**益以兴利。**乾为"利"。否乾益下反泰,乾道复正,故"兴利"。**困以寡怨。【注】**坤为"怨"。否弑父与君,乾来上折坤二,故"寡怨"。坎水性通,故不怨也。**井以辩义。【注】**坤为"义"。以乾别坤,故"辩义"也。**巽以行权。**"权"者,反于经,然后合道者也。巽阳隐初,特究成震,以消为息,故曰"巽以行权"。

第五章,言庖牺作《易》,出入乾坤,以成六十四卦"忧患""衰世"之意。

《易》之为书也,谓文王书《易》六爻之辞。**不可远,**"远",去也。"君子居则观其象而玩其辞,动则观其变而玩其占。"**为道也屡迁,【注】**"迁",徙也。日月周流,上下无常,故"屡迁"也。此章发明九六之变,其用九、用六本为日月周流,故首发之也。**变动不居,周流六虚,【注】**"变",易。"动",行。"六虚",六位也。此"六位",谓十二辰为六位,在《易》则乾坤六画之位,亦其理也。日月周流,终则复始,故"周流"。"六虚",谓甲子之旬辰巳虚,坎戊为月,离己为日,人在中宫,其处空虚,故称"六虚"。五甲,如次者也。旬中戊己皆虚也,此专言日月周流之变动。《参同契》曰"坎离者,乾坤之二用。二用无爻位,周流行六虚,往来既不定,上下亦无常",此之谓也。坎五离六,天地之中合,就天地于壬癸,壬九癸十,天地之终合。阳动而进盈九,阴动而退虚十,此二用所以生九六也。**上下无常,刚柔相易。【注】**"刚柔"者,昼夜之象也。《系》文曰:"昼夜者,刚柔之象也。"此及《说卦》注皆作"刚柔者,昼夜之象",或《集解》改其文以协《经》耳。在天称"上",入地为"下",在天入地,指日月也。故"上下无常"也。谓易爻相易，法日月之昼夜。乾三画法天，坤三画法地。爻变常二五、初四、三上上下相易，如日月之昼夜互在天。**不可为典要，唯变所适。**【注】"典要"，道也。"上下无常"，故"不可为典要"。"一阴一阳之谓道。"六爻之变，不必皆成既济，故"不可为典要"。适乾为"昼"，适坤为"夜"。**其出入以度，外内使知惧，**【注】出乾为"外"，入坤为"内"，日行一度，故"出入以度"。六十卦三百六十爻，爻当一日，法日月之行度，故"出入以度"。出阳"知"生，入阴"惧"死，"使知惧"也。爻变虽无"典要"，常依日月消息，出入阴阳，而死生分焉。**又明于忧患与故。**【注】"神以知来"，故"明忧患"。"知以藏往"，故知事故。"作《易》者其有忧患乎"。乾坤之德，九六具之。**无有师保，如临父母。**【注】"临"，见也。言阴阳施行，以生万物，无有师保生成之者。万物出生，皆如父母。孔子曰"父母之道天地"。乾为父，坤为母。谓易道变化生物，尽有乾坤之德。"师保"，亦谓乾坤也。乾严为"师"，坤安为"保"。谓六十四卦无乾坤之生成，万物资之，皆如乾坤。**初帅其辞，而揆其方。**【注】"初"，始，下也。"帅"，正也。谓"修辞立诚"。"方"，谓坤也。以乾通坤，故"初帅其辞而揆其方"。谓乾元正，复初震为"辞"。"揆"，度也。**既有典常，苟非其人，道不虚行。**【注】"其出入以度"，故"有典常"。初正通坤，则消息有度，故"有典常"也。"既"，尽也。"苟"，诚也。"其人"，谓乾，为贤人。"神而明之，存乎其人"，"不言而信"，谓之"德行"，故"不虚行"也。《易》之为书也，遂言六爻之辞。**原始要终，以为质也。**【注】"质"，本也。以乾"原始"，以坤"要终"，谓"原始及终，以知生死之说"。所谓"出入知惧"。**六爻相杂，唯其时物也。**【注】阴阳错居，称"杂"。时阳则阳，时阴则阴，故"唯其时物"。乾，阳物。坤，阴物。**其初难知，其上易知，本末也。初辞拟之，卒成之终。**初"原始"，则上"要终"，上要存亡，故

"易知"也。若夫杂物撰德，辩是与非，则非其中，爻不备。【注】"撰德"谓乾。"撰"，数也。"数"，乾之德。"辩"，别也。"是"，谓阳。"非"，谓阴也。"中"，正。乾六爻，二、四、上非正，坤六爻，初、三、五非正，故"杂物"。"因而重之，爻在其中"，故"非其中"则"爻辞不备"。谓有凶、悔、吝。"道有变动，故曰爻"也。爻不"中"，则有"变动"，谓六爻"时物"。噫，亦要存亡，吉凶则居可知矣。【注】谓知"存"知"亡"，"要终"者也。"原始要终"，则知"存亡"。"居"乾"吉"则"存"，"居"坤"凶"则"亡"，故曰"居可知"矣。谓"要"卦之终，以知"存亡"。视爻所"居"，以知"吉凶"。智者观其彖辞，则思过半矣。彖说三才，言卦存亡。二与四同功而异位，申言"要存亡"也。"同功"，互象也。爻"位""异"，则"存亡"不同。其善不同。二多誉，四多惧，近也。柔之为道，不利远者。坤六四注云："在外，'多咎'。阴在二，'多誉'，而远在四，故'无誉'，则是在内为'近'，在外为'远'也。"又下章注云"远阳谓乾，近阴谓坤"，此"远""近"亦宜同义。阳宜居外，阴宜居内。"远近相取，而悔吝生"。二近应阳，故"多誉"。四远取阳，故"多惧"。二四皆阴位，若以阳居之，则亦相取，故曰"不利远者"。其要无咎，其用柔中也。谓以阳居二、四而"要无咎"，则以变"柔"得正矣，所谓"要存亡"，故用九、六也。三与五同功而异位，三多凶，五多功，贵贱之等也。"列贵贱者存乎位。"其柔危，其刚胜邪。三、五，阳位，"柔"居之则"危"，"刚"乃"胜"之，不言变可知也。《易》之为书也，申上也。广大悉备，"以言乎天地之间则备矣。"有天道焉，有人道焉，有地道焉。兼三才而两之，故六。六者，非它也，三才之道也。庖牺分天象为三才，以地两之，所谓"因而重之，爻在其中"。六爻之动，还依三才也。道有变动，故曰爻。爻有等，故曰物。同功异位，阴阳时物。物相杂，故曰文。【注】乾，阳物。坤，阴物。纯乾纯坤之时，未有文章。

阳物入坤，阴物入乾，更相杂成六十四爻。"爻"当为"卦"字误。乃有文章，故曰"文"。文不当，故吉凶生焉。"不当"，不当其位也。《易》之兴也，其当殷之末世，周之盛德邪。当文王与纣之事邪。【注】谓文王书《易》六爻之辞也。综上文。"末世"，乾上。"盛德"，乾三也。庖牺位乾五，文王谓乾三。文王"三分天下而有其二，以服事殷。周德，其可谓至德矣"，故"周之盛德"。纣穷否上，"知存而不知亡，知得而不知丧"，终以焚死，故"殷之末世"也。而马、荀、郑君，从俗以文王为中古，失之远矣。**是故其辞危。**【注】"危"，谓乾三。"夕惕若厉"，故"辞危"也。**危者使平，易者使倾。**"易"，轻也。"危"则能"平"，文王之事。"易"则必"倾"，纣之事。泰九三注云："'陂''倾'，谓否上也。""平"，谓三。天地分，故"平"。天成地平，谓"危者使平，易者使倾"。**其道甚大，百物不废。**【注】"大"，谓乾道。乾三爻，三十六物，一爻之策，三十六。故有"百物"，略其奇八，与"大衍之五十"同义。**惧以终始，其要无咎，此之谓易之道也。**【注】乾称"易道"。"易"者乾元，"易道"即乾道也。"终日乾乾"，故"无咎"。"惧以终始"，三百八十四爻皆然，所谓"震无咎"者也。"危者使平，易者使倾"，"恶盈"，"福谦"，故"易之道"者也。

第六章，言文王书《易》，六爻"变动"，"惧以终始"为"易道"。

夫乾，天下之至健也，德行恒易以知险。【注】"险"，谓坎也。此章言坎离为乾坤之用，不主言乾坤。谓乾二五之坤成坎离。乾二五之坤成坎，坤二五之乾成离，此阴阳之义。若以坎离消息，则离丽乾精，坎通坤形，坎离相正相合，故乾坤二五皆成坎离也。日月丽天，"天险不可升"，故"知险"者也。乾易坤简，则坎离消息。**夫坤，天下之至顺也，德行恒简以知阻。**【注】"阻"，险阻也。亦谓坎。谓坤二五之乾，艮为山陵，坎艮。坎为水，巽高，兑下，离巽兑。"地险山川丘陵"，故"以知阻"也。**能说**

诸心。【注】乾五之坤，坎为"心"，兑为"说"，故"能说诸心"。乾坤易简，合于坎离，而震兑生焉，是亦"两仪生四象"。**能研诸侯之虑，**【注】坎心为"虑"。乾初之坤为震，震为"诸侯"，故"能研诸侯之虑"。**定天下之吉凶，成天下之娓娓者。**【注】谓乾二五之坤，成离日坎月，则八卦象具，谓坎有震艮，离有巽兑，是亦"四象生八卦"也。"八卦定吉凶"，故"能定天下之吉凶"。"娓娓"，进也。凡事"进"乃成。离为"龟"，乾为"蓍"，月生震初，故"成天下之娓娓者"，谓莫善蓍龟也。"月生震初"，是乾元也。"知险""知阻"，皆以此耳。**是故变化云为，吉事有祥。**【注】"祥"，几神"神"，一作"祥"。也，"吉之先见者也"。阳出，"变化云为，吉事为祥"，谓复初乾元者也。**象事知器，占事知来。**【注】"象事"，谓坤，坤为"器"。乾五之坤成象，故"象事知器"也。"以制器者尚其象。""占事"，谓"乾以知来"。乾五动成离，则玩其占，故"知来"。**天地设位，圣人成能。**【注】天尊五，地卑二，故"设位"。既济之位。乾为"圣人"。"成能"，谓"能说诸心，能研诸侯之虑"，故"成能"也。圣人体乾元。**人谋鬼谋，百姓与能。**【注】乾为"人"，坤为"鬼"。乾二五之坤，坎为"谋"，乾为"百"，坤为"姓"，故"人谋鬼谋，百姓与能"。谓乾坤合而成易。**八卦以象告，**【注】"在天成象"，乾二五之坤，则八卦象成，兑口震言，故"以象告"也。此就六画卦言。**爻象以情言，**"利贞者，性情也。""六爻发挥，旁通情也。"爻象变动，震为言，故"以情言"。**刚柔杂居，而吉凶可见矣。**【注】乾二五之坤成坎，坤五之乾成离，故"刚柔杂居"。艮为"居"。离有巽兑，坎有震艮，八卦体备，故"吉凶可见"也。**变动以利言，**【注】变乾之坤成震，乾元也。变动自此始。震为"言"，故"变动以利言"也。**吉凶以情迁。**【注】乾"吉"坤"凶"，"六爻发挥旁通情也"，故"以情迁"。当位，阳道。不当位,阴道。**是以爱恶相攻而吉凶生,**【注】"攻",摩也。乾为"爱",坤为"恶"。谓"刚柔相摩",以爱攻恶生"吉",阳息也。阴得正则丽阳,故亦吉。以恶攻爱生"凶",阴消也。阳失正则倾消,故亦凶。故"吉凶生"也。**远近相取而悔吝生,**【注】远阳谓乾,近阴谓坤。阳取阴生"悔",阴取阳生"吝",悔吝言小疵。非其所应而相取,故"悔吝生"。阳之情相远,阴之情相近,此谓爻位远近。以阳居阴,亦阳取阴。以阴居阳,亦阴取阳,故下注云"以阴居阳,以阳居阴,为悔且吝也"。**情伪相感而利害生。**【注】"情",阳。"伪",阴也。情感伪生"利",乾息也。伪感情生"害"。坤消也。乾为"利",坤为"害"。**凡易之情,近而不相得则凶。**"吉凶以情迁"也。以阴取阳,"而不相得则凶"。**或害之,悔且吝。**【注】坤为"害"。以阴居阳,以阳居阴,阳皆受阴之害。为"悔且吝"也。"悔吝","小疵",由悔吝入吉凶。**将叛者其辞惭,**【注】坎人之"辞"也。"近而不相得",故"叛"。明下六人之辞,皆"近而不相得"也。"辞",则爻辞矣。坎为隐伏,"将叛"。坎为心,故"辞一本无"辞"。惭"也。**中心疑者其辞枝。**【注】离人之"辞"也。火性枝分,故枝"疑"也。**吉人之辞寡,**【注】艮人之"辞"也。艮为慎,故"辞寡"。**躁人之辞多。**【注】震人之"辞"也。震为决躁,恐惧"虩虩","笑言哑哑",故多"辞"。**诬善之人其辞游,**【注】兑人之"辞"也。兑为口舌,诬乾,乾为"善人"也。**失其守者其辞诎。**【注】巽人之"辞"也。巽诘诎,阳在初守巽,初阳入伏阴下,故"其辞诎"。此六子也,离上坎下,震起艮止,兑见巽伏。上经终坎离,则下经终既济未济。《乾凿度》曰:"日月之道,阴阳之经,所以终始万物,故以坎离为终。"是上经终坎离之义也。既济未济,亦坎离。《上系》终乾坤,则《下系》终六子也。此《易》之大义者也。

第七章,综言乾元之用,爻变之序。

周易虞氏义卷九

周易说卦　虞氏注

昔者圣人之作《易》也，"圣人"，谓庖牺。**幽赞于神明而生蓍，**"幽"，隐也。"赞"，谓探索。"神明"，谓乾阳也。圣人未作八卦，神明在天，深幽不见。庖牺"探赜索隐"，则天，八卦"效之"，则知天数一、三、五、七、九，地数二、四、六、八、十，乾元消息之数七、八、九、六，则蓍生焉，故"幽赞于神明而生蓍"。**参天两地而倚数，【注】**"倚"，立。"参"，三也。谓分天象为三才，"天象"，在天八卦。以地两之，立六画之数，故"倚数"也。谓庖牺既立八卦，则知阴阳相并俱生，故以乾坤为六画，乾数初、三、五，坤数二、四、上也。《乾凿度》曰"三画而成乾，乾坤相并俱生，'因而重之'，故'六画而成卦'"，谓此也。**观变于阴阳而立卦，【注】**谓"立天之道曰阴与阳"。乾坤刚柔，立本者。谓立乾坤二卦以为之本，阴阳各六爻。卦谓六爻，三才无变。阳变成震、坎、艮，谓之阳卦。阴变成巽、离、兑，谓之阴卦。故"立卦"。六爻三变，谓若乾二五之坤成坎，变初、二、三，故三变。五卦如例者也。三六十八，则"十有八变而成卦"，"八卦而小成"是也。《系》曰"阳一君二民，阴二君一民"，不道乾坤者也。乾坤立本，不在阴阳卦例。**发挥于刚柔而生爻，【注】**谓"立地之道曰柔与刚"。乾坤未立，则曰"阴阳"。乾坤既定，则曰"柔刚"。阴阳配天，刚柔配地。"发"，动。"挥"，变。

变刚生柔爻,变柔生刚爻,以三为六也。谓六十四卦。"因而重之,爻在其中","因而重之"谓"八卦小成",触类以长,而成六十四卦。故"生爻"。**和顺于道德而理于义,**【注】谓"立人之道曰仁与义"。谓六十四卦消息也。乾为"仁",坤为"义"。"和顺",谓坤。"道德",谓乾。以乾通坤,谓之"理义"也。《坤》六五"君子黄中通理",坤为"义",故"以乾通坤,谓之'理义'也"。谓乾盈积善,坤阴顺阳,牝乾出震者也。**穷理尽性以至于命。**【注】以乾推坤,谓之"穷理"。坤为"理",乾"穷"之。谓自复至夬,乾阳推阴。以坤变乾,谓之"尽性"。乾为"性"。谓自姤至剥,坤阴消乾。性尽理穷,故"至于命"。巽为"命"也。谓以乾通坤,极姤生巽也。此亦"立人之道曰仁与义"之事。**昔者圣人之作《易》也,**【注】重言"昔者",明谓庖牺也。嫌文王。**将以顺性命之理,**【注】谓"乾道变化,各正性命",以阳"顺性",以阴"顺命"。**是以立天之道曰阴与阳,立地之道曰柔与刚,立人之道曰仁与义。**天地人各有乾坤。**兼三才而两之,故《易》六画而成卦。**【注】谓参天两地,乾坤各三爻而成六画之数也。**分阴分阳,迭用柔刚,故易六画而成章。**【注】"迭",递也。"分阴"为"柔"以象夜,"分阳"为"刚"以象昼。"刚柔者,昼夜之象",昼夜更用,故"迭用柔刚"矣。"章",谓文理。乾三画成天文,坤三画成地理。

天地定位,【注】谓乾坤五贵二贱,故"定位"也。此庖牺以六位之数,观变立卦,则日月之象,乃成此列焉。"位",六画之位也。乾坤贞于二五,甲上乙下,故"定"。在天,则相得合木也。**山泽通气,**【注】谓艮兑"同气相求",故"通气"。艮兑贞天位,①丙五丁上,在天则相得合火也。**雷风相薄,**【注】谓震巽"同声相应",故"相薄"。震巽贞地位,庚初辛二,在天则相

---

① "贞天位",原作"艮天位"。李道平《周易集解纂疏》云"艮兑贞天位",又下文云"震巽贞天位",故改"艮"为"贞"。

得合金也。**水火不相射，【注】**谓坎离。"射"，厌也。水火相通，坎戊离己，月三十日一会于壬，故"不相射"也。坎离贞人位，戊三己四，在天则相得会壬癸，而成象于中。**八卦相错，【注】**"错"，摩。则"刚柔相摩，八卦相荡"也。八卦六位，一阴一阳，故"相错"。逆上称"错"也。**数往者顺，【注】**谓坤消从午至亥，上下，故"顺"也。谓八卦成列，则发挥刚柔而生消息。乾，自复至乾，生子尽巳。坤，自姤至坤，生午尽亥。六十卦，从十二辟卦为消息。《系》曰"神以知来，知以藏往"，谓乾息一阳至六阳，阳将来消，自五阳至一阳，阳渐往，故坤消为"往"，乾息为"来"也。巳午昼为上，亥子夜为下。《系》注云"在天称上，入地为下"也。**知来者逆，【注】**谓乾息从子至巳，下上，故"逆"也。**是故易逆数也。【注】**"易"，谓乾，消息皆乾阳，故"易谓乾"。故"逆数"。**雷以动之，风以散之，雨以润之，日以烜之，艮以止之，兑以说之，乾以君之，坤以藏之。**乾坤六位逆数而上，震巽一，坎离二，艮兑三，乾坤临之以生万物，六子与乾坤所以并列，而俱名八卦也。变水火为雨日，艮兑、乾坤举卦名者，成言生物之用也。

帝出乎震，齐乎巽，相见乎离，致役乎坤，说言乎兑，战乎乾，劳乎坎，成言乎艮。此说八卦布散用事之序。"帝"，天皇大帝，阳之主，即太乙也。**万物出乎震。震，东方也。【注】**"出"，生也。震初不见东，故不称东方卦也。注明八卦在天之列，是其本也。震初出庚，故云"不见东"。《乾凿度》曰："孔子曰：岁三百六十日而天气周，八卦用事各四十五日，方备岁焉。"震生物于东方，位在二月。**齐乎巽。巽，东南也。**《乾凿度》曰："巽散之于东南，位在四月。"**齐也者，言万物之絜齐也。【注】**巽阳隐初，又不见东南，巽见辛。亦不称东南卦，与震同义。巽阳藏室，故"絜齐"。谓"退藏于密"，"以神明其德"。**离也者，明也。万物皆相见，南方之卦也。**"离长之于南方，位在五月。"**圣人南面而听天下，向明而治，盖取诸此也。【注】**

离为日，为火，故"明"。日出照物，以日相见，离象三爻皆，日中，"日中"，南方。正南方之卦也。离，南方，故"南面"。乾为"治"，乾五之坤，坎为耳，离为"明"，坎通离。故"以听天下，向明而治"也。**坤也者，地也。万物皆致养焉，故曰"致役乎坤"。【注】**坤阴无阳，故道广布，不主一方。就阳盛之位，而在西南。不言卦，不言"方"。含弘光大，养成万物。"坤养之于西南方，位在六月。"**兑，正秋也。**"兑收之于西方，位在八月。"**万物之所说也，故曰"说言乎兑"。【注】**兑三失位，不正，故言"正秋"。嫌阴不正，故正之。兑象不见西，故不言西方之卦，与坤同义。兑见丁，坤藏乙。兑为雨泽，故"说万物"。震为言。震二动成兑，言从口出，故"说言"也。**战乎乾。乾，西北之卦也。**"乾制之于西北，方位在十月。"**言阴阳相薄也。【注】**乾刚正，五月十五日晨象西北，暮盈甲。故西北之卦。"薄"，入也。坤，十月卦。坤辟于亥。乾消剥入坤，剥，九月。故"阴阳相薄也"。"阴凝于阳必战"，乾就坤乃能生物，故位西北。**坎者，水也，正北方之卦也，**"坎藏之于北方，位在十一月。"**劳卦也，万物之所归也，故曰"劳乎坎"。【注】**坤，藏也。坎二失位，不正，故言"正北方之卦"，与兑"正秋"同义。坎月夜中，故"正北方"。坎为习险，阳气入险，穷剥生复，故为"劳卦"。万物归藏，不劳则生气不复。**艮，东北之卦也。万物之所成终，而所成始也，**"艮终始之于东北方，位在十二月。"并《乾凿度》文。**故曰"成言乎艮"。【注】**艮三得正，故复称"卦"。万物成始，乾甲，成终，坤癸。艮东北，是甲癸之间，艮见于丙，而言"甲癸之间"者，惠徵士云："乾十五日，坤三十日，艮二十三日，去乾坤各八日，故"甲癸之间"。"甲癸之间"，则东北也。故"万物之所成终而成始"者也。

神也者，妙万物而为言者也。"神"，谓易也。"妙"，微也。震为"言"。

"钩深致远",故"妙万物而为言"。本言文王推爻"乾元用九,而天下治也"。**动万物者,莫疾乎雷。桡万物者,莫疾乎风。**"桡",散也。**燥万物者,莫熯乎火。说万物者,莫说乎泽。**"泽",雨泽也。**润万物者,莫润乎水。终万物,始万物者,莫盛乎艮。**谓六子皆乾坤之神,即其用事者是也。**故水火相逮,雷风不相悖,山泽通气,然后能变化,既成万物也。【注】**谓乾变而坤化。"乾道变化,各正性命",成既济定,故"既成万物"矣。"既",尽也,谓"上下无常,刚柔相易"也。乾坤六爻,分阴分阳,则坎离正二五,震巽正初四,艮兑正三上。九六之变,乾坤二五相易,"水火相逮"也。初四相易,"雷风不相悖"也。三上相易,"山泽通气"也。故成既济也。

乾,健也。【注】精刚自胜,动行不休,故"健也"。**坤,顺也。【注】**纯柔,承天时行,故"顺"。**震,动也。【注】**阳出动行。**巽,入也。【注】**乾初入阴。初乾灭入坤中。**坎,陷也。【注】**阳陷阴中。**离,丽也。【注】**日丽乾刚。离是阴卦,而阳精所舍,阴附丽于阳,象日之附丽于天。**艮,止也。【注】**阳位在上,故"止"。**兑,说也。【注】**震为大笑,阳息震成兑,①震言出口,故"说"。

乾为马,坤为牛,郑氏注:《洪范·五行传》云:"马,畜之疾行者也。牛,畜之任重者也。"**震为龙,**乾爻六龙,"震",乾元,故"为龙"。**巽为鸡,**《九家易》云:"风应节而变,变不失时,鸡时至而鸣,与风相应也。二九十八,主风精为鸡,故鸡十八日剖而成雏。二九顺阳历,故鸡知时而鸣也。"**坎为豕,**《九家易》云:"六九五十四,主时精为豕,故豕怀胎四月而生。"**离为雉,**"离"为飞鸟,又为文章,故"为雉"。**艮为狗,**《九家易》云:"艮止,主守御也。艮数三,七九六十三,三主斗,斗为犬,故犬怀胎三月而生。"此类注文既阙,故或取他家之说言之。**兑为羊。**"兑"为刚卤。郑氏谓,"其畜好刚卤"也。**乾为首,**"首"

---

① "震成兑"下,原衍"震成兑"三字,据全集本删。

圆，天象。震为足，动乎下。**巽为股**，"巽"进退，故"为股"。**坎为耳，离为目**，《淮南·精神训》云："耳目者，日月也。"**艮为手**，止物于上，震足"艮手"，反对之象。**兑为口**。下注云"兑为震声"，是为口也。

乾，天也，故称乎父。坤，地也，故称乎母。震，一索而得男，故谓之长男。巽，一索而得女，故谓之长女。坎，再索而得男，故谓之中男。离，再索而得女，故谓之中女。艮，三索而得男，故谓之少男。兑，三索而得女，故谓之少女。 王子雍云："索，求也。"

乾为天，至阳。**为圆**，天道曰圆。**为君**，【注】贵而严也。阳五贵在上，乾气寒凝，故"严"。**为父**，【注】成三男，其取类大，故"为父"也。**为玉，为金**，刚纯粹精，在物唯金玉耳。**为寒，为冰**，乾位在西北，故为"寒""冰"。**为大赤**，【注】太阳为"赤"，《白虎通》云："赤者，阳盛之气，故周为天正，色尚赤。"月望出入时也。**为良马**，【注】乾善故"良"也。**为老马**，乾阳之成，将退故"老"。**为瘠马**，郑氏云："凡骨为阳，柔为阴。"乾阳皆骨，故为"瘠马"。**为駁马**，宋仲子云："天有五行之色，故'为駁马'也。"**为木果**。乾，甲木也，阳功成。"木果"，木之成功也。《剥》上九"硕果不食"也。**坤为地**，【注】柔道静。**为母**，【注】成三女，能致养，故"为母"。**为布**，"布"，阴功。《月令·仲夏》曰"毋暴布"，郑注云"不以阴功干太阳之事"是也。**为釜**，孔颖达云："取其化生成物。"**为吝啬**，阴道畜聚，故"吝啬"。**为均**，崔憬云："取地生万物，不择善恶。"**为子母牛**，坤凝乾，则象牝马，丽阳，则象牝牛。牝牛，则"子母牛"也。**为大舆**，载物地道。**为文**，《逸礼·三正记》曰："质法天，文法地。"《九家易》云："万物相杂，故'为文'也。"**为众**，【注】物三称群。阴为民，三阴相随，故"为众"也。**为柄**，《系》注云"柄，本也"，谓"本乎地者亲下"。**其于地也为黑**。极阳色赤，极阴色黑。乾于月望出入时为赤，坤于地为"黑"，义一也。**震为雷**，【注】太阳火得水，有声，乾坤以坎离战，阴阳交会于壬而生震，故云"太阳火得水"也。故"为雷"也。**为駹，【注】**"駹"，苍色。震，东方，故"为駹"。旧读作"龙"。上已为龙，非也。**为玄黄，【注】**"天玄地黄"。震，天地之杂物，故"为玄黄"。**为专，【注】**阳在初隐静，体乾初"潜龙"。未出触坤，故"专"。则"乾，静也专"。延叔坚说：以"专"为"旉"，大布，非也。**为大途**，万物所出，下注云"震阳在初，则为大途"也。**为长子，【注】**乾一索，故"为长子"。**为决躁**，下注云"震外体为躁"，动之过也。**为苍筤竹**，震巽皆东方。巽阳在上，下有伏震，故中实而为木。震阳在下，中有伏巽，故中空而为竹，为萑苇。《九家易》云："苍筤，青也。"**为萑苇。其于马也，为善鸣，为馵足，为作足，为的颡，【注】**为雷，故"善鸣"也。马白后左足为"馵"。震为左，为足，为后。为有初阳白，阳在上，色白。故"为作足"。此云"为作足"，当"馵足"之误。又脱文也。"作足"者，作，起也。王劭云"马行，先作弄四足"也。"的"，白。"颡"，额也。震体头在口上，乾为首，兑为口，震乾初，在兑上，故"体头而在口上"。白，故"的颡"。《诗》云"有马白颠"是也。震体乾，故得马象。**其于稼也，为阪生。【注】**"阪"，陵阪也。此注见《释文》。"稼"之"阪生"者，枲豆之属。春种夏获者，皆震气所生。稼，坤之功，震阳出坤，故于稼有象。**其究为健，为蕃鲜。【注】**震巽相薄，变而至三，则下象"究"。与四成乾，故"其究为健，键则乾。为蕃鲜"。谓成巽也。"蕃鲜"，白也。巽注云："震究为蕃鲜白。白，谓巽白。"巽究为躁卦。躁卦则震，震雷巽风无形，故卦特变耳。**巽为木，为风**，"风"，土气之散阳也。**为长女**，坤一索，故"为长女"。**为绳直**，"木曲直"，巽以阴顺阳，阳直以正阴曲。**为工，【注】**"为近利市三倍"，故"为工"。子夏曰"工居肆"。"工"，规矩也，所以齐物。"物齐乎巽"注："广其义为百工。"**为白，【注】**乾阳在上，故"白"。

为长，为高，【注】乾阳在上，"长"，故"高"。**为进退，【注】**阳初退，故"进退"。震进巽退，并在初。**为不果**，"不果"，亦进退之义。**为臭。【注】**"臭"，气也。风至知气，巽二入艮鼻，逸象："艮为鼻。"故"为臭"。《系》曰："其臭如兰。"同人六二体巽。**其于人也，为宣发，【注】**"为白"，故"宣发"。马君以"宣"为"寡发"，非也。如注，则"宣，白也"。"宣""鲜"同音，或即"蕃鲜"。与乾为人，下四象皆取乾，故称"于人"。**为广颡，【注】**变至三，坤为"广"。变之震也，与四为坤。四动成乾，为"颡"。在头口上，故"为广颡"，与震"的颡"同义。震一阳，故"的颡"。巽变乾二阳，故"广颡"。**为多白眼，【注】**"为白"，离目上向，六画卦中体离，故"目上向"。则白眼见，故"多白眼"。**为近利市三倍。【注】**变至三成坤，坤为"近"。四动乾，乾为"利"。至五成噬嗑，故称"市"。乾三爻为"三倍"，故"为近利市三倍"。动上成震，故"其究为躁卦"。八卦诸爻，唯震巽变耳。**其究为躁卦。【注】**变至五成噬嗑，为市。动上成震，故"其究为躁卦"。明震内体为"专"，外体为"躁"。震阳之始，故以卦言之。**坎为水**，《说文》曰："水，北方之行也。象众水并流，中有微阳之气也。"**为沟渎，【注】**以阳辟坤，水性流通，故"为沟渎"也。**为隐伏，【注】**阳藏坤中，故"为隐伏"也。**为矫揉**，水流随地曲直，故"为矫揉"。宋仲子云："曲者更直为'矫'，直者更曲为'揉'。"**为弓轮，【注】**可"矫揉"，故"为弓轮"。坎为月，月在于庚为"弓"，在甲象"轮"，故"弓轮"也。**其于人也为加忧，为心病，【注】**两阴失心为多眚，"失"或当为"夹"。逸象：坎为"心"。故"加忧"。为劳而加忧，故"心病"。亦以坎为心，坎二折坤，"为心病"。亦乾为人。**为耳痛**，坎为"耳"，多眚，故"痛"。**为血卦**，《坤》上六"其血玄黄"，《文言》曰"犹未离其类也，故称血焉"。坎正十一月，阴阳会于壬，牝坤生复，故坎"为血卦"也。**为赤**,"赤",乾色。《白虎通》云"十一月之时,阳气始养根株,黄泉之下,万物皆赤",故坎"为赤"也。**其于马也,为美脊**,坎秉乾气。"马",乾也。宋仲子云:"阳在中央,马脊之象也。"**为亟心**,阳刚在中,象背为脊,象胸为"心"。"亟",疾亟也。**为下首**,乾为首,入阴下,故"下首"。**为薄蹄**,震为足,震象半见,故"薄蹄"。**为曳**。震足曳初阴,故"为曳",皆谓马也。**其于舆也,为多眚**,【注】"眚",败也。坤为大车,坎折坤体,故"为车多眚"也。坎折坤,故亦有"舆"象。**为通**,【注】水流渎,故"通"也。**为月**,【注】坤为夜,以坎阳光坤,故"为月"也。**为盗**,【注】水性潜窃,故"为盗"也。**其于木也,为坚多心**。【注】阳刚在中,故"坚多心",棘枣属也。坎离俱有"木"象,离体巽,坎体震,故也。**离为火,为日,为电**,皆阳光也。**为中女,为甲胄,为戈兵**,【注】外刚,故为"甲"。乾为首,巽绳贯甲而在首上,象巽半见于乾上,中贯之。故为"胄"。"胄",兜鍪也。乾为金,离火断乾,燥而炼之,故"为戈兵"也。**其于人也,为大腹**。【注】象日常满,如妊身妇,离者阴之受阳,故象"妊身妇",其于人亦谓乾也。故为"大腹"。乾为"大"也。"腹"有乾,故"大"。**为乾卦**。【注】火日熯燥物,故"为乾卦"也。坎为乾精,离为乾气,故皆称卦。**为鳖,为蟹,为蠃,为蚌,为龟**,【注】此五者,皆取外刚内柔也。**其于木也,为折上槁**,【注】巽木在离中,六画卦。体大过死,巽虫食心,则折也。蠱虫食口,又体兑为口,谓虫口食木。木,故"上槁"。"槁",枯也。或以离火烧巽,故"折上槁"。**艮为山**,惠徵士云:"坤为土,阳止坤上,故'为山'也。"**为径路**,【注】艮为山中径路。震阳在初,则为"大途",艮阳小,故"为径路"也。**为小石**,"石",土之阳也。艮为山,阳小,故"小石"。

为门阙,【注】乾为"门",逸象。艮阳在门外,乾三,故"门外"。

故"为门阙"。两小山,"阙"之象也。象艮下二偶,为"两小山"。**为果蓏**,乾为木果,艮得乾上,故"为果蓏"。**为阍寺**,艮为门阙,又为止。"阍寺",守禁门阙也。**为指**,【注】艮手多节,故"为指"。**为拘**,【注】指屈信制物,故"为拘"。"拘"旧作"狗"。上已"为狗",字之误。**为鼠**,【注】似狗而小,在坎穴中,坎穴半见于上。故"为鼠",晋九四是也。"晋九四"体艮坎。**为黔喙之属**,山兽,狗类。马氏云"豺狼之属"也。"黔",黑也。坤色黑,乾为首,坤在乾下,头之下,故为"喙"。**其于木也,为多节**。【注】阳刚在外,故"多节",松柏之属。艮亦体震,故有木象。

兑为泽,【注】坎水半见,故"为泽"。**为少女**,【注】坤三索,位在末,故"少"也。**为巫**,【注】乾为神,兑为通,并逸象。与神通气,兑息即乾。女,故"为巫"。**为口舌**,【注】兑为震声,震以阳为声,息兑,故"兑为震声"。故"为口舌"。**为毁折**,【注】二折震足,故"为毁折"。**为附决**。【注】乾体末圆,故"附决"也。"末"当为"未"。乾阳至二,阴犹附之,故"乾体未圆",当决而去之也。**其于地也,为刚卤**,【注】乾二阳在下,故"刚"。泽水润下,故"咸"。兑得坤三,在地上,故有地象。**为妾**,【注】三少女,位贱,故"为妾"。**为羔**,【注】"羔",女使。皆取位贱,故"为羔"。郑氏读为"养",云"无家女,行赁炊爨"者,亦其义也。旧读以震"驦"为"龙",艮"拘"为"狗",兑"羔"为"羊",皆已见上。此为再出,非孔子意也。震已为长男,又言长子,谓以当继世,守宗庙,主祭祀,故详举之。三女皆言长、中、少,明女子各当外成,故别见之。此其大例者也。

说卦逸象

注所见者,次而著之,盖孟氏所传也。

乾为王,即君也。为先王,已消,则为先王。为明君,乾大明。为神,阳之信。为人,人得阳以生。为大人,为圣人,五也。为贤人,初也。为君子,三也。为武人,惠徵士说以《春秋外传》曰"天事武"。为行人,乾在戌亥之郊,郊外,故"为行人"也。为物,"精气为物。"为易,变易也,"乾以易知"。为立,立天下之大本。为直,"其动也直。"为敬,阳刚之德。为畏,亦敬也。为威,为严,为坚刚,皆君德。为道,乾元也。为德,为盛德,"日新之谓盛德。"为行,亦德也。为性,坤称乾,为"性"。惠徵士说以《中庸》"天命之谓性"。为精,乾精气。为言,初息震,再息兑,震声兑口,为乾言。为信,天行至信。为善,为扬善,为积善,自复至乾,"为积善"。为良,亦善也。为仁,"元者善之长。"为爱,仁之德。为忿,注云:"阳气刚武为忿。"为生,"万物资始。"为详,注云:"乾善为详。"为庆,为天休,为嘉,为福,为禄,《系》注云:"乾生故吉。"为先,阳主倡。为始,"乾知大始。"为知,"乾以易知。"为大,阳道大。为盈,阳息为盈。为茂,注云:"乾盈故茂。"为肥,注云:"乾盈为肥。"为好,惠徵士说以贾逵云"好生于阳"。为施,交坤。为利,"美利利天下",与坤为利异。为清,惠徵士云:"清轻者为天。"为治,"乾元用九,天下治。"为大谋,治国之言。为高,天象。为扬,举也。"扬",上升。为宗,为祖,人本乎祖,宗族法天。为高宗,尊祖配天。为甲,日之始,乾盈于甲。为老,乾盈将退,故"老"。为旧,为古,亦老之义。惠徵士说以《周书》曰"天为古",《尚书》曰"曰若稽古"。为大明,《文言》曰"大明终始"，谓"日月得天而能久照"。为远，谦注云："天道远。"为郊，为野，西北戌亥，郊野之象。为门，为道门，易出乾，故"为门"。为百，三爻之策，皆三十六，略其奇八，就盈数。为岁，周天三百六十五度四分度之一。为顶，即首也。为朱，即"大赤"。为衣，"黄帝、尧、舜垂衣裳，取诸乾坤。"为圭，即玉也。为蓍，惠徵士说以《白虎通》引《礼·杂记》曰"蓍，阳之老也"。为瓜，注云"乾圆称瓜"，亦木果之属。为龙，《子夏传》云："龙所以象阳也。"

坤为臣，为顺臣，为民，为万民，地道，臣道。为姓，"姓"，女生也。坤为母。为小人，阴消阳。为邑人，乾藏坤中，坤"邑"有"人"。为鬼，阴之诎。为形，"在地成形。"为身，坤腹称"身"。为牝，阴雌。为母，大指。此盖因坤"为母"，而借兼震艮之象。为躬，为我，为自，皆身也。为至，"至哉坤元。"为安，地道静。为康，注云"安也"。为富，为财，为积，为聚，为萃，地生万物。为重，为厚，地道。为致，"驯致其道。"为用，物致役。为包，地兼载。为寡，阴消故"寡"。为徐，舒"徐"亦柔道。为营，"营"求，阴道。为下，天高地下。为容，犹"包"也。为裕，注云："坤弱为裕。"为虚，坤消"为虚"。为书，地道文故"为书"。为迩，为近，惠徵士说以《法言》曰"近如地也"。为疆，即"方"也。为无疆，"应地无疆。"为思，"思曰睿"，五事配土。为恶，好之反。惠徵士说以贾逵云"恶生于阴"。为理，文理也。坤为文，有文则"理"。为体，"正位居体。"为礼，为义，"礼"，离之德。"义"，兑之德。离兑皆统乎坤也。为事，"发于事业。"为业，为大业，"富有之谓大业。"为庶政，亦"事""业"也。为俗，注云："坤阴小人，柔弱为俗。"为度，事之法。为类，"方以类聚"也。为闭，为藏，"阖户谓之坤。"为密，注云："坤闭，故称

'密'。"为默，亦"密"也。为耻，坤过故"耻"。为欲，注云："坤阴吝啬为欲。"为过，为丑，为积恶，自姤至坤，为"积恶"。为迷，注云："坤冥为迷。"为乱，为弑父，消至二，"子弑父"。至三，"臣弑君"。为怨，为害，皆阴慝也。为遏恶，坤凝乾，则"遏恶"。为终，"地道无成而代有终。"为永终，用六"永贞"。为敝，为穷，皆尽也，亦"终"意。为死，为丧，阴消坤，"丧"于乙。为冥，为晦，月无光。为夕，为莫夜，注云："坤冥为'莫夜'。"为暑，惠徵士说以"冬至，复初九，乾也。夏至，姤初六，坤也。"《稽览图》曰："冬至之后三十日，极寒。夏至之后三十日，极暑。"故坤为"暑"。为乙，坤丧于"乙"。为年，日周天为岁，阳也。月十二会"为年"，阴也。为十年，坤癸数十。为户，乾为门，坤"为户"，阴阳大小异名。为义门，乾坤，易之"门"，阴为"义"。为阖户，为闭关，注云："坤阖为'闭关'。"为盍，惠徵士云："与'阖'同。"为土，为积土，为阶，古者"土""阶"，"积土"。为田，注云："坤二称'田'。"为邑，为国，为邦，为大邦，坤有乾，故"大"。为万国，坤数众。为异邦，不同于乾也。为方，"至静而德方。"为鬼方，皆"土"类。为裳，为绂，韠也，"裳"类。为车，即"大舆"。为輹，车伏兔，所以载舆。为器，用物也。为缶，"土"器。为囊，"囊"之括物，犹"大舆"。为虎，"虎"，杀物而有文，坤象也。为兕，牛属。为黄牛，为牝牛，注云："俗以离为牝牛，失之。"

震为帝，"帝出乎震。"为主，"主器者"，长子。为诸侯，《逸礼·王度记》曰："诸侯封不过百里，象雷震百里。"为人，体乾元，人以生。为士，乾初"元士"。为兄，长男。为夫，为元夫，震为巽夫。为趾，注云："震足为趾。"为出，阳出。为行，为征，为作，为逐，为惊走，皆"动"也。为惊卫，震惊虩虩。为定，注云："震专为定。"为百，"震惊百里"，注云："从临二阴为百二十，举其大略。"为言，为讲论，为议，为问，为语，为告，为向，答也。为声，为音，为鸣，为应，皆"震"声。为交，乾"交"坤自"震"。为澂，"惩"同。以乾正坤，故为"惩"。为反，剥穷上反下。为后，震主初，"笑言哑哑，后有则"谓初。为后世，长子继世。为从，后故从。为守，世守。为左，震东方。为生，春生。为常，世守故常。为缓，为宽仁，木德。为乐，阳出于地，物皆和乐，故乐，象春。为笑，为喜笑，为笑言，乐之声。为道，路也，即"大途"，亦为道德。为陵，震为"阪生"，阪，"陵"也。艮三反下，故"为陵"与。为祭，震巽相究，震春兑秋，坎冬离夏，春秋享祀，以时思之。为鬯，"鬯"，以郁和郁。"震"，草属也。注云"上震为鬯"，下体坎水，乃有此象耳。为木稼，"阪生"也。为百谷，皆生之大者，故属之"震"。为草莽，"萑苇"之属。为鼓，象"雷"声。为筐，竹所为。为马，体乾健动。为麋鹿，麋鹿，善惊奔。

　　巽为命，"乾道变化，各正性命"，谓阳为乾性，阴为坤命也。巽坤元，故"为命"。为命令，为号令，为教令，为诰，巽震"同声相应"，阴宣阳命，故巽为"命令"。为号，为号咷，雷风同声，震阳"笑言"，巽阴号呼。为处女，巽伏处，又长女。为妇，为妻，巽为震妇。为商旅，"近利市三倍。"为随，阴随阳。为入，为处，为入伏，阳出震入巽，"退藏于密"。为利，近利市。为齐，为同，"齐乎巽"，"同"亦"齐"也。为交，坤交乾自巽。为进，为退，即进退也。为舞，象风。为谷，坎水半见于下。为长木，巽又长也。为苞，木之柔者。为杨，柔木。为木果，有果之木。为茅，注云："巽柔白为茅。"为白茅，为兰，巽为"臭"，草臭莫如兰。为草木，为草莽，与震同。

为杞，杞柳。为葛藟，注云："巽为草莽，称葛藟。"为薪，草木。为庸，城墉也。巽为高，为伏，高而可入伏，城墉之象。为床，所以处。注云："巽木为床。"为绳，为"绳直"，故亦为"绳"。为帛，"帛"，阴功，布之属。巽体坤而柔白，故为"帛"。为腰带，巽为帛，为交，坎为要，巽覆坎要，故为"要带"。为繘，汲水索。注云："巽绳为繘。"为蛇，位在巳。为鱼，震阳为龙，巽阴为蛇，为鱼。郭璞云："鱼者，震之废气也。"为鲋。小鱼。

坎为圣，体乾九二。为云，为玄云，乾注云："上坎为云，下坎为雨。""玄"，天色。为川，为大川，为河，沟渎，一也。为心，坎得乾中爻，乾之"心"也。为志，为思，为虑，为爱，即"加忧"。为谋，聪作"谋"，坎主耳也。为惕，为疑，为艰，为蹇，为恤，为悔，为逊，注云："忧也"。为忘，皆心之属。为劳，劳卦也。为濡，耎弱也，水德。为涕洟，坎为水，"加忧"，故"为涕洟"。亦合离艮乃得象。为眚，阳陷阴中，故多眚，不必舆矣。为疾，为疾病，为疾厉，为疑疾，为灾，为破，为罪，为悖，为欲，为淫，注云："坎水为淫。"为寇盗，即盗。为暴，为毒，害也。为渎，乱也。皆心多眚。为孚，注云："信也。水不失时。"为平，水至平。为法，法平如水。为罚，为狱，皆法也。为则，"则"亦"法"也。为经，六经，法则也。为习，习坎注云："习，常也。"常，水之德。为入，为内，纳也。坎，万物之所归，故"为入""为内"。为聚，水会聚。为脊，阳在中"为脊"，不独马矣。为要，"要"，肾水藏。为臀，隐伏有穴，故"为臀"。为膏，注云："坎水称膏。"为阴液，子中。为岁，岁始冬至。为三岁，上六"三岁不得"。为尸，坤之鬼，乾之尸。为酒，水类。为丛木，为丛棘，为蒺藜，坚多心之木，常丛生。为棘匕，棘为之。为穿木，坎穴震木。

为校，桎梏，穿木也。为弧，为弓弹，皆弓也。为木，"坚多心"也。为车，"多眚"也。亦为牙车。为马。"美脊"等是也。

离为女子，中女。为妇，大腹妊身。为孕，为恶人，离在四"为恶人"。为见，"相见乎离。"为飞，离，南方朱鸟。为爵，位也。古者爵位取义于爵酒，爵之义又取爵之鸣节、节足，足，则亦飞鸟之义。为日，昼也。为明，日光。为光，为甲，乾为甲。离日出甲上，故亦"为甲"。为黄，坤之中色。为戎，戎兵，戎器。为折首，离上爻象。为刀，为斧，为资斧，为矢，为飞矢，为黄矢，"戈兵"之属。为罔，为罟，罔罟，取诸离。为甕，为瓶，离火烧坤土，大腹之象。为鸟，为飞鸟，为鹤，为隼，为鸿。

艮为弟，为小子，少男。为君子，为贤人，体乾三。为童，为童蒙，为僮仆，亦少男。为官，贤人。为友，与兑为友。为阍，即"阍寺"。为时，艮"成终成始"，故为四时。为斗，斗建四时。为星，为沫，"沫"，小星，皆斗属。为霆，雷自上反。为果，决也。成终始，故"果"。为慎，阳小故"慎"。为节，亦"慎"义。为待，止待之。为制，注云："艮手止称制。"为执，即"拘"也。为小，阳小。为多，为厚，山所生物广。为取，注云："艮手为取。"为舍，置也。手止称"舍"。为求，艮兑"同气相求"。为笃实，慎而厚，故"笃实"。为道，即径路。为穴居，山穴也，亦象入坎下。为石，即"小石"。为城，为宫室，为门庭，为庐，为牖，为居，皆门阙之属。为宗庙，为社稷，艮乾上，宗庙爻，"成终成始"，故"为宗庙""社稷"。为鼻，"山泽通气"。山虚受泽，故"为鼻"。为肱，手也。为背，注云："艮为多节，故称背。"为腓，二爻象。注云："巽长为股，艮小为腓。"盖以咸二应五巽得象。为皮，为肤，乾为骨，坤为肉。艮乾三覆坤，在肉之外，故为"皮""肤"。为小木,"坚多节"之木,恒小。为硕果,即"果蓏"也。乾上故"硕"。为硕,"硕果"也。为豹,为狼,为小狐,皆"黔喙之属"。艮小,故"小狐"。为尾,黔喙之属,多长"尾"。

兑为妹,少女。为妻,艮妻。为朋,与震二阳为朋。为友,与艮通气为友。为讲习,《象》曰:"君子以朋友讲习"。为刑人,注云:"兑折震足,为见刑断足者。"为刑,即"毁折"。为小,为少,幼也,兑,少女。为密,艮慎兑"密",同气。为通,"山泽通气。"为见,《杂卦》注云:"兑阳息,二为见。"为右,兑西方。为下,泽下也。为少知,乾为知,兑未成乾,"为少知"。为契,刻木,两书一扎,同而别之。兑为"附决",连附而分之象。

周易序卦　虞氏注

有天地,然后万物生焉。谓乾坤。盈天地之间者唯万物,故受之以屯。屯者,盈也。屯者,万物之始生也。物生必蒙,故受之以蒙。蒙者,物之稚也。物稚不可不养也,故受之以需。需者,饮食之道也。饮食必有讼,故受之以讼。讼必有众,故受之以师。师者,众也。众必有所比,故受之以比。比者比也,比必有所畜,故受之以小畜。畜然后有礼,故受之以履。履者,礼也。履然后安,故受之以泰。泰者,通也。物不可以终通,故受之以否。物不可以终否,故受之以同人。与人同者,物必归焉,故受之以大有。有大有不可以盈,故受之以谦。有大而能谦,必豫,故受之以豫。豫必有随,故受之以随。以喜随人者,必有事,故受之以蛊。蛊者,事也。有事然后可大,故受之以临。临者,大也。物大然后可观,故受之以观。【注】临反成观,二阳在上，故"可观"也。可观而后有所合，故受之以噬嗑。嗑者，合也。【注】颐中有物食，故曰"合也"。物不可以苟合而已，故受之以贲。贲者，饰也。【注】"分刚上文柔"，故"饰"。致饰而后亨则尽矣，故受之以剥。剥者，剥也。物不可以终尽，剥穷上反下，【注】阳四月"穷上"，消姤至坤者也。释"穷上"之义。巳午为上，亥子为下也。故受之以复。复则不妄矣，故受之以无妄。有无妄然后可畜，故受之以大畜。畜然后可养，故受之以颐。颐者，养也。【注】"天地养万物，圣人养贤以及万民。"不养则不可动，故受之以大过。【注】人颐不动则死，故"受之以大过"。大过否卦，否闭之卦。棺椁之象也。物不可以终过，故受之以坎。坎者，陷也。陷必有所丽，故受之以离。离者，丽也。

有天地，【注】谓天地否也。然后有万物。【注】谓否反成泰，"天地氤氲，万物化醇"，故"有万物"也。上经明乾坤，下经明泰否，故诸家并谓上经言天道，下经言人事也。有万物，然后有男女。【注】谓泰已有否，"有"读如"又"。否三之上反正成咸，艮为"男"，兑为"女"，故"有男女"。有男女，然后有夫妇。【注】咸反成恒，震为"夫"，巽为"妇"，故"有夫妇"也。有夫妇，然后有父子。【注】谓咸上复乾成遁，乾为"父"，艮为"子"，故为"父子"。有父子，然后有君臣。【注】谓遁三复坤成否，乾为"君"，坤为"臣"，故"有君臣"也。不言遁反成大壮。遁，消卦，无反大壮之理。故消成否反泰，而息大壮也。有君臣，然后有上下。【注】否乾君尊上，坤臣卑下，天尊地卑，故"有上下"也。有上下，然后礼义有所错。【注】"错"，置也。谓天、君、父、夫象尊，错上。地、妇、臣、子礼卑，错下。坤，地道，妻道，臣道，故"礼义有所错"者也。虞君注《序卦》之例，略见于此。然全篇之注残阙已甚，以意补之，恐违阙如之义。故守其略，别于消息通之。夫妇之道，不可以不久也，故受之以恒。恒者，久也。物不可以终久于其所，故受之以遁。遁者，退也。物不可以终遁，故受之以大壮。遁而伤。物不可以终壮，故受之以晋。晋者，进也。进必有所伤，故受之以明夷。夷者，伤也。伤于外者必反于家，故受之以家人。【注】晋时在外，家人在内，故反家人。谓离二也。离二进丽五，退反居下，故晋为家人。此《序卦》消息也。家道穷必乖，故受之以睽。睽者，乖也。乖必有难，故受之以蹇。蹇者，难也。物不可以终难，故受之以解。解者，缓也。缓必有所失，故受之以损。损而不已必益，故受之以益。益而不已必决，故受之以夬。夬者，决也。决必有遇，故受之以姤。姤者，遇也。物相遇而后聚，故受之以萃。萃者，聚也。聚而上者谓之升，故受之以升。升而不已必困，故受之以困。困乎上者必反下，故受之以井。井道不可不革，故受之以革。革物者莫若鼎，故受之以鼎。主器者莫若长子，故受之以震。震者，动也。物不可以终动，止之，故受之以艮。艮者，止也。物不可以终止，故受之以渐。渐者，进也。【注】否三进之四，巽为"进"也。进必有所归，故受之以归妹。【注】震嫁兑，兑为妹。嫁，归也。得其所归者必大，故受之以丰。丰者，大也。穷大者必失其居，故受之以旅。旅而无所容，故受之以巽。巽者，入也。入而后说之，故受之以兑。兑者，说也。【注】兑为"讲习"，故"学而时习之，不亦说乎"。说而后散之，故受之以涣。涣者，离也。【注】风以散物，故离也。物不可以终离，故受之以节。节而信之，故受之以中孚。有其信者必行之，故受之以小过。有过物者必济，故受之以既济。物不可穷也，故受之以未济终焉。《乾凿度》曰："孔子曰：阳三阴四，位之正也。故易卦六十四，分而为上下，象阴阳也。夫阳道纯而奇，故上篇三十，所以象阳也。阴道不纯而偶，故下篇三十四，所以法阴也。乾坤者，阴阳之根本，万物之祖宗也，为上篇始者，尊之也。离为日，坎为月，日月之道，阴阳之经，所以终始万物，故以坎离为终。咸恒者，男女之始，夫妇之道也。人道之兴，必由夫妇，所以奉承祖宗，为天地主也。故为下篇始者，贵之也。既济未济为最终者，所以明戒慎而存王道。孔子曰：泰者，天地交通，阴阳用事，长养万物也。否者，天地不交通，阴阳不用事，止万物之长也。上经象阳，故以乾为首，坤为次，先泰而后否。损者，阴用事，泽损山而万物损也，下损以事其上。益者，阳用事，而雷风益万物也，上自损以益下。下经以法阴，故以咸为首，恒为次，先损而后益。各顺其类也。"

周易杂卦　虞氏注

乾刚坤柔，【注】乾刚金坚，故"刚"。八卦配五行，乾为金。古人以金象阳也。坤阴和顺，故"柔"也。比乐师忧。【注】比五得位，"建万国"，故"乐"。师三失位，"舆尸"，故"忧"。临观之义，或与或求。临二阳通阴，故"与"。观五在上，下观而化，故"求"。屯见而不失其居，蒙杂而著。【注】阴出初震，故"见"。"盘桓，利居贞"，故"不失其居"。蒙二阳在阴位，故"杂"。初难为交，故"著"。阴阳初杂是其交。震，起也。艮，止也。【注】震阳动行，故"起"。艮阳终止，故"止"。损益，衰盛之始也。《吕氏音训》"盛衰"，陆氏曰："郑虞作'衰盛'。"今《释文》阙。【注】损，泰初益上，衰之始。益，否上益初，盛之始。大畜，时也。无妄，灾也。【注】大畜五之复二成临，由萃五也。时舍坤二，五下居二，故"时舍"。故"时"也。无妄上之遁初，子弑父，遁子弑父，故上之初为无妄以救之。故"灾"者也。萃聚而升不来也。【注】坤众在内，故"聚"。升五不来之二，五当升二。故"不来"。之内曰"来"也。谦轻而豫怡也。【注】谦位三贱，故"轻"。豫荐乐祖考，故"怡"。"怡"或言"怠"也。噬嗑，食也。贲，无色也。【注】颐中有物，故"食"。贲离日在下，五动巽白，《贲》"小利有攸往"谓五，故五动巽为白。故"无色也"。兑见而巽伏也。【注】兑阳息二，故"见"，则"见龙在田"。巽乾初入阴，故"伏"也。随，无故也。蛊，则饰也。【注】否上之初，君子弗用，体乾初九。故"无故也"。"故"，谓旧也。否阴卦，随通阳也。蛊泰初上饰坤，故"则饰也"。剥，烂也。复，反也。【注】剥生于姤，阳得阴孰，故"烂"。"复"，刚反初。晋，昼也。明夷，诛也。【注】"诛"，伤也。离日在上，故"昼也"。明入地中，故"诛也"。阳当有所诛伤。井通而困相遇也。【注】泰初之五为坎，故"通也"。困三遇四，三伏阳出，四之正，"相遇也"。故"相遇也"。咸，速也。恒，久也。【注】相感者"不行而至"，故"速也"。日月久照，四时久成，故"久也"。涣，离也。节，止也。【注】涣散，故"离"。节制数度，故"止"。解，缓也。蹇，难也。【注】雷动出物，故"缓"。蹇险在前，故"难"。睽，外也。家人，内也。【注】离女在上，故"外也"。家人"女正位乎内"，故"内"者也。否泰，反其类也。【注】否反成泰，泰反成否，故"反其类"。"终日乾乾"，反复之道。大壮则止，遁则退也。【注】大壮止阳，阴伤阳。阳故"止"。遁阴消阳，阳故"退"。巽为"退"者也。大有，众也。同人，亲也。【注】五阳并应，故"众也"。夫妇同心，故"亲也"。革，去故也。鼎，取新也。【注】"革"，更，故"去"。"鼎"，亨饪，故"取新也"。小过，过也。中孚，信也。【注】五以阴过阳，故"过"。"信及豚鱼"，故"信也"。丰多故，亲寡旅也。【注】"丰"，大，故"多"。"多故"谓故旧多。旅无容，故"亲寡"。六十四卦，皆先言卦，及道其指。"及"当为"乃"。至旅体离，四焚弃之行，又在旅家，故独先言"亲寡"而后言"旅"。离上而坎下也。离五自遁初，故"上"。坎由观上之二，故"下"。韩康伯云："火炎上，水润下。"义亦通。小畜，寡也。履，不处也。【注】乾四之坤初，成震，豫四之坤初为复，豫四即乾四。一阳在下，故"寡也"。小畜以一阴畜复。乾三之坤上，成剥，剥上反三为谦，谦三之坤初，息履，故本剥言之也。剥穷上失位，故"不处"。履以谦三行乾，故"不处"。需，不进也。讼，不亲也。【注】险在前也，故"不进"。"天水违行"，故"不亲也"。大过，颠也。【注】"颠"，殒也。顶载泽中，"载"当为"灭"。故"颠也"。姤，遇也，柔遇刚也。【注】坤遇乾也。渐，女归待男行也。【注】兑为"女"，艮为"男"，反成归妹，巽成兑，故女归待艮成震乃行，故"待男行也"。颐，养正也。【注】谓养三五。三五不正。五之正为功，三出坎为圣，故曰"颐，养正"，与"蒙以养正圣功"同义也。既济，定也。【注】济成，六爻得位，"定也"。归妹，女之终也。【注】"归妹，人之终始。"女终于嫁，从一而终，故"女之终也"。未济，男之穷也。【注】否艮为男位，否象父子正。否五之二，六爻失正，而来下阴，"下阴"谓五也。未济主月晦，乾道消灭，故"男之穷也"。夬，决也，刚决柔也。君子道长，小人道消也。【注】以乾灭坤，故"刚决柔也"。乾为"君子"，坤为"小人"。乾息，故"君子道长"。坤体消灭，故"小人道消"。喻武王伐纣。自大过至此八卦，不复两卦对说。大过死象，两体姤决，字误，当为"姤夬"。故次以姤而终于夬，言君子之决小人，故"君子道长，小人道消"。注唯言始姤终夬，不言其次。以君子决小人之义推之，姤，小人之始，渐，小人之行，颐，君子之始，既济，君子之成。归妹，阴终，未济，阳穷也。然六十四卦杂糅之次，以大过言之，皆由卦象消息，注既不说，今亦阙焉。杂卦者，杂六十四卦以为义，其于《序卦》之外，别言也。昔者圣人之兴，因时而作，随其所宜，不必皆相因袭，当有损益之意也。故《归藏》名卦之次亦多异。《礼记》"孔子曰：'吾得坤乾焉'"，郑氏注云"其书存者有《归藏》"，则《归藏》之书，汉末犹存，郑君虞君皆见之也。于时王道踳驳，圣人之意或欲错综以济之，故次《序卦》以其杂也。自"杂卦者"以下，文见《正义》。

周易虞氏消息卷一

易有太极为乾元第一

《系》曰："易有太极，是生两仪。"注云："'太极'，太一也。分为天地，故生'两仪'也。"

又曰："一阴一阳之谓道。"

又曰："阴阳不测之谓神。"

又曰："唯神也，故不疾而速，不行而至。"注云："谓日月斗在天，日行一度，月行十三度，故'不疾而速'。星'寂然不动，感而遂通'，故'不行而至'者也。"

又曰："圣人有以见天下之赜。"注云："'赜'，谓初。"又云："元，善之长。"

又曰："天下之动，贞夫一者也。"注云："'一'谓乾元。"

又曰："变化云为，吉事有祥。"注云："谓复初乾元者也。"

又曰："此之谓易之道也。"注云："乾称易道。"

又曰："知变化之道者，其知神之所为乎？"注云："阴阳不测之谓神。"

《乾凿度》曰："有太易，有太初，有太始，有太素。太易者，未见气也。太初者，气之始也。太始者，形之始也。太素者，质之始也。易无形畔。易变而为一,一变而为七,七变而为九。九者,气变之究也,乃复变而为一。一者,形变之始。郑氏注云:"阳气内动,周流终始,然后化生一之形气也。"清轻者上为天,浊重者下为地。物有始,有壮,有究,故三画而成乾。注云:"象一、七、九也。"乾坤相并俱生,物有阴阳,因而重之,故六画而成卦。""易无形畔"者,太易也,未见气也。一、七、九曰气变,是太初也。郑注以七为太初,九为太始,复变为一为太素者,失之。《说文解字》之义,"惟初太始,道立于一","惟初太始","太始"之初。二、三、四皆从积数,"四",古文作"亖",其从"▲",象四方分布,盖非初义。五象交午,古文从"▲"。六从人而八分,七象气出于一。初动屈而直出,《说文》以为"微阴",非也,当为"微阳"。八象分别相背,之形。九象屈曲究尽。十象气具四方。中央易变而为一者,太易动而有气也。积三午五动七而上出,故曰"一变而为七"。至九而究尽,故曰"七变而为九"。阴阳之气,相并俱生,"易变而为一",则二亦生矣。积三交义而动,一变而七,则二亦变而为八矣。阳动而进,阴动而退,七上出,八当下入,故八象分别相背也。七上究而九,则八亦下究而六矣,故六从八入也。五交于中,十则具焉。函三为一,故复变而为一。此一为形变之始,则犹太始也。有形而无质,是为太极。分为天地而有质,乃为太素。天地既立,则太极之气,出阳入阴,变天化地,以生万物,是乃所谓易也。太极虽兼有阴阳,然阴不自生,丽阳而生。大易之所以动者,是阳而非阴。故言一、七、九,不言二、八、六。天地之所以变化者,亦皆阳,非阴也。郑氏注《乾凿度》下卷云"乃复变而为一。'一'当为'二'。二变而为六,六变而为八,与阳迭变而俱进",失之。太极不可见,以其主乎天,故指太一以况之。郑氏云:"太一者,北辰之神名。居其所,曰太一。常行于八卦日辰之间,曰天一。"" 常行于八卦日辰之间",即变化消息也。太极之行,又不可见,故指日月斗以况之。日月相运而成四时,二十四气、七十二候是太极变化之迹,故谓之神,神即太极也。自太一居所,则谓之道,一阴一阳,一二七八九六是已易者,合道与神而名太极者也。圣人以三画象一、七、九,而谓之乾,即太极也。既立乾,然后效之而为坤,则以乾象天,以坤象地。七、九象阳之气,八、六象阴之气,而以一为乾元,故曰"天下之动,贞夫一者也"。是天下之初,故曰"至赜"也。其在爻,则为复初,以其为乾之最初也。二丽于一,乾有元,而坤凝之以为元。其实,坤无元也。乾元之气,正乎六位则谓之道,即太极之正也；行乎阴阳,出入变化,则谓之神,即太极之行也。

日月在天成八卦第二

《系》曰"庖牺氏始作八卦",注云："谓庖牺'观鸟兽之文','鸟兽'谓日月。则天八卦效之。'易有太极,是生两仪,两仪生四象,四象生八卦。'八卦乃四象所生,非庖牺之所造也,故曰：'象者,象此者也。'则大人造爻象,以象天卦,可知也。而读《易》者,咸以为庖牺之时,天未有八卦,恐失之矣。'天垂象,示吉凶,圣人象之。'则天已有八卦之象。"

又曰："悬象著明,莫大乎日月。"注云："谓日月悬天,成八卦象。三日暮,震象出庚。八日,兑象见丁。十五日,乾象盈甲。十七日旦,巽象退辛。二十三日,艮象消丙。三十日,坤象灭乙。坤注云："二十九日。"晦夕朔旦,坎象流戊,日中则离,离象就己。戊己土位,象见于中。'日月相推而明生焉',故'悬象著明莫大乎日月'者也。"

又曰："两仪生四象，四象生八卦。"注云："'四象'，四时也。乾坤生春，艮兑生夏，震巽生秋，坎离生冬者也。"

又曰："八卦成列，象在其中矣。"注云："谓三才成八卦之象。乾坤列东，艮兑列南，震巽列西，坎离在中，故八卦成列，则象在其中。"

又曰："五位相得而各有合。"注云："谓五行之位。甲乾乙坤，相得合木，谓'天地定位'也。丙艮丁兑，相得合火，'山泽通气'也。戊坎己离，相得合土，'水火相逮'也。庚震辛巽，相得合金，'雷风相薄'也。天壬地癸，相得合水，言阴阳相薄而战于乾。故'五位相得而各有合'。或以一六合水，二七合火，三八合木，四九合金，五十合土也。"

日月者，太极之神。天地四时诎信之象，皆于日月著之。月无光，受日为明，以此知阴之生皆阳也。《系》曰："天一，地二。天三，地四。天五，地六。天七，地八。天九，地十。"注云："此则大衍之数五十有五。"水，一六。火，二七。木，三八。金，四九。土，五十。甲，一。乙，二。丙，三。丁，四。戊，五。己，六。庚，七。辛，八。壬，九。癸，十也。"水，一六。火，二七"者，郑氏云："天一生水于北，地二生火于南，天三生木于东，地四生金于西，天五生土于中。阳无偶，阴无配，未得相成。地六成水于北，天七成火于南，地八成木于东，天九成金于西，地十成土于中。""甲，一。乙，二"者，《月令》曰："春，其日甲乙。夏，其日丙丁。中央，其日戊己。秋，其日庚辛。冬，其日壬癸。"郑氏注云："日之行春，东从青道，发生万物，月为之佐，时万物皆解孚甲，自抽轧而出，故名甲乙。日之行夏，南从赤道，长育万物，月为之佐，时万物皆炳然著见而强大，故名丙丁。日之行四时之间，从黄道，月为之佐，至此万物皆枝叶茂盛，其含秀者抑屈而起，故名戊己。日之行秋，西从白道，成熟万物，月为之佐，万物皆肃然改更，秀实新成，故名庚辛。日之行冬，北从黑道，闭藏万物，月为之佐，时万物怀任于下，揆然萌芽，故名壬癸。"然则，五行之数为四时之体，十日之数为四时之象。所谓"两仪生四象"者，甲乙春，丙丁夏，庚辛秋，壬癸冬也。由是而观日月之行，则月，三日昏，见于庚，明生于下，震象也。八日，上弦见丁，明盛于下，兑象也。十五日，盈于甲，明满，乾象也。是为阳息。十七日晨，见于辛，魄生于下，巽象也。二十三日，下弦见丙，魄盛于下，艮象也。二十九日，入于乙，明尽，坤象也。是为阳消。晦朔之间，日月藏于癸，合于壬，阴阳相通，坎、离象也。故月至甲乙，而乾坤象见，故乾坤生乎春，乾甲、坤乙相得合木也。至丙丁，而艮兑象见，故艮兑生乎夏，艮丙、兑丁相得合火也。至庚辛，而震巽象见，故震巽生乎秋，震庚、巽辛相得合金也。日月会于壬癸，而坎离象见，故坎离生乎冬。日月之会不可见，以望之月中、昼之日中见其象，故坎离生乎壬癸，而位乎中宫，坎戊、离己相得合土，天壬地癸相得合水，戊己、壬癸皆坎离也。此之谓"四象生八卦"。

天地之数

```
         二
         火
         七

 三       五     四
 木      十土    金
 八       一     九
         水
         六
```

此即陈抟所谓形洛书也

日月之数

```
        丙夏三合火
        丁

    戊
    己 中央五合土
       六

辛             庚
秋             甲 春
八             乙 三
合             合
金             木

    壬
    癸 冬九合水
       十
```

八卦之数

此图惠征士所作

庖牺则天八卦第三

《说卦》曰："昔者圣人之作《易》也，幽赞于神明而生蓍。"《系》曰："无有远近幽深，遂知来物。"注云："'神以知来'，'感而遂通'，谓'幽赞神明而生蓍'也。"又曰："探赜索隐，钩深致远。"注云："'探'，取。'赜'，初也。初隐未见，故'探赜索隐'，则'幽赞神明而生蓍'。"

又曰："易有太极，是生两仪，两仪生四象，四象生八卦。"注又云："'两仪'，谓乾坤也。乾二五之坤，成坎离震兑。震春兑秋，坎冬离夏，故'两仪生四象'。乾二五之坤，则生震坎艮，坤二五之乾，则生巽离兑，故'四象生八卦'。"

《说卦》曰："乾，天也，故称乎父。坤，地也，故称乎母。震，一索而得男，故谓之长男。巽，一索而得女，故谓之长女。坎，再索而得男，故谓之中男。离，再索而得女，故谓之中女。艮，三索而得男，故谓之少男。兑，三索而得女，故谓之少女。"

日月之象，若止观其进退，唯震兑乾巽艮坤六卦可见，而乾坤之象疑于日月。圣人，观天之文，察地之理，得乾坤为天地之象。因以得乾坤相合，为日月之象。因以得日月进退，为乾元之象。故其作《易》也，先以三画，象太极之一、七、九，又效法为二、八、六之三画，以为乾坤，而象天地，是"太极生两仪"。由是而观，乾元之行，一施而为坎，再施而为离，一息而为震，再息而为兑，故曰"乾二五之坤，成坎离震兑"。"二五"者，中气，非谓爻名。皆阳生也，由是而布之。坎，阳之中，以为月，而配冬。天地一生水，乾元亦一生坎也。离，阳之见，以为日，而配夏。天地二生火，乾元亦二生离也。震，阳之生，以为雷，而配春，三生木也。兑，阳之成，以为雨，而配秋，四生金也。此"两仪生四象"矣。既象其息，乃复象其消。兑之反为巽，雨之散则为风。震之反为艮，雷自上则为霆。于是，乾下就坎以成阳而配寒，坤上就离以成阴而配暑，然后与日月之象合焉。《系》曰"刚柔相摩，八卦相荡。鼓之以雷霆，润之以风雨。日月运行，一寒一暑"，谓此也。故震成艮，坎藏乾，兑成巽，离藏坤，此"四象生八卦"也。由是而布之，八卦成列，乾得甲一，坤得乙二，艮得丙三，兑得丁四，坎得戊五，离得己六，震得庚七，巽得辛八，天九地十，合于坎离，得三十为一月之日数。则乾一、艮三、坎五、震七，皆得天数。故，以乾为父而生三男，故曰"乾二五之坤，则生震坎艮"也。《说卦》云"一索""三索"，明"易逆数"。坤二、兑四、离六、巽八，皆得地数。故，以坤为母而生三女，故曰"坤二五之乾，则生巽离兑"也。《系》曰"乾道成男，坤道成女"，谓此也。消息之象，离、震、兑、乾为阳，坎、巽、艮、坤为阴，所以明乾元变化。太极八卦已具，则乾、震、坎、艮为阳，坤、巽、离、兑为阴，所以明乾坤，正阴阳，出入易道。此庖牺所以"幽赞神明"也。由是而乘，天地之数五十有五，地不盈而从天，《太玄》曰："五与五相守，十亦五也。"则大衍之数五十。乾甲合离六为七，坤乙合坎五为七，七七四十九，故"其用四十有九"，虚一以象乾元焉。阳息于震七，阴消于巽八，其数之奇偶与消息不殊，故七八为阴阳之象数。坎离合天地。坎五进而天九，地十退而离六。阴动退，阳动进。坎于消息阴，而数变阳，离于消息阳，而数变阴，故九六为阴阳之变数。不用三四者，易数一七九、二八六也。故曰"四营而成易"，则七八九六谓之易也。夫是之谓"生蓍"。

太极生两仪

☰ 九六
　 七八
　 一二
　 乾元

☰ 九　　☰ 六
　 七　　　 八
　 一　　　 二
　 乾天　　 坤地

两仪生四象

☷ 乾二二五之坤

☵ ☲ ☳ ☱
一 二 三 四
水 火 木 金
冬 离 震 兑
　 夏 春 秋

雷　震反成艮
霆
雨　兑反成巽
风
四象生八卦
庚七
丁四
丙三
辛八
乾坤生六子

暑
日　坤上藏离
寒
月　乾下藏坎
戊五　乾二五之坤
己六　坤二五之乾
甲一
乙二
阳逆七五三阴顺四六八易逆数故坤亦八六四为次

八卦成列

"雷霆""风雨""日月""寒暑"者，四时八卦之象也。"天""地""山""泽""雷""风""水""火"者，乾坤生八卦之象也。

乾坤六位第四

《说卦》曰："参天两地而倚数。"注云："'倚'，立。'参'，三也。谓分天象为三才，以地两之，立六画之数。"又曰："故易六画而成卦。"注云："谓'参天两地'，乾坤各三爻而成六画之数也。"又曰："易六画而成章。"注云："乾三画成天文，坤三画成地理。"

《系》曰："错综其数。"注云："倚六画之数，卦从下升，故'错综其数'。逆上称'错'。'综'，理也。"

又曰："天尊地卑，乾坤定矣。"注云："天贵故'尊'，地贱故'卑'，'定'谓成列。""卑高以陈，贵贱位矣。"注云："乾高贵五，坤卑贱二，'列贵贱者存乎位'也。"

又曰："一阴一阳之谓道。继之者善也，成之者性也。"注云："'继'，统也。谓乾能统天生物，坤合乾性，养化成之。"

太极一七九二八六并生，分而画乾坤，虽已足明消息，而于以阳通阴、以阴成阳之道，犹未能著，故庖牺分乾三画象天地人，以坤两之而为六画，象阴并乎阳。"易气从下生"。其画一阳一阴，逆上而错。初乾、二坤为地道，三乾、四坤为人道，五乾、上坤为天道，此一七九、二八六之正位，三才之定理，"各正性命，保合太和"，故曰"一阴一阳之谓道"也。阴阳相并，乾元统天，坤化成之，故曰"继之者善，成之者性"，则"率性之谓道"也。阴阳既各相并为三才，故其象则阳七阴八，变则阳九阴六，数皆十五。故《乾凿度》曰"一阴一阳，合于十五之谓道，象变之数若一"，谓此也。乾元一七九，无二八六则数不立，"参天两地"，而七八九六之象显，故谓之"倚数"。虞君注"通其变"云"立卦之始，乾坤各相亲"，足以明之矣。天道正位五，故"尊""贵"也。地道正位二，故"卑""贱"也。"成列"，则一阴一阳之谓。

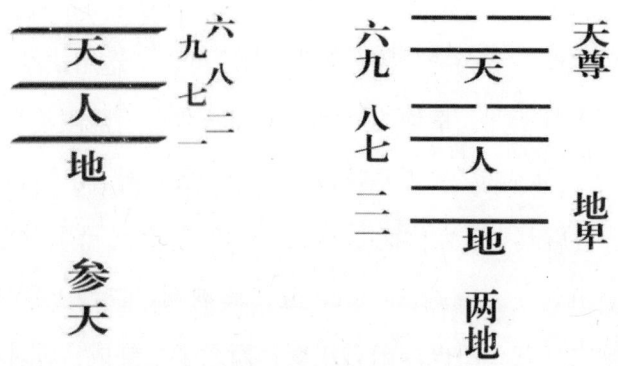

乾坤立八卦第五

《说卦》曰："观变于阴阳而立卦。"注云："乾坤刚柔，立本者。'卦'谓六爻。'阳'变成震坎艮，'阴'变成巽离兑，故'立卦'。六爻三变，三六十八，则'十有八变而成卦，八卦而小成'是也。《系》曰'阳，一君二民。阴，二君一民'，不道乾坤者也。"《系》曰："刚柔相摩，八卦相荡。"注云："乾以二五摩坤，成震坎艮，坤以二五摩乾，成巽离兑，故'刚柔相摩、八卦相荡'也。"又曰："其称名也小。"注云："谓乾坤与六子俱名'八卦而小成'。"

又曰："天地定位，山泽通气，雷风相薄，水火不相射，八卦相错。"注云："谓乾坤五贵二贱，故'定位'也。艮兑'同气相求'，故'通气'。震巽'同声相应'，故'相薄'。'射'，厌也。水火相通，坎戊离己，月三十日一会于壬，故'不相射'也。'错'，摩，则'刚柔相摩，八卦相荡'也。"又曰："雷以动之，风以散之，雨以润之，日以烜之，艮以止之，兑以说之，乾以君之，坤以藏之。"

一阴一阳，乾坤成列。易立其中，而出消息。则八卦各以其爻，贞于六位。乾坤贞二五，是为"定位"。艮兑贞天位，是为"通气"。震巽贞地位，是为"相薄"。坎离贞人位，是为"不相射"。卦位既正，刚柔乃可相摩。然必"分阴分阳"，而后可以"迭用柔刚"。是以重乾为六爻，皆阳七九，重坤为六爻，皆阴八六，为阴阳消息之本，故曰"刚柔者，立本者也"。于是乾以二五摩坤成三男卦，坤以二五摩乾成三女卦，各就其贞于六位而变成之。六爻三变者，谓坎则初、二、三，离则四、五、上，震则三、四、五，巽则初、二、上，艮则初、五、上，兑则二、三、四也。十有八变，而六子之卦成，乾坤与之俱出入八方之气。"八卦相错"，逆上而名之雷风雨日，艮兑乾坤其次也，所谓乾坤与六子俱名"八卦而小成"也。乾坤必与六子并列，然后可以消息而生六十四卦也。

　　六子之序虽自下而上，然乾坤相摩，亦先定坎离。《系》末章注云："乾二五之坤成坎，坤二五之乾成离，离有巽兑，坎有震艮，八卦体备是也。"

独言天地定位者六子皆逆上唯甲乙上下正也

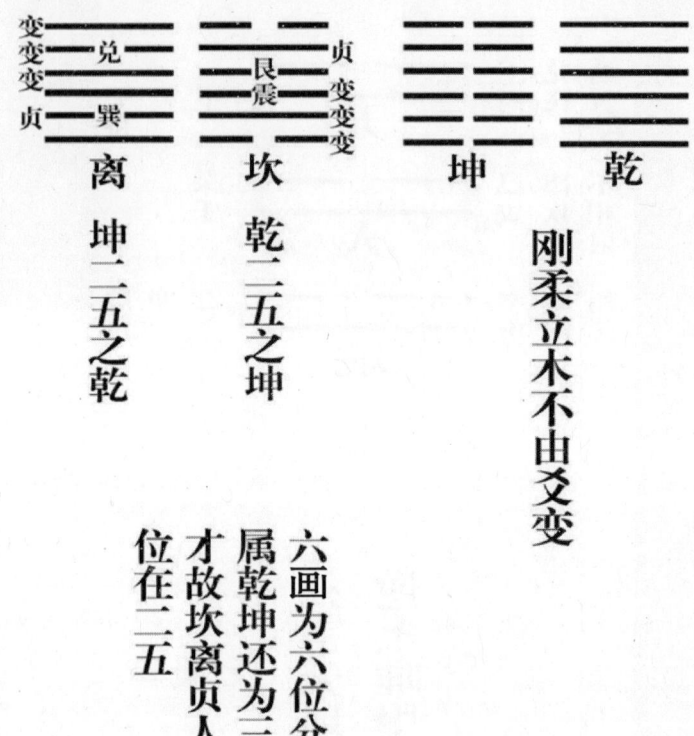

刚柔立本不由爻变

六画为六位分
属乾坤还为三
才故坎离贞人
位在二五

乾以君之　貞五

艮以止之　貞上

雨以润之　貞五

雷以动之　貞初

坤以藏之　貞一

兑以说之　貞一

日以烜之

风以散之

八卦消息成六十四第六

《说卦》曰："发挥于刚柔而生爻。"注云："'发'，动。'挥'，变。变刚生柔爻，变柔生刚爻，以三为六也。'因而重之，爻在其中'，故'生爻'。"

"和顺于道德而理于义。"注云："'和顺'谓坤。'道德'谓乾。以乾通坤，谓之理义也。""穷理尽性以至于命。"注云："以乾推坤，谓之'穷理'。以坤变乾，谓之'尽性'。性尽理穷，故'至于命'，巽为'命'也。"

《系》曰："触类而长之。"注云："'触'，动也。谓六画以成六十四卦，其'取类也大'，则'发挥刚柔而生爻'也。"又曰："其取类也大。"注云："谓乾阳也。'触类而长之'，故'大'也。"

又曰："开而当名。"注云："阳息出初，故'开而当名'。"又曰："其称名也小。"注云："'复小而辩于物'者矣。"又曰："其成名也，杂而不越。"《系》陈九卦之德而曰："易之兴也，其于中古乎。"注以"中古"为庖牺，则六十四卦，庖牺名之矣。

以三为六，"因而重之"，则八卦为六十四，亦只是各加八卦。然若挨次添加，截然整齐，天地之道不如此也。故圣人必以乾元"触类而长"，"六爻发挥旁通"，乃成六十四卦。所以发明一阴一阳之道，乾变坤化之神，此圣人"穷理尽性"之极功也。"鬼神之情状"，于是而见。"存亡吉凶"于是而"要"。注中凡云"自某之旁通某卦"者，皆是。

卦变消息，盖孟氏之传也。荀氏亦言之，而不能具。其他，则多舛矣。其法有爻之有旁通，有消息卦，有消息卦所生之卦。注虽残阙，考约求之，盖乾坤十二辟卦为消息卦之正。其自临、遁、否、泰、大壮、观生者，谓之爻例。自乾坤生者，不从爻例。每二卦旁通，则皆消息卦也。消息卦皆在乾坤相合之时，则剥复、夬姤、泰否之交也。

☰乾注云："乾始开通，以阳通阴。"☷《坤》注云："阴极阳生，乾流坤形，坤含光大，凝乾之元，终于坤亥，出乾初子。"

乾"通阴"，下有伏坤。坤息阳，中有"凝乾"。

☳《复》注云："阳息坤，与姤旁通。"☴《姤》注云："消卦也，与复旁通。"

《系》曰："龙蛇之蛰，以存身也。"注云："阴息初，巽为'蛇'。阳息初，震为'龙'。十月，坤成。十一月，复生姤，巽在下，'龙蛇'俱'蛰'。"《姤·象传》注云："复震二月东方，姤五月南方，巽八月西方，复十一月北方，皆总在初，故'以诰四方'。"又注《系》"退藏于密"云"阳动入巽，'齐于巽'，'以神明其德'"，即此复姤旁通之义。盖谓乾阳牝坤出震，伏巽在下，"以神明其德"。坤阴入乾，体复一爻，以通阴，极姤而生巽也。

☱临注云："阳息至二，与遁旁通。"☶遁注云："阴消姤二也。"临消于遁。"八月有凶"，谓"否泰反类也"。遁不云与临旁通者，阙也。郑氏义以为，"临自周二月用事，讫其七月，至八月而遁卦受之，终而复始"。明辟卦古有二卦贞一岁之法，即旁通意也。

☰泰注云："阳息坤，反否也。"☷否注云："阴消乾，又反泰也。"《杂卦》曰："否泰，反其类也。"凡否泰之成，无不即反。故乾九三"阳息泰"，就三"反复道"，能接乾生乾。坤三已发，成泰不能，体复至四反成否，故六四"括囊"，而成观。又《既济·象》注云"终止于泰，则反成否"，是其义也。

☷☰大壮注云："阳息泰也。"☷☴观注云："反临也。"

观不云"阴消否"者，泰反复道，则息大壮。否不反泰，"括囊"而成观。"反临"为义，阳道也。取义既别，故不云旁通，其实亦旁通也。

☰☱夬注云："阳决阴也，与剥旁通。"☶☷剥注云："阴消乾也，与夬旁通。"

《剥·象》曰："君子尚消息盈虚，天行也。"注云："易亏巽消艮，出震息兑，盈乾虚坤。"夬出乾，剥入坤，皆乾为之。《系》注云"以乾'原始'，以坤'要终'"，此之谓也。

右十二卦，阳出震为复，息兑为临，盈乾为泰，泰反否，括囊成观，终于剥而入坤，复反于震，阳亏于巽为姤，消艮为遁，虚坤为否，否反泰复成大壮，决于夬而就乾，复入于巽，是为十二消息。坎离者，乾坤之合，不入消息中。乾坤既合，则坎离为舍，出生万物是其用也。故《复》曰"出入无疾"，注云"谓出震成乾，入巽成坤。坎为'疾'，十二消息不见坎象，故'出入无疾'"，是也。

☵坎注云："乾二五旁行流坤，与离旁通，于爻，观上之二。"☲离注云："坤二五之乾，与坎旁通，于爻，遁初之五。"

归妹☳☱注云："乾主壬，坤主癸，日月会北。"天地以离坎战阴阳，所谓"易出乾入坤"者，离坎之神也。既从乾坤，又云观遁来者，天地之交，出入无形，其成爻象，必假十二消息。凡乾坤诎信之卦皆同此。或表嫌明微，则不从十二卦矣。

☱☴大过注云："大壮五之初，或兑三之初。"☶☳颐注云："晋四之初，或临二之上，与大过旁通。"

大过，坎象也，颐，离象也，皆从乾坤来。大过《象》注云："阳伏巽中，体复一爻，潜龙之德，乾初同义。"《颐·彖》云："反复不衰，与乾、坤、坎、离、大过、小过、中孚同义。"故知大过体坎，乾初所伏颐体离，坤初所伏大过亨颐，故颐云与大过旁通。大过不言者，略也。此别异之从兑晋仍有大壮临爻例者，盖在消卦中，依息卦而成象坎离，在息卦依消卦成象，明乾坤合也。兑，阳之盛，晋，乾之游魂也。

☷☶小过注云："晋上之三，当从四阴二阳临观之例。临阳未至三，而观四已消。"☴☱中孚注云："讼四之初也，此当从四阳二阴之例。遁阴未及三，而大壮阳已至四，故从讼来。"

小过内离而外坎，中孚内内坎而外离，此亦乾坤交通。二卦兼有消息，不旁通。

右此六卦，坎离乾坤之合。自剥至复，阳由此出。归妹注云："日月会壬①，☳☷震为玄黄，'天地之杂'是也。"自夬至姤，阴阳当会于大过、颐。大过，所谓阳伏巽中，体复一爻，则通颐，而巽生震下可知也。以日月消息言之，二十九日灭坤会壬，三日而生震，坎离之合也。十五日盈甲，十七日消巽，则十六日会于中宫。若正坎离交，则当息阳，故知大过、颐合乾坤成消体也。小过、中孚不旁通，其消息在临、观、遁、大壮之间。则否泰反类，乾坤所交，泰消于小过，否息于中孚，亦与剥复夬姤同义也。

☶☷谦注云："乾上九来之坤，与履旁通。彭城蔡景君说'剥上来之三'。"☰☱履注云："与谦旁通，以坤履乾。"

☷☵师注阙。☰☲同人注云："旁通师卦，以乾照坤。"

☷☵比注云："师二上之五，得位，与大有旁通。"☲☰大有注云：

---

① "壬"，《集解》作"北"。

"与比旁通。大有亨比，以乾亨坤。"又《系》注云："乾五动之坤。"谓比五是乾五。

右此六卦皆体坎离，是乾坤之交，盖剥复之消息也。注虽不备，以文推之，复入坤出震之义可见。乾尽于剥，消藏坤中。上九之坤为艮成谦。复注云："刚不从上来反初。"①又云"三复位时，离为目，坎为心"是也。谦以三之坤初为复，上息小畜例。通谦，成履离，坎在三。谦三之坤二为师，师二之坤初为复，上息通师，成同人坎，离在二。师二上之坤五，正位为比。比五之坤初为复，上息通比，成大有坎，离在五，天心正矣，所谓"复见天地之心"者。《系》曰"精气为物，游魂为变，原始及终，故知死生之说"，其谓是乎？《京氏积算》"乾游魂用离，坤游魂用坎"，亦此义也。三微成著，故坎三息而玄黄成，盖由是而合于离坎。

☷☳屯注云："坎而之初，刚柔交震。"☲☴鼎注云："大壮上之初，与屯旁通。"

《鼎·象》注云"五得上中，应乾五刚"，此"乾五"即屯五也。鼎乾通屯坤。

右此二卦，旁通义同前六卦。盖离坎后，将出震之消息也。日月会壬癸，震为玄黄，天地之杂，此屯象也。鼎乾通之，阳出震而复见。《杂卦》曰"鼎取新"，则此也。屯坎二之初，则鼎离二之初，阳生不取阴卦，故从大壮而变其例。

☷☳豫注云："复初之四，与小畜旁通。"☴☰小畜注云："与豫旁通。豫四之坤初为复，复小阳潜，所畜者小，故曰'小畜'。"

☷☱萃注云："观上之四。"☶☰大畜注云："大壮初之上，与萃旁

---

① "刚"，《集解》作"阳"。

通。此萃五之复二成临，'临者，大也'，故名'大畜'。"

☷☶ 蹇注云："观上反三。" ☲☶ 睽注云："大壮上之三，在《系》盖取无妄二之五。"

右此六卦，蹇、睽虽不言旁通，然蹇五注云"睽兑为朋"，是旁通睽也。睽注云："五应乾五，伏阳，与鼎五同义。""乾五伏阳"，则是蹇五，故此二卦与豫、小畜、萃、大畜同为旁通，注阙耳。此夬姤中间消息也。《文言》注云："乾为'积善'，以坤牝阳，灭出复震为'余庆'。坤积'不善'，以乾通坤，极姤生巽，为'余殃'。"是知坤凝乾元，丽阳而生。夬之生姤，亦乾元入坤为之。姤注云："夬时三动，离为见。"盖夬决于上，坤上六反三，动而体坎，为坤之游魂。豫自"复初之四"者，姤复旁通。复初本乾上降三，夬三即乾三。"复初之四"，实夬三之坤四。言"复初"，明其为乾元也。豫四降初为复，息成小畜，阴畜复阳，所谓"凝乾元"也。豫四息五，成萃，二阳反，故云"观上之四"。萃五之复二成临，息大畜。阴畜临阳，萃四反三成蹇，蹇三之复二成临，息睽阴，凝乾五，故云睽五应乾五，伏阳，盖由是而乾坤合于大过颐也。剥复之卦，唯以乾坤通息，夬姤之卦必兼爻变者，乾施于阴，非其消息，故假于消息卦来也。

☶☵ 蒙注云："艮三之二。" ☱☲ 革注云："遁上之初，与蒙旁通。"《彖》注云："坤革而成乾。"

右此二卦，以革乾通蒙坤，犹屯鼎。盖大过颐后，将姤巽之消息也。蒙二注云："震刚为夫，伏巽为'妇'。"此见姤巽成于蒙震也。革，乾通之，"天地相遇"。《杂卦》曰："革，去故也。"故谓乾阳屯鼎由坎离，蒙革盖由大过颐，皆初之二，以阴消之，故取艮成终，遁消乾也。

☷☶ 蛊注云："泰初之上，与随旁通。"☱☳ 随注云："否上之初。"

蛊《彖》注云："初变至二，贲时。至五，无妄时。"是随乾通蛊坤。

☴☳ 益注云："否上之初。"☳☴ 恒注云："与益旁通，乾初之坤四。"

恒《彖》注云："终变成益，终则有始。"云"终则有始"，是以恒通益，恒变还成益也。

右此旁通四卦，泰否相变。盖蛊随泰，为否之消息也，在小过前。益恒否，为泰之消息也，在中孚前。

☶☲ 旅注云："贲初之四，否三之五，非乾坤往来也，与噬嗑之丰同义，'明慎用刑，而不留狱'。"

☳☲ 丰注云："此卦三阴三阳之例，当从泰二之四，而丰自噬嗑上来之三，'折狱致刑'。"

右此二卦特变，贲自泰来而旅从否，噬嗑否来而丰从泰。否泰相接，当在蛊随益恒之前。剥复夬姤明天道，泰否以明人事，将泰"折狱致刑"，将否"无敢折狱"，亦其义也。

☳☳ 震注云："临二之四。"☴☴ 巽注云："遁二之四。"五爻注云："震巽相薄，雷风无形，当变之震矣。震究为蕃鲜白，谓巽白，巽究为躁卦，躁卦谓震也。"

☶☶ 艮注云："观五之三也。"☱☱ 兑注云："大壮五之三也。"《象》注云："伏艮为友。"

右此四卦，非消息，故云变伏而不旁通。六子皆乾坤来，而取爻例者不系之爻，无以成消息也。

六十四卦消息

☷☷ 复阳初出震。

☷☱ 临兑二得朋。　☷☴ 升初之三。

　　　　　　　　☷☲ 明夷二之三。

　　　　　　　　☷☳ 解初之四。

　　　　　　　　☷☳ 震二之四。

☷☰ 泰乾盈。　　☷☵ 井初之五。

　　　　　　　　☵☲ 既济五之二。

　　　　　　　　☶☱ 损初之上。

　　　　　　　　☳☱ 归妹三之四。

　　　　　　　　☵☱ 节三之五。

　　　　　　　　☶☲ 贲上之二。

　　　　　　　　☲☶ 旅贲初之四，否三之五。

　　　　　　　　☶☴ 蛊泰初之上。

　　　　　　　　☱☳ 随否上之初。

☰☷ 否泰反。

　　　　　　　　☳☶ 小过临阳未至三，而观四已消，于爻晋上之三。

☴☷ 观亏巽。　☷☲ 晋四之五。

☶☷ 艮五之三。

☷☶ 剥消艮。

☷☷ 坤入坤。

☷☶ 谦乾上九来之坤。

☰☶ 履谦三之坤初，为复上息。

☷☷ 师谦三降之坤二。

☰☷ 同人师二之坤初，为复上息。

☷☵ 比师二上之五。

☰☷ 大有比五之坤初，为复上息。

☲☲ 离坤二五之乾，于爻遁初之五。

☵☵ 坎乾二五之坤，于爻观上之二。

☵☳ 屯坎二之初。

☲☴ 鼎大壮上之初，实离二之初。

☷☳ 复以阴牝阳，灭出复震，为"余庆"。

阳盈

☰☴ 姤乾坤相遇，巽象退辛。

☰☶ 遁艮象消丙。 ☰☳ 无妄上之初。

☰☵ 讼三之二。

☴☲ 家人初之四。

☴☴ 巽二之四。

☰☷ 否坤虚。 ☱☵ 困二之上。

☲☵ 未济二之五。

☴☶ 渐三之四。

☱☶ 咸三之上。

☴☵ 涣四之二。

☲☳ 噬嗑五之初。

☳☲ 丰噬嗑上之三，泰二之四。

☴☳ 益否上之初。

☳☴ 恒泰初之四。

☷☰ 泰否反。

☴☱ 中孚遁阴未及三，而大壮阳已至四，于爻自讼四之初。

☳☰ 大壮阳息泰。☵☰ 需四之五。

☱☱ 兑五之三。

☱☰ 夬阳决阴。

☰☴ 姤阴就乾。

☳☷ 豫复初之四。

☴☰ 小畜豫四之坤初，为复上息。

☱☷ 萃观上之四，实豫四息五。

☶☰ 大畜萃五之复二成临，于爻大壮初之上。

☵☶ 蹇观上反三，即萃四反三。

☲☳ 睽大壮上之三，实蹇三之复二成临，上息，或无妄二之五。

☱☴ 大过阳伏巽中，体复一爻，于爻大壮五之初，或兑三之初。

☶☳ 颐晋四之初，或以临二之上，巽伏震中。

☶☵ 蒙艮二之三，实颐初之二。

☱☲ 革遁上之初，实大过初之二。

☰☴ 姤以乾通坤，极姤生巽为"余殃"。

阴虚

右图以阴顺阳，以乾通坤，所谓"和顺于道德而理于义"。复姤夬剥无生卦，阴阳微，不能变化。豫自复初，乃乾三也。

临遁所生各四卦。临，二阳，大而未通，之三之四而不能之五。遁艮"子弑父"，无妄与讼皆以乾来正之，非消卦。无妄上之初，损益之例，所以成中孚也。故乾元复正，讼，阴阳相争，消则始矣。家人巽皆之四，不进上体，不足为消也。爻例所生，临有颐，遁有离革。

大壮观所生，各二卦。需晋，皆四之五正例也，所以接剥夬。艮兑，皆五之三变之，所以扶剥阳，正夬阴也。爻例所生，大壮有鼎、大畜、睽、大过，观有坎、萃、蹇。

泰否所生各九卦，注云："唯丰旅变噬嗑贲，余皆乾坤往来也。"蛊随益恒旅丰为消息，其外各六卦，自既济未济以下，为反类之卦。泰之反否，变也失其元矣。故损以初之上为特变，以诫之。既济不以二之五者，自上下下，交泰之道，自二往，虽盛德，犹为上干也。贲不以二之上者，泰之坏阴为之也。否之反泰，小人悔祸也。故渐咸以阴求阳，正否则由君子，故涣噬嗑变之由阳来也。泰三阳初三之变而二则否二不正也。否三阴，二三之变初，则否初阴微也。二变失位，为困，为未济。三变正位，为渐，为咸。

损初上行，阴犹未入。初上相易而巽消，见事坏矣，故为蛊。随者所以饬之，二五正震在初。阴随阳，虽在否，犹泰也。阴不随阳，故小过矣。益以上之初，反其元，非恒不贞，终则有始，故中孚矣。

《京氏积算》："游魂在四，归魂在三。乾穷剥反三，归魂也。坤小畜在四者，凝乾之魂，乾以游魂索坤也。乾三息，自三而二而五，重正位也。坤三凝，自四而五而三，始归魂也。"于京氏六位，坎初爻戊寅戊申，于乾五为正位。离初爻己卯己酉，于坤三为中位。乾以比五通大有、离，故乾归魂在离。坤以睽三凝蹇坎，故坤归魂于坎。由乾之大有，乾坤坎离皆见焉。屯鼎以坎离生震巽，豫小畜乾坤坎离象见焉。萃大畜大过颐之象见焉，而交乾坤，蹇睽两坎两离之象见焉。明大过颐之为离坎也。蒙革大过颐坎离之象皆见焉。而震巽生二，二者坤乙之正位也，故生姤巽。

坎生卦一，屯也。故知离、大过、颐亦当生鼎、蒙、革也。

艮兑各生卦一，蒙大过也。艮兑阴阳之盛，故亦之变，然皆非正生。若震巽，则犹复姤也。

非消息而生卦者，晋有小过、颐，无妄有睽，讼有中孚。晋，乾游魂卦也。无妄，取其正乾元。讼，明其消始。皆以义取之也。贲特变为旅，噬嗑特变为丰，亦是泰否相就，假义以生爻耳。

凡阳盈之卦三十有二，刚爻八十，柔爻一百一十有二。阴虚之卦三十有二，刚爻一百一十有二，柔爻八十。

䷗复反也，阳始反动。

䷒临大也。阳进临阴，故"大"。䷭升初上之三，故曰"升"。临二当升五，初之三道之。䷣明夷"夷"，伤也。阴乱于上，二之三，未能上，虽明犹伤于阴。䷧解散也。初之四，坤解散。䷲震二之四，阳震动而出，故曰"震"。

䷊泰通也。乾成通坤，天地交，故"通"。䷯井通也，亦辩也。初之五，乾元正位，以乾别坤。天地交通，取义井汲，故名井也。䷾既济"济"，成也。五之二,六爻各正，地平天成。䷨损初之上，损下益上。䷵归妹"妹"，阴也。三之四,三者，泰成之爻，归于阴，阳终阴始，象震兄嫁兑妹者。阳不可以归阴，故象之嫁妹也。泰否之卦多以人事名。䷻节三之五，得位，损之时，自节止。䷕贲饰也，上之二，"柔来文刚"。䷷旅寄也。贲初之四，否三之五，否道已就，阳寄于坤，有似羁旅。

䷑蛊事党治也。泰初之上，乾元失正，巽消于下，故"蛊"。䷐随否上之初，与归妹正反，兑阴随震夫，故曰"随"。䷽小过"小"谓阴。六五以阴过阳也。此兼临息观消，不以晋上之三名也。

䷓观阳正乎五，"大观在上"，所以尊阳。䷢晋进也。四进之五，消阳。☶艮止也。阳消当止。五之三，止下正。

☷☶剥落也，阳剥落。

☷☷坤顺也，阳入阴中，阴顺阳。

☷☶谦乾上九降居三，故"谦"。☱☶履谦息履，坤始履行乾德。☷☳师兵也。谦三降坤，阳出征阴。☰☲同人夫妇为同人。同人通师。震巽为夫妇，同应乾五阳。☵☷比附也。师二上之五，正位，阴皆顺从。☲☰大有坤五合乾五，离中有阳，故"大"。☲☲离丽也。坤二五之乾，阴丽于阳，牝乾已就。☵☵坎"坎"曰"习坎"。"坎"，陷也。"习"，常也。乾二五之坤，正离阳陷阴中，乃得其常。☵☳屯盈也。坎二之初成震，牝马行地，盈乎地中。☲☴鼎鼎，所以熟物。阳交于离坎而出，犹物和水火而成味，故通屯出复之卦，取象于鼎，不取大壮上之初。

☰☴姤遇也，"阴阳相遇"。

☰☶遁退也。阴消至二，阳当遁退。☰☳无妄"妄"，亡也。上之初，乾元复正，无所失亡。☰☵讼争也。三之二，阳与阴争，明阴盛。☴☲家人女以男为家。初之四，阴进而从阳，故曰"家人"。阴必居阳之家，而后能消之。☴☴巽入也。二进之四，乾阳入伏阴下。

☷☰否闭也。以坤消乾，天地不交，故"否"。☱☵困二之上，阴弇阳，阳乃"困"。☲☵未济二之五，六位失正，为否之极，曰"未济"者，明将"济"也。☴☶渐进也。三之四，始正位，进而承阳。☱☶咸感也。三之上，正位，乾成乎中，阴感乎阳。☴☵涣散也。四之二，阳来动阴，阴涣散。☲☳噬嗑"噬"，龁也。"嗑"，合也。五之初，阳道盛，噬阴合之。☳☲丰大也。噬嗑上之三，泰二之四，已合，泰成，从者大。

☷☴ 益否上之初，损上益下。☳☴ 恒泰初之四，以泰通否，终则有始，恒久之道，于是著之。☴☱ 中孚"孚"，信也，坎之德。此卦，坎在中，故名"中孚"。兼有遁、大壮消息，不以讼四之初为义。

☳☰ 大壮"大"，阳也。"壮"，伤也。四失位，阴得乘之，故伤。☵☰ 需待也，养也。四之五，自正，方伤，当需养之。☱☰ 兑说也。五之三，阳正而见阴，阴所说。

☱☰ 夬决也。五阳去一阴，决开之。

☰☰ 乾健也。以阳通阴，行健不息。

☳☷ 豫怡也。复初之坤，阴得阳而怡豫。☴☰ 小畜"畜"，敛也。豫四之坤初为复，而息六四，阴得畜阳，复阳小，故"小畜"。☱☷ 萃聚也。观上之四，实豫四息五，阳正位，阴聚而归之。☶☰ 大畜萃五之复二成临，上息五，畜临阳，临阳大，故"大畜"。☵☶ 蹇难也。观上反三，即萃四反三也。阳入重坎，始蹇难。☲☱ 睽乖也。睽五应蹇五，尽有乾阳，微阴已著，阴阳至此而分，故睽乖。爻由大壮。无妄，取其阴伤阳，无所亡，非睽之义。☱☴ 大过"大过"，阳死也。不言死，阳无息，但言过而已。阳伏巽中，爻由大壮，兑亦非其义。☶☳ 颐养也，通大过。以阴养阳，天地合，万物生。亦不以晋四之初、临二之上为义。☶☵ 蒙昧也。艮二之三，实颐初之二，阴阳杂居，故蒙昧。☱☲ 革易也。遁上之初，实大过初之二，故乾已去巽，阴生震下，故"革，去故也"。

右卦名。

☰ 乾继之者善

☷ 坤成之者性

☶☷ 谦乾元

☰☰ 履

☵☰ 师

☰☲ 同人

☷☵ 比

☲☰ 大有

☲☲ 离

☵☵ 坎

☵☳ 屯

☲☴ 鼎

☷☳ 复阳出　　☰☴ 姤姤复并在乾初。

☷☱ 临　　　　☰☶ 遁临遁在乾二。

　☷☴ 升　　　☰☳ 无妄

　☷☲ 明夷　　☰☵ 讼

　☷☵ 解　　　☴☲ 家人

　☷☳ 震　　　☴☳ 巽震巽特变

☷☰ 泰　　　　☰☷ 否泰否在乾三

　☵☴ 井　　　☱☵ 困

　☵☲ 既济　　☲☵ 未济

　☶☱ 损　　　☴☶ 渐

　☳☱ 归妹　　☱☶ 咸

　☵☱ 节　　　☴☵ 涣

　☶☲ 贲　　　☲☳ 噬嗑

　　　☶☰ 旅　☳☲ 丰

　　　☶☴ 蛊　☱☳ 随

☳☴ 恒　☴☳ 益
☳☶ 小过
☴☱ 中孚
☳☰ 大壮　☴☷ 观 大壮观在乾四
☵☰ 需　☲☷ 晋
☱☰ 兑　☶☷ 艮
☱☰ 夬　☶☷ 剥 夬剥在乾五
☰☰ 乾
☳☷ 豫 阳入坤
☴☰ 小畜
☱☷ 萃
☶☰ 大畜
☵☶ 蹇
☲☶ 睽
☱☴ 大过 阳死
☶☳ 颐
☶☵ 蒙
☱☲ 革

上图，"原始及终，以知死生之说"。自复至夬，以乾推坤，谓之"穷理"。自姤至剥，以坤变乾，谓之"尽性"。性尽理穷，返入于坤，极姤生巽，故"至于命"，谓"夭寿不二，修身以俟之"矣。

周易虞氏消息卷第二

卦气用事第七

《说卦》曰:"万物出乎震,震,东方也。齐乎巽,巽,东南也。离也者,明也,万物皆相见,南方之卦也。坤也者,地也,万物皆致养焉。兑,正秋也。乾,西北之卦也。坎者,水也,正北方之卦也。艮,东北之卦也,万物之所成终而所成始也。"

虞于此,注以"震初不见东"、"巽不见东南"、"兑不见西",故皆不言卦。坤地"不主一方",故不言方。离,"日中正南"。坎,"月夜中",故"正北"。乾象,"十五日晨见西北"。艮,在"甲癸之间",故东北则此方位。与日月成象之列义本相通。庖牺作八卦,以坎离震兑象四时,故正四方,乾盈在甲,坤虚合癸,艮下弦,晦望之中,故位之甲癸之间而在东北。"雷风相薄",震成入巽,故位巽于东南以齐震。乾居西北以就坎,十五日月盈西北也。坤居西南以就离,晦朔月合日也。乾就月而居前,坤就日而居后,阳尊阴卑也。是为八卦布散用事之序。《乾凿度》:"八卦成列,天地之道立,雷风水火山泽之象定矣。其布散用事也,震生物于东方,位在二月。巽散之于东南,位在四月。离长之于南方,位在五月。坤养之于西南方,位在六月。兑收之于西方,位在八月。乾制之于西北方,位在十月。坎藏之于北方,位在十一月。艮终始之于东北方，位在十二月。八卦之气终，则四正四维之分明，生长收藏之道备，阴阳之体定，神明之德通，而万物各以其类成矣。"又曰："岁三百六十日，而天气周，八卦用事各四十五日，方备岁焉。故艮渐正月，巽渐三月，坤渐七月，乾渐九月，而各以卦之所言为月也。"此为三才八卦用事之气，注每言"震春兑秋，坎东离夏"，及"震二月""兑八月"之等是也。

《通卦验》"候卦气"，乾"主立冬"，坎"主冬至"，艮"主立春"，震"主春分"，巽"主立夏"，离"主夏至"，坤"主立秋"，兑"主秋分"。然若以冬至起子，四十五日立春，而艮受之，是艮不得位十二月，坤不得位六月也。当是八卦各以中爻用事，二分二至。

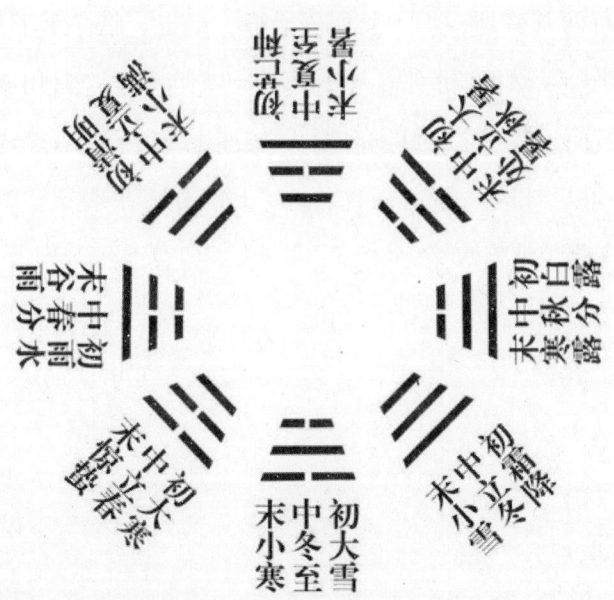

《系》曰："变通配四时。"注云："谓十二月消息也。泰、大壮、夬，配春。乾、姤、遁，配夏。否、观、剥，配秋。坤、复、临，配冬。谓十二月消息相变通，而周于四时也。"

又曰："寒往则暑来，暑往则寒来。"注云："乾为'寒'，坤为'暑'，谓阴息阳消，从姤至否，故'寒往暑来'也。阴诎，阳信，从复至泰，故'暑往寒来'也。"

《说卦》曰："数往者顺，知来者逆。"注云："谓坤消从午至亥，上下，故'顺'也。乾息从子至巳，下上，故'逆'也。"

是为十二月消息卦，乃乾坤十二爻也。乾，生于子，中尽于午。坤，生于午，中尽于子。其在经，临"至八月有凶"，复"先王以至日闭关"是也。此其用有三例。体乾初即为复，乾二即为临。故大过九二注云："阳在二也。十二月时，周之二月。"是以九二为临也。五注云："阳在五也。夬三月时，周之五月。"是以九五为夬也。此其一例。又，每两卦旁通，十二爻而周一岁，二也。临"至于八月有凶"者，为遁消临。然则遁受临，故郑氏云："临自周之二月用事，讫其七月，至八月而遁卦受之，终则有始。"虞注十二辟卦，皆旁通，是同此义也。又，以一日为一爻，三也。复"七日来复"，注云"乾成坤，反出于震而来复，消乾六爻为六日"，是也。

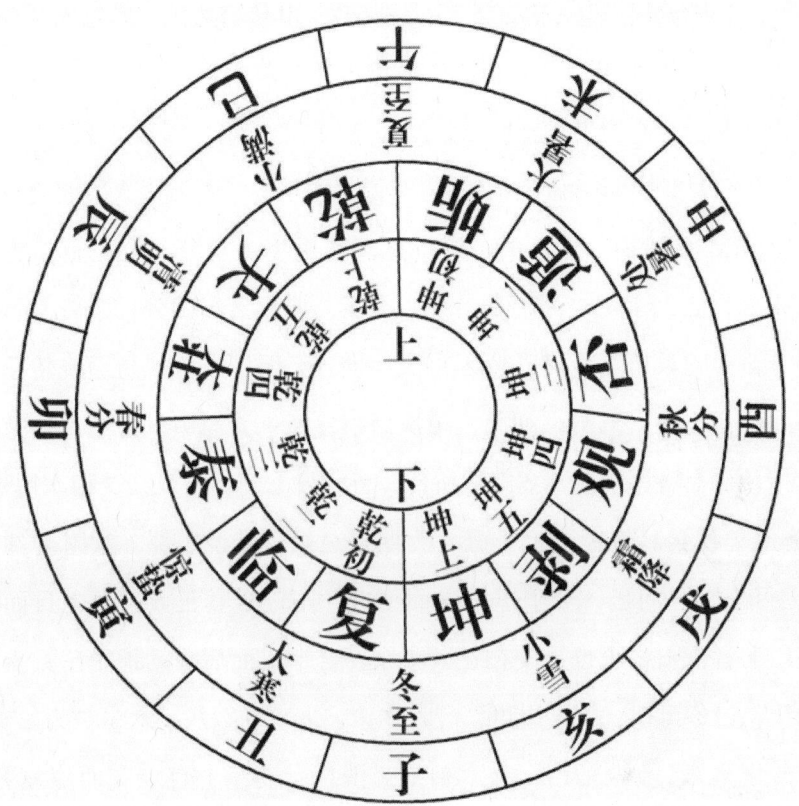

《系》曰:"唯神也,故不疾而速,不行而至。"注云:"'神',谓易也,谓日月斗在天,日行一度,月行十三度,从天西转,故'不疾而速'。星'寂然不动',随天右转,'感而遂通',故'不行而至'者也。"

又曰:"其出入以度。"注云:"日行一度,故'出入以度'。"

历家以斗为阳气,右行正建,与日月相合十二次,而七十二候出焉。乾道复子姤午,出震成兑,唯斗可见,故以日月斗,为易之神也。孟长卿卦气六日七分,其义出于此。注于损言"益正月,损七月",姤云"巽八月",井云"五月",中孚云"十一月",皆用六日七分。

六日七分出《易·稽览图》《是类谋》，其传有孟氏，有京氏，刘向所谓易家，惟京氏为异，则孟氏之传田氏，本学也。《孟氏章句》亡，其说仅见于《新唐书》一行《卦议》，故采其语焉。《卦议》云：

　　十二月卦出于《孟氏章句》，其说易本于气，而后以人事明之。京氏又以卦爻配期，坎、离、震、兑，其用事，自分、至之首，皆得八十分日之七十三。颐、晋、井、大畜，皆五日十四分，余皆六日七分。自《乾象历》以降，皆因京氏。惟《天保历》依《易通统轨图》，自八十有二节、五卦、初爻，相次用事，及上爻与中气皆终，非京氏本指及《七略》所传。案郎顗所传，皆六日七分，不以初爻相次用事，《齐历》谬矣。京氏减七十分，为四正之候，其说不经，欲附会纬文"七日来复"而已。夫阳道消静而无迹，不过极其正数，至七日而通矣。七者，阳之正也，安在益其小余，合七日而后雷动地中乎？当据孟氏，自冬至初，中孚用事，一月之策，七、九、八、六，是为三十。而卦以地六，候以天五，五六相乘，消息一变，十有二变而岁复初。坎、离、震、兑，二十四气，次主一爻，其初则二至、二分也。坎以阴包阳，故自北正，微阳动于下，升而未达，极于二月，凝涸之气消，坎运终焉。春分出于震，始据万物之元，为主于内，则群阴化而从之，极于南正，而丰大之变穷，震功究焉。离以阳包阴，故自南正，微阴生于地下，积而未彰，至于八月，文明之质衰，离运终焉。仲秋，阴形于兑，始循万物之末，为主于内，群阴降而承之，极于北正，而天泽之施穷，兑功究焉。故阳七之静始于坎，阳九之动始于震，阴八之静始于离，阴六之动始于兑。故四象之变，皆兼六爻，而中节之应备矣。易爻当日，十有二中，直全卦之初；十有二节，直全卦之中。《齐历》又以节在贞，气在悔，非是。

《大衍历》步法敛术

天中之策，五余二百二十一秒三十一秒法七十二。地中之策，六余二百六十五秒八十六秒法百二十。贞悔之策，三余百三十二秒百三。辰法七百六十，刻法三百四，各因中节命之。得初候，加天中之策。得次候，又加。得末候，因中气命之，得公卦。用事，以地中之策累加之，得次卦。若以贞悔之策，加候卦，得十有二节之初，外卦用事，因四立命之得春木夏火秋金冬水用事，以贞悔之策减季月中气得土王用事。原注：凡相加减，而秒母不齐，当令母互乘，子乃加减之，母相乘为法。

常气月中节，四正卦	初候	次候	末候
	始卦	中卦	终卦
冬至十一月中，坎初六	蚯蚓结	麋角解	水泉动
	公中孚	辟复	侯屯内
小寒十二月节，坎九二	雁北乡	鹊始巢	野鸡始雊
	侯屯外	大夫谦	卿睽
大寒十二月中，坎六三	鸡始乳	鸷鸟厉疾	水泽腹坚
	公升	辟临	侯小过内
立春正月节，坎六四	东风解冻	蛰虫始振	鱼上冰
	侯小过外	大夫蒙	卿益
雨水正月中，坎九五	獭祭鱼	鸿雁来	草木萌动
	公渐	辟泰	侯需内
惊蛰二月节，坎上六	桃始华	仓庚鸣	鹰化为鸠
	侯需外	大夫随	卿晋

节气	卦	物候		
春分二月中，震初九	玄鸟至	雷乃发声	始电
	公解	辟大壮	侯豫内
清明三月节，震六二	桐始华	田鼠化为䳡	虹始见
	侯豫外	大夫讼	卿蛊
谷雨三月中，震六三	萍始生	鸣鸠拂其羽	戴胜降于桑
	公革	辟夬	侯旅内
立夏四月节，震九四	蝼蝈鸣	蚯蚓出	王瓜生
	侯旅外	大夫师	卿比
小满四月中，震六五	苦菜秀	靡草死	小暑至
	公小畜	辟乾	侯大有内
芒种五月节，震上六	螳螂生	䴗始鸣	反舌无声
	侯大有外	大夫家人	卿井
夏至五月中，离初九	鹿角解	蜩始鸣	半夏生
	公咸	辟姤	侯鼎内
小暑六月节，离六二	温风至	蟋蟀居壁	鹰乃学习
	侯鼎外	大夫丰	卿涣
大暑六月中，离九三	腐草为萤	土润溽暑	大雨时行
	公履	辟遁	侯恒内
立秋七月节，离九四	凉风至	白露降	寒蝉鸣
	侯恒外	大夫节	卿同人
处暑七月中，离六五	鹰祭鸟	天地始肃	禾乃登
	公损	辟否	侯巽内
白露八月节，离上九	鸿雁来	玄鸟归	群鸟养羞
	侯巽外	大夫萃	卿大畜

秋分八月中，兑初九	雷乃收声　蛰虫培户　水始涸
	公贲　贲观　侯归妹内
寒露九月节，兑九二	鸿雁来宾　爵入大水为蛤　菊有黄华
	侯归妹外　大夫无妄　卿明夷
霜降九月中，兑六三	豺乃祭兽　草木黄落　蛰虫咸俯
	公困　辟剥　侯艮内
立冬十月节，兑九四	水始冰　地始冻　野鸡入水为蜃
	侯艮外　大夫既济　卿噬嗑
小雪十月中，兑九五	虹藏不见 天气上腾地气下降 闭塞而成冬
	公大过　辟坤　侯未济内
大雪十一月节，兑上六	鹖鸟不鸣　虎始交　荔挺生
	侯未济外　大夫蹇　卿颐

各以通法约其月闰，衰为日，中朔术通法三千四十。得中气去经朔日算求卦候者，各以天地之策累加减之。凡发敛加时，各置其小余，以六爻乘之，如辰法，而一为半辰之数，不尽者，三约为分。原注：分满刻，法为刻，若合满象积为刻者，即置不尽之数，十之十九而一为分。命辰起子半算外。

右《大衍历》七十二候。依《周书·时训》，与《通卦验》异。其二十四气，则《三统历》以谷雨为三月节，清明为三月中。汉以前历，又以惊蛰为正月中，雨水为二月节。《时训》亦与《大衍历》同者，传写误也。

卦气之序，先儒未始言之。俗士疑其但以卦名为次，义似浅，非也。六十四卦之名，本以阴阳消息之象命之。举其名，则其象、其气自无不应。卦气之候，虽不依消息卦次，而以消言消，以息言息，各从其气，故比其名，而气应。别详《虞氏易候》。扬子云作《太玄》，以中准中孚，以周准复，以礥闲准屯，少准谦，戾准睽。则知卦气精义，即在卦名。学者知卦之所以名，则无疑于其义矣。如《序卦》亦只用卦名相次，韩康伯以为非易之精。不知名生于象，象生于气，此正易之精也。故卦气以候日，《序卦》以贞岁，吉凶各以其类应。后世，如先天、后天图，整设而排比之，自谓整齐自然，不知于消息已颠倒谬盩。岂有名不相次，而义通者哉？故风雨寒温，验于此，而不验于彼也。

庄侍郎存与。云：自中孚迄井，阳爻八十九，阴爻九十一，共一百八十，当半岁。实其在晋以前，阳爻三十八，解以后，阳爻五十一。历日在春分前则少，在春分后则多之象也。自咸迄颐，阳爻九十一，阴爻八十九，共一百八十，当半岁。实其在大畜以前，阳爻五十四，贲以后，阳爻三十七。历日在秋分前则多，在秋分后则少之象也。阳爻多，则阴爻少，象行度之缩焉。阳爻少，则阴爻多，象行度之盈焉。自解迄大畜，阳爻一百有五，阴爻七十五，昼永而夜短也。自贲迄晋，阳爻七十五，阴爻一百有五，昼短而夜永也。二至相距，阴爻阳爻不正九十，而多一少一者，何也？曰：吾以是知，岁，实之有消长也。此言定朔，亦出于卦气也。略附一隅，世有精于历法者，自能通之。

乾元用九第八

《系》曰："圣人有以见天下之动，而观其会通以行其典礼，系辞焉以断其吉凶，是故谓之爻。"注云："重言'圣人'，谓文王也。'动'谓六爻矣。"

又曰："天下之动，贞夫一者也。"注云："'一'谓乾元。"

又曰："爻也者，言乎变者也。"注云："谓九六变化。""吉凶者，言乎其失得也。"注云："得正言'吉'，失位言'凶'也。""悔吝者，言乎其小疵也。无咎者，善补过也。"注云："失位为'咎'。悔变而之正，故'善补过'。"

又曰："天下何思何虑。"注云："易，无思也。既济定，六位得正，故'何思何虑'。"

《说卦》曰："神也者，妙万物而为言者也。故水火相逮，雷风不相悖，山泽通气，然后能变化，既成万物也。"注云："谓乾'变'而坤'化'。'乾道变化，各正性命'，成既济定，故'既成万物'矣。"

《系》曰："上下无常，刚柔相易。""其出入以度，外内使知惧。"注云："出阳知生，入阴惧死。"

又曰："亦要存亡。吉凶则居可知矣。"注云："谓知存知亡，要终者也。居乾吉则存，居坤凶则亡，故曰'居可知矣'。"

又曰："吉凶以情迁。"注云："乾'吉'，坤'凶'，'六爻发挥，旁通情也'，故'以情迁'。"

乾坤立位，一阴一阳，自成三才，非为两象。消息至泰二五合坎离，成既济卦焉。六爻皆正，乃反乎乾坤之元，文王推爻阴阳之位，乾变坤化，使之"各正性命"，六十四卦之爻，皆就乾坤六位之正，故曰"同归而殊途，一致而百虑，天下何思何虑"。然，不可云变成三才，又不可云变成太极，故假既济之卦，以为名也。既济，坎离之象也。九六者，坎离之数也。乾变坤化，皆以坎离为用，故曰"用九""用六"。《系》注云："乾六爻，二、四、上非正，坤六爻，初、三、五非正，是谓'杂物'。"此知卦位，皆当成既济也。其在消卦，德不备，或消息中，阴阳未成，乃为别例。如坤之成观，师之成比之等，是也。经注详之。九六二用，即《说卦》之所谓神。《乾凿度》曰："物感以动，类相应也。易气从下生。初以四，二以五，三以上，此之谓应。"故乾坤之神，运乎六子。初四则震巽也，二五则坎离，三上则艮兑。乾王初、三、五，坤贞二、四、上。乾二坤五相易，是谓"水火相逮"。乾四坤初相易，是谓"雷风不相悖"。乾上坤三相易，是谓"山泽通气"。故神之变化，既成万物，则"上下无常，刚柔相易"是也。然阴阳虽分，用九、六，皆一以乾元摩荡，故曰"天下之动，贞夫一"，"乾元用九，而天下治"。故圣人必"观其会通，以行其典礼，是故谓之爻"。"爻者，效也"，效乾元者也。"会"，合也，谓乾坤交。"通"，旁通，谓以乾亨坤。"典礼"，谓三百八十四爻法。日行一度，出乾入坤，则"出入以度"，既"有典常"是也。皆谓消息之次也。有会，有通，典礼行，出阳入阴，生死分焉，所谓"存亡"者也。存亡之道，与六位相权。自六位言，得位言吉，失位言凶。自存亡言，阳生为吉，阴杀为凶。故阳息，吉也。阴得位，则丽阳，出阳知生。阴之吉，皆阳也。阴消，凶也。阳失位，则倾而入阴，入阴惧死。阳之凶，皆阴也。故曰"要存亡"，则"吉凶"之"居可知"。"吉凶以情迁"者，此也。是以，明消息之理，而后可以言变化之道。

元第九

卦辞言"元亨利贞"者七。乾,"元亨利贞"。坤,"元亨,利牝马之贞"。临,"元亨利贞,至于八月有凶"。随,"元亨利贞,无咎"。屯,"元亨利贞,勿用有攸往"。无妄,"元亨利贞,其匪正有眚,不利有攸往"。革,"元亨利贞,悔亡"。

右,临、随、屯,息卦。无妄、革,消卦。

卦辞言"元"者六。升,"元亨"。损,"有孚,元吉,无咎"。蛊,"元亨"。比,"原筮,元永贞"。大有,"元亨"。鼎,"元吉亨"。

右皆息卦。

爻辞言"元"者十四。复初九,"元吉"。泰六五,"以祉元吉"。损六五,"元吉"。井上六,"元吉"。坤六五,"黄裳元吉"。履上九,"其旋元吉"。离六二,"黄离元吉"。讼九五,"讼元吉"。涣六四,"元吉"。益初九,"元吉,无咎"。九五,"勿问元吉"。萃九五,"元永贞"。大畜六四,"元吉"。睽九四,"遇元夫,交孚"。

右消息卦各七爻。

复初九"元吉",所谓阳出,"变化云为,吉事有祥"者也。不言于卦,而言于爻,"复小阳潜",其辩物在初也。至临,则大矣。动而成乾,故"临,元亨利贞"也。言三正,则乾,其德在浸长,故"至于八月,有凶",戒其消也。升,息卦之始交也,自临而来,又有临象,二升坤五,故卦辞"元亨",明乾道之变化也。《易》曰"君子慎始",此之谓也。正升之元,则明夷、解以下统之矣。泰否反类,故泰不言"元亨利贞"。亦其德已备于临,互明之也。六五"元吉",明泰五体乾五,所以之二,而定既济也。井、泰将成既济也。于上六既济成而言,"元吉"明泰之保和,乾元在既济也。损,衰之始也,系"元"于卦,明持泰之道也。六五既济定,又系之"元吉",明既济正,不可损也。井之上言之,损之五言之,则既济不言,备之矣。泰当之否。蛊,乾坤交,系之曰"元亨",明天道也。随通蛊,仍反泰。"终则有始","随时之义",乾道莫著于此,故"元亨利贞"也。曰"无咎",明其善"存乎悔"也。自观至剥,阳消,"元"无焉。坤"元亨",凝乾也。"利牝马之贞",利出震。凝乾在五,故六五"黄裳,元吉"。乾上九之谦,乾魂归,以生"元"。履通谦,至上交三,而为一微,故上九"其旋元吉"也。比、大有,乾五正,而通坤三,微而著。比曰"原筮,元永贞",言师、同人,震巽相通,贞于五,而乾元凝也。大有"元亨",乾性复也。比言"原筮",故师、同人不言,备之矣。坎离,乾坤之合。乾归魂于离,离二坤正以丽乾,所谓"坤凝乾元"者,在此。离二即坤五,故六二"黄离,元吉"也。乾元合于离坎,而出于屯鼎。屯"元亨利贞",玄黄成,乾道备,未出震,故"勿用,有攸往"也。鼎,应屯乾五,故"元吉,亨",则与复初同义矣。此息卦,十卦、七爻之义也。消卦,始于姤,成于遁。消不可成也,故遁上之初为无妄。乾复正于上,震复正于下,系曰"元亨利贞",明乾无消道也。"其辞危",故曰"其匪正,有眚"也。遁消在二,三之二救之,为讼。九五独正位,辞曰"元吉",明救遁在正乾元之道也。否反泰在益,涣体益,益之始也。六四"元吉",否泰交,故"元"在四也。益初乾反下体复五乾正上,成既济,息道备焉。故二爻皆"元吉"。随蛊皆言"元",恒不与益同者,恒反泰道著,可以不言也。故曰"几者动之微,吉之先见",则圣人明之。自大壮至夬,息卦著,无"元"焉。入于乾,"以大终也"。豫小畜,犹息卦之谦履也。

履言"元"而小畜不言者，所畜者小，"坤元"未凝也。萃大畜，犹师同人也。履已言，故师同人可以不言。小畜未言"元"，故萃九五"元永贞"，与比之"元永贞"同义。谓豫小畜，震巽相通，而贞五也。大畜六四"元吉"，以承五而言。不与五，而与四者，以阴凝阳，四，正位也。蹇睽，犹比大有也。睽九四曰"遇元夫"，"元夫"谓初震。初震本复，故曰"元"。蹇不言者，义无取于蹇，其三即萃五"元"也。大过颐，阳老，非坎离正体，故不言"元"。革，"去故"，阴将出巽，乾革坤成，故革"元亨利贞，悔亡"，明坤与乾同"元"也。不可与姤言之，故言革也。此消卦，二卦、七爻之义。

中第十

《文言》曰："乾九三重刚而不中。"注云："非二五，故不'中'也。"

此以二五为中。上下经卦爻皆同义。

《系》曰："若夫杂物撰德，辩是与非，则非其中，爻不备。"注云："'中'，正。乾六爻，二、四、上非正。坤六爻，初、三、五非正。故'杂物'。'因而重之，爻在其中'，故'非其中'，则爻辞不备。'道有变动，故曰爻'也。"

此以正位为中，《系辞》皆同此义。

复六四："中行，独复。"注云："'中'谓初，震为'行'。四得正应初，故曰'中行独复，以从道也'。俗说，以四位在五阴之中，而'独'应'复'，非也。四在外体，又非内象，不在二五，何得称'中行'耳。"

益六三:"有孚中行,告公用圭。"注云:"'公'谓三,伏阳也。三动体坎,故'有孚'。震为'中行',为告位在中,故曰'中行'。"六四,"中行,告公从。"注云:"'中行',谓震位在中。震为'行',为'从',故曰'中行'。'公',谓三。三上失位,四利三之正,故曰'告公从'矣。"

《解》"无所往,其来复吉。"《象》曰:"乃得中也。"注云:"谓四本从初之四,解,临初之四。失位于外,而无所应,故'无所往'。宜来反初,复得正位,故'其来复吉'也。二往之五,四来之初,成屯体复象,故称'来复吉'矣。"

《渐·彖》曰:"其位,刚得中也。"注云:"三在外体之中,故称'得中'。《文言》曰'中不在人',谓三也。"

此以复初为"中"也。益初九注云:"体复初得正。"三、四"中行",注谓"震",其为"复初"可知。注必两言"位在中"者,"中"谓内,"复初"幽隐,故在内,明非初,虽体复,不得称"中行"也。故复四注云:"四在外体,有非内象。"对初而言,非以内卦得称"中"也。渐注云"外体之中",即引乾三"中不在人",明渐三体乾三乃为"中"。乾三"终日乾乾,反复道",即是复初。唯渐三行权,定既济,体乾三之德,故特明之。曰"刚得中",既自三为复初,则"中"得云"外体之中"也。

乾元者,太极。极,中也。故复初为中。《中庸》曰:"中者,天下之大本也。"董子以二至为天之中,复,乾元。姤,坤元。二分为天之和,皆是也。"乾元变化,各正性命",故正位为中。《系》曰:"六爻之动,三极之道也。"谓三才皆得其中,保和乾元也。二五,乾坤中气也。故乾以二五摩坤,坤以二五摩乾。乾坤所以变化,在乎二五,故爻位为"中"。然《彖》《象》所以谓之"中"者，皆谓其有中德，能正己正人。故，乾二称"中"，谓其变而"利见"也；坤五"黄中"，谓其变而正位也；蒙二"时中"，谓其通五"养正"也。故"中"者，乾元也。

权第十一

家人上九："有孚，威如，终吉。"《象》曰："'威如'之'吉'，反身之谓也。"注云："谓三已变，与上易位成坎，坎为'孚'，乾为'威如'。三动坤为'身'，上之三成既济定，故'反身之谓'。此'家道正，正家而天下定矣'。"

《渐·彖》曰："进以正，可以正邦也。其位，刚得中也。"注云："谓初已变，为家人，四进已正而上不正，三动成坤为'邦'。上来反三，故'进已正，可以正邦'。"上九注云："谓三变受，成既济，与《家人·彖》同义。《彖》曰'进以正邦'，为此爻发也。三已得位，又变受上，权也。孔子曰：'可与适道，未可与权'，宜无怪焉。"

家人、遁，消卦也。次讼。阳不克讼，阴居阳家，消道成矣。消卦不成既济，以其不能正也。九三体乾三，以乾元济遁，故权变受上，则既济成。《系》曰："巽以行权。"家人者，巽之所由成，而体巽。三在巽下，又乾阳入，伏巽初之象，故"可与权"。凡卦不成既济者，多为家人，成家人，则统乎九三之权也。渐否，为泰之始也。君子行权之时，故又发此义。既成家人，然后变受，则亦家人之德也。其在遁，三消成否，四之初成家人，上来之三，既济定。其在鼎，三变未济，则初四、二五变正，上体家人，皆是家人之权。故知权变统乎家人九三。六十四卦中可以例求矣。然家人，三体乾三，"刚得中"不于家人言之，而于渐者，家人不能止遁，渐能反否于其盛者也。

反卦第十二

观注云："观，反临也。"二爻注云："临兑为'女'，兑女反成巽。"

明夷注云："临二之三，而反晋也。"

"渐，女归吉。"注云："反成归妹，兑'女归吉'。"

《系》曰："君子安其身而后动。"注云："谓反损成益。"

《序卦》注云："咸反成恒。"

反卦与旁通表里，此《序卦》消息也。《序卦》注阙，其义不详，今略依虞例，次而说之。

☰☷乾坤☷☰旁通

☳☶屯蒙反。乾交坤，出震为屯，故曰"万物之始生也"。屯反成蒙，坤凝乾成性，震动而止，地上，艮为少，故曰"物之稚"。

☵☰需讼反。即谓大壮遁也。大壮通坤，所以养就乾元，需坎水流兑口，蒙颐中无物，故需养之为饮食之道。然大壮阳伤之需伤阴，阴阳相伤，故消遁而反成讼。

☷☵师比反。遁消至二，乾二入于坤而通阴。坤为众，震为起，故讼有众起。反成比，二升正五，五阴比之也。

☰☴小畜履反。阴比阳则畜阳，故曰"比必有所畜"。豫四比五，皆复初也。复小阳潜，故小畜反成履。天正乎上，兑卑乎下，阳畜乎阴则尊，故曰"物畜然后有礼"。☰☷泰否反，亦旁通。坤阅成乾则息交泰巽入坤安，故"履，然后安也"。泰否反类。

☲☰同人大有反。否乾消师二为复息同人，乾坤通，故曰"物不可以终否也"。反成大有，比五之息乾有于坤，五阳应阴，乾为人，为物，故曰"与人同者物必归焉"。☷☳谦豫反。坤同于乾，乾元复归谦，豫其象也，大有五动则乾盈，盈将入坤。乾元不居五而居三，故曰"有大者不可以盈"。谦反成豫，体复初，通阴，阴皆怡豫，故曰"有大而能谦必豫"。

☱☳随蛊反，亦旁通。此泰否旁通卦也。谦，乾元正，又将息泰，故以随蛊况泰也。随阴随阳，否家之卦。豫为阴元，故曰"豫必有随"。随反成蛊，随又通之，否为泰治事也，故曰"以喜随人者必有事"。☷☱临观反。泰之前则临。临者，以阴随阳之道也，故曰"有事然后可大"。可大，则盈泰也。泰反否消。观本由临，大虽消，犹中正以观天下。

☲☳噬嗑贲反。此否泰相反卦也。噬嗑否来阳，噬阴合之，所以救消阳观阴欲合之，故曰"可观而后有所合"。贲，泰来，刚柔相交，故曰"物不可以苟合"。然致饰之道，泰所以消也。☶☷剥复反。贲与噬嗑，否泰相寻，乾坤之美尽，故曰"亨则尽矣"，故消剥入坤也。复反于下，乾元终始，此先剥后复。以乾出于屯，而穷于剥。复者，象继世。

☳☰无妄大畜反。更本复元也。本由遁消乾复正上震复生下乾元无亡，自遁消而始正，乾元至剥尽而入坤出复即此也，未出不可见，由其复，知其无亡，故曰"复则不妄矣"。无妄反为大畜，明无妄之畜于坤中，乃以出复也，故"有无妄，物然后可畜"。☶☳颐☱☴大过旁通。颐乾牝于坤，故曰"物畜然后可养"。大过乾死，故注云"人颐不动，则死"也。

☵☵坎☲☲离旁通。谓乾坤二五合，乾有尽而无息，但陷于阴中，而阴丽之，即谓颐牝乾也，所以剥之反即复。

右，上经明天道，言乾坤也。屯蒙为始，坎离为终，"原始及终"之道备矣。出于屯蒙，养于大壮，而遁消。通于师比，成于泰而否，消息于同人大有，大于临而观消。往来于噬嗑贲，而剥消。正于无妄，合于坎离，复出焉。故自乾而遁，而否，而观，而剥，为消之次，"数往者顺"。自坎离而复，而临，而泰，而大壮，而乾，为息之次，"知来者逆"。不言夬姤者，姤坤生不言于乾元也。大壮遁不正，言者恶以阳避阴也。

☷☰有天地，注云："天地否也。"☰☷然后有万物。注云："谓否反成泰。'天地氤氲，万物化醇'，故'有万物'也。"☰☷有万物，然后有男女。注云："谓泰已有否，否上之三，反正成咸。咸艮为'男'，兑为'女'，故'有男女'。"☱☶有男女，然后有夫妇。注云："咸反成恒。震为'夫'，巽为'妇'，故'有夫妇'也。"☳☴有夫妇，然后有父子。注云："谓咸上复乾成遁，乾为'父'，艮为'子'，故'有父子'。"☶☰有父子，然后有君臣。有君臣，然后有上下。有上下，然后礼仪有所错。注云："谓遁三复坤成否，乾为'君'，坤为'臣'，故'有君臣'也。乾君尊上，坤臣卑下，'天尊地卑'，故'有上下'也。天、君、父、夫，象尊错上。地、妇、臣、子，礼卑错下。坤，地道，妻道，臣道，故'礼仪有所错'者也。"

☱☶咸恒反。礼义起于否也。咸，男女反。恒，夫妇由泰通也。自少而长，故"不可不久也"。☶☰遁大壮反。遁否前卦也。咸上在恒，巽为入处，复乾成遁震行居艮山，故曰"不可以终久于其所"。否反泰而复息，大壮遁而复息，故曰"不可以终遁"。☷☲晋明夷反。大壮为阴所伤，则消入观。观四进五，以阴丽阳，消道时止，故曰"物不可以终壮"。晋反成明夷，坤乱于上，临二之三，伤于阴，进有所伤。☲☴家人睽反。晋二丽五，退反居下，成家人，故曰"伤于外者必反其家"。家人自遁来，消卦也。消时，故家道穷，反成睽。睽通蹇，息乾元。☵☶蹇解反。蹇三乾元，泰三也。睽旁通蹇。阴阳乖，而三入坎。故有难，反成解。解，临生也，则息泰。

☶☱损益反。损益，"衰盛之始也"。解息泰，泰生损反否，故曰"缓必有所失"。否生益，又反泰，故曰"损而不已必益"。

☱☰夬姤反。否反泰，则决阴，故"益而不已必决"。阴入乾，出而遇阳成姤。"天地相遇，品物咸章"，故曰"决必有所遇"。☷☷萃升反。萃五乾元，所以通阴也。以阳聚阴，故曰"相遇而后聚"。乾元正，则又息，故反成升。升则上而成泰，故曰"聚而上者，为之升"。

☵☴困井反。困井，既济未济之前卦也。升息泰，反而否。否成困，则未济，否之极也。极则反泰。泰成井，则既济，泰之极也。由升至困，历泰否，故曰"升而不已必困"。困时五困于上，成井反于二为寒泉，故曰"困乎上者必反下"。☲☴革鼎反。革鼎皆乾元也。否泰相寻，极于既济，是谓一终。乾元易世，故曰"井道不可不革"。鼎所以熟物，故曰"革物者莫若鼎"。新震出于故，乾时当之否，故先革而后鼎。☳☶震艮反。乾老震生，象长子。震则泰矣。反否消观而成艮，阳止于上，故曰"物不可以终动"。

☴☱渐归妹反。否三进之四，所以反泰，反成归妹。泰三之四，阳归于阴，又反否。☳☲丰旅反。否至噬嗑，泰来变丰。否又反泰，阳来合阴，故阴得所归而大。泰至贲，否来变旅，泰又反否，阳道之极，故曰"穷大"。乾寄于坤，故"无所容"。☴☱巽兑反。巽，否之前。兑，泰之后。阳寄阴则消入巽成否反决阴成兑，又过乎泰也。

☷☱涣节反。否将泰成涣，阳自四之二，入阴散之，故曰"说而后散之"。既泰将否成节，泰三之五，阳自节止，阴犹归阳，故曰"物不可以终离"，所以持泰。☴☳中孚小过旁通。否消至息，其卦中孚，节上复乾，坎形乎中，故曰"节而信之"。泰息至消，其卦小过。中孚下体临，小过行临，而消于坤，故五过，故曰"有其信者必行之"。既济未济反。由临之观，必历既济。故曰"有过物者必济物"，谓泰乾坤也。既济穷矣，反成未济。渐生于下，归乎中孚，又以反泰终，则有始，故终焉。

右，下经明人事，言泰否也。始乎咸恒，通乎既未济，泰否往来之义备矣。否感于咸，往来于遁大壮，正乾元于蹇，而解息泰，泰衰于损，出入于夬姤，正乾元于萃，而升息泰，困穷未济，井终既济，而泰运极。正乾元于革，鼎而震复生，消于艮，泰不定矣。渐归妹互正，消巽入否而出兑，已过乎泰矣。涣节，承渐归妹者也。中孚小过，消息也。既未济，其成也。言不正泰者，既济不可终也。故咸恒为始，困井为交，既未济为终。自咸恒而损，损则困，未济也。困则渐，渐则丰，丰则涣，涣则中孚，中孚则既济矣。是为否反成泰。自咸恒而益，益则井，既济也。井而归妹，归妹则旅，旅则节，节则小过，小过则未济矣。是为泰已又否。

两象易第十三

《系》曰："上古穴居而野处，后世圣人易之以宫室。上栋下宇，以待风雨，盖取诸大壮。"注云："无妄，两象易也。""古之葬者，厚衣之以薪，葬之中野，不封不树，丧期无数。后世圣人易之以棺椁，盖取诸大过。"注云："中孚，上下易象也。""上古结绳而治，后世圣人易之以书契，百官以治，万民以察，盖取诸夬。"注云："履，上下象易也。"又云："此三'盖取'，直两象上下相易，故俱言易之。"

此两象唯三事，盖非易之消息，圣人偶取之耳。易含万象，非可执一论也。

《系辞》引爻第十四

《上系》引七爻：中孚二，同人五，大过初，谦三，乾上，节初，解三。《下系》引十一爻：咸四，困三，解上，噬嗑初及上，否五，鼎四，豫二，复初，损三，益上。

注于《上系》，说解三云："否上之二成困，三暴慢，以阴乘阳，二变入宫为萃，五之二夺之成解。"《下系》注困三云："困本咸。咸三入宫，以阳之阴，则二制坤，故以次咸。"注损三云："谓泰上也。先说否，否反成泰，故不说泰。"注益上云："谓反损成益。"以例求之，则此十一爻，自为消息相次，明矣。七爻首中孚，复前六日七分卦也。十一爻首咸，姤前六日七分卦也。解，本临息卦，注别取困来象，则以为否属也。节，泰属也。损益，否泰也。则上下《系》皆终于泰否。中孚，乾初注"'君子'谓初也"。同人震巽，同心以应乾，复之所以息也。复初有伏巽，藉乾则息，遇乾则消，故次大过初。谦三成终，阳之成也。乾上亢盈，乾之倾也。泰将消节，初"慎密不出"，故能反屯。困二入宫，所以解否，亦此义也，皆慎"枢机之动天地"。咸初龙蛇俱蛰，感阳则吉，感阴则凶，动于姤，而阴消否成矣。三所以入宫而为困，及五解否三乃出而"射隼"以救否也。否初易惩，其终难解。

始于姤初，成于否三。噬嗑，乾五之救否也。故言其初上，而次举否五。自否反泰，正乾元，与剥复同，鼎复消息之卦也。五爻吉，而四独凶，以明虽有其时，非其人不济也。豫四知几则反复初，泰然后成焉。说损，则泰可知也。泰以损反否，否以益反泰，皆阳吉阴凶、"穷神知化"之义。

归奇象闰第十五

《系》曰："归奇于扐以象闰。"注云："'奇'，所挂一册。'扐'，所揲之余，不一则二，不三则四也。取奇以归扐，扐并合挂左手之小指，为一扐，则'以闰月定四时成岁'，故'归奇于扐以象闰'者也。"

"五岁再闰，故再扐而后挂。"注云："谓已一扐，复分卦，如初揲之归奇于初扐，并挂左手次小指间，为再扐，则'再闰'也。又分扐，此'扐'字当为'挂'。揲之如初，而挂左手第三指间。成一变，则布卦之一爻，谓已二扐。又加一为三，并重合前二扐，为五岁，故'五岁再闰，再扐而后挂'，此'参五以变'。据此为三扐，不言三闰者，闰岁余十日，五岁闰六十日尽矣。后扐闰余分，不得言三扐二闰，故从言'再扐而后挂'者也。"

李鼎祚《集解》，经注文如此。案："再扐而后挂"，《释文》云："京作'卦'，云'再扐而后布卦'。"今虞云"成一变，则布卦之一爻"，于文不辞，与京氏"布卦"之文实合。则知虞氏本，"挂"亦为"卦"，后人传写，误从他本作"挂"，并其注文改之耳。《乾凿度》亦云："再扐而后卦。"《说文》引《易》，亦作"卦"。盖古本实然。"布卦之一爻"者，七八九六也。《乾凿度》曰："历以三百六十五日四分度之一为一岁，易以三百六十析，'策'字同。当期之月，此律历数也。五岁再闰，故再扐而后卦，以应律历之数。"论挂扐者，当求端于历，而后其义可明。日行三百六十日，而盈五日四分度之一。月行三百六十日，而虚五日八十一分。日之五十五积盈虚气余，而闰生焉。故注云："闰余岁十日以为率也。"易坎离之数三十，月行之日数也。揲四，象月行。揲之余，月之余分也。"挂一以象三"，三者人道，人道乾阳于天，象日。君象日是也。故以挂一象日之余分。古法归余于终，四时终乃计余，余分盈则置闰。分二之策，象阴阳。左右揲之，象寒暑往来。毕揲，象四时成，总其所余。挂之指间，象一岁成而算余。冬至，大小余也。是之谓扐。后儒以左右为二扐，象二岁者，非矣。既得月余，乃取日余合积之，而置闰在岁之终。故既扐而后归奇，则乃象闰。后儒以奇即为扐者，非矣。已一扐一闰，复挂一以起日，余再扐，则二岁矣。一闰之余，前分未足，故不复起分，并合前扐以象。又历一岁，而乃归奇，则三岁再闰矣。历法起天元三岁一闰，五岁再闰，今一岁而起闰，则前积二岁之分，再闰之后，当以余分归之后闰，故重挂一以起日分，三扐为四岁，并合前扐为五岁，而不归奇，象闰余之后分。注云："五岁闰，六十日尽矣。"通率计之。则一变成扐，本三重合之为五，三扐而归奇，二亦为五，故曰此"参五以变"，谓以三为五也。惠徵士解以为参其五，非是。然则，每扐则别起一挂，归奇常在扐合之后。此其法也。后儒乃以为虞氏之法，三扐唯一挂而三归奇，其诬甚矣。

"扐"之训为"余"，通作"仂"。《王制》曰"祭用数之仂，丧用三年之仂"，同义也。其字从手，故知挂于指间。初挂左手小指，次扐并合初扐，挂左手次小指间。三扐并合前二扐，挂左手第三指间。注于"再扐"云"归奇于初扐",盖因再揲之余,并合初扐,故言初扐,则并合见,非归奇在并合之前也。若先归奇,再并合前扐,则闰在二岁矣。此盖揲余,即各挂其处合者,以前扐来并之耳,若挂一,则当在右手。惠徵士以为,"于右手之中,挂其一于左手小指"谓为虞义。今谓虞云"扐并归奇挂左手小指",若挂一本在其处,则是归扐于奇,非归奇于扐。以义决之,"挂一"者,当于左手之中,取其一挂于右手小指。左象阳也。挂一象日余分,义则益明。

占第十六

《系》曰:"君子所居而安者,易之象也。"注云:"'象'谓乾二之坤,成坎月离日,日月为'象'。""所变而玩者,爻之辞也。"注云:"谓乾五之坤,坤五动则观其变。""是故君子居则观其象而玩其辞,动则观其变而玩其占。"注云:"谓观爻动也。'以动者尚其变','占事知来',故'玩其占'。""是以'自天右之,吉无不利'。"注云:"谓乾五变之坤成大有,有天地日月之象。文王则庖羲,亦'与天地合德','日月合明','天道助顺,人道助信,履信思顺',故'自天右之,吉无不利'也。"

此观、大有上九爻辞。其言爻动,凡有三例。云"乾二之坤为坎月离日"者,消息之次。师二上之坤五为坎成比,师二则乾二也。比五之坤初为复,上息通坎为离,是为大有,是坎月离日皆乾二所为,此为"观象玩辞"之法。又云,乾五之坤,坤五动者,亦谓乾五之坤成比,坤五之乾成大有以通比,直以当爻消息,故不云乾二,而云乾五,其实一也。此为坤五之乾,由乾五先之坤,故通二卦视其消息为

"观变玩占"之法。又云"乾五变之坤"者，谓比五变之坤初为复，上息成离，有天地日月之象，义亦同，特就一爻言之耳。此乾之坤，非乾之大有，何者？大有亨比上九具全卦之义，《象》所云"其德刚健而文明，应乎天而时行"，正是"自天右之，吉无不利"。故观象，以上九为占也。若乾之大有，则不得为坤五动天地日月之象不备义主六五为大人，失位不得用上九，辞占盖大有之象，及比之大有，比之复，若比之坤，皆得占此象。